EDA CDA PDA EDA CDA PDA EDA CDA PDA EDA CDA PDA EDA CDA PDA EDA CDA PDA EDA CDA PDA EDA CDA PDA EDA CDA PDA EDA CDA

▶ 데이터 과학자 DATA SCIENTISTS

R을 활용한 통계 분석

확증적 방법을 중심으로

Statistical Analysis Using R - Focused on CDA

고승곤 지음

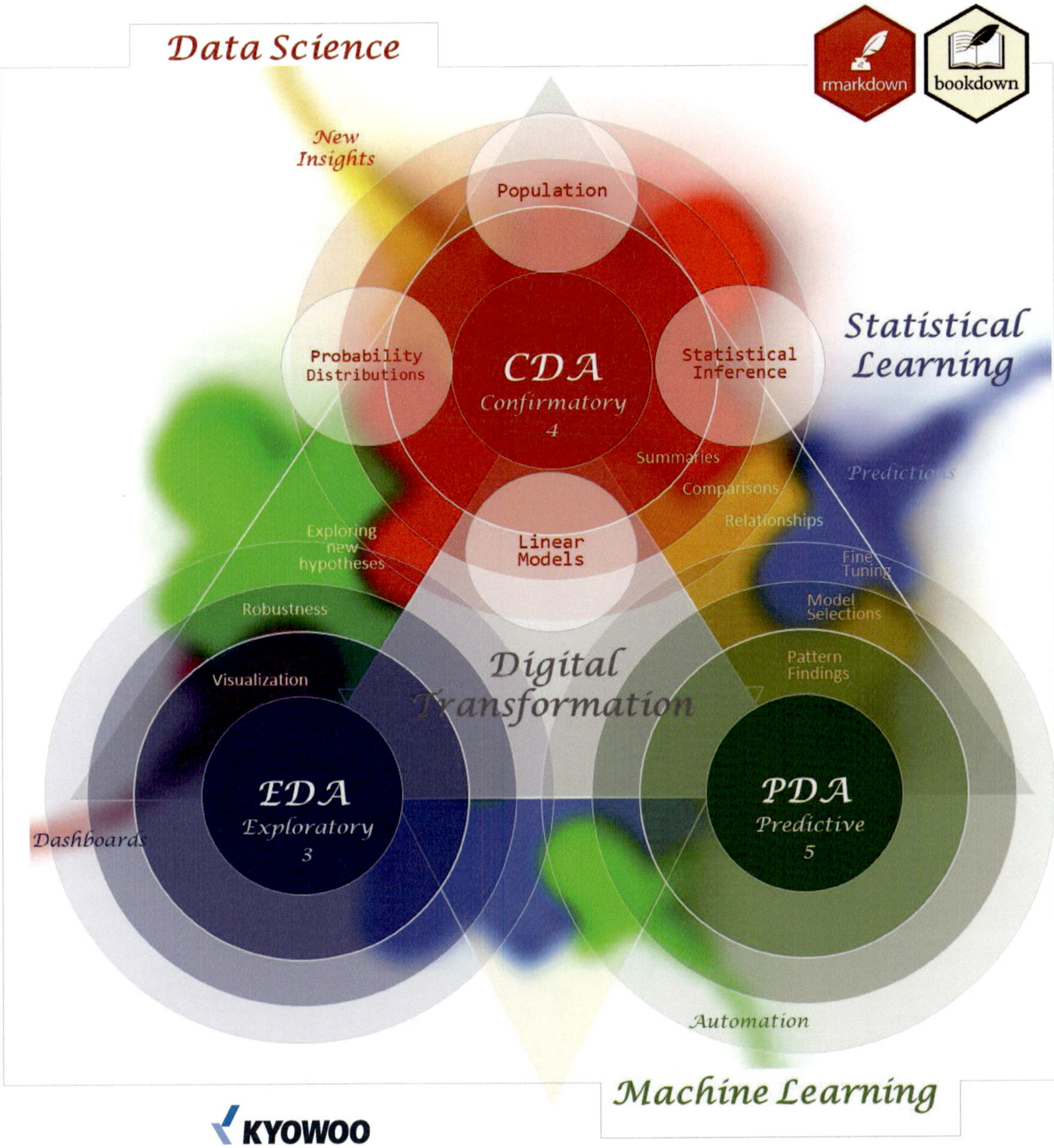

KYOWOO

Statistics is the grammar of science.

통계학은 과학의 문법이다.

- *Karl Pearson*

In God we trust; all others must bring data.

신은 믿지만; 다른 모든 사람들은 데이터를 제시해야 한다.

- *W. Edwards Deming*

시작하며

데이터로부터 얻는 통찰은 통계학에 대한 이해도와 비례한다. 통계학은 데이터에 대한 학문이다. 통계학에 대한 이해는 복잡한 이론의 숙지가 아니라, 통계적 사고에 기초한 통계 분석 도구와 방법에 대한 이해와 연습이다. 통계적 사고(statistical thinking)란 데이터를 수집, 분석, 해석하고 이를 기반으로 합리적인 결정을 내리는 과정을 체계적으로 이해하고 수행하는 능력을 의미한다.

최근 빅 데이터(Big Data)가 한동안 회자되었다. IT 분야의 노력으로 데이터의 양이 급속하게 늘었고, 데이터를 보는 시각도 긍정적인 면에서 다양해졌다. 데이터 분석에서도 변화가 있다. 다양한 데이터 분석 기술이 접근 가능해지고, 실시간으로 데이터에 반응할 수 있는 능력이 향상되었다. 이러한 변화는 표준적인 상용 소프트웨어 - SAS, SPSS, Minitab 등 -를 이용한 전문적이고 심도 있는 분석에서 오픈소스(open source) 프로그래밍 - R, Python 등 - 을 이용한 일상적이고 신속한 분석으로 전환시켰다. 이러한 변화는 더 많은 사람들이 데이터 분석에 참여할 수 있게 하였고, 급변하는 환경에 대한 즉각적인 대응 능력을 요구하고 있다. 이는 교육에서도 실무에서도 많은 변화를 만들어 내고 있다.

데이터의 양은 중요하다. 하지만 데이터의 질(Quality)은 더 중요하다. 일상적이고 신속한 분석에서는 높은 질의 데이터를 판단하는 능력과 즉각적인 대응 능력이 필수적이다. 실무 경험과 더불어 통계 분석에 대한 많은 연습은 이러한 능력을 크게 향상시킨다. 어떤 데이터에 어떤 분석을 적용하면 어떤 결과를 얻을 수 있다 또는 얻을 수 없다. 라는 경험의 누적은 현재의 목적을 위해 어떤 데이터를 선택하고 어떻게 데이터를 구성해야 하는지를 결정하는 데 중요한 역할을 하기 때문이다.

이 책은 데이터 전문가에 관심이 있는 열정적이고 장래가 촉망되는 통계학과 2학년 또는 통계학을 연계 전공 또는 복수 전공하고자 하는 도전적인 3 ~ 4학년 그리고 현장에서 데이터 관련 업무를 수행하는 실무자들을 위하여 (1) 중요 통계 이론을 해석과 적용 중심으로 소개하고, (2) 통계 도구와 방법을 요약 - 비교 - 관계로 구분하여 밀도있게 선정하여 (3) 다양한 연습 예제와 실습 사례들을 R을 활용하여 구체적으로 실행하였다. 대학 강의에 사용한다면, 1학기 또는 충분한 실습과 함께 2학기 정도가 적당하다. 통계 비전공자는 고급 통계 과목을 수강하기 전에 숙독하거나 수강하면서 관련 주제를 찾아 틈틈이 학습하면 도움이 될 것이다. 실무에서 데이터 관련 업무를 하는 분들은 주제를 여러 조각으로 나누어 세미나 등을 통해 학습하면 짧은 시간 안에 내용을 소화할 수 있을 것이다. 단, 책의 목차를 차례대로 학습할 것을 권장한다.

매번 느끼는 것이지만 책을 적는다는 것은 긴 시간 동안의 극심한 노동을 필요로 한다. 이번 작업은 2023년도 EDA 작업때 보다 비교적 짧은 시간에 책의 편집을 마무리할 수 있었다. 아마도 RMarkdown과 Bookdown에 대한 숙련도가 영향을 주었을 것이다. 다시 한번, 이러한 기술에 기여해 주신 많은 개발자 분들께 깊이 감사드리며, 이를 사용하며 느낀 감탄과 환희를 꼭 전해 드리고 싶다. 극심한 노동과 노력 뒤에 출간한 책이라고 할지라도 부족한 점과 뜻하지 않은 실수가 존재할 수 있다. 이는 꾸준히 보완해 나갈 것임을 약속드리며, 최종본의 내용 검토에 주말 시간을 할애해 준 LG전자(주) 박현진 책임과 롯데카드(주) 임낙현 책임 그리고 구성의 생소함과 높은 출판 비용에도 흔쾌히 출판을 허락해 주신 교우사 오판근 사장님과 출판 관계자 분들께 깊은 감사를 드린다.

2024. 6. 25.

저자 고승곤

차례

그림 차례

표 차례

1 통계적 사고 Statistical Thinking

통계학은 과학의 문법이다. - Karl Pearson(1857~1936)

디지털화(digitalization)가 가속화되면서 수집되는 데이터의 양이 급격하게 증가하고 있다. 이러한 현상은 정형(structured) 데이터 중심의 데이터 분석을 텍스트, 이미지 등의 비정형(unstructured) 데이터로 확대 적용하는 규칙 중심(rule-based)의 새로운 분석 방법 - 머신러닝, 딥러닝, 텍스트마이닝, 컴퓨터 비전 등 - 을 빠르게 확장시키고 있다. 하지만, 일부 기술 영역을 제외한다면 이러한 비정형 데이터는 일정한 형식을 갖는 정형 데이터로의 전환이 전제된다. 따라서, 이러한 현상은 대규모 데이터와 함께 고성능 컴퓨팅 그리고 복잡한 모형을 적용하는 통계적 데이터 분석의 확장이라고 할 수 있다.

이러한 데이터 관련 환경 변화는 데이터 분석 방법을 다음과 같이 세분화하였다. 정보 탐색을 목적으로 하는 탐색적 데이터 분석(Exploratory Data Analysis; EDA), 통계 분석과 검증을 목적으로 하는 확증적 데이터 분석(Confirmatory Data Analysis; CDA), 그리고 확률 모형과 알고리즘 모형을 이용하여 복잡한 현상에 대한 예측을 목적으로 하는 예측적 데이터 분석(Predictive Data Analysis; PDA)이다. 이러한 분류는 방대한 데이터 분석 도구와 방법을 실무적 용도에 따라 구분하여 사용할 수 있는 기준을 제공한다. 또한, 이러한 상호 보완된 방법들의 연계 적용은 디지털 전환(Digital Transformation; DX) 시대의 실무적 문제를 보다 체계적이고 효율적으로 해결할 수 있도록 한다.

데이터에 관한 학문인 통계학(Statistics)은 이러한 다양한 분석 방법들의 이론적 그리고 경험적 기초와 함께 응용 방법을 제공한다. 통계적 사고(statistical thinking)는 데이터를 수집, 분석, 해석하고 이를 기반으로 합리적인 결정에 도달하는 과정을 체계적으로 이해하고 수행하는 능력을 의미한다. 이는 불확실성을 고려한 확률적 사고와 데이터에 기초한 정보를 이용한 의미 있는 추론(inference)을 포함한다. 이에 기반한 통계적 의사 결정(statistical decision making)은 표본 데이터를 통해 모집단의 특성을 추정하고, 이를 바탕으로 신뢰성 있는 결론을 도출하는 일련의 과정을 말한다. 이는 데이터를 시각적으로 표현하고, 통계적 의사 결정에 기초한 집단 간의 차이와 관심 특성 간의 관계를 분석하는 검증된 방법을 포함하는 통계적 데이터 분석 도구(tools of statistical data analysis)를 통해 구현된다. 통계적 사고, 통계적 의사 결정, 그리고 이를 반영한 통계적 데이터 분석 도구는 개념과 실행에서 밀접하게 연계되어 있으며, 정보 생성과 실무적 의사 결정의 다양한 측면에서 데이터를 검토하고 분석하여 복잡한 문제 해결의 핵심적인 역할을 한다.

1.1 기본 개념

의미있는 활동을 하는 모든 개인과 집단은 관심있는 대상을 측정하여 데이터(data)를 수집한다. 측정(measure)이란 어떤 속성이나 양을 숫자 또는 기호로 표현하는 과정이다. 이는 측정 대상, 측정 도구, 측정 단위 그리고 측정 과정이 그 유용성을 결정한다. 측정 활동은 원하는 정보의 양과 질을 결정한다. 가능한 측정 활동을 통하여 얻을 수 있는 정보를 구분한 범주를 측정 척도(measurement scale)라고 한다. 이는 측정 활동의 기준이 됨과 동시에 데이터의 유형을 결정한다. 데이터의 유형(type of data)은 일련의 데이터 분석(data analysis) 방법을 결정한다.

모든 실무적 상황은 불확실성(uncertainty)을 갖고, 모든 의미 있는 측정 결과는 변동(variation)을 갖는다. 따라서, 데이터 분석 과정에는 일반적으로 특정 사상(event, 사건)이 발생할 확률(probability)을 계산하거나 예측하는 단계를 포함한다. 여기서, 확률(probability)이란 [0,1]내의 값을 갖는 불확실성의 척도를 말한다. 확률 변수(random variables)란 가능한 사상의 결과를 수량화한 변수를 말하며, 이의 모든 가능한 값의 확률 구조를 확률 분포(probability distributions)라고 한다. 예를 들어, 주사위를 던졌을 때 나오는 면의 숫자를 **확률 변수**로 정의할 수 있으며, 이 확률 변수의 **확률 분포**를 통해 주사위의 각 면이 나올 가능성을 확률로 설명하고 예측할 수 있다.

1.1.1 데이터와 통계 Data and Statistic(s)

데이터(data)란 사실, 숫자, 문자, 기호 등으로 표현된 정보의 집합을 말한다[1]. 이는 실무적으로 분석, 처리, 해석, 저장 또는 소통하기 위하여 수집된 값들을 의미하며, 이들의 요약된 형태를 통계(statistic)라고 한다.

통계(Statistic)

- 특정 집단을 대상으로 관찰(연구) 또는 실험에 의하여 수집된 데이터에 대한 요약된 형태
- 실무적 관심 사항에 대하여 정제된 정보

[1] 빅데이터(Big Data)는 전통적인 데이터 처리 기술로는 관리하기 어려운 대량의 데이터를 의미하며, 일반적으로 4V - Volume(규모), Velocity(속도), Variety(다양성), Veracity(진실성) - 의 특징을 갖는다. 전통적인 데이터와 가장 구별되는 특징은 규모와 비정형성이다. 전통적인 데이터는 체계적으로 수집된 구조화된 형식과 높은 정확성을 기초로 추론적인 의사 결정과 통계 모델링 등의 일상적인 목적에 사용된다면, 빅 데이터는 대량의 데이터를 실시간으로 처리하여 단 기간의 트렌드 예측, 개인화된 서비스 제공 등과 같은 복잡한 문제를 해결하는데 중점을 둔다.

통계의 실무적 유용성은 데이터의 수집 방법에 의해 결정된다. **통계**는 데이터가 수집되는 대상 – 사람, 사물, 사회, 기업 활동, 자연 현상 등 –을 기초로하며, 일반적으로 관찰 연구 또는 실험에 의해 데이터를 수집한다. **관찰 연구**(observational studies)란 어떠한 통제 또는 조정 없이 있는 그대로의 현상을 측정하여 수집하는 것을 말하고, **실험**(experiments)은 목적에 적합하도록 수집 환경의 일정 부분을 통제하면서 현상을 측정하고 수집하는 것을 말한다. 이를 데이터 수집 시점을 반영하여 좀 더 세분화하면, [그림 1.1]과 같이 (1) 소급 연구(retrospective studies; RS) (2) 관찰 연구(observational studies; OS) 그리고 (3) 실험(design of experiments; DoE)으로 구분할 수 있다. 통계 분석에서 각 수집 방법의 특징과 유용성은 [표 1.1]과 같다.

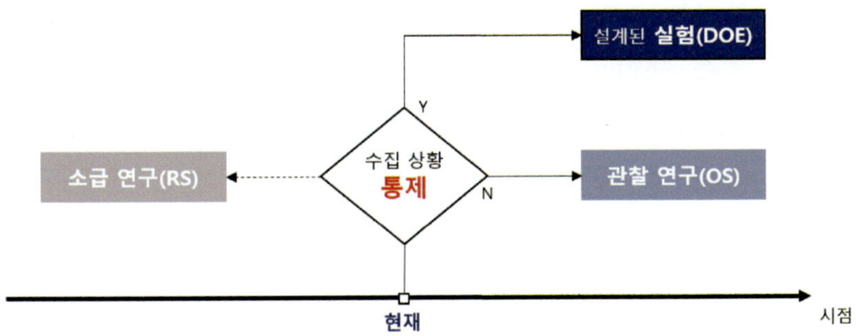

그림 1.1: 시점을 반영한 데이터 수집 방법

표 1.1: 데이터 수집 방법의 특징과 유용성

방법	특징	결측값	이상점	변수간 독립성
소급 연구(RS)	과거 정보의 집계/조사	가능성 높음	가능성 높음	*[2]
관찰 연구(OS)	환경 통제없이 집계/조사	가능성 높음	가능성 높음	*
실험(DoE)	환경 통제 하에서 수집	가능성 낮음	가능성 낮음	높음

통계는 목적에 적합한 관심 사항에 대하여 선택된 대상으로부터 수집된 데이터를 간단한 숫자 또는 문자로 정리한 결과를 말하며, 도출된 결과를 쉽게 이해할 수 있도록 표 또는 그래프를 이용하여 표현하기도 한다.

[2] 데이터 수집/추출 계획에 따라 결정되며, 일반적으로 변수간 독립성을 보장하지 못한다.

1.1.2 측정 척도와 데이터의 유형 Measurement Scale and Type of Data

측정 척도는 측정 활동을 통하여 데이터로 전환되고, 데이터는 통계 분석의 대상이 된다. 따라서 원하는 목적에 적합한 측정 척도를 선정하는 것은 모든 데이터 수집의 기초라고 할 수 있다.

측정 척도(measurement scale)

- 원하는 정보의 속성(attribute), 장비(gauge), 단위(unit) 등으로 분류된 기준
  - 명목(nominal), 순서(ordinal), 구간(interval), 비율(ratio)
  - 데이터에 대한 분석 방법과 해석 기준을 제공

명목(nominal) 척도란 성별, 직업, 취미 등과 같이 단순 구분의 정보만을 표현할 수 있는 측정 척도를 말한다. 구분되는 범주의 수는 유한(finite)하고, 각 범주의 경계를 명확히 정의하여 중복되지 않아야 한다. 또한 모든 측정 대상들은 정의된 범주들 중 하나에만 포함되어야 한다. 예를 들어, 구성원들의 취미를 측정하고자 할 때, 음악 감상, 독서, 운동, 캠핑 등과 같이 유한한 수의 범주로 정의할 수 있다. 이때, 의미 있는 측정을 위하여 사전 정의된 범주에 "기타" 항목을 포함하여 다음과 같이 명목 척도를 정의할 수 있다.

{음악 감상, 독서, 운동, 캠핑, 기타}

순서(ordinal) 척도란 상/중/하로 정의되는 등급, 만족/보통/불만족으로 정의되는 선호도 또는 금/은/동으로 정의되는 운동 경기 결과 등과 같이 구분 정보뿐만 아니라 범주들 간의 객관적인 순서 정보를 표현할 수 있는 측정 척도를 말한다. 이 역시 범주들의 수는 유한(finite)하고 각 범주의 경계를 명확히 정의해야 한다. 또한 모든 측정 대상들이 정의된 범주 중 하나에 포함될 수 있어야 한다는 명목 척도의 조건을 모두 만족하면서 범주들 간의 객관적인 순서를 부여할 수 있어야 한다. 예를 들어, 학생들의 한 학기 성적을 측정을 한다면 다음과 같이 순서 척도를 정의할 수 있다.

{A+, A, B+, B, C+, C, D+, D, F}

구간(interval) 척도란 구분과 순서 정보는 물론 차이에 대한 정보를 포함할 수 있는 측정 척도를 말한다. 따라서 측정 활동에서 유무형의 측정 장비가 포함되는 것이 일반적이다. 하지만 절대적 원점(absolute origin)[3]이 존재하지 않아 유형의 측정 장비 또는 무형의 연산과정에서 측정 표준이 바뀌면 비(Ratio)의 값이 달라지는 특징을 갖는다. 예를 들어, 온도는 일반적으로 절대(Kelvin; K), 섭씨(Celsius; $^\circ$C), 화씨(Fahrenheit; $^\circ$F)로 측정 가능하다. 절대온도의 경우에는 $^\circ C = K - 273.15$의 관계를 갖고 섭씨 온도와 동일한 눈금을 사용하지만 절대적 원점이 존재하지 않는다. 섭씨온도와 화씨온도는 $^\circ C = (5/9)(^\circ F - 32)$의 관계를 갖지만 어떤 온도를 표준으로 적용하는가에 따라 비의 값이 달라진다.

[3] 해당 속성이 전혀 없는 상태를 말하며, 0으로 표현된다. Canonical Zero라고도 부른다.

섭씨(°C)	화씨(°F)
-30	-22
0	32
30	86
60	140

예를 들어, 섭씨 30°C에서 섭씨 60°C로 온도가 변경된다면 기준 온도인 30°C에서 2.0배 온도가 증가했다고 말할 수 있다. 하지만 동일한 온도 변화를 화씨로 측정한다면 1.6배 정도 증가한 것으로 나타나므로 측정 단위에 따라 그 비(율)가 달라진다. 따라서 구간 척도를 적용하고자 하는 경우, 전체 분석 과정에서 동일한 측정 단위를 적용해야 한다. 또한 측정 활동을 위하여 다음과 같이 측정 기준과 표준 단위를 명확히 정의해야 한다.

{온도, 표준 단위 = 섭씨(°C) | 측정 범위 =[-60, +80]}

비율(Ratio) 척도 구간 척도와 달리 절대적 원점이 존재한다. 따라서 어떤 유형의 측정 장비 또는 무형의 연산과정을 적용하더라도 동일한 비(율) 값을 얻을 수 있다는 장점을 갖는다. 예를 들어, 시간, 길이, 무게, 압력, 부피 등은 어떤 표준 단위를 사용하더라도 동일한 비(율) 값을 갖는다. 따라서 분석 과정에서 가장 제약이 적고 가장 많은 정보를 얻을 수 있는 측정 척도라고 할 수 있다. 또한 측정 활동에서 실무적으로 가능한 측정 장비와 측정 단위를 다음과 같이 자유롭게 결정할 수 있다.

국내향 : {길이, 표준 단위 : Cm | 측정 범위 =[55, 112] }

해외향 : {길이, 표준 단위 : Inch | 측정 범위 =[21.6, 44.1] }

- 해외향 길이 = (국내향 길이)/2.54, 소수점 첫째자리로 반올림

측정 활동(measurement activities)은 측정 척도를 기준으로 실행된다. 특별한 연구 분야를 제외하고 실무 현장에서 측정 활동의 표준 및 검증 작업이 실행되는 경우는 많지 않으므로 여기서는 간단한 기준만을 설명하도록 한다. 측정 활동을 위해서는 먼저 대상, 특성, 측정 장비의 선정 그리고 측정 표준이 결정되어야 한다. 이때 측정 대상과 특성이 목적에 적합하도록 선정되었는가를 확인해야 하는데, 이를 측정의 타당성(validity)이라고 하며, 측정 활동에서 가장 중요한 개념이다(Spitzer, 2007)(Spitzer, 2007)[4]. 측정의 타당성이 확보되었다면 실무 현상을 숫자와 문자로 전환하는 측정 장비에 대한 정확성(accuracy) - 편의(bias), 선형성(linearity), 안정성(stability) - 을 확인한다. 측정 활동의 필수 조건인 타당성과 정확성을 확보한 후에는 측정 활동의 충분 조건인 정밀성(precision)을 확인해야 한다. 측정의 정밀성이란 서로 다른 측정자들이 누가 언제 측정을 하여도 비슷한 결과를 얻을 수 있는가를 확인하는

[4] D. R. Spitzer, Transforming Performance Measurement: Rethinking the Way We Measure and Drive Organization Success, AMACOM, 2007

것으로 측정 장비 또는 측정 방법의 정확성이 확보된 이후에 확인한다. 이러한 측정 활동의 검증은 데이터 분석 결과의 신뢰성을 보장할 수 있는 근거가 된다. 측정 활동의 결과인 데이터는 다음과 같이 구분한다.

데이터의 유형(type of data)[5]

- 범주형(categorical)
  - 범주(categories) 또는 그룹(groups)으로 구분된 데이터
  - 대상 또는 사건의 특성 또는 속성을 표현하는 질적(qualitative) 데이터

    (예) 성별, 학교명, 직장명, 제품명, 서비스 결함 유형 등
- 이산형(discrete)
  - 유한(finite) 또는 가산(countable) 값을 갖는 데이터
  - 정수 또는 정수 중의 일부 값만을 가질 수 있는 양적(quantitative) 데이터
  - 일정 단위에서 특정 범주의 빈도(counts/frequency)를 수집하는 경우 유용

    (예) 특정 홈페이지 클릭 횟수, 사고 건수, 서비스 건수 등
- 연속형(continuous)
  - 특정 범위 또는 구간 내의 모든 값을 취할 수 있는 데이터
  - 일반적으로 유형 또는 무형의 측정 도구에 의하여 측정

    (예) 길이, 무게, 주파수 등

범주형(categorical) 데이터란 일정 수의 범주(categories)[6]로 수집된 데이터를 말한다. 즉, 명목 척도 또는 순서 척도로 정의된 측정 활동에 의하여 수집된 데이터를 의미한다. 이는 문자 또는 숫자로 표현할 수 있으며, 측정 척도에서 정의된 범주들간의 구분 기준에 대한 명확성과 측정 활동에서의 표준 준수 여부에 따라 데이터의 질이 결정된다.

이산형(discrete) 데이터란 통계적으로 유한(finite) 또는 가산(countable) 값을 갖는 데이터를 말한다. 실무적으로는 주로 특정한 사건의 빈도(counts)를 표현할 때 주로 사용된다. 따라서 이러한 특징을 반영하기 위하여 빈도 데이터라고도 부르며, 주로 음의 정수를 제외한 {0, 1, 2, ...}의 값으로 표현한다. 빈도의 계산을 위해서는 대상이 되는 수 또는 규모에 대한 표준이 정의되어야 하며, 이러한 표준을 계산의 근거(base)라고 한다. 이를 통하여 빈도 데이터로 부터 비율(proportion) 정보로 전환할 수 있다.

예를 들어, 콜 센터에서 「고객 응대 불만」을 조사할 때, 고객 응대를 「전화 응대」로 정의하고 불만의 기준을 「5번 이상 전화벨이 울려도 받지 못한 경우」로 정의할 수 있다. 이를 통하여 고객 응대 불만에 대한 명목 척도를 구성할 수 있다. 만일 3 일 동안 수집된 불만 건수가 {15, 10, 25}라면 이는 빈도 데이터이다.

[5]범주형을 속성형(attribute)이라고 부르기도 하고, 이산형을 계수형, 연속형을 계량형이라고 부르기도 한다. 또한 범주형 데이터를 질적(qualitative) 데이터 그리고 이산형과 연속형 데이터를 양적(quantitative) 데이터라고도 부른다.

[6](모양, 질, 속성 등에 따라 사물을 구분하는 체계에서) 동일한 특징을 가진 유형의 구분 단위 <https://dictionary.cambridge.org>

여기서 빈도 데이터 수집의 기준인「1 일」동안 걸려온 고객 전화가 각각 {120, 85, 213} 라고 한다면, 이를 이용하여 {15/120, 10/85, 25/213} 또는 {0.125, 0.118, 0.117}와 같이 비율 정보로 표현할 수 있다.

연속형(continuous) 데이터란 구간 척도와 비율척도에 의하여 측정되는 데이터를 말한다. 이는 주로 유형의 측정 장비 또는 무형의 연산 과정에 의하여 측정/계산되며 수집된 값은 측정 단위에 의하여 변별력이 결정된다. 예를 들어, 주문된 제품의 무게(g)를 측정한다고 하자. 무게는 절대적 원점이 존재하므로 비율척도라고 할 수 있으며 무게를 측정하기 위하여 주문된 제품을 저울 중앙에 올려놓고 디지털 계측기의 눈금이 정지될 때까지 기다린 다음 눈금을 읽는다라는 측정 표준에 의해 측정된 값이 155g이라고 하자. 만일 이 주문 제품을 mg까지 구분이 가능한 디지털 계측기로 측정한다면 어떤 값을 얻을 수 있을까? 아마도 155,000mg이 아닌 155,437mg과 같이 좀 더 정확한 값을 얻을 수 있을 것이다. 이와 같이 측정기/연산과정을 통해 측정되는 연속형 데이터는 측정된 값을 참값이라고 할 수 없고 측정 단위에 따라 일정한 구간에 속한다는 사실만을 구별할 수 있다. 즉, 155g은 참값이 아니며 이는 측정단위가 g인 측정 장비에 의해 구해진 값일 뿐 실제 참값은 [154.5, 156.4]의 구간에 존재한다는 것만을 알 수 있다. 이때, 사용되는 측정 단위는 해당 분야의 기술 수준과 실무적인 상황에 의해 결정된다. 만일 g을 측정할 수 있는 기술이 없다면 원한다고 하더라도 측정할 수 없을 것이고, 배송 비용을 g 단위로 부과할 때 mg으로 측정할 이유도 없을 것이다.

지금까지 설명된 내용을 정리하면, [그림 1.2]와 같다. 여기서, 연속형 데이터는 일정한 기준을 적용한 범주화(categorization)를 통하여 범주형으로 변환될 수 있지만, 그 역은 성립하지 않는다.

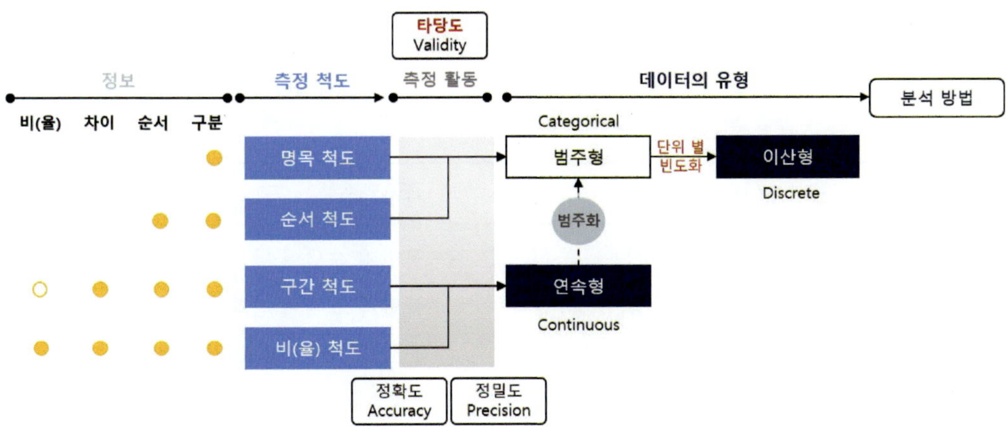

그림 1.2: 측정 척도와 데이터의 유형

1.1.3 확률 변수와 확률 분포 Random Variables and Probability Distributions

사전에 결과(outcome)를 예상 할 수 없는 활동을 일정한 조건에서 한 번 실시하는 경우를 시행(trial)이라고 한다. 그리고 각 시행에서 나타날 수 있는 가장 기본적인 결과를 근원 사상(element event)[7]이라고 하며, 가능한 모든 근원 사상의 집합을 표본 공간(sample space)이라고 한다. 표본공간에 포함된 원소들이 유한(finite)하거나 셀 수 있는 경우를 이산(discrete) 표본공간 그리고 어떤 구간 내에 있는 모든 실수를 취할 수 있는 표본 공간을 연속(continuous) 표본공간이라고 한다.

각 시행의 결과는 이러한 표본공간을 구성하는 원소들 중에서 하나 또는 일부를 얻게 되는데 이를 사상(events, 사건)이라고 한다. 실무적으로 관심 있는 모든 사건은 불확실성(uncertainty)을 갖는다. 다음의 관심 특성을 고려해 보자.

(1) 매장에 들어오는 고객의 성별
(2) 특정 제품에 대한 만족도(%)
(3) 매일 잘못 전달될 택배의 건수
(4) 특정 업무의 처리 시간(분)
(5) 표준 서비스 복장의 넥타이의 수

주어진 관심 특성 중에서 (5)의 경우는 사전에 결과를 알 수 있는 경우이므로 시행이라고 할 수 없다. 서비스 직원의 복장에서 넥타이는 1개임을 누구나 알 수 있기 때문이다. 나머지의 경우는 모두 사전에 결과를 알 수 없으므로 시행이라고 할 수 있으며, 각각의 근원사상을 모두 모아서 표본공간을 정의할 수 있다. 또한 각 표본공간은 그 구성 요소의 특징에 따라 이산 표본공간과 연속 표본공간으로 구분할 수 있으며, [표 1.3]과 같이 사상을 정의하여 실무적 관심 사항을 정의할 수 있다.

표 1.3: 데이터의 유형, 표본 공산 그리고 사상의 예

데이터 유형	표본 공간	사상(예)
(1) 범주형	이산: { 남, 여 }	첫번째 손님이 남자인 경우
(2) 범주형	이산: { 불만족, 보통, 만족}	불만족 고객이 전체의 5%를 넘는 경우
(3) 이산형	이산: $\{0, 1, 2, ..., K\}$	3건 이상의 오배송이 발생하는 경우
(4) 연속형	연속: 시간 $\in$ $(0, T]$	처리 시간이 30분 이상인 경우

실무적으로 관심 특성인 변수를 측정하여 숫자 또는 문자로 표현된 데이터를 생성하고, 관심이 있는 사건이 발생할 확률 계산할 수 있어야 하는데, 이러한 조건을 만족하는 변수를 확률변수(Random Variable)라고 한다.

[7]기본 사상 또는 기본 사건이라고도 한다. 이는 명확히 정의(well-defined)되고 구별 가능(distinguishable)해야 한다. 확률 이론에서는 사상을 집합으로 표현하여 사건의 발생여부와 확률을 계산한다.

ꕤ 확률 변수 Random Variable

- 표본 공간(sample space; S)으로부터 실수(real values; $\mathbb{R}$)로의 전환 함수

$$Y : S \rightarrow \mathbb{R}$$

확률(probability)이란 표본공간의 일부로 정의되는 사상이 발생할 가능성으로 해석하며, 모든 확률은 다음을 만족해야 한다. 이를 **확률의 공리(Axioms of Probability)**라고 한다.

확률의 공리 Axioms of Probability

사상 E 가 발생할 확률을 $\Pr(E)$ 라 할 때,
확률함수 $\Pr(\cdot) : E \rightarrow [0,1]$ 는 반드시 다음의 세 가지 공리를 만족해야 한다.
(1) $\Pr(S) = 1$, 여기서 S는 표본공간
(2) $0 \leq \Pr(E) \leq 1$
(3) 사상 $E_i, i = 1, 2, \ldots$ 가 상호 배반 사상일 때 다음이 성립한다.

$$\Pr\left(\bigcup_{i=1}^{\infty} E_i\right) = \sum_{i=1}^{\infty} \Pr\left(E_i\right)$$

여기서, 상호 배반(mutually exclusive)이란 다음을 만족하는 경우를 말한다.

$$\Pr\left(E_i \cap E_j\right) = 0 \quad \text{모든 가능한} \quad i \neq j$$

확률 변수가 취할 수 있는 모든 값 또는 범위에 대한 확률의 구조를 표현한 것을 **확률 분포**라고 한다. 이를 이용하여 확률 변수의 모든 가능한 사상에 대한 확률을 구할 수 있다. 확률 분포는 데이터의 유형에 따라 이산형과 연속형으로 구분되고, 각각의 확률 구조는 [그림 1.3]과 같다. 이산형 확률 분포는 확률 변수의 값에서 확률이 정의되고, 연속형 확률 분포는 확률 변수의 구간에서 확률이 정의된다.

확률 분포(probability distributions)}

- 확률 변수의 가능한 값들과 그 값들이 발생할 확률을 나타내는 함수
  - 이산형 확률 분포(probability mass functions; pmf)

$$\Pr(Y = y) = f(y), \ \text{여기서} \ f(y) \geq 0, \ \sum f(y) = 1$$

- 연속형 확률 분포(probability density functions; pdf)

$$\Pr(a \leq Y \leq b) = \int_a^b f(y)dy,\ \text{여기서}\ f(y) \geq 0,\ \int_{-\infty}^{\infty} f(y)dy = 1$$

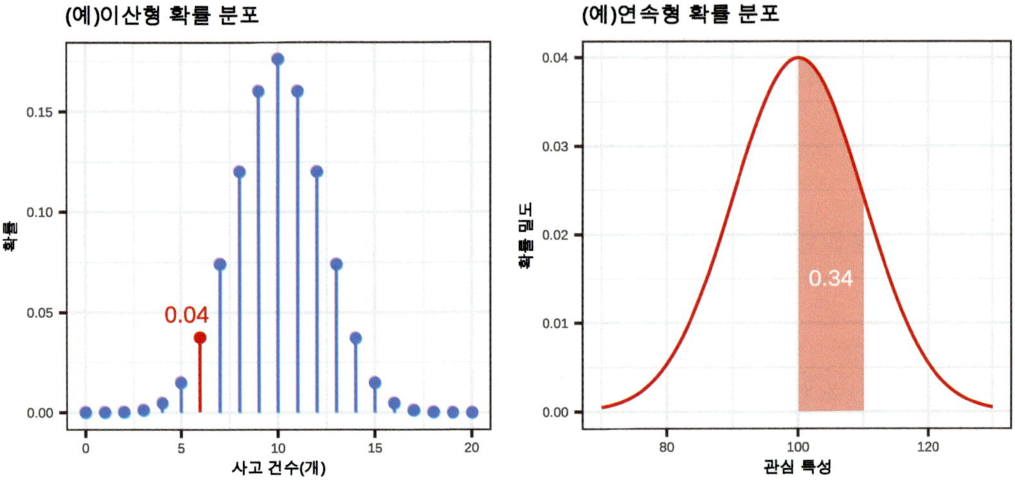

그림 1.3: 이산형과 연속형 확률 분포(예)

확률 분포는 측정 척도에 의한 데이터의 특성에 따라 정의되는 확률 변수에 의하여 결정된다. 확률 분포를 활용할 때 고려해야 할 사항은 다음과 같다.

확률 분포의 활용

- 언제 사용하는가?
- 확률 분포를 결정하는 모수(들)은 무엇인가?
- 관심 사상에 대한 확률을 어떻게 계산할 것인가?

가장 일반적으로 사용되는 확률 분포는 이산형인 경우, **이항 분포**와 **포아송 분포** 그리고 연속형인 경우, **정규 분포**를 들 수 있다[8,9,10]. 이항 분포는 임상 시험에서 치료에 대한 성공/실패 등과 같이 2가지 결과를

[8] 제이콥 베르누이(Jacob Bernoulli)에 의하여 이항 분포의 확률 이론이 개발되었으며, 그의 저서 Ars Conjectandi(1713)에서 소개되었다. Schneider, I. (2005). Jakob Bernoulli, Ars Conjectandi (1713). In Landmark Writings in Western Mathematics 1640-1940 (pp. 88-104). Elsevier Science.

[9] 시메옹 드니 포아송(Siméon Denis Poisson)은 사건의 발생 빈도를 설명하기 위하여 포아송 분포를 개발하였다. Poisson, S. D. (1837). Recherches sur la probabilité des jugements en matière criminelle et en matière civile: précédées des règles générales du calcul des probabilités. Bachelier.

[10] 드 무아브르(Abraham de Moivre)가 초기 개념을 제시하였고, 가우스(Carl Friedrich Gauss)가 다양한 데이터 분석에 적용하여 발전하였다. Gauss, C. F. (1877). Theoria motus corporum coelestium in sectionibus conicis solem ambientium (Vol. 7). FA Perthes.

갖는 사건이 일정한 횟수 만큼 반복될 때 사용될 수 있으며, 포아송 분포는 일정 시간내의 교통 사고 건수 등과 같이 일정 시간이나 공간 내에서 사건이 발생하는 횟수를 측정했을 때 사용될 수 있다. 정규 분포는 가장 널리 사용되는 분포로 평균을 중심으로 좌우 대칭과 종형의 형태를 갖는 연속형 측정값에 적용될 수 있다.

통계 이론에서의 수학적 논리는 확률 계산에서 중요한 역할을 한다. R을 사용하는 경우, [표 1.4]의 광범위한 통계 함수를 통하여 복잡한 확률을 쉽게 계산할 수 있다. 여기서, 모수는 각 확률 분포의 확률 구조를 결정하는 상수를 말하며, 기호는 분포 표현 방법 그리고 R 함수는 R에서의 함수명을 의미한다.

표 1.4: 대표적인 이산형 확률 분포와 연속형 확률 분포

유형	분포	모수	기호	R 함수
이산형	이항 Binomial	n, p	$Bin(n, p)$	binom()
	포아송 Poisson	λ	$Poi(\lambda)$	pois()
	초기하 Hypergeometric	m, n, k	$H(m, n, k)$	hyper()
	기하 Geometric	p	$Geo(p)$	geom()
	음이항 Negative Binomial	r, p	$NB(r, p)$	nbinom()
연속형	정규 Normal	μ, σ^2	$N(\mu, \sigma^2)$	norm()
	지수 Exponential	θ	$Exp(\theta)$	exp()
	균일 Uniform	a, b	$Unif(a, b)$	unif()
	대수 정규 Log normal	μ, σ^2	$LogN(\mu, \sigma^2)$	lnorm()

개별적인 R 함수를 *라고 할 때, 다음의 형식으로 확률 분포와 관련된 다양한 함수들을 계산할 수 있다.

- d* : 확률 밀도(질량) 함수 probability density(mass) function
- p* : 누적 분포함수 cumulative distribution function
- q* : 역 누적함수 inverse cumulative distribution function
- r*: 임의 난수 생성 함수 random number generation function

예를 들어, 이항 분포의 확률 질량 함수는 dbinom(), 누적분포 함수는 pbinom(), 역 누적함수는 qbinom()을 이용하여 계산할 수 있고, 임의 난수 생성은 rbinom() 함수를 이용하여 원하는 개수만큼 생성할 수 있다. 이에 대한 구체적인 활용 방법은 [제 2 장]에서 다양한 예제를 통하여 다루기로 한다.

1.2 통계적 의사 결정 Statistical Decision Making

통계적 사고에 기반한 통계적 의사 결정은 불확실성을 갖는 표본 데이터를 이용하여 모집단의 특성을 추정하고, 이를 통해 합리적인 결론을 도출하는 과정을 말한다. 이의 중요 단계와 절차는 [그림 1.4]와 같다.

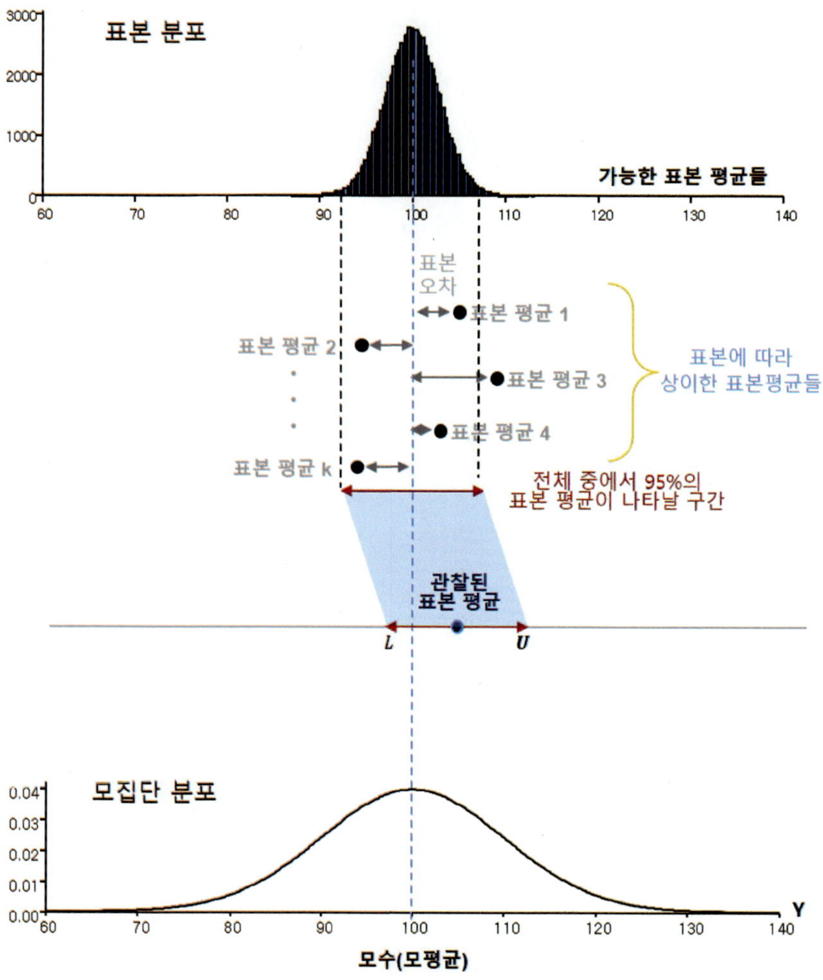

그림 1.4: 통계적 의사 결정의 기본 과정

일반적으로 **통계를 활용한다** 또는 **데이터를 이용한다**라고 하면, 측정 활동을 통하여 데이터를 수집하고 요약하여 정보를 도출하는 [그림 1.4]에서 [표본 요약]을 의미하는 경우가 많다. 하지만, 이는 표본의 추출 방법과 크기에 따라 그 유용성이 결정될 뿐만 아니라 의사 결정의 주관성도 배제할 수 없다.

통계적 의사 결정의 유용성은 [그림 1.4]의 [표본 요약] 이외의 단계와 절차에 의하여 좌우된다. 따라서, 올바른 적용을 위하여 (1) 모집단과 표본의 명확한 구분 (2) 대표성 있는 표본의 선택 (2) 확률 변수에 따른 적절한 확률 분포의 가정 (3) 올바른 표본 분포와 추론 방법의 선택 (4) 의미 있는 의사 결정 기준을 이해해야 한다.

1.2.1 모집단과 표본 Population and Sample

기본 용어

모집단과 표본을 명확히 구분한다.

- 모집단(population): (분석) 목적의 대상이 되는 집단
- 표본(sample): 선택된 모집단의 일부

모집단(population)이란 관심 대상이 되는 집단을 말한다. 이는 그 목적에 따라 크기가 클 수도 있고 작을 수도 있다. 또한 그 크기가 **무한대**(∞)로 정의되는 경우를 **무한 모집단**이라고 부르고, 그렇지 않은 경우를 **유한 모집단**이라고 부른다. 일반적으로 자연 현상 그리고 현장의 프로세스를 대상으로 하는 경우에는 대부분 무한 모집단을 가정한다. 이는 현상 또는 활동이 대부분 지속성을 가지며, 수집된 시점까지의 요약보다는 앞으로 일어날 결과에 대한 예측을 더 중요시한다는 점을 반영한 것이다.

표본(sample)이란 모집단의 일부를 말한다. 이는 측정 활동의 대상이며 데이터의 출처이다. 따라서 표본은 관심 특성의 특징에서 모집단과 비슷해야한다. 이를 표본의 대표성 (representativeness)이라고 한다. 즉, 바람직한 표본이란 모집단을 잘 대표할 수 있는 표본을 의미한다. 여기서, 대표성은 모든 데이터 분석에서 가장 중요한 개념이다. 예를 들어, 비수기에 했던 활동의 결과를 조사하여 성수기의 활동을 설명하고 예측한다면 무슨 의미가 있겠는가? 이는 표본의 대표성에 심각한 문제가 있는 경우라고 할 수 있다.

모수와 통계량

모수는 모집단의 특징이며, **통계량**은 표본의 결과이다.

- 모수(parameter): 모집단의 관심 특성을 나타내는 양적인 측도
  - 알려지지 않은 상수(constants)이며, 일반적으로 그리스 소문자로 표현 (예) μ, σ, ρ 등
- 통계량(statistic) : 표본으로부터 측정된 데이터들의 함수
  - 모수에 대한 표본 정보를 요약
  - 고유의 기호를 부여하거나 햇트(^)을 추가하여 모수와 구별 (예) $\bar{Y}$, $\hat{\mu}$, S, $\hat{\sigma}$, r, $\hat{\rho}$ 등

모집단의 특징은 모수(parameter)로 표현된다. 모수란 모집단에서 측정되는 관심 특성에 대한 특징을 표현하는 것으로, 알려지지 않은 상수(constant)로 가정한다. 일반적으로 모수는 μ, σ 등의 그리스

소문자로 표현하며, 분석의 목적을 적은 수의 모수로 표현할 것을 권장한다. 이는 모든 추론적 분석의 전제 조건으로 모수 절약의 원칙(Parsimony Principle)이라고 한다. 수집된 데이터는 필요에 따라 표, 그래프 또는 숫자의 형태로 요약된다. 물론 동일한 데이터에 대하여 표, 그래프 그리고 숫자 모두를 적용할 수도 있다. 데이터로부터 계산되는 숫자 또는 값을 통계량(statistic)이라고 부른다. 통계량은 $\bar{X}, S$ 등과 같이 사전에 지정된 기호로 표현하거나 $\hat{\mu}$, $\hat{\sigma}$ 등과 같이 모수에 **햇트**(^)표시를 더하여 구별한다. 분석 목적을 반영하는 관심 특성이 결정되었을 때 **모수**는 모집단의 특징이며 **통계량**은 표본의 결과이다. 간단한 예로 모집단을 5개의 원소로 가정하고, 그 측정 값은 $\{10, 20, 30, 40, 50\}$ 일때, 모집단에서의 관심 특성을 **평균**이라고 하자. 만일 2개의 표본을 임의로 추출한다고 가정하면, 경우의 수는 총 10개이며, 모집단의 평균과 선택된 표본의 평균은 [표 1.5]와 같다.

```
(모집단)  10  20  30  40  50: 모평균 = 30
```

표 1.5: 모든 가능한 표본(n = 2)과 표본 평균들

	1	2	3	4	5	6	7	8	9	10
unit1	20	10	40	50	30	20	50	30	50	50
unit2	10	30	10	10	20	40	20	40	30	40
Mean	15	20	25	30	25	30	35	35	40	45
Probability	1/10	1/10	1/10	1/10	1/10	1/10	1/10	1/10	1/10	1/10

모평균과 표본 평균들(n = 2)

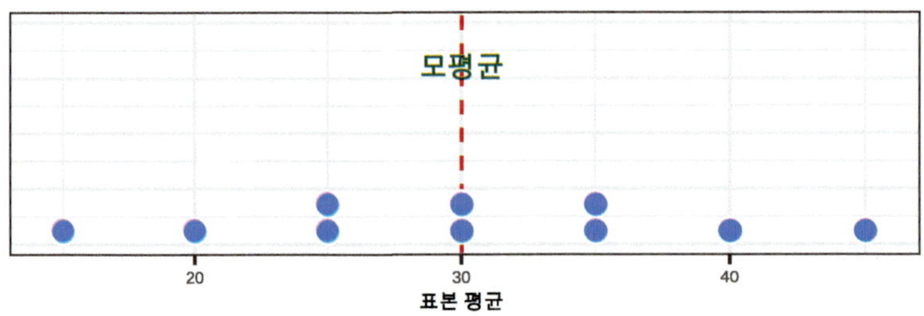

이와 같이 선택된 표본이 달라지면 계산되는 통계량 값이 달라진다. 이러한 가능한 모든 표본으로 부터 계산된 통계량의 변동 구조를 표본 분포(sampling distributions)라고 부르며, 이는 표본 변이에 의한 통계량의 불확실성을 나타내며, 표본의 크기에 영향을 받고, 통계량의 표본 오차(sampling error)를 표현한다.

표본의 선택과 크기

- 좋은 표본이란 모집단을 대표하는 표본이다[11].

[11] 특정 모집단의 정보 - 특정 집단 별 특징이 유사/상이 등 - 가 주어진 경우, 랜덤 추출 이외에 층화(stratified) 추출법, 집락(cluster) 추출법 등의 방법을 적용하여 대표성을 보다 효율적으로 달성할 수 있다.

- 주어진 정보가 없는 경우, 가장 유용한 방법은 랜덤 추출법(Random Sampling)이다.
- 적절한 표본 크기는 모집단 분포의 형태와 산포가 결정한다.

[그림 1.5]는 분포의 형태가 서로 다른 유한 모집단(파란색)으로부터 랜덤 추출한 결과(빨간색)를 보여준다. 고려한 두 경우 모두 모집단과 비슷한 구조를 갖는 대표성있는 표본이 추출되었음을 확인할 수 있다. 이와 같이, 고려하는 관심 특성에 대하여 모집단의 특징이 사전에 알려져 있지 않은 경우, 랜덤 추출법(Random Sampling)은 대표성있는 표본 선택을 위한 유용한 방법이다[12].

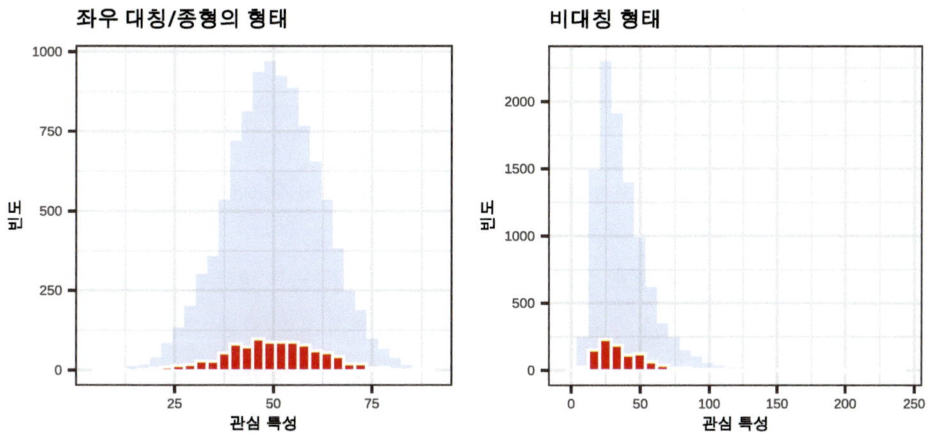

그림 1.5: 분포의 형태별 랜덤 추출 결과(예)

[12]랜덤 추출 방법을 단순 임의 추출법(Simple Random Sampling; SRS)이라고 하고, 이는 모든 과학적 조사의 기초가 된다.

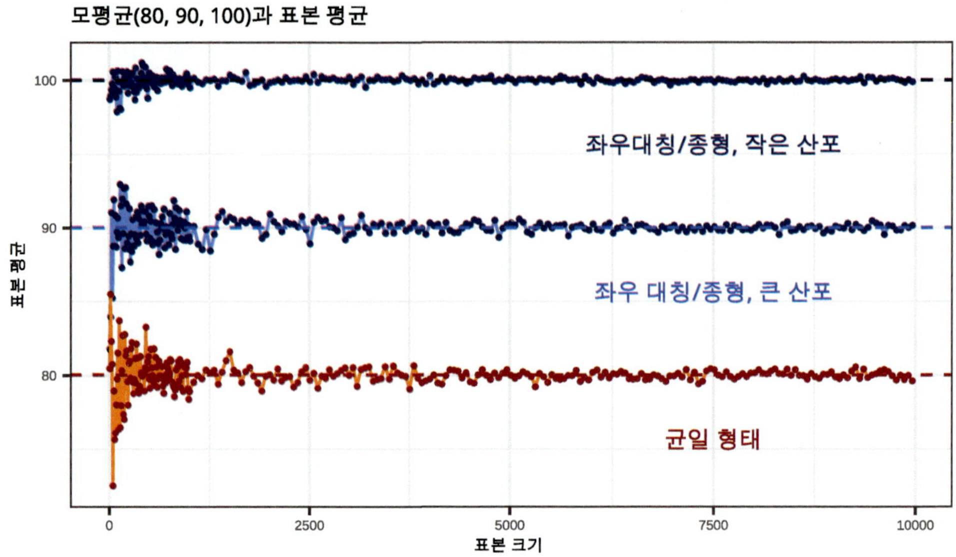

그림 1.6: 분포의 형태별 표본크기에 따른 모평균과 표본 평균

[그림 1.6]은 서로 다른 모집단 분포 형태에서 표본 크기에 따른 표본 평균이 모평균과 얼마나 일치하는가를 보여준다. 모집단의 산포가 작을수록 적은 표본 크기에서 표본 평균이 모평균과 근접하는 것을 확인할 수 있으며, 모집단의 산포와 함께 분포의 형태 역시 근접 정도에 영향을 주고 있음을 확인할 수 있다. 또한 패턴의 형태를 자세히 고찰해 보면, 표본 크기가 큰 경우가 표본 크기가 작은 경우와 비교할 때 항상 모평균과 근접하는 것은 아님도 확인할 수 있다. 전체적으로 표본 크기가 커질수록 표본 평균은 모평균과 비슷해지는 경향을 갖는데, 이를 대수의 법칙(Law of Large Number)이라고 한다[13].

특정 모집단에서 동일한 표본 크기(n=30)를 반복(r=1000)적으로 랜덤 추출하면, 매번 서로 다른 표본을 얻게된다. 이로 부터 표본 평균을 계산하여 그 빈도를 확인해 보면 [그림 1.7]과 같다. 분포의 형태와 관계없이 표본 평균의 구조는 좌우 대칭과 종형의 형태에 가까워짐을 확인할 수 있다. 이러한 표본 평균의 특징을 중심 극한 정리(Central Limit Theorem; CLT)라고 한다.

[13] 표본 $Y_1, Y_2, \ldots, Y_n$ 이 동일한 확률 분포를 따르고, 각각의 표본 Y_i 가 기댓값 $E[Y_i] = \mu$ 와 분산 $\sigma^2 < \infty$ 를 가질때, n 이 무한히 커지면, 표본 평균 $\bar{Y}_n$ 는 모평균 μ 에 수렴한다.

$$\lim_{n\to\infty} \bar{Y}_n = \lim_{n\to\infty} \frac{1}{n} \sum_{i=1}^{n} Y_i = \mu$$

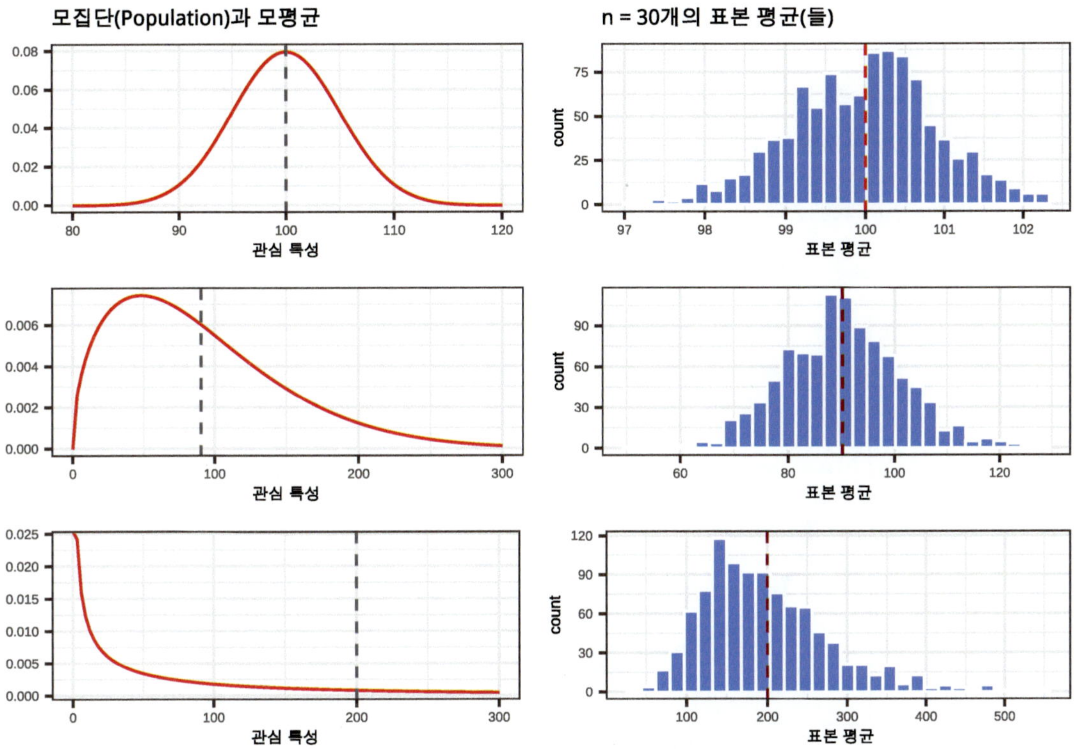

그림 1.7: n=30의 표본을 r=1000번 반복하여 추출한 경우의 표본 평균의 빈도 구조

중심 극한 정리(Central Limit Theorem; CLT)

모집단 분포의 형태와 관계없이, 표본 평균의 분포는 정규 분포로 근사한다[14].

모집단의 평균과 분산을 각각 μ, σ^2 이라고 할 때, 표본 크기 n 이 충분히 크다면, 표본 평균의 분포는 근사적으로 다음과 같은 분포를 따른다.

$$\bar{Y} \simeq N\left(\mu, \frac{\sigma^2}{n}\right) \iff Z = \frac{\bar{Y} - \mu}{\sigma/\sqrt{n}} \simeq N(0,1)$$

- 표준 오차(Standard Error; SE)

$$SE(\bar{Y}) = \frac{\sigma}{\sqrt{n}}$$

- 통계량의 표준 편차를 의미하며, 표본 크기(n)가 커질수록 작아진다.

[14] Z를 표준 정규분포(Standard Normal Distribution)라고 부르며, 기호로 N(0, 1)으로 표기한다.

[그림 1.8]은 표본 크기에 따른 표준 오차의 변화를 보여준다. 모집단 표준 편차는 상수이므로 표준 오차는 표본 크기만의 영향을 받는다. 이때, 표준 오차의 감소 패턴은 대략 표본 크기 $n \leq 30$까지 크게 감소하고 그 이후에는 표본 크기가 증가하더라도 감소 정도가 크지 않음을 확인할 수 있다.

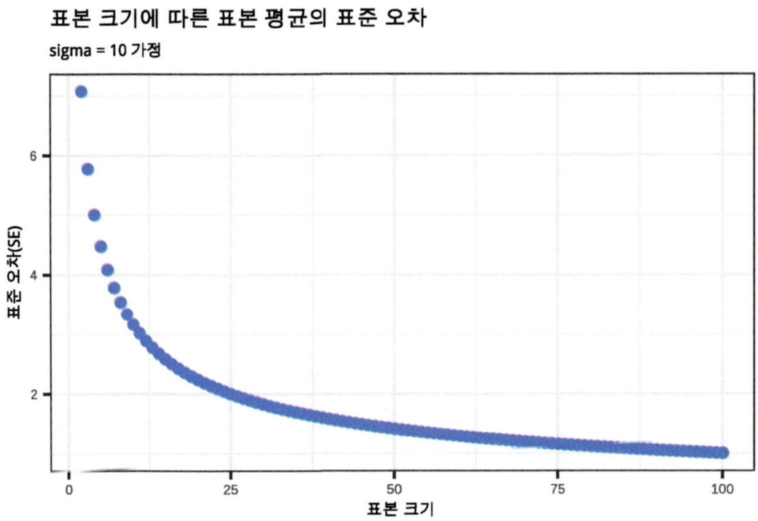

그림 1.8: 표본 크기에 따른 표준 오차

1.2.2 중요 통계량의 표본 분포 Sampling Distributions

통계량(statistic)은 확률 표본으로 이루어진 함수, 즉, 데이터로 부터 계산할 수 있는 함수를 말한다. 일반적으로 널리 사용되는 이항 분포, 포아송 분포 그리고 정규 분포는 각각 모비율(p), 모평균 건수(λ) 그리고 모평균(μ)과 모분산(σ^2)을 모수로 갖는다. 이러한 모수들에 대한 바람직한 통계량은 다음과 같다[15].

중요 모수와 바람직한 통계량[16]

- 표본 평균의 기대값은 모평균이다[17].

[15] 통계량 중에서 특정 모수를 추정하는데 사용되는 통계량을 추정량(estimators)이라고 한다. 모든 **추정량**은 통계량이지만 모든 통계량이 **추정량**은 아니다. 따라서 **추정량**은 통계량의 부분집합이라고 할 수 있다.

[16] 통계학에서 모수는 미지의 상수라는 의미에서 그리스 소문자를 사용한다(Snedecor and Cochran, 1937). 이항 분포의 모수 역시 그리스 소문자 π로 정의된다. 하지만, p가 실무적으로 널리 사용되면서 대부분의 경우 p로 사용하고, 이의 추정량을 $\hat{p}$로 표현한다.

[17] 통계량의 기대값이 모수가 되는 특징을 불편성(unbiasedness)이라고 하고, $E(\hat{\theta}) = \theta$로 표현한다. 이는 바람직한 통계량이 가져야할 중요한 특성이다.

	모수	통계량	확률 변수
비율	p	$\hat{p}=\frac{1}{n}\sum_{i=1}^{n}Y_i$	$Y_i=0,1$
평균 건수	λ	$\hat{\lambda}=\frac{1}{n}\sum_{i=1}^{n}Y_i$	$Y_i=0,1,2,...$
평균	μ	$\hat{\mu}=\frac{1}{n}\sum_{i=1}^{n}Y_i$	$Y_i\in\mathbb{R}$
분산	σ^2	$\hat{\sigma}^2=\frac{1}{n-1}\sum_{i=1}^{n}\left(Y_i-\bar{Y}\right)^2$	$\forall\, Y_i$

모든 통계량은 고유의 분포를 갖는다. 이를 표본 분포(sampling distributions)라 하고, 이는 (1) 표본 크기(n)의 영향을 받고 (2) 통계량의 표본 오차(sampling error)를 반영한다. 대표적인 표본 분포로는 중심 극한 정리에 의한 **정규 분포** 그리고 **카이제곱(chi-square) 분포**, **t-분포**, **F-분포**를 들 수 있다.

카이 제곱 분포(Pearson, 1900)[18], $\chi^2(\nu)$

- 표준 정규분포의 **제곱합(Sum of Squared)**의 분포이다.

$Z_i \sim N(0,1), i=1,2,...,\nu$가 상호 독립일 때

$$C \equiv \sum_{i=1}^{\nu} Z_i^2 \sim \chi^2(\nu) \quad \text{여기서, } \nu \text{ 은 자유도}$$

- $E(C)=\nu$ 그리고 $Var(C)=2\nu$

[그림 1.9]는 카이제곱 분포의 모수인 자유도(degree of freedom; df)에 따른 카이제곱 분포의 형태를 보여준다[19]. 이는 자유도에 따라 형태(shape), 위치(location), 척도(scale)가 모두 변경됨을 확인할 수 있다.

[18] Pearson, K. (1900). On the criterion that a given system of deviations from the probable in the case of a correlated system of variables is such that it can reasonably be supposed to have arisen from random sampling. Philosophical Magazine, Series 5, 50(302), 157-175.

[19] 자유도(df)란 특정 통계량을 계산할 때, 제약되지 않은 데이터의 수를 의미한다. 이는 $df=n-k$로 계산되며, 이때, k는 통계량을 계산하기 위하여 추정되는 제약조건(또는 모수)의 수이다. 예를 들어, 표본 합의 경우에는 제약조건이 없으므로, 자유도가 n이 되고, 표본 분산의 경우에는 데이터로 부터 편차 계산을 위하여 $\bar{Y}$를 추정하므로, $n-1$이 된다.

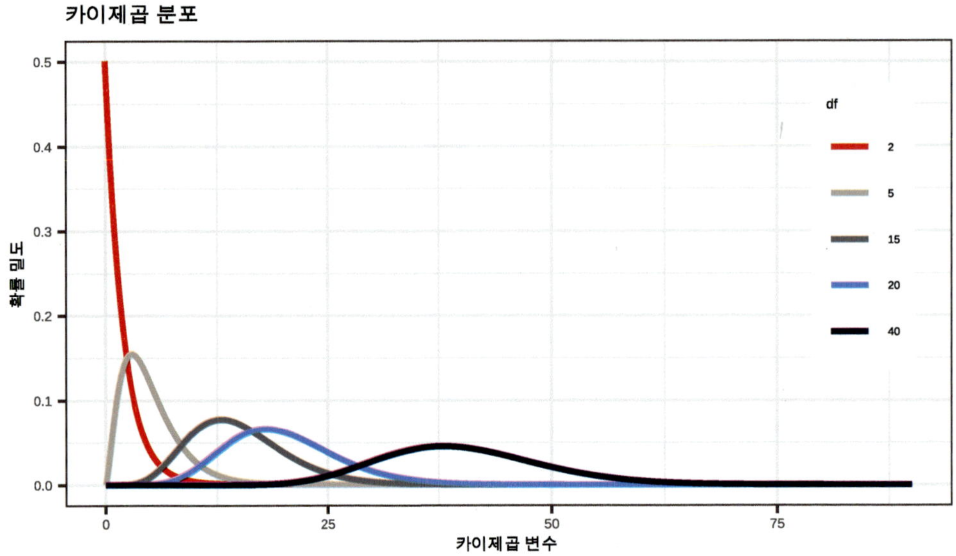

그림 1.9: 자유도(df)에 따른 카이제곱 분포의 형태

카이제곱 분포는 가법성을 만족하고[20], 이를 이용하여 표본 분산의 분포를 도출 할 수 있다.

표본 분산의 분포

정규모집단 $N(\mu, \sigma^2)$ 으로부터 크기 n 의 확률표본을 추출할 때

$$C = \sum_{i=1}^{n} \left(\frac{Y_i - \bar{Y}}{\sigma} \right)^2 = \frac{(n-1)S^2}{\sigma^2} \sim \chi^2(n-1)$$

카이제곱 분포의 활용에서 다음을 고려해야 한다.

- 언제 사용하는가?
  (1) 표본 분산의 분포 그리고 모분산의 통계적 추론
  (2) 정규 근사에 기초한 범주형 변수의 독립성/동일성 검정
- 분포의 모수는 무엇인가?
  - 표본 크기(n)에 의하여 결정되는 자유도
- 확률 계산은 어떻게 할 것인가?
  - R 이용

[20] $C_1 \sim \chi^2(\nu_1)$ 와 $C_2 \sim \chi^2(\nu_2)$ 가 상호 독립이면, $C_1 + C_2 \sim \chi^2(\nu_1 + \nu_2)$

일반적으로 하위 α의 확률을 갖는 카이제곱 변수(역누적 확률) 값을 $\chi^2_\alpha(\nu)$로 표현하고, 상위 α의 확률을 갖는 카이제곱 변수 값을 $\chi^2_{1-\alpha}(\nu)$로 표현한다. [그림 1.10]에서 하위 그리고 상위 누적 확률 `0.025`를 갖는 카이제곱 변수 값을 확인할 수 있다. 이를 R을 이용하여 구해보면 다음과 같다.

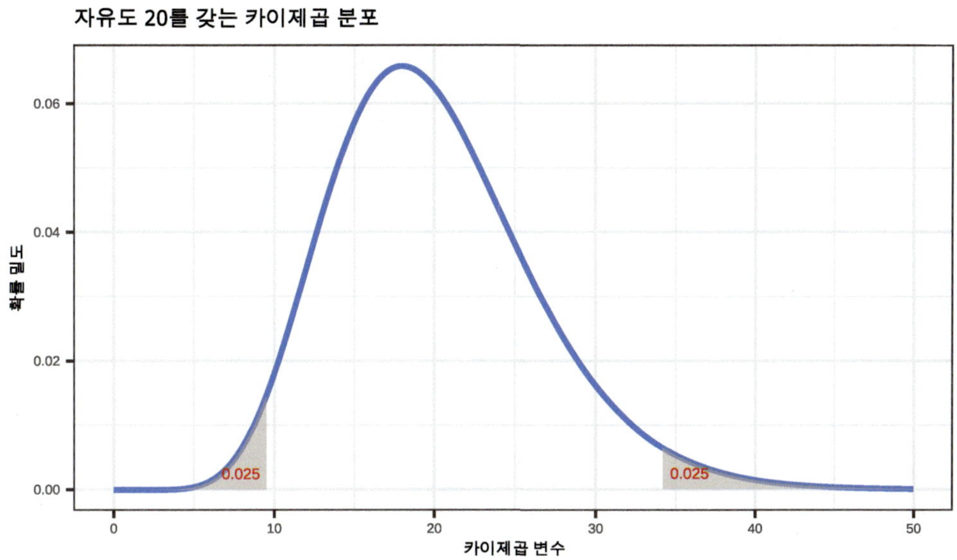

그림 1.10: 카이제곱 분포의 상위와 하위 누적 확률(예)

카이제곱 분포의 확률 계산

- `qchisq(p, df)`를 이용하여 역누적 확률값 $\chi^2_p(df)$를 구할 수 있다.
- `pchisq(c, df)`를 이용하여 누적 확률 $\Pr\left[\chi^2(df) \leq c\right]$를 구할 수 있다.

```
# 역 누적 확률
qchisq(0.025, df = 20)
```

```
# [1] 9.59
```

```
qchisq(0.975, df = 20)
```

```
# [1] 34.2
```

```
# 누적 확률
pchisq(9.59, df = 20)
```

```
# [1] 0.025
```

```r
pchisq(34.2, df = 20)
```

```
# [1] 0.975
```

t-분포(Gosset, 1908)[21], $t(\nu)$

소 표본에서 모수를 보다 신뢰성 있게 추정한다.

두 확률변수 Z 와 C 가 각각 $Z \sim N(0,1)$, $C \sim \chi^2(\nu)$ 이고 상호 독립이면,

$$T = \frac{Z}{\sqrt{C/\nu}} \sim t(\nu)$$

- $E(T) = 0$ 그리고 $Var(T) = \frac{\nu}{\nu-2}$, $\nu > 2$

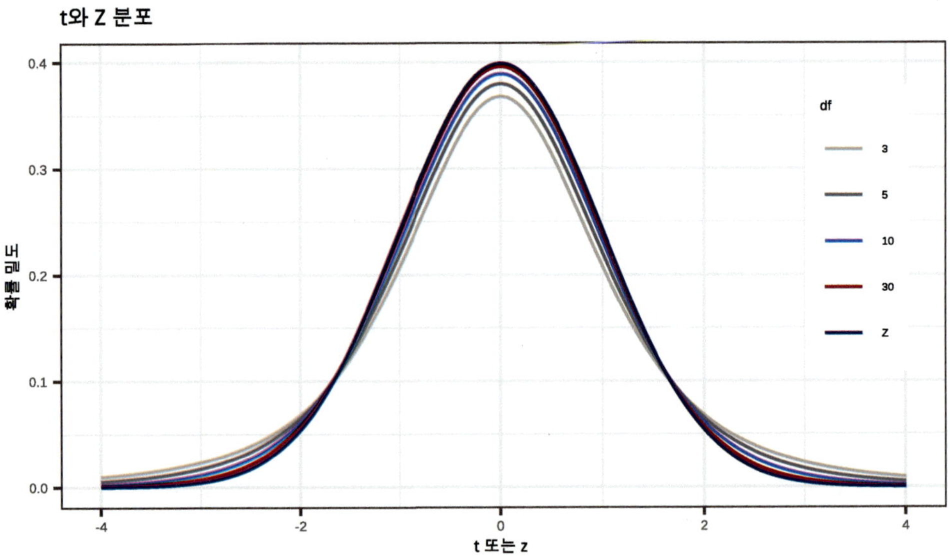

그림 1.11: 자유도에 따른 t-분포와 표준 정규 분포(Z)

[21] Student [Gosset, W. S.]. (1908). The probable error of a mean. Biometrika, 6(1), 1-25.

[그림 1.11]은 모수인 자유도(degree of freedom; df)에 따른 t-분포의 형태를 보여준다. 이는 좌우 대칭, 종형의 형태를 갖고, 자유도가 증가하면 표준 정규 분포의 형태와 거의 일치함을 확인할 수 있다.

t-분포는 모분산이 알려지지 않고 표본 크기가 작은 경우($n \leq 30$), 표본 평균의 분포로 사용된다. 만일 표본의 크기가 큰 경우($n > 30$)에는 표준 정규분포를 사용한다.

표본 평균의 분포

정규모집단 $N\left(\mu, \sigma^2\right)$에서 분산이 알려지지 않은 경우의 표본 평균의 분포는 다음과 같다.

(1) $n \leq 30$이면, $T = \frac{\bar{Y}-\mu}{S/\sqrt{n}} \sim t(n-1)$

(2) $n > 30$이면, $T = \frac{\bar{Y}-\mu}{S/\sqrt{n}} \sim N(0,1)$

이를 간단히 증명하면 다음과 같다.

$$\bar{Y} \sim N\left(\mu, \frac{\sigma^2}{n}\right) \quad \Leftrightarrow \quad Z = \frac{\bar{Y}-\mu}{\sqrt{\sigma^2/n}} \sim N(0,1) \quad \text{그리고} \quad \frac{(n-1)S^2}{\sigma^2} \sim \chi^2_{(n-1)}$$

따라서 다음이 성립한다.

$$T = \frac{Z}{\sqrt{\frac{(n-1)S^2}{\sigma^2}/(n-1)}} = \frac{\bar{Y}-\mu}{S/\sqrt{n}} \quad \sim \quad t(n-1)$$

t-분포의 활용에서 다음을 고려해야 한다.

- 언제 사용하는가?

  모분산을 모르는 경우, 모평균에 대한 통계적 추론

- 분포의 모수는 무엇인가?

  \- 표본 크기(n)에 의하여 결정되는 자유도

- 확률 계산은 어떻게 할 것인가?

  \- R 이용

일반적으로 하위 α의 확률을 갖는 t-변수(역누적 확률) 값을 $t_\alpha(\nu)$로 표현하고, 상위 α의 확률을 갖는 t-변수 값을 $t_{1-\alpha}(\nu)$로 표현한다. [그림 1.12]에서 하위 그리고 상위 누적 확률 0.025를 갖는 t-변수 값을 확인할 수 있다. 이를 R을 이용하여 구해보면 다음과 같다.

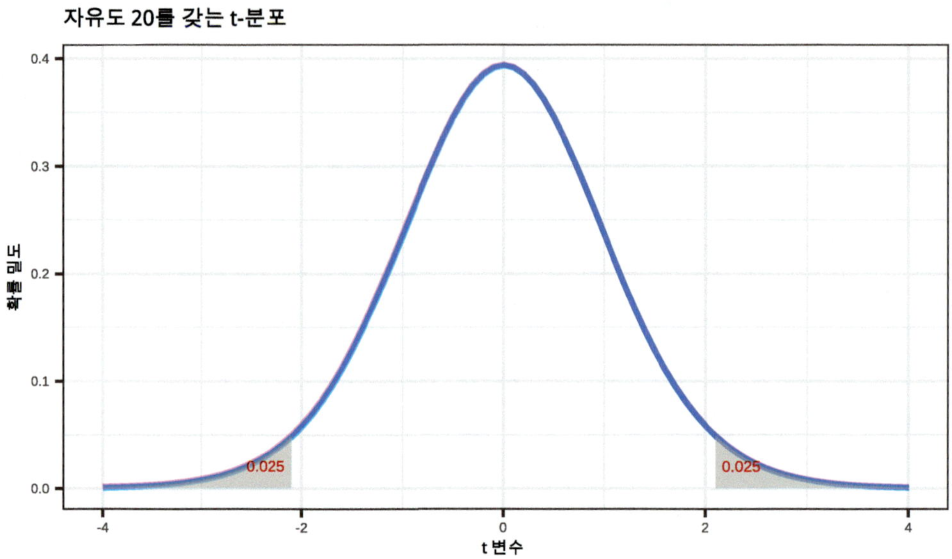

그림 1.12: t(20) 분포의 상위와 하위 누적 확률(예)

t-분포의 확률 계산

- qt(p, df)를 이용하여 역누적 확률값 $t_p(df)$을 구할 수 있다.
- pt(t, df)를 이용하여 누적 확률 $\Pr[t(df) \le t]$을 구할 수 있다.

```r
# 역 누적 확률
qt(0.025, df = 20)
```

```
# [1] -2.09
```

```r
qt(0.975, df = 20)
```

```
# [1] 2.09
```

```r
pt(-2.09, df = 20)
```

```
# [1] 0.0248
```

```
pt(2.09, df = 20)
```

```
# [1] 0.975
```

F-분포(Snedecor, 1934)[22], $F(\nu_1, \nu_2)$

변동을 기초로 2개 이상의 모평균을 비교할 때 유용하다.

두 개의 통계량 C 와 U 가 각각 $C \sim \chi^2(\nu_1), U \sim \chi^2(\nu_2)$ 이고 상호 독립일 때

$$F = \frac{C/\nu_1}{U/\nu_2} \sim F(\nu_1, \nu_2)$$

- $E(F) = \frac{\nu_2}{\nu_2 - 2}, \nu_2 > 2$ 그리고 $Var(F) = \frac{2\nu_2^2(\nu_{1+}\nu_2 - 2)}{\nu_2(\nu_2-2)^2(\nu_2-4)}, \nu_2 > 4$

[그림 1.13]은 모수인 두 개의 자유도(degree of freedom; df)에 따른 F-분포의 형태를 보여준다. 이는 0보다 큰 값에서 확률이 정의되며, 비대칭의 형태를 갖는다. 두 개의 자유도가 순서 역시 분포의 형태에 영향을 준다.

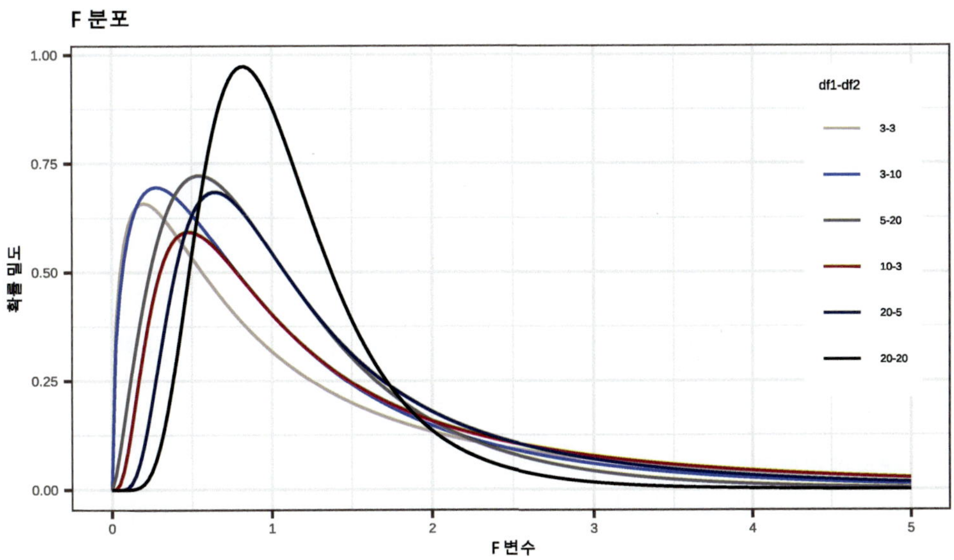

그림 1.13: 두 개의 자유도에 따른 F-분포

[22]Snedecor, G. W. (1934). Calculation and interpretation of analysis of variance and covariance. Collegiate Press. F-분포의 다양한 활용 방법 Snedecor, G. W., & Cochran, W. G. (1989). Statistical Methods (8th ed.). Iowa State University Press.

F-**분포**는 상호 독립인 두 정규 모집단의 분산을 비교하기 위해 사용되는 분포로 다음과 같이 표본 분산 비의 분포로 정의된다. 이는 **실험 설계**와 **분석** 영역에서 사용되는 분산 분석(Analysis of Variance; ANOVA)의 기초가 된다.

표본 분산 비의 분포

평균과 분산이 다른 두 개의 정규 모집단 $N(\mu_1, \sigma_1^2)$과 $N(\mu_2, \sigma_2^2)$으로 부터 각각 n_1, n_2개의 임의 표본을 추출했을 때,

$$\frac{(n_1-1)\,S_1^2}{\sigma_1^2} \sim \chi^2(n_1-1) \quad \text{그리고} \quad \frac{(n_2-1)\,S_2^2}{\sigma_2^2} \sim \chi^2(n_2-1) \quad \text{이고,}$$

$$F = \frac{\left(\frac{(n_1-1)S_1^2}{\sigma_1^2}\right)/(n_1-1)}{\left(\frac{(n_2-1)S_2^2}{\sigma_2^2}\right)/(n_2-1)} = \frac{S_1^2}{S_2^2}\frac{\sigma_2^2}{\sigma_1^2} \sim F(n_1-1,\ n_2-1)$$

F-분포의 활용에서 다음을 고려해야 한다.

- 언제 사용하는가?
  (1) 모분산의 비에 대한 통계적 추론
  (2) 분산 분석
- 분포의 모수는 무엇인가?
  - 표본 크기(n_1, n_2)에 의하여 결정되는 두 개의 자유도
- 확률 계산은 어떻게 할 것인가?
  - R 이용

일반적으로 하위 α의 확률을 갖는 F-변수(역누적 확률) 값을 $F_\alpha(\nu_1, \nu_2)$로 표현하고, 상위 α의 확률을 갖는 F-변수 값을 $F_{1-\alpha}(\nu_1, \nu_2)$로 표현한다. [그림 1.14]에서 하위 그리고 상위 누적 확률 0.025를 갖는 F-변수 값을 확인할 수 있다. 이를 R을 이용하여 구해보면 다음과 같다.

F-분포의 확률 계산

- `qf(p, df1, df2)`를 이용하여 역누적 확률값 $F_p(df_1, df_2)$를 구할 수 있다.
- `pf(f, df1, df2)`를 이용하여 누적 확률 $\Pr[F(df_1, df_2) \le f]$을 구할 수 있다.

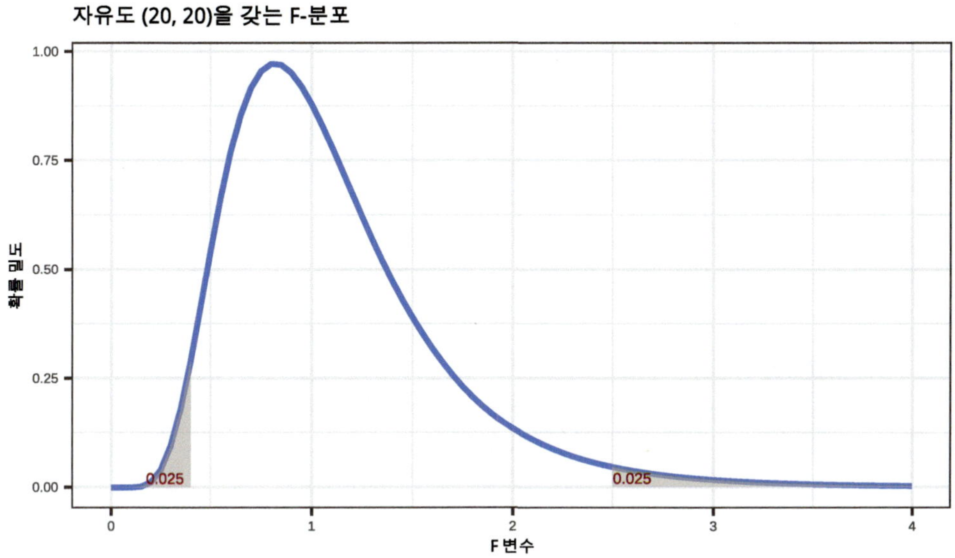

그림 1.14: F(20, 20) 분포의 상위와 하위 누적 확률(예)

```
# 역 누적 확률
qf(0.025, df1 = 20, df2 = 20)
```

```
# [1] 0.406
```

```
qf(0.975, df1 = 20, df2 = 20)
```

```
# [1] 2.46
```

```
pf(0.406, df1 = 20, df2 = 20)
```

```
# [1] 0.0251
```

```
pf(2.46, df1 = 20, df2 = 20)
```

```
# [1] 0.975
```

1.2.3 통계적 추론 Statistical Inference

통계적 추론(Statistical inference)이란 표본 데이터를 이용하여 모집단의 특성을 추정하고, 추정 결과에 대한 믿을만한 정도 또는 틀릴 가능성을 명시적으로 지정하여 불확실성을 반영하는 의사결정 방법을 말하며, 추정(Estimation)과 가설 검정(Hypothesis Testing)으로 구분된다. 이때, 추정은 하나의 값으로 추정하는 점 추정(Point Estimation)과 특정 구간으로 추정하는 구간 추정(Interval Estimation)으로 다시 구분된다. 이를 정리하면, [그림 1.15]와 같다.

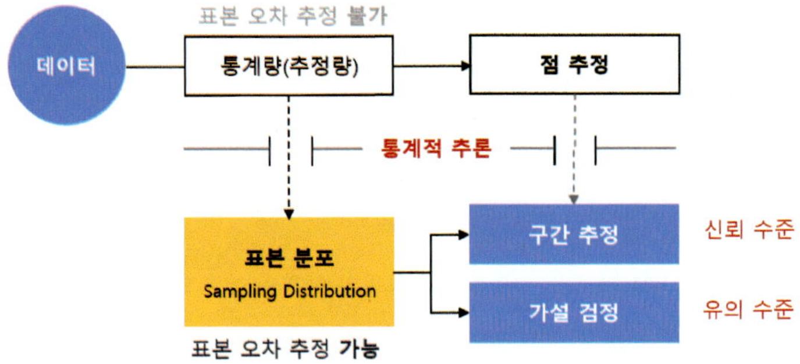

그림 1.15: 통계적 추론의 주요 방법

점추정(point estimation)은 모평균(μ)을 추정하기 위하여 표본 평균($\bar{X}$)를 사용하는 것과 같이, 모집단의 모수를 표본으로 부터 계산된 하나의 통계량(statistic)으로 추정하는 것을 말한다. 이는 간단하고 직관적이지만, 표본의 불확실성을 반영하지 못한다. 구간 추정은 점추정의 결과를 보완하여 표본의 불확실성을 반영한 결과를 제공한다.

- 구간 추정(Interval Estimation)
  - 실제 모수가 구해진 신뢰 구간 내에 존재할 가능성은 신뢰 수준이다[23].

주어진 신뢰 수준(confidence level)을 만족하는 신뢰 구간을 설정하여 미지의 모수 또는 모수들의 함수를 추정하는 방법

- $(1-\alpha)100\%$ 신뢰 구간(confidence interval), $0 < \alpha < 1$

  모수(또는 모수의 함수) θ와 이에 대한 통계량 $\hat{\theta}$에 대하여 다음을 만족하는 구간 $[L(\hat{\theta}), U(\hat{\theta})]$

$$\Pr\left[L(\hat{\theta}) \leqq \theta \leqq U(\hat{\theta})\right] = 1-\alpha,\ 0 < \alpha < 1$$

신뢰 구간 $[L(\hat{\theta}), U(\hat{\theta})]$의 길이는 표본 분포와 신뢰 수준에 의하여 결정된다.

[23] 신뢰 수준을 신뢰도 또는 신뢰 계수라고도 부른다. 일반적으로 95%를 사용하고, 실무적 고려에 따라 90% 또는 99%를 사용하기도 한다.

모평균에 대한 구간 추정에서 고려해 보면 [그림 1.16]과 같다. 먼저 표본 평균의 분포는 t-분포이며, 이는 표본의 수에 따른 자유도에 의하여 분포가 결정된다. 그리고 표본 평균은 불편성(unbiasedness)을 만족하므로 표본 평균들의 기대값은 모평균이 된다[24]. 임의 추출되는 표본은 표본 변이에 의하여 서로 다른 표본 평균을 갖게 되고, 표본 분포에 신뢰 수준을 적용하여 모든 가능한 표본들 중에서 표본 평균이 포함될 구간이 결정된다. 실제로 관찰된 표본 평균에 이를 반영하면, 신뢰 수준만큼 모평균을 포함하는 신뢰 구간이 결정된다.

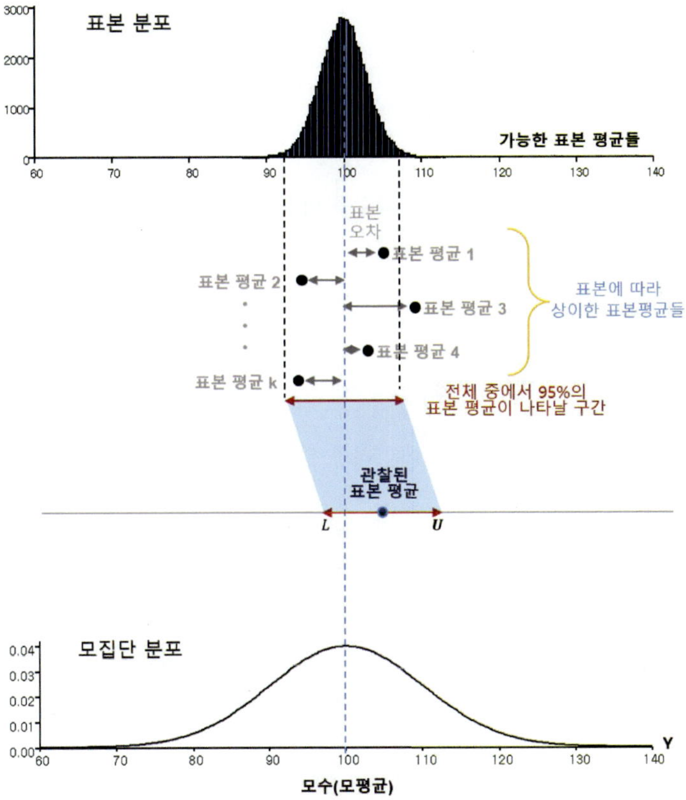

그림 1.16: 모평균의 구간 추정

모평균(μ)의 구간 추정에서 $(1-\alpha)100\%$ 신뢰구간을 도출하는 과정을 정리하면 다음과 같다. 먼저 모평균의 바람직한 추정량인 표본 평균의 표본 분포는 (1.1)과 같다.

$$T = \frac{\bar{Y}-\mu}{S/\sqrt{n}} \sim t_{(n-1)} \quad \text{여기서} \quad S^2 = \frac{1}{n-1}\sum_{i=1}^{n}\left(Y_i - \bar{Y}\right)^2 \tag{1.1}$$

[24] 모수 θ 에 대한 통계량 $\hat{\theta}$ 의 불편성이란, 모든 θ 에 대해 $E(\hat{\theta}) = \theta$ 를 만족하는 경우를 의미한다.

(1.1)의 표본 분포를 이용하여 $(1-\alpha)100\%$ 신뢰 구간을 계산하는 과정은 (1.2)와 같다.

$$
\begin{aligned}
&\Pr\left[|\,T\,| \le t_{\alpha/2}(n-1)\right] = 1-\alpha \\
&\Leftrightarrow \Pr\left[-t_{\alpha/2}(n-1) \le T \le t_{\alpha/2}(n-1)\right] = 1-\alpha \\
&\Leftrightarrow \Pr\left[-t_{\alpha/2}(n-1) \le \frac{\bar{Y}-\mu}{S/\sqrt{n}} \le t_{\alpha/2}(n-1)\right] = 1-a \\
&\Leftrightarrow \Pr\left[\bar{Y}-t_{\alpha/2}(n-1)\frac{S}{\sqrt{n}} \le \mu \le \bar{Y}+t_{\alpha/2}(n-1)\frac{S}{\sqrt{n}}\right] = 1-\alpha
\end{aligned}
\tag{1.2}
$$

따라서 $(1-\alpha)100\%$ 신뢰 구간 $[L, U]$는 (1.3)과 같다.

$$
[L,\, U] = \left[\bar{Y}-t_{\alpha/2}(n-1)\frac{S}{\sqrt{n}},\ \bar{Y}+t_{\alpha/2}(n-1)\frac{S}{\sqrt{n}}\right] \tag{1.3}
$$

여기서 $t_{\alpha/2}(n-1)$ 은 $\Pr\left[T \ge t_{\alpha/2}(n-1)\right] = \alpha/2$ 를 만족하는 값 역누적 확률값으로, 신뢰 수준 $(1-\alpha)\%$가 주어지면 [그림 1.12]에서와 같이 R **함수**를 이용하여 구할 수 있다.

practice tools 연습 1. 다양한 모수에 대한 구간 추정

rnorm() 함수를 이용하여 n = 10개의 랜덤 데이터를 생성하고, 지금까지 설명된 모평균의 구간 추정 결과를 확인해 보면 다음과 같다[25].

```
# 랜덤 데이터 생성
set.seed(311)
data <- rnorm(10, mean = 100, sd = 10)  # N(100, 10^2)에서 n=10개의 데이터 생성
data
```

```
#  [1] 107.5 106.6  94.7  83.2 100.3 115.9  99.2  92.3 112.5 117.0
```

```
# 모평균에 대한 95% 신뢰 구간
mean_data <- mean(data)
sd_data <- sd(data)
n <- length(data)
# t-분포의 역누적확률값을 이용한 한계 결정정
margin <- qt(0.975, df = n - 1) * sd_data / sqrt(n)
```

[25] set.seed(311)과 같이 seed를 지정하면, 매 실행에서 동일한 랜덤 데이터를 제공한다. 만일 지정하지 않으면, 매 실행에서 서로 다른 랜덤 데이터를 생성한다.

```
conf_interval <- c(mean_data - margin, mean_data + margin)
conf_interval
```

```
# [1]  95.1 110.8
```

□

R의 함수와 패키지가 제공하는 함수를 이용하면 보다 간단하게 결과를 확인할 수 있다.

모평균의 구간 추정[26]

- t.test(data)는 conf.level=0.95의 신뢰구간 conf.int를 제공한다.
- conf.level은 0.90, 0.99 등, 원하는 값으로 지정할 수 있다.

```
# 모평균에 대한 95% 신뢰 구간
result <- t.test(data, conf.level = 0.95)
result$conf.int
```

```
# [1]  95.1 110.8
# attr(,"conf.level")
# [1] 0.95
```

```
# 모평균에 대한 99% 신뢰 구간
result <- t.test(data, conf.level = 0.99)
result$conf.int
```

```
# [1]  91.6 114.2
# attr(,"conf.level")
# [1] 0.99
```

□

동일한 표본 크기(n)에서 신뢰 수준이 높아지면 신뢰 구간은 넓어지며, 그 역도 성립한다. 또한 동일한 신뢰 수준하에서 표본 크기가 커지면 [그림 1.17]과 같이 신뢰 구간은 좁아진다. 이는 표본 크기가 커지면, 표본의 불확실성이 줄어든다는 것을 의미한다.

[26] 실제로 구간 추정과 가설 검정은 동일한 통계적 문제에 적용되므로, 대부분의 R 함수들은 두 결과를 동시에 제공한다.

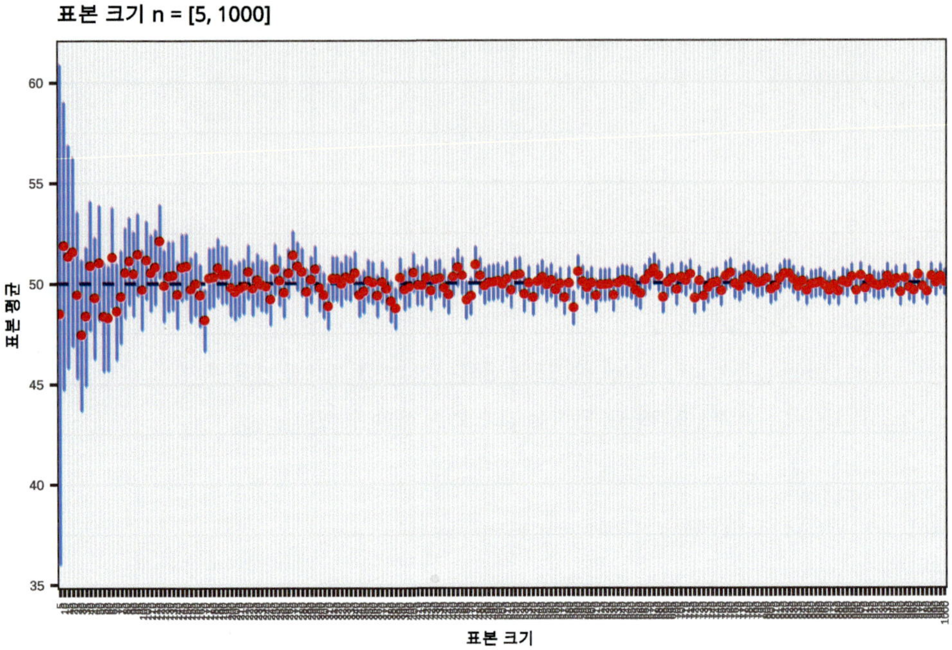

그림 1.17: 표본 크기(n)에 따른 모평균의 95% 신뢰구간

모분산 또는 모비율에 대한 구간 추정 역시 다음을 이용하여 계산할 수 있다.

모분산의 구간 추정[27]

- `EnvStats::varTest(data)`는 `conf.level=0.95`의 신뢰구간 `conf.int`를 제공한다.
- `conf.level`은 `0.90`, `0.99` 등, 원하는 값으로 지정할 수 있다.

```
library(EnvStats)
# 랜덤 데이터 생성
set.seed(311)
data <- rnorm(10, mean = 100, sd = 10)  # N(100, 10^2)에서 n=10개의 데이터 생성
# 모분산에 대한 95% 신뢰 구간
result <- varTest(data)
result$conf.int
```

```
# LCL UCL
#  57 402
# attr(,"conf.level")
# [1] 0.95
```

[27] 모분산의 신뢰구간을 위한 기본 R 함수는 제공되지 않는다. EnvStats(Environmental Statistics, 2023) 패키지는 `varTest()`를 제공하고, BSDA(Basic Statistics and Data Analysis, 2023) 패키지는 모분산 대신에 모표준편차에 대한 신뢰구간을 `sigma.test()`를 통해 제공한다. 이러한 패키지들은 필요에 따라 선택하여 사용할 수 있다.

```r
# 모분산에 대한 99% 신뢰 구간
result <- varTest(data, conf.level = 0.99)
result$conf.int
```

```
# LCL UCL
#  46 625
# attr(,"conf.level")
# [1] 0.99
```

□

모비율의 구간 추정

- prop.test(success, trials)는 conf.level=0.95의 신뢰구간 conf.int를 제공한다.
- conf.level은 0.90, 0.99 등, 원하는 값으로 지정할 수 있다.

```r
# 표본 요약
success <- 15
trials <- 100
# 모비율에 대한 95% 신뢰 구간
result <- prop.test(success, trials)
result$conf.int
```

```
# [1] 0.0891 0.2385
# attr(,"conf.level")
# [1] 0.95
```

```r
# 모비율에 대한 99% 신뢰 구간
result <- prop.test(success, trials, conf.level = 0.99)
result$conf.int
```

```
# [1] 0.0765 0.2693
# attr(,"conf.level")
# [1] 0.99
```

□

이외에도 R을 이용하여 다양한 모수들과 모수들의 함수에 대한 구간 추정 결과를 쉽게 계산할 수 있다. 특정 모수 값을 중심으로 신뢰 구간을 해석해야 하는 경우, 신뢰 하한(Lower Confidence Limit; LCL) 또는 신뢰 상한(Upper Confidence Limit; UCL) 중의 하나로 해석하는 것이 바람직하다.

구간 추정 결과의 해석

특정 업무처리 방법의 개선 전의 모평균(μ_1)과 개선 후의 모평균(μ_2)를 비교하고자 한다.
단, 반응값 (Y) 는 큰 값이 바람직하다.

1) 모평균의 차 $\mu_1 - \mu_2$ 의 95% 신뢰구간이 $(-30.5, -10.5)$ 이다.

- 신뢰 구간에 0이 포함되지 않았으므로, 두 집단은 서로 동일하지 않다.
- 신뢰 구간이 모두 음수이므로 [집단 2]의 모평균이 [집단 1]의 모평균보다 값이 크다.
- [집단 2]의 모평균은 [집단 1]의 모평균 보다 최소 10.5 그리고 최대 20.5 정도 크다.

2) 모평균의 차 $\mu_1 - \mu_2$ 의 95% 신뢰구간이 $(-10.3, 10.7)$ 이다.

- 신뢰 구간에 0이 포함되었으므로, 두 집단은 서로 동일하지 않다고 할 수 없다.

가설 검정(Hypothesis Testing)

구간 추정에서와 동일한 통계량과 표본분포를 사용한다.

(모집단의 특성에 대한) 어떤 주장이나 추측을 가설(Hypothesis)로 설정하고
표본 관찰을 통하여 이의 기각(rejection) 여부를 결정하는 방법

- 통계적 가설

  귀무가설(Null Hypothesis), H_0

  - 기존에 알려진 사실을 구체적으로 표현한 가설
  - 반드시 등호(=)를 포함

  대립 가설(Alternative Hypothesis), H_1 또는 H_A

  - 분석자가 데이터를 통하여 사실임을 입증하고자 하는 가설

- 유의수준(Significant level), α

  - 제 I 종의 오류를 범할 확률의 허용한계, 일반적으로 $\alpha = 0.05$를 가정

- 유의 확률, p-value

  - H_0 하에서 H_0를 기각할 최소의 유의 수준

- 의사 결정

  - $p - value < \alpha$ 이면, H_0 기각

일반적으로 가설(Hypothesis)이란「관찰 가능한 명제」를 의미한다. 즉, 막연한 추측이나 상상이 아닌 실제로 확인 가능한 명제들을 말한다. 통계적 가설(Statistical Hypothesis)은 일반적인 가설보다 더욱 엄밀한 조건이 부여된다. 이는 반드시 모집단의 관심 특성을 표현한 특징으로 정의되며 표본 추출에 의하여 확인될 수 있어야 한다. 예를 들어, 모평균 μ가 100을 갖는지 여부를 확인하기 위한 통계적 가설의 종류는 다음과 같다.

$$
\begin{aligned}
&(1) \quad H_0 : \mu \geq 100 \quad \text{vs.} \quad H_1 : \mu < 100 \\
&(2) \quad H_0 : \mu \leq 100 \quad \text{vs.} \quad H_1 : \mu > 100 \\
&(3) \quad H_0 : \mu = 100 \quad \text{vs.} \quad H_1 : \mu \neq 100
\end{aligned}
$$

통계적 가설은 의 형태에 따라 단측(One-sided) 가설과 양측(Two-sided) 가설로 구분한다[28]. (1)과 (2)처럼 대립 가설이 한쪽 방향에서만 정의되는 경우를 단측 가설이라 하고, (1)과 같이 대립 가설의 범위가 양쪽에서 정의된 가설을 양측 가설이라고 한다. 이는 실무적인 목적에 의하여 결정되는 것으로 모수가 더 큰 값 또는 작은 값이 되도록 일정한 활동이 진행된 후의 검증이라면, 단측 가설 그리고 모집단의 모수가 커질지 작아질지 구별할 수 없다면 양측 가설로 정의하는 것이 바람직하다. 간단한 예를 보도록 하자.

통계적 가설의 설정

(1) 현재까지 측정한 업무 처리 시간은 평균적으로 55 분이었다.
시스템 변경은 업무 처리 시간을 줄일 것으로 예상된다.
- 임의로 선택된 일정 수의 변경 시스템 사용 업무 처리 시간을 조사하여
시스템 변경이 업무 처리 시간을 예전보다 줄일 수 있음을 검증하고자 한다.

$$H_0 : \mu \geq 55 \ \text{vs.} \ H_1 : \mu < 55$$

(2) 기존 제품의 내구성은 평균적으로 50 kg정도였다.
더 큰 용량의 제품을 개발하면서 기술적으로 65 kg보다 높아야 함을 확인하였다.
- 기술적 개선에 의하여 새로운 부품을 개발하여
내구성이 새로운 용량을 만족하는지를 검증하고자 한다.

$$H_0 : \mu \leq 65 \ \text{vs.} \ H_1 : \mu > 65$$

[28] 실무적으로 양측 가설을 비방향(Non-directional) 가설, 단측 가설을 방향(Directional) 가설이라고도 한다.

(3) 플랜트의 실내 평균 온도는 외부 온도 변화와 상관 없이 (섭씨) 18 도를 유지해야 한다.

- 운영팀은 외부 온도의 변경이 심한 경우,
  기준 위치에서의 온도를 측정하여 운영 기준이 만족하는지를 확인하고자 한다.

$$H_0 : \mu = 18 \text{ vs. } H_1 : \mu \neq 18$$

분석자는 표본 관찰을 통하여 귀무 가설(H_0)의 기각 여부를 결정한다. 이 때 사용되는 통계량을 검정 통계량(Test Statistic)이라 하고, 검정 통계량은 항상 귀무 가설하에서 계산된다. 이러한 의사 결정은 모집단의 일부인 표본을 기초로 실행되므로 판단 오류가 발생할 수 있다. 그 가능성을 정리해 보면 [표 1.6]과 같다.

표 1.6: 가설 검정에서 가능한 의사 결정의 오류

통계적 결정	실제 사실	
	H_0 사실	H_0 거짓
H_0 기각	제 I 종의 오류 (α)	올바른 결정 (1-β)
H_0 기각 못함	올바른 결정 (1-α)	제 II 종의 오류 (β)

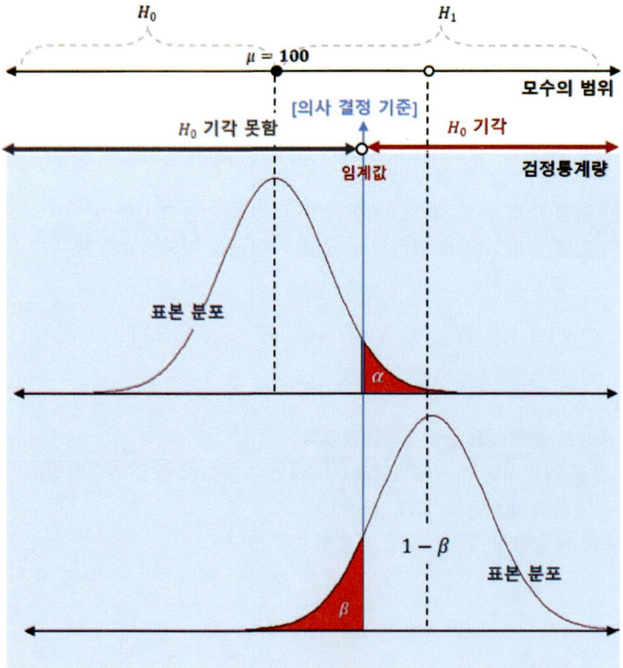

그림 1.18: 제 I 종의 오류와 제 II종의 오류

$H_0 : \mu \leq 100$를 고려하는 단측 검정에 대한 [표 1.6]의 판단 오류를 구체적으로 표현하면 [그림 1.18]과 같다. H_0 하에서 모평균의 바람직한 통계량인 표본 평균의 표본 분포가 정의되고, 유의 수준에 의하여 H_0의 기각 여부를 결정하는 검정통계량의 임계값이 결정된다. 여기서, 유의 수준은 데이터로 부터 계산되는 값이 아니라 사전에 지정되는 허용 한계이다[29]. 제 II 종의 오류는 서로 다른 H_1의 값에서 서로 다른 확률 값(β)를 갖고, 표본 크기와 가설의 종류에 따라 달리 결정된다. 이때, $1-\beta$는 H_0가 거짓일 때, H_0를 기각하는 올바른 결정에 대한 확률을 의미하며, 이를 검정력(power of test)이라고 한다.

통계 소프트웨어 또는 R과 같은 컴퓨터 프로그래밍에서는 유의 확률(Significant Probability)이라고 부르는 p-value을 제공한다. p-value는 [그림 1.19]에서 확인할 수 있듯이 H_0 하에서 관찰된 검정 통계량 기준으로 H_0를 기각할 확률을 구한 것이다. 만일 유의수준이 (A)를 기준으로 지정되었다면, 주어진 p-value에 해당하는 검정통계량 값은 H_0를 기각하고, 유의 수준이 (B)를 기준으로 지정하였다면 H_0를 기각하지 못한다. 따라서, 유의수준을 (A)에서 (B)의 방향으로 점점 줄여간다면, p-value가 유의 수준보다 커지는 순간에 H_0를 기각하지 못하게 된다. 따라서, p-value는 H_0 하에서 H_0를 기각할 최소의 유의수준이라고 할 수 있고, 사전 지정되는 유의 수준을 기준으로 (1.4)의 의사 결정 기준을 정의할 수 있다.

$$p-value \ < \ \alpha \text{이면, } H_0\text{를 기각한다.} \tag{1.4}$$

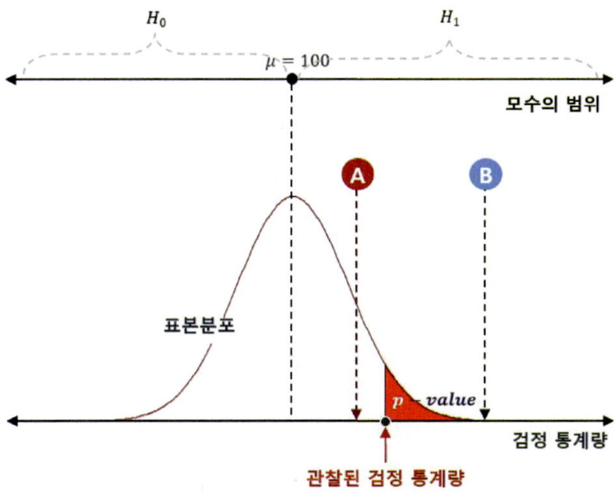

그림 1.19: p-value와 유의 수준

[29] 일반적으로 유의 수준은 0.05를 사용한다. 하지만 임상과 제제 영역에서는 표본 크기의 제한, 연구 비용 및 시간 그리고 윤리적 고려사항 등을 고려하여 좀 더 유연한 기준인 0.1~0.2까지 허용하고, 항공우주 공학, 원자력 분야 등과 같이 안전성, 정밀성 그리고 높은 데이터 신뢰성을 요구하는 분야에서는 0.01과 같이 좀 더 엄격한 기준을 사용한다.

지금까지 설명된 단일 모평균의 단측 가설 과정을 정리하면 다음과 같다. 통계적 가설은 (1.5)와 같이 정의되고, 여기서 μ_0는 분석자가 검정하고자 하는 모수의 값이다.

$$H_0 : \mu \leq \mu_0 \quad \text{vs.} \quad H_1 : \mu > \mu_0 \tag{1.5}$$

모평균의 바람직한 통계량은 표본 평균이며, 모분산 역시 알수 없다는 가정하에 표분 평균의 분포는 t-분포를 가정할 수 있다. H_0 하에서 검정 통계량은 (1.6)과 같다.

$$T_0 = \frac{\bar{Y} - \mu_0}{s/\sqrt{n}} \sim t_{(n-1)} \tag{1.6}$$

이를 기초로 의사 결정의 기준이 되는 p-value는 (1.7)과 같다. 여기서 T_0^*는 데이터로 부터 계산된 표본 평균을 이용한 검정 통계량 값이다.

$$p - value = \Pr[t_{(n-1)} > T_0^*] \tag{1.7}$$

practice tools 연습 **2.** 가설 검정

rnorm() 함수를 이용하여 n = 10개의 랜덤 데이터를 생성하고, 지금까지 설명된 모평균의 가설 검정 결과를 확인해 보면 다음과 같다.

```
# 랜덤 데이터 생성
set.seed(311)
data <- rnorm(10, mean = 100, sd = 10)  # N(100, 10^2)에서 n=10개의 데이터 생성
data
```

```
#  [1] 107.5 106.6  94.7  83.2 100.3 115.9  99.2  92.3 112.5 117.0
```

cat()은 하나 이상의 객체를 문자열로 출력한다.

- \n은 제어 문자로 줄바꿈(newline)을 의미한다.

(1) 단측 검정 $H_0 : \mu \leq 100 \quad \text{vs.} \quad H_1 : \mu > 100$

```
mean_data <- mean(data)
sd_data <- sd(data)
n <- length(data)
```

```r
# 단측 가설 검정 (모평균이 100보다 큰지를 검정)
# 귀무 가설에서의 모평균
mu_0 <- 100
# 검정통계량
t_stat <- (mean_data - mu_0) / (sd_data / sqrt(n))
p_value <- 1- pt(t_stat, df = n - 1)
p_value
```

```
# [1] 0.211
```

```r
# 결과 출력
if (p_value < 0.05) {
  cat("귀무 가설 기각\n")
} else {
  cat("귀무 가설을 기각 못함\n")
}
```

```
# 귀무 가설을 기각 못함
```

(2) 양측 검정 $H_0 : \mu = \mu_0 \quad \text{vs.} \quad H_1 : \mu \neq \mu_0$

```r
# 양측 가설 검정
mu_0 <- 100
t_stat <- (mean_data - mu_0) / (sd_data / sqrt(n))
p_value <- 2 * (1 - pt(abs(t_stat), df = n - 1))
p_value
```

```
# [1] 0.423
```

```r
# 결과 출력
if (p_value < 0.05) {
  cat("귀무 가설 기각\n")
} else {
  cat("귀무 가설을 기각 못함\n")
}
```

```
# 귀무 가설을 기각 못함
```

□

R의 함수와 패키지가 제공하는 함수를 이용하면 보다 간단하게 결과를 확인할 수 있다.

모평균의 가설 검정

- t.test()는 모평균에 대한 단측과 양측 검정 결과를 제공한다.
- alternative={less,greater,two.sided}는 단측 또는 양측 검정을 지정한다.

```
# 단측 가설 검정 (H1: mu > 100)
result_osg <- t.test(data, mu = 100, alternative = "greater")
#
if (result_osg$p.value < 0.05) {
  cat("귀무 가설 기각")
} else {
  cat("귀무 가설을 기각 못함")
}
```

```
# 귀무 가설을 기각 못함
```

t.test()는 가설 검정에 사용되는 다양한 통계량과 확률값 그리고 앞서 설명된 신뢰 구간 등의 값을 리스트로 제공한다. 이를 확인하는 방법은 다음과 같다.

```
names(result_osg)                     # 결과 객체를 구성하는 값들
```

```
#  [1] "statistic"   "parameter"   "p.value"     "conf.int"
#  [5] "estimate"    "null.value"  "stderr"      "alternative"
#  [9] "method"      "data.name"
```

```
result_osg$statistic                  # 검정 통계량 값의 확인
```

```
#    t
# 0.84
```

```
result_osg$p.value                    # p-value의 확인
```

```
# [1] 0.211
```

```
# 데이터 생성
set.seed(311)
data <- rnorm(10, mean = 100, sd = 10)  # N(100, 10^2)에서 n=10개의 데이터 생성

# 단측 가설 검정(H1: mu < 100)
result_osl <- t.test(data, mu = 100, alternative = "less")
```

```r
if (result_osl$p.value < 0.05) {
  cat("귀무 가설 기각")
} else {
  cat("귀무 가설을 기각 못함")
}
```

```
# 귀무 가설을 기각 못함
```

```r
cat("t-통계량 = ", result_osl$statistic, "\n")
```

```
# t-통계량 =  0.84
```

```r
cat("p-value = ", result_osl$p.value, "\n")
```

```
# p-value =  0.789
```

```r
# 양측 가설 검정
result_ts <- t.test(data, mu = 100, alternative = "two.sided")

#
if (result_ts$p.value < 0.05) {
  cat("귀무 가설 기각")
} else {
  cat("귀무 가설 기각 못함")
}
```

```
# 귀무 가설 기각 못함
```

```r
cat("t-통계량 = ", result_ts$statistic, "\n")
```

```
# t-통계량 =  0.84
```

```r
cat("p-value = ", result_ts$p.value, "\n")
```

```
# p-value =  0.423
```

□

모분산의 가설 검정

- require()는 패키지의 설치 여부를 TRUE, FALSE로 반환한다.

$$H_0 : \sigma^2 = 100 \text{ vs. } H_1 : \sigma^2 \neq 100$$

```
# EnvStats 패키지 확인
if (!require(EnvStats)) {
  install.packages("EnvStats")
}
library(EnvStats)

# 단일 모분산 양측 검정(모분산 = 100)
result_var <- varTest(data, sigma.squared = 100)     # 모분산 = 100

if (result_var$p.value < 0.05) {
  cat("귀무 가설 기각\n")
} else {
  cat("귀무 가설 기각 못함\n")
}
```

```
# 귀무 가설 기각 못함
```

```
cat("Chi-Squared 통계량:", result_var$statistic, "\n")
```

```
# Chi-Squared 통계량: 10.8
```

```
cat("p-값:", result_var$p.value, "\n")
```

```
# p-값: 0.572
```

□

실무적으로 단일 모분산의 검정보다는 2개의 모분산의 동일성 여부가 더 많이 사용된다.

두 모분산의 동일성 검정

- var.test()는 두 모분산의 동일성에 대한 단측과 양측 검정 결과를 제공한다.
- alternative={less,greater,two.sided}는 단측 또는 양측 검정을 지정한다.

$$H_0 : \frac{\sigma_1^2}{\sigma_2^2} = 1 \text{ vs. } H_1 : \frac{\sigma_1^2}{\sigma_2^2} \neq 1$$

```r
# 두 집단의 랜덤 데이터 생성
set.seed(311)
data1 <- rnorm(10, mean = 100, sd = 10)  # N(100, 10^2)에서 n=10개의 데이터 생성
data2 <- rnorm(10, mean = 100, sd = 20)  # N(100, 15^2)에서 n=10개의 데이터 생성
data1
```

```
#  [1] 107.5 106.6  94.7  83.2 100.3 115.9  99.2  92.3 112.5 117.0
```

```r
data2
```

```
#  [1]  82.4  93.4  93.3 116.3  77.9 113.8 143.3  76.6 109.1  73.2
```

```r
# 양측 가설 검정
result_var <- var.test(data1, data2)

if (result_var$p.value < 0.05) {
  cat("귀무 가설 기각\n")
} else {
  cat("귀무 가설 기각 못함\n")
}
```

```
# 귀무 가설 기각
```

```r
cat("F-통계량:", result_var$statistic, "\n")
```

```
# F-통계량: 0.24
```

```r
cat("p-값:", result_var$p.value, "\n")
```

```
# p-값: 0.0449
```

```r
# 단측 가설 검정
# less: data1의 모분산이 data2의 모분산보다 작은지 여부
result_varl <- var.test(data1, data2, alternative = "less")

if (result_varl$p.value < 0.05) {
  cat("귀무 가설 기각\n")
} else {
  cat("귀무 가설 기각못함\n")
}
```

```
# 귀무 가설 기각
```

```r
cat("F-통계량:", result_varl$statistic, "\n")
```

```
# F-통계량: 0.24
```

```r
cat("p-값:", result_varl$p.value, "\n")
```

```
# p-값: 0.0224
```

```r
# 단측 가설 검정
# greater: data1의 모분산이 data2의 모분산보다 큰지 여부
result_varg <- var.test(data1, data2, alternative = "greater")

if (result_varg$p.value < 0.05) {
  cat("귀무 가설 기각\n")
} else {
  cat("귀무 가설 기각못함\n")
}
```

```
# 귀무 가설 기각못함
```

```r
cat("F-통계량:", result_varg$statistic, "\n")
```

```
# F-통계량: 0.24
```

```
cat("p-값:", result_varg$p.value, "\n")
```

```
# p-값: 0.978
```

□

모비율의 가설 검정

- prop.test()는 모비율에 대한 양측과 단측 검정 결과를 제공한다.
- alternative={less,greater,two.sided}는 단측 또는 양측 검정을 지정한다.

```
# 랜덤 데이터 생성
set.seed(311)
n <- 30                         # 표본 크기
p <- 0.6                        # 모비율
x <- rbinom(1, n, p)  # n번 시행 중 성공 횟수
x
```

```
# [1] 16
```

$$H_0 : p = p_0 \text{ vs. } H_1 : p \neq p_0$$

```
# 모비율에 대한 양측 가설 검정(H1: p not equal 0.5)
p0 <- 0.5
result_ts <- prop.test(x, n, p = p0, alternative = "two.sided")

if (result_ts$p.value < 0.05) {
  cat("귀무 가설 기각\n")
} else {
  cat("귀무 가설 기각 못함\n")
}
```

```
# 귀무 가설 기각 못함
```

```
cat("p-값:", result_ts$p.value, "\n")
```

```
# p-값: 0.855
```

$$H_0 : p \leq p_0 \text{ vs. } H_1 : p > p_0 \text{ 또는 } H_0 : p \geq p_0 \text{ vs. } H_1 : p < p_0$$

```r
# # 모비율에 대한 단측 가설 검정(H1: p > 0.5)
result_osg <- prop.test(x, n, p = p0, alternative = "greater")

if (result_osg$p.value < 0.05) {
  cat("귀무 가설 기각\n")
} else {
  cat("귀무 가설 기각 못함\n")
}
```

```
# 귀무 가설 기각 못함
```

```r
cat("p-값:", result_osg$p.value, "\n")
```

```
# p-값: 0.428
```

```r
# 모비율에 대한 단측 가설 검정(H1: p < 0.5)
result_osl <- prop.test(x, n, p = p0, alternative = "less")

if (result_osl$p.value < 0.05) {
  cat("귀무 가설 기각\n")
} else {
  cat("귀무 가설 기각 못함\n")
}
```

```
# 귀무 가설 기각 못함
```

```r
cat("p-값:", result_osl$p.value, "\n")
```

```
# p-값: 0.572
```

□

다양한 모수들의 함수에 대한 추가적인 구간 추정과 가설 검정 방법은 [제 4 장]에서 예제와 함께 소개하기로 한다.

지금까지의 통계적 의사 결정 과정에서 도출된 중요 사항을 정리하면 다음과 같다.

통계적 의사 결정을 위한 중요 사항

- 모든 관심 특성은 변수이다.
  - 확률 분포(Probability Distributions)로 표현
- 모든 통계량은 고유의 표본 분포(sampling distribution)를 갖는다.
  - 표본 오차(sampling error)의 수량화
- 표본 오차가 존재한다면, 이를 의사 결정에 반영할 수 있어야 한다.
  - 구간 추정(Interval Estimation)과 가설 검정(Hypothesis Testing)

1.3 기본 도구와 방법 Basic Tools and Methods

통계 분석은 항상 실무적 문제(practical problems)로 부터 시작한다. 실무적 문제는 다양한 경험과 기술을 통해 해결할 수도 있지만, 문제가 발생할 때 마다 해당 문제에 대한 경험과 기술이 존재할 것이라고는 장담할 수 없다. 이를 대신하여 발생 이유에 대한 적절한 질문, 다양한 해답에 대한 검토 그리고 현장에서의 재현 확인 등을 통한 체계적 과정을 통하여 적절한 데이터를 측정할 수 있다면, 실무적 문제는 보다 명확한 통계적 문제(statistical problems)로 전환할 수 있다. 통계적 문제는 검증된 다양한 통계적 도구와 방법을 적용하여 명확한 **통계적 해답**을 쉽게 얻을 수 있다. 통계적 해답은 실무적 해답의 객관적인 해석의 기준이 될 수 있으며, 통계적 해답에 대한 다양한 고찰을 통하여 효과적이고 효율적인 **실무적 해답**을 얻을 수 있다. 이를 간단히 정리하면 [그림 1.20]과 같다.

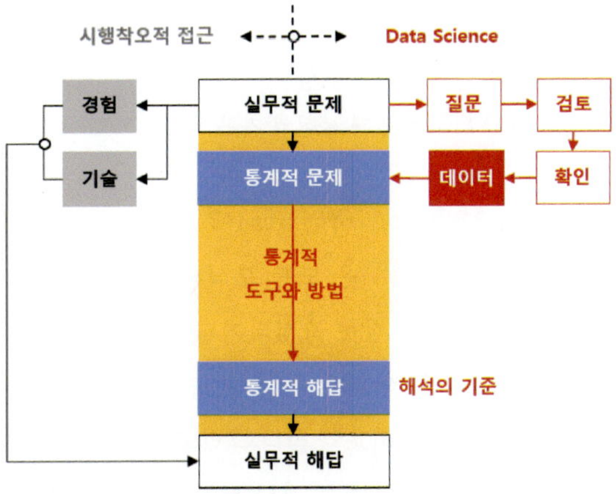

그림 1.20: 통계적 도구와 방법을 이용한 실무적 문제 해결

거의 모든 분야에서 데이터를 사용하는 만큼 데이터 분석을 위한 도구와 방법은 매우 다양하다. 특히, 디지털화와 빅 데이터의 필요성이 강조되면서 특정 분야에서 지엽적으로 사용되던 데이터 분석 도구들까지 일반화됨에 따라 이러한 현상은 앞으로 더욱 심화될 것으로 예상된다. 이러한 도구와 방법들을 올바로 사용하기 위해서는 먼저 [그림 1.21]의 통계 분석의 기본 도구와 방법을 이해해야 한다.

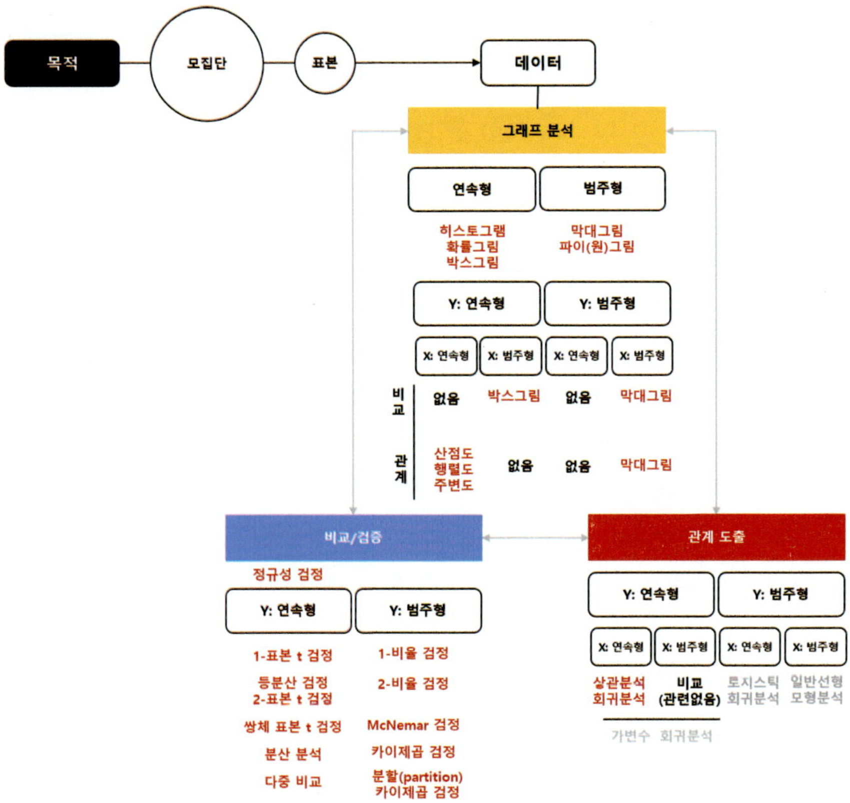

그림 1.21: 통계 분석의 기본 도구와 방법

통계적 도구와 방법은 데이터의 유형(type of data)에 기초하여 결정되며, 수집된 데이터에 대한 대략적인 그래프 분석(Graphical Analysis)은 모든 분석의 기초가 된다. 이를 통하여 실무적 문제 해결에 적합한 데이터가 수집되었는지 여부, 잘못 측정되거나 예상하지 못한 이상점(outliers)과 군집(clusters)이 존재하는지 여부 그리고 전체적인 데이터의 분포와 패턴을 확인해야 한다[30]. 그래프 분석을 통하여 원하는 정보가 대략적으로 결정되면, 비교와 검증 그리고/또는 관계 진단과 도출을 통하여 통계적 결론을 얻을 수 있다. 이때, 개별 분석에서 강조하는 진단 도구를 통하여 도출된 통계적 결론의 타당성을

[30] 그래프 분석은 시각화(Visualization)라는 주제로 다양한 정보 형태와 도구로 확장 적용되고 있으며, 빅데이터 관련 분석에서 패턴 검토 및 정보 생성의 핵심적인 도구로 활용된다.

검토해야 한다. 이러한 통계적 결론은 실무적 결론을 위한 해석의 기준이며, 이는 데이터의 양과 질에 따라 그 유용성이 결정된다. [그림 1.21]에서 소개된 개별 도구와 방법은 앞으로 소개할 각 장에서 예제와 함께 소개한다.

2 확률 분포 Probability Distributions

확률 이론은 계산으로 축소된 상식일 뿐이다. - Pierre Simon Laplace(1749~1827)

관심 특성에 대한 올바른 확률 변수를 정의하는 것은 체계적인 데이터 분석의 전제 조건이다. 확률 변수의 가능한 값에 대한 확률 구조를 확률 분포(probability distributions)라고 하고, 이는 이산형(Discrete)과 연속형(Continuous)으로 구분된다. 확률 분포를 올바로 활용하기 위해서는 다음 사항을 고려해야 한다.

확률 분포의 활용

- 언제 사용하는가?
- 확률 분포를 결정하는 모수(들)은 무엇인가?
- 관심 사상에 대한 확률을 어떻게 계산할 것인가?

다음은 대표적인 확률분포와 모수 그리고 이의 확률 계산을 위한 R 함수이다[1].

중요 확률 분포

유형	확률 분포	모수	기호	R 함수
이산형	이항 Binomial	n, p	$Bin(n, p)$	binom()
	포아송 Poisson	λ	$Poi(\lambda)$	pois()
연속형	정규 Normal	μ, σ^2	$N(\mu, \sigma^2)$	norm()

R에서는 각 함수를 *라고 할 때, 다음의 표준 형식으로 다양한 확률 함수를 계산하고 임의 난수를 생성할 수 있다.

[1] [표 1.4]에서 더 다양한 확률 분포의 R 명령을 찾을 수 있다.

- d* : 확률 밀도(질량) 함수(Probability Mass(Density) Function; pmf, pdf)

$$p(\theta) = f(y;\theta)$$

- p* : 누적 분포 함수(Cumulative Distribution Function; CDF)

$$F(y) = \Pr(Y \le y)$$

- q* : 역 누적 분포 함수(Inverse Cumulative Distribution Function; icdf 또는 qf)[2]

$$F^{-1}(p) = \inf\{y : F(y) \ge p\}$$

- r* : 임의 난수 생성 함수(Random Number Generator; rng)[3]

$$r_1, r_2, \ldots r_n \sim iid\ p(\theta)$$

2.1 이산형 확률 분포

이산형 확률변수는 유한(finite) 또는 가산(countable) 값을 취할 수 있는 확률변수를 말한다. 가장 기본적인 이산형 확률 변수는 베르누이 시행(Bernoulli Trial)의 결과이다[4]. 이 시행은 {실패, 성공} 또는 {불합격, 합격}과 같이 상호 배반인 두 개의 범주만이 발생할 수 있으며, 시행 전에 그 결과를 알 수 없다. 이러한 시행의 결과를 0(실패) 또는 1(성공)으로 표현한 것을 베르누이 확률변수라고 한다. 만일 관심 범주를 성공($Y = 1$)으로 정의하고 이의 확률을 p라고 한다면, 확률 분포는 (2.1)과 같이 정의된다. 이때, 시행의 결과는 반드시 {실패, 성공} 중 하나이어야 하므로 관심 범주를 성공이 아닌 실패로 정의하더라도 동일한 구조의 확률 분포를 적용할 수 있다.

$$\Pr(Y = y) = \begin{cases} p & \text{if } y = 1, \\ 1-p & \text{if } y = 0. \end{cases} \tag{2.1}$$

이는 실무적으로 사전에 그 결과를 알 수 없는 두 개의 범주 - 고객 서비스에서 만족/불만족, 제품 검사에서 양품/불량품, 시험 점수에서 합격/불합격 등 - 에서 하나의 범주가 관찰되는 경우에 적용될 수 있다.

[2] inf는 infimum의 약자로 최대 하한을 의미한다. 이는 이산형 누적 확률 값의 불연속성을 반영하기 위한 것으로, 어떤 조건을 만족하는 값들 중 가장 작은 값, 즉, 작은 방향으로의 극한값으로 이해하면 된다.

[3] 여기서 선형(linear)이란 모형의 회귀 계수들이 선형 조합(linear combination)으로 정의됨을 의미하며, iid는 independently identically distributed의 약자이다.

[4] Jacob Bernoulli(1700~1782), 스위스의 수학자이자 확률론의 선구자이다. 그는 저서 Ars Conjectandi에서 베르누이 시행과 베르누이 분포를 비롯한 다양한 확률론의 기초 개념을 다루었다.

이러한 시행을 독립적으로 $n \geq 2$번 반복하거나 일정한 기준 단위 내에 적용하여 수집된 특정 범주의 발생 횟수(counts)를 이산형 데이터라고 한다.

이산형 데이터(discrete data)[5]

- 특정 상황 하에서 원하는 조건을 만족하는 범주의 수를 집계한 데이터
  - 특정 월에 고객 서비스에 만족하는 고객의 수
  - 생산된 제품 중에서 불량품의 수
  - 일정 기간 동안의 사고 건수 등

2.1.1 이항 분포 Binomial Distribution

이항(Binomial) 분포는 베르누이 시행을 $n \geq 2$번 독립적으로 시행했을 때 성공의 수로 정의된 확률변수의 확률 분포이다[6]. 이때, n이 명시적으로 정의되어야 한다.

이항 분포(Binomial Distribution)

$Y \sim \text{Bin}(n, p)$로 표기한다.

- $0 < p < 1$이며, p는 성공의 확률이며, 비율(proportion)로 추정된다[7].

- 관심 특성: 베르누이 시행을 $n \geq 2$번 독립적으로 시행했을 때 성공의 수
  - 모비율(p)을 갖는 무한 모집단으로부터 추출한 단위 표본(n) 중 관심 사건의 수
- $n \geq 2$번의 시행에서 매회 p는 동일함을 가정
- 확률 질량 함수(pmf)

$$f(y) = \left(\begin{array}{c} n \\ y \end{array} \right) p^y (1-p)^{n-y}, \;\; y = 0, 1, 2, \ldots, n$$

평균과 분산은 함수 관계이다.

$$E(Y) = np \;\text{그리고}\; \text{Var}(Y) = np(1-p)$$

[5] 이산형 데이터를 횟수/빈도(Count/Frequency) 데이터라고 부르기도 한다.

[6] 여기서, 성공이란 관심있는 범주의 발생을 의미한다. 예를 들어, 특정 질병의 감염자 중에서 사망자의 수를 조사하는 경우, 관심 범주인 사망이 발생할 때, 성공으로 간주된다.

[7] 비율(proportion)이란 전체 중 특정 부분이 차지하는 크기를 나타내며, [0,1]의 범위를 갖는다. 이는 백분율(percentage)로 표현되거나 부분/전체의 분수로 표현되기도 한다. 이는 상대적인 크기를 비교할 때 사용되는 비(ratio)와 구별되어야 한다.

무한 모집단(Infinite Population)이란 이론적으로 매우 큰 또는 무한한 수의 원소로 구성된 모집단을 의미한다. 실무적으로 모집단의 크기를 특정할 수 없을 정도로 크거나 실제로 무한히 반복될 수 있는 경우에 적용된다. 예를 들어, 특정 환경에서 비가 올 가능성에 관심이 있을 때, 동일한 조건에서 무한히 조사를 반복할 수 있다면 무한 모집단이라고 가정할 수 있다. 또한 주문 프로세스에서 업무의 실행 횟수는 유한하지만, 업무 실행 방법인 프로세스를 바꾸지 않는다면 유사한 결과가 반복될 것이므로, 업무 실행 결과의 요약이 아닌 프로세스 개선에 관심이 있다면, 주문 프로세스는 무한 모집단이라고 가정할 수 있다[8].

Bin(20, 0.1) vs. Bin(20, 0.5)

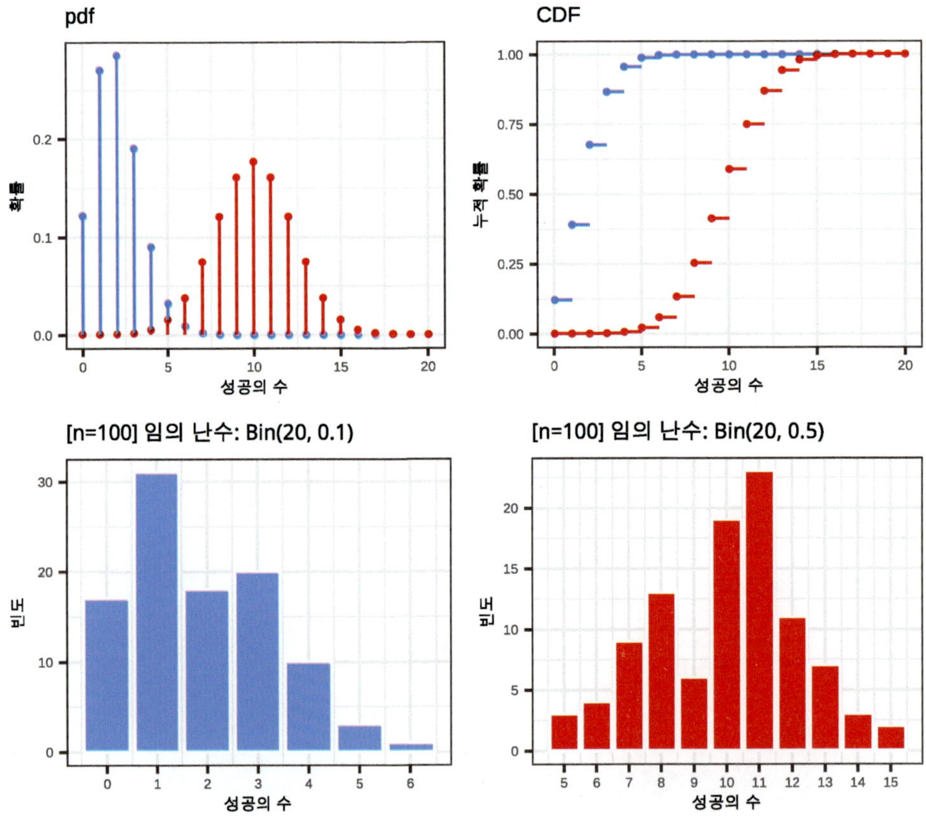

그림 2.1: 서로 다른 p를 갖는 이항분포(예)

[그림 2.1]은 $n = 20$을 가정하고 모수 $p = 0.1, 0.5$인 이항 분포의 확률 밀도 함수(pmf)와 누적 분포 함수(CDF)를 나타낸 것이다. 예를 들어, $Y \sim Bin(20, 0.1)$에서 성공의 수(Y)는 $0, 1, 2, \ldots, 20$의 값을 가질 수 있다. 이러한 $n = 20$ 시행을 반복한다면, Y는 평균값인 $E(Y) = np = 20 \times 0.1 = 2$에서 약 0.7의 확

[8] 프로세스 개선을 위한 통계적 공정 관리(SPC) 또는 식스 시그마(Six Sigma) 경영 분야에서는 이러한 무한 모집단의 개념을 적용하여 제품의 품질을 유지/관리하거나 개선 방법을 소개한다.

률로 발생하지만, 평균값 이외의 1 또는 3에서도 각각 0.4, 0.9로 높은 확률로 발생한다. 이는 평균 기준의 의사 결정이 타당하지 않을 수 있음을 보여준다. $Y \sim Bin(20, 0.5)$의 경우는 $Y \sim Bin(20, 0.1)$의 경우보다 성공의 수의 산포가 더 크다. 이는 $\mathrm{Var(Y; p = 0.1) = np(1-p) = 1.8 \ < \ 5 = Var(Y; p = 0.5)}$임을 예증한다. **누적 분포 함수**의 경우, 0과 양의 정수를 갖는 이산형이므로, 불연속 계단 함수의 형태를 갖는다. 이를 통해 **역 누적 확률** 값이 존재하지 않거나 유일하지 않은 상황이 발생할 수 있음을 확인할 수 있다. 또한, 확률 난수(random number)에 의한 히스토그램은 각각의 모집단에서 랜덤하게 추출된 표본 데이터를 나타낸 것으로, 이는 한 번의 $n = 100$ 랜덤 표본 결과를 보여준다. 이를 통해 각 이항 모집단에서 랜덤 추출하는 경우, 확률 변수 값의 범위와 발생 빈도를 대략적으로 확인할 수 있다.

실습 1. 이항 분포의 확률 계산

2023년도 상반기 기록에 의하면, 개발 업무(A)의 일정 미준수율은 약 20%정도이고 검증 업무(B)의 시간 미준수율은 약 10%정도이다. 하반기 이전에 각 업무에서 임의로 선택된 30건에 대한 미준수 건수를 조사하여 업무 개선 프로세스 도입 여부를 판단하고자 한다. (A)와 (B) 각 업무에 대하여 다음을 고려해 보자.

1. 30건 중에서 미준수가 1건도 없을 확률
2. 30건 중에서 미준수가 6건 이상 발생할 확률
3. 미준수 건수가 4건 이상일 확률이 50%를 넘지 않는다면 현재 프로세스를 유지하고,
   만일 50%를 넘는다면 새로운 관리 기준을 도입하려 한다.
   두 업무 (A)와 (B)의 새로운 업무 프로세스 도입 여부를 결정하시오.

결과

	개발(A)	검증(B)	비고
정보	미준수율 0.2	미준수율 0.1	A가 B보다 2배 높다.
1	0.001	0.042	B가 A보다 42배 높다.
2	0.572	0.073	A가 B보다 약 8배 높다.
3	0.877	0.353	A만 도입이 필요하다.
New Process	도입	보류	

기준 정보 계산

```r
n <- 30
pa <- 0.2
pb <- 0.1
# 1
c(pbinom(0, n, pa), pbinom(0, n, pb))
```

```
# [1] 0.00124 0.04239
```

```r
# 2
c(1-pbinom(5, n, pa), 1-pbinom(5, n, pb))
```

```
# [1] 0.5725 0.0732
```

```r
# 3
c(1-pbinom(3, n, pa), 1-pbinom(3, n, pb))
```

```
# [1] 0.877 0.353
```

이항 분포는 실무적으로 다양하게 사용되는 분포이다. 이의 적용 및 활용에서 고려해야할 중요 사항을 정리하면 다음과 같다.

이항 분포의 평균과 분산은 **함수 관계**이다.

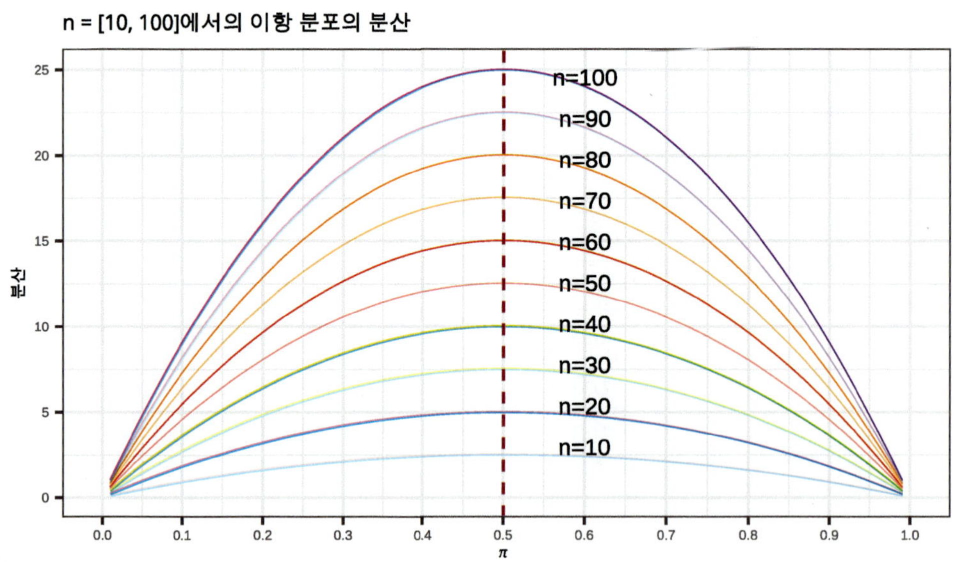

그림 2.2: n과 p에 따른 이항 분포의 분산

$p > 0$일 때, 분산은 항상 평균보다 작은 값을 갖게 되며, n과 p의 값에 따라 (2.2)의 관계를 갖고, $p = 0.5$에서 가장 큰 분산을 갖는다. 이를 그림으로 표현하면 [그림 2.2]와 같다. 이는 관찰되는 확률 변수들의 값들의 산포가 $p = 0.5$에서 가장 커진다는 것을 의미한다.

$$\mathrm{Var}(Y) = np(1-p) = -n\left(p - \frac{1}{2}\right)^2 + \frac{n}{4},\ \ 0 < p < 1 \tag{2.2}$$

지속 시행에서는 누적 비율(cumulative proportion)을 사용한다[9].

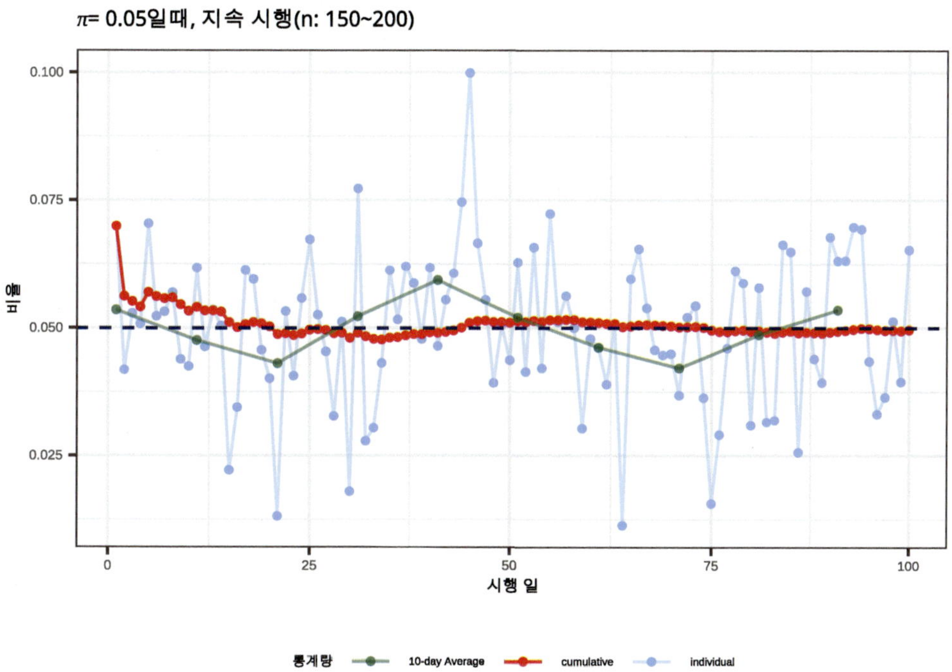

그림 2.3: 개별 비율, 평균 비율 그리고 누적 비율

지속 시행(Ongoing trials)이란 동일한 수 또는 비슷한 수의 시행을 매일 또는 일정 간격으로 진행하는 것을 의미한다. 예를 들어, 일정 수의 고객들에게 주별로 고객 만족도 조사를 진행하거나, 제품의 생산 과정에서 일정 수의 표본을 매일 조사하여 불량품 여부를 확인하는 경우를 들 수 있다. 이때, 각 시행별 비율, 일정 기준 시행에서의 평균 비율 그리고 누적 비율을 고려할 수 있다. [그림 2.3]은 모수 $p = 0.05$일 때, 랜덤 난수를 이용하여 이들 통계량을 비교한 것이다. 다른 통계량과 달리 누적 비율은 일정 시행 이후 안정되고 실제 모수에 가까워짐을 확인할 수 있다.

[9] 누적 비율이란 각 시행의 결과를 누적하여 계산하는 비율로, 누적된 성공 횟수를 누적된 시도 횟수로 나눈 값을 말한다.

🔑 n이 명확한 경우, p 대신에 $\Pr(Y=0)$ 또는 $\Pr(Y \le k)$를 사용할 수 있다.

- 만일 n이 매우 크고, $\hat{p}$가 작은 경우, 포아송 근사 확률값을 사용할 수 있다.

$$\frac{p_{new}}{p_{old}} \text{ vs. } \frac{\Pr(Y=0|\, p_{new})}{\Pr(Y=0|\, p_{old})}$$

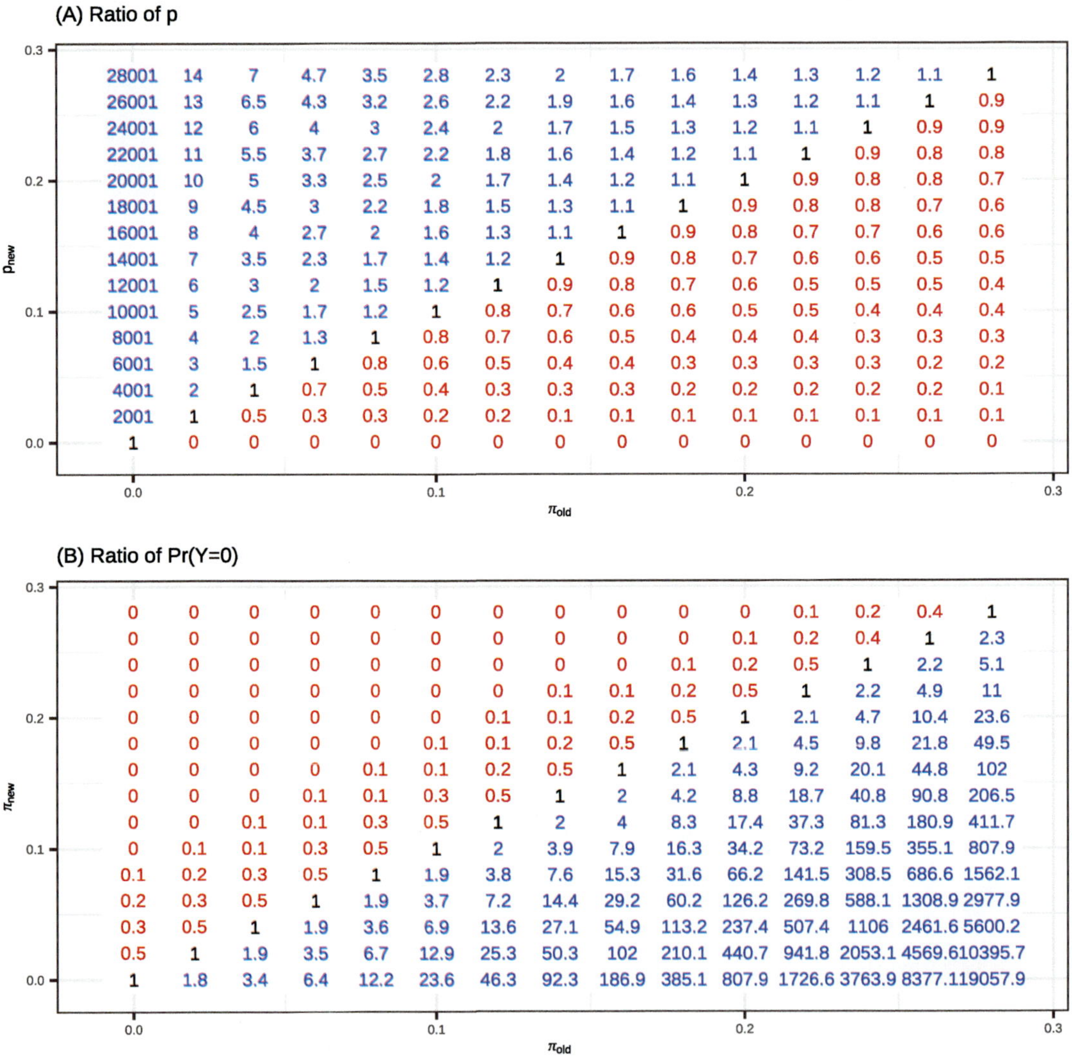

그림 2.4: p의 비와 $\Pr(Y=0)$의 비

n이 명확히 정의되면, $\Pr(Y=0)$ 또는 $\Pr(Y \le k)$를 계산할 수 있다. 관심 사건이 한 번도 발생하지 않을 확률 $\Pr(Y=0)$ 또는 일정 수 이하로 발생할 확률인 $\Pr(Y \le k)$는 p의 변화와 함께 높은 변별력과 실질적인 정보를 제공한다. [그림 2.4]는 $Bin(30, p)$에서 p_{old}에서 p_{new}로 변화할 때, 이를 비교할 수

있는 p의 비와 $\Pr(Y = 0)$의 비를 계산한 것이다. (A)에서는 $p_{old} = 0$을 제외하고는 변별력이 높지 않고, (B)에서는 대부분의 p_{old}의 범위에서 높은 변별력을 갖는 것을 확인할 수 있다. 예를 들어, 특정 소프트웨어의 결함 개선을 위하여 수정 작업 후 주어진 회수(n)에서 이를 검증하고자 한다면, p_{old}보다 p_{new}가 작을 것이고, 이때, 해당 소프트웨어에서 $\Pr(Y = 0)$ 또는 $\Pr(Y \leq k)$을 비교한다면, 단순히 평균 결점율($\hat{p}$)을 비교하는 것 보다 실질적인 정보를 얻을 수 있을 것이다. 만일 $p_{old} = 0.2$에서 $p_{new} = 0.1$로 개선하였다면, p의 비는 `0.5`이지만, $\Pr(Y = 0)$의 비는 `34.2`로 높은 변별력을 갖고 **소프트웨어 무결함 가능성**이라는 실질적인 해석이 가능하다.

2.1.2 포아송 분포 Poisson Distribution

포아송 분포는 일정한 시간 또는 공간 단위에서 동일한 평균 발생률로 발생하는 사건의 횟수에 사용되는 확률 분포이다. 이는 **이항 분포**의 확률을 근사적으로 계산하기 위하여 소개되었다[10].

포아송 분포(Poisson Distribution)

$Y \sim \text{Poi}(\lambda)$로 표기한다.

- $0 < \lambda < \infty$이며, λ는 관심 사건의 평균 발생 횟수이며, 평균 건수로 추정된다[11].

- 관심 특성: 일정한 단위(길이, 면적, 시간 등)내에서 발생하는 관심 사건의 출현 횟수
- 확률 질량 함수(pmf)

$$f(y) = \frac{\lambda^y e^{-\lambda}}{y!}, \quad y = 0, 1, 2, \ldots$$

- $e = 2.71828$로 자연 로그의 밑(base)을 의미한다.

평균과 분산이 동일하다.

$$E(Y) = \lambda \text{ 그리고 } \text{Var}(Y) = \lambda$$

이항 분포 확률의 근사 조건: Rare-Event Modeling

$$Y \sim \text{Bin}(n, p) \text{ 에서 } n \to \infty,\ p \to 0 \text{ 그리고 } np = \lambda \text{ 이면, } Y \approx \text{Poi}(\lambda)$$

- $n \to \infty$는 일정 단위 내에서 발생 가능한 수많은 기회로 가정할 수 있다.

---

[10] 시메옹 드니 포아송(Siméon Denis Poisson)은 사건의 발생 빈도를 설명하기 위하여 포아송 분포를 개발하였다. Poisson, S. D. (1837). Recherches sur la probabilité des jugements en matière criminelle et en matière civile: précédées des règles générales du calcul des probabilités. Bachelier.

[11] λ는 람다라고 읽으며, 그리스 알파벳에서 열한 번째 글자이다.

- $p \to 0$은 관심 사건이 매우 드물게 일어나는 경우로 가정할 수 있다.

포아송 분포의 가법성(additivity)

- 서로 독립인 포아송 확률 변수들의 합은 포아송 분포를 따른다.

$$Y_i \sim \text{Poi}(\lambda_i),\ i = 1, 2, \ldots, k \ \text{일때,}\ \sum_{i=1}^{k} Y_i \sim \text{Poi}\left(\sum_{i=1}^{k} \lambda_i\right)$$

`Poi(3)` vs. `Poi(10)`

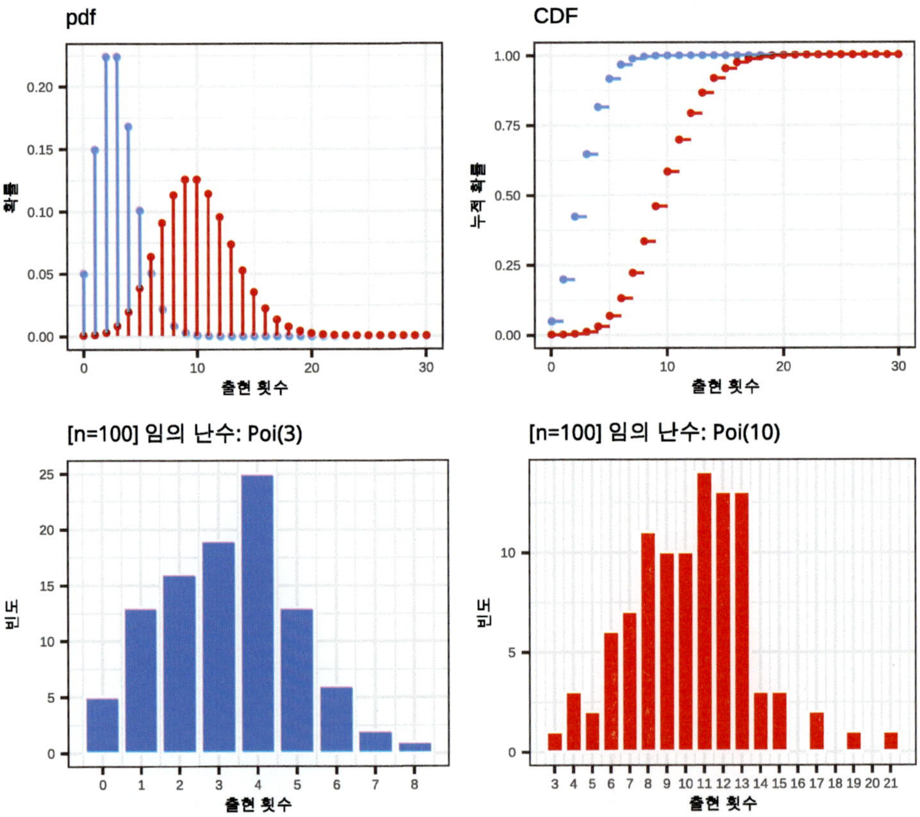

그림 2.5: 서로 다른 λ를 갖는 포아송 분포(예)

[그림 2.5]는 $\lambda = 3, 10$인 포아송 분포의 확률 질량 함수(pmf)와 누적 분포 함수(CDF)를 나타낸 것이다. 예를 들어, $Y \sim Poi(3)$에서 **출현 회수**(Y)는 $0, 1, 2, \ldots$의 값을 갖는다. 발생 가능한 출현 횟수 중에서 Y는 평균값인 $E(Y) = \lambda = 3$에서 약 0.6의 확률로 발생하지만, 평균값 이외의 $Y = 2$ 또는 $Y = 4$

역시 각각 0.4, 0.8로 높은 확률을 갖는다. $Y \sim Poi(10)$의 경우는 $Y \sim Poi(3)$의 경우보다 출현 횟수의 산포가 더 크다. 이는 $\mathrm{Var}(Y;\lambda=3) = \lambda = 3 \ < \ 10 = \mathrm{Var}(Y;\lambda=10)$임을 예증한다. 누적 분포 함수의 경우, 이항 분포와 동일하게 불연속 계단 함수의 형태를 갖고, 역 누적 확률 값이 존재하지 않거나 유일하지 않을 수 있음을 확인할 수 있다. 또한, 확률 난수(random number)에 의한 히스토그램을 통하여 포아송 모집단에서 랜덤 추출된 출현 횟수의 발생 범위와 빈도를 대략적으로 확인할 수 있다.

포아송 분포는 실무적 활용도가 높은 분포이다. 이를 적용할 때 고려해야 할 중요 사항은 다음과 같다.

포아송 분포의 평균과 분산은 동일한 값을 갖는다.

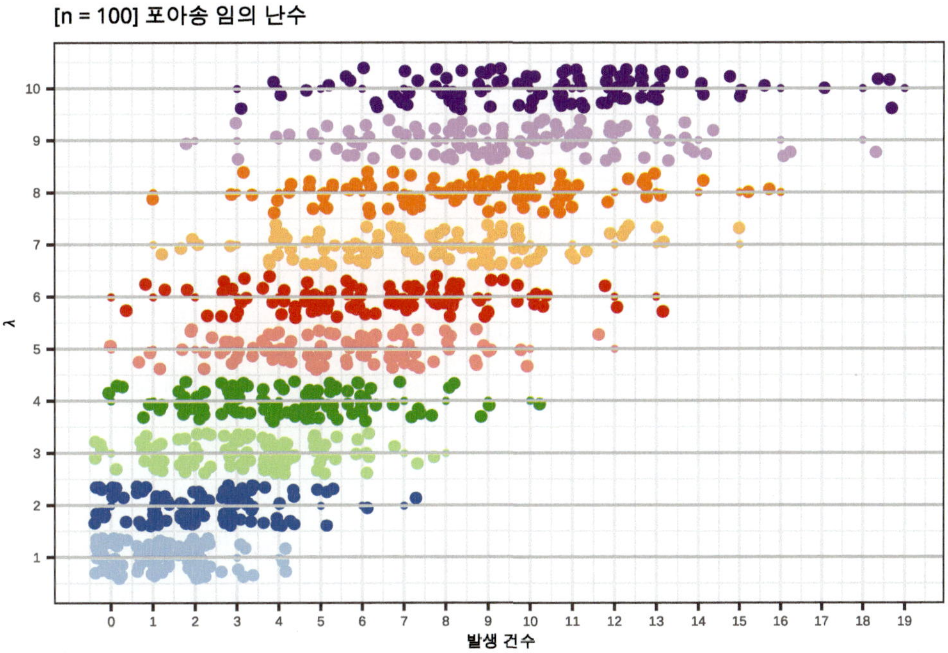

그림 2.6: 서로 다른 λ에서의 임의 난수

포아송 분포의 평균과 분산은 동일하다. 이는 평균이 커지면 분산도 역시 커진다는 것으로 실무적으로 중요한 의미를 갖는다. 실제로 서로 다른 λ에 대하여 포아송 난수 $n = 100$개를 생성한 [그림 2.6]의 결과를 보면, λ가 커질 수록 발생 횟수의 범위가 비례적으로 커지는 것을 확인할 수 있다.

실습 2. 포아송 분포의 확률 계산

업무 (A)는 총 15 단계, 업무 (B)는 총 9 단계로 구성된다. 각 단계의 실행 오류 발생 가능성이 알려져 있지 않아 임의로 선택된 20일 동안 두 업무의 오류의 수를 조사하였다. (A)의 경우 평균 5건 그리고 (B)의 경우 평균 3건이 발생하였다.

두 주문 업무가 지속적으로 실행되었을 때, 다음 확률을 구하시오.

(1) 오류가 하나도 없을 확률

(2) 오류가 2회 이하로 발생할 확률

결과

	(A)	(B)	비고
구성	15 단계	9 단계	복잡도가 서로 다르다.
정보	평균 5건	평균 3 건	
기회별 오류	$5/15 = 1/3$	$3/9 = 1/3$	A와 B는 동일하다.
$\Pr(Y = 0)$	0.007	0.050	B가 A보다 약 7.14배 높다.
$\Pr(Y \leq 2)$	0.125	0.423	B가 A보다 약 3.38배 높다.

기준 정보 계산

```
lambda_a <- 5
lambda_b <- 3
# 1
c(round(dpois(0, lambda_a), 3), round(dpois(0, lambda_b), 3))
```

```
# [1] 0.007 0.050
```

```
#2
c(round(ppois(2, lambda_a), 3), round(ppois(2, lambda_b), 3))
```

```
# [1] 0.125 0.423
```

R을 이용하여 (A)와 (B)에서 발생 가능한 오류의 수 $Y = 0, 1, 2, \ldots, 15$의 확률과 두 확률의 차이를 계산하면 [표 2.2]와 같다. 이를 이용하여 특정 수(또는 특정 수 이하/이상 등)의 오류가 발생할 가능성을 비교할 수 있다.

```r
y <- 0:15                                      # y 값의 범위 설정
poi_5 <- dpois(y, lambda_a)                    # 확률 및 차이 계산
poi_3 <- dpois(y, lambda_b)
diff <- poi_5 - poi_3
df <- data.frame(                              # 데이터 프레임 생성
   y = y,
  A = poi_5,
  B = poi_3,
  difference = diff
)
df <- df %>%                                   # 소수점 5자리에서 반올림
  mutate(
    A = ifelse(A < 0.00001, 0, round(A, 5)),
    B = ifelse(B < 0.00001, 0, round(B, 5)),
    difference = ifelse(abs(difference) < 0.00001, 0, round(difference, 5))
)
print(df)                                      # 결과 출력
```

표 2.2: 두 업무의 가능한 오류의 수(Y)에 대한 확률과 차이

Y	(A)	(B)	(A)-(B)
0	0.00674	0.04979	-0.04305
1	0.03369	0.14936	-0.11567
2	0.08422	0.22404	-0.13982
3	0.14037	0.22404	-0.08367
4	0.17547	0.16803	0.00744
5	0.17547	0.10082	0.07465
6	0.14622	0.05041	0.09581
7	0.10444	0.02160	0.08284
8	0.06528	0.00810	0.05718
9	0.03627	0.00270	0.03357
10	0.01813	0.00081	0.01732
11	0.00824	0.00022	0.00802
12	0.00343	0.00000	0.00338
13	0.00132	0.00000	0.00131
14	0.00047	0.00000	0.00047
15	0.00016	0.00000	0.00016

□

$\lambda = np$ 그리고 $n \to \infty$ 일 때, 이항 분포의 확률에 대한 근사값을 제공한다.

$$
\begin{aligned}
&\lim_{n\to\infty} \begin{pmatrix} n \\ y \end{pmatrix} \left(\frac{\lambda}{n}\right)^y \left(1-\frac{\lambda}{n}\right)^{n-y} \\
&= \lim_{n\to\infty} \frac{n!}{y!(n-y)!} \cdot \frac{\lambda^y}{n^y} \left(1-\frac{\lambda}{n}\right)^n \left(1-\frac{\lambda}{n}\right)^{-y} \\
&= \lim_{n\to\infty} \frac{\lambda^y}{y!} \frac{[n(n-1)\cdot(n-2)\cdots(n-y+1)]}{n\cdot n\cdot n\cdots n} \cdot \left(1-\frac{\lambda}{n}\right)^n \left(1-\frac{\lambda}{n}\right)^{-y} \\
&= \lim_{n\to\infty} \frac{\lambda^y}{y!} \underbrace{\left[1\cdot\left(1-\frac{1}{n}\right)\left(1-\frac{2}{n}\right)\ldots\left(1-\frac{y+1}{n}\right)\right]}_{=1} \underbrace{\left(1-\frac{\lambda}{n}\right)^n}_{=e^{\lambda}} \underbrace{\left(1-\frac{\lambda}{n}\right)^{-y}}_{=1} \\
&= \frac{\lambda^y}{y!} e^{-\lambda}, \quad y = 0, 1, 2, \ldots
\end{aligned}
$$

$\Pr(Y=0)$ 는 일정한 단위에서 사건이 한번도 발생하지 않을 무오류(zero-defect) 확률이다[12].

$$
\Pr(Y=0;\lambda) = \frac{\lambda^0 e^{-\lambda}}{0!} = e^{-\lambda}
$$

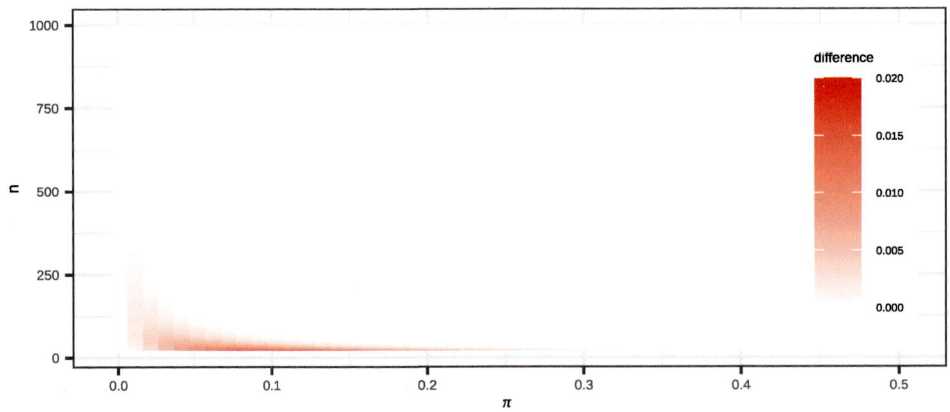

그림 2.7: 포아송 분포와 이항 분포의 차이: Pr(Y=0)

[12]생산 프로세스 관리에서는 이를 초기 수율(First-time Yield)이라고 하며, 다음과 같이 표현한다.

$$
Y_{FT} = e^{-DPU},\ DPU = \frac{d}{u}
$$

u 는 조사된 단위의 수 그리고 d는 발견된 전체 결점의 수이고, DPU는 Defects Per Unit의 약자로 평균 결점 수를 의미한다.

[그림 2.7]은 포아송 분포의 $\Pr(Y=0)$와 이항 분포의 $\Pr(Y=0)$를 비교한 것이다. 두 확률의 차이는 n이 작은 경우에 발생한다. 따라서, n이 충분히 큰 경우에는 이항 분포의 상황에서도 동일하게 적용할 수 있다.

상호 독립인 포아송 확률 변수의 합은 포아송 분포를 따른다.

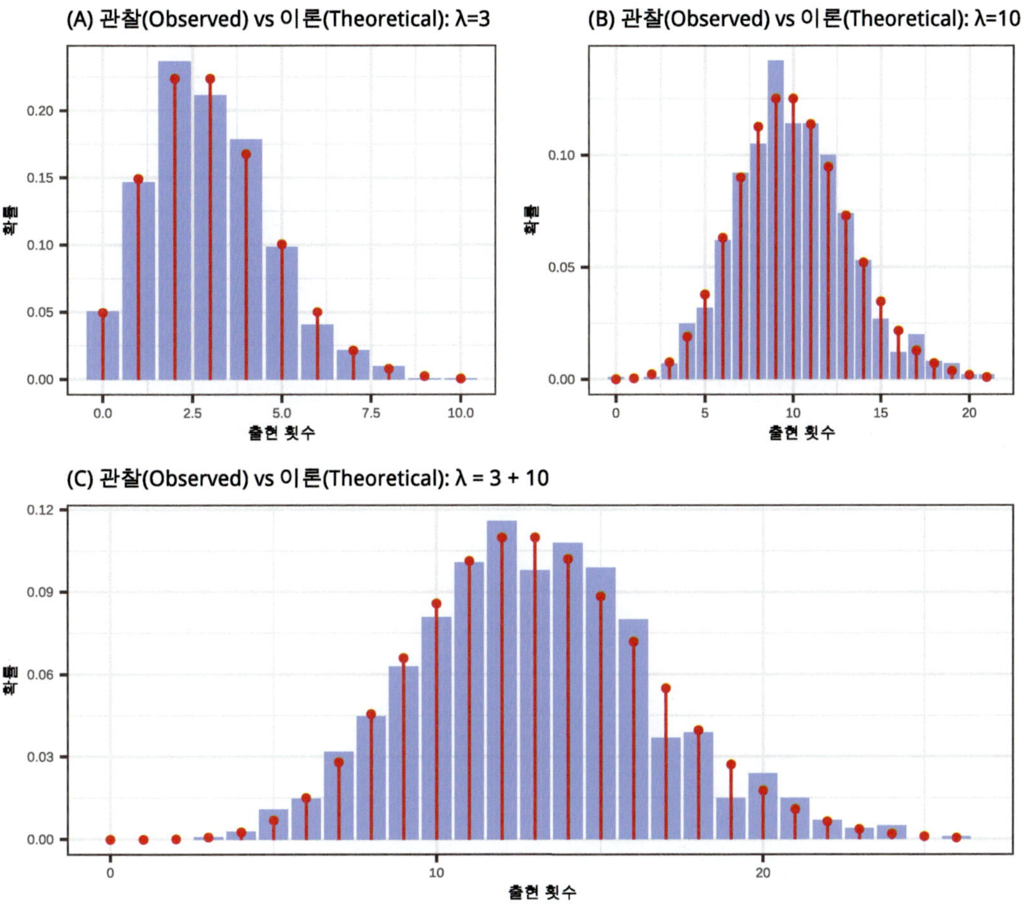

그림 2.8: Poi(3), Poi(10)의 난수(관찰)와 확률(이론) 분포 그리고 이들의 난수 합과 확률 분포

[그림 2.8]의 (A)와 (B)는 $X \sim \mathrm{Poi}(3)$과 $Y \sim \mathrm{Poi}(10)$으로 부터 각각 $n = 1000$개의 임의 난수를 추출하여 관찰(Observed)된 빈도 구조와 이론(Theoretical)적인 확률 분포를 함께 도시한 것이다. 그리고 (C)는 각각의 난수를 더한 $S = X + Y$의 관찰 빈도와 $\mathrm{Poi}(3+10)$의 이론적인 확률 분포를 함께 도시한

것이다. 이는 상호 독립인 포아송 분포의 합이 포아송 분포를 따르고, 그 모수는 합의 대상이 되는 포아송 분포의 모수의 합이 됨을 보여준다.

실습 3. 포아송 분포의 확률 계산 II

특정 행정 구역 내에 속해 있는 비슷한 규모의 도시 A, B, C에서 강력 범죄의 평균 발생 건수는 각각 월간 10, 5, 12이다. 개별 도시와 전체 행정 구역에 대하여 다음 확률을 구하시오.

(1) 월간 한 건도 발생하지 않을 확률

(2) 월 평균 30회 이상 발생할 확률

결과

	A	B	C	전체
평균 건수	10	5	12	27
$\Pr(Y=0)$	0.000	0.0007	0.000	0.000
$\Pr(Y\geq 30)$	0.000	0.000	0.000	0.307

도시 A, B, C에서의 강력 범죄가 독립적으로 발생한다고 가정할 때, 전체 행정 구역 내에서의 월별 강력 범죄 발생 건수는 포아송 분포를 따르고, 이의 모수 λ_{total} 은 다음과 같다.

$$\lambda_{\text{total}} = \lambda_A + \lambda_B + \lambda_C = 10 + 5 + 12 = 27$$

기준 정보 계산

```
lambda_A <- 10
lambda_B <- 5
lambda_C <- 12
lambda_total <- lambda_A + lambda_B + lambda_C     # 전체 평균 발생 건수
# (1) 강력 범죄가 한 건도 발생하지 않을 확률
a_zero <- dpois(0, lambda_A)
b_zero <- dpois(0, lambda_B)
c_zero <- dpois(0, lambda_C)
all_zero <- dpois(0, lambda_total)
# (2) 월 평균 30회 이상 발생할 확률
a_ge30 <- 1 - ppois(29, lambda_A)
b_ge30 <- 1 - ppois(29, lambda_B)
c_ge30 <- 1 - ppois(29, lambda_C)
```

```r
all_ge30 <- 1 - ppois(29, lambda_total)
# 결과
cat("도시 A:", a_zero, a_ge30, "\n")
```

```
# 도시 A: 0.0000454 0.000000251
```

```r
cat("도시 B:", b_zero, b_ge30, "\n")
```

```
# 도시 B: 0.00674 0.0000000000000282
```

```r
cat("도시 C:", c_zero, c_ge30, "\n")
```

```
# 도시 C: 0.00000614 0.00000887
```

```r
cat("행정 구역:", all_zero, all_ge30, "\n")
```

```
# 행정 구역: 0.00000000000188 0.307
```

□

각 도시의 강력 범죄의 평균 건수와 포아송 분포의 가법성을 이용하면, 행정 구역 전체에서 강력 범죄의 발생 건수별 예상 확률 구조를 확인할 수 있다.

✿ ggplot2::geom_segment()는 수평선 또는 수직선을 추가한다.
- theme_*()를 이용하여 그래프의 형태를 사전에 결정할 수 있다.

```r
lambda_total <- 27
k <- 0:60                              # 가능한 변수값 범위 설정
pmf <- dpois(k, lambda_total)          # 확률 질량 함수 계산
df <- data.frame(k, pmf)               # 데이터 프레임 생성
# 포아송 확률 질량 함수 도시
ggplot(df, aes(x = k, y = pmf)) +
  geom_segment(aes(x = k, xend = , y = 0, yend = pmf), color = "red") +
  geom_point(color = "red", size = 1) +
  labs(title = "행정 구역내 강력 범죄 발생 건수 별 예상 확률",
       x = "발생 건수",
       y = "예상 확률"
       ) +
  theme_bw()
```

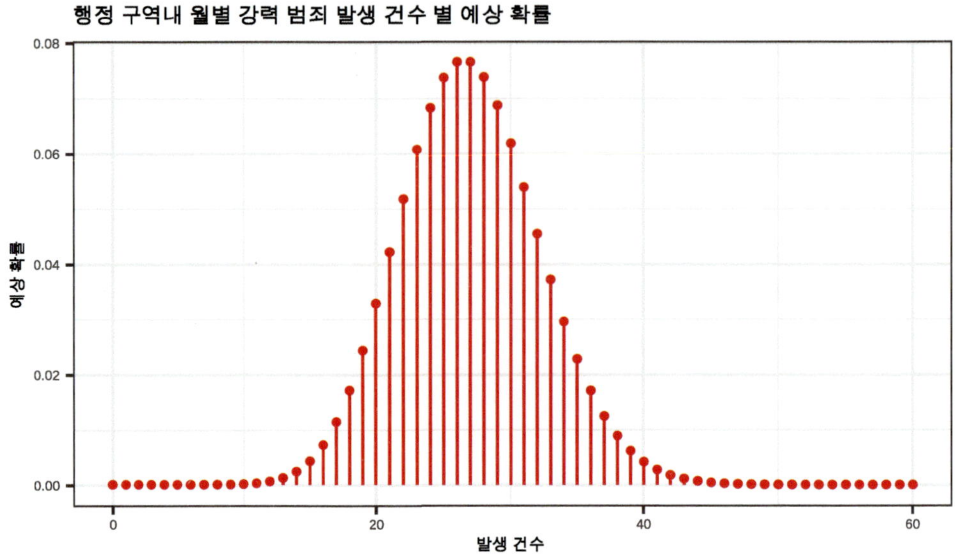

포아송 분포는 이항 분포의 경우보다 더 적은 수의 모수를 필요로 한다. 이는 시행 횟수(n)에 대한 정보를 요구하지 않는다. 따라서, 빈도 데이터를 조사한 단위 - 시간, 공간, 주기 등 - 가 일정하다면, 다양한 확률을 쉽게 계산하여 해석의 기준으로 활용할 수 있다.

2.1.3 기타**

이항 분포와 포아송 분포 이외에 실무적으로 자주 사용되는 이산형 분포로는 초기하 분포(Hypergeometric Distribution), 기하 분포(Geometric Distribution) 그리고 음이항 분포(Negative Binomial Distribution) 등이 있다. 이들 분포는 모두 이항 분포와 밀접한 관련이 있으며 다양한 실무적 목적을 위하여 사용된다. 이를 간단히 정리하면 다음과 같다. 이들 분포의 R **함수**는 [표 1.4]에서 찾을 수 있다.

초기하 분포(Hypergeometric Distribution)

$Y \sim \text{Hyp}(N, M, n)$로 표기한다.

- N은 모집단 크기, M는 모집단에서 관심 사건의 수, n은 표본 크기이다.

- 관심 특성: 유한 모집단(N)에서 임의 추출된 표본(n) 중에서 관심 사건의 출현 횟수
- 확률 질량 함수(pmf)

$$f(y) = \frac{\binom{M}{y}\binom{N-M}{n-y}}{\binom{N}{n}}, \quad y = \max(0, n-(N-M)), \ldots, \min(n, M)$$

- $\binom{a}{b}$는 이항 계수를 의미한다.

평균과 분산

$$E(Y)=\frac{nM}{N} \text{ 그리고 } \mathrm{Var}(Y)=n\cdot\frac{M}{N}\cdot\frac{N-M}{N}\cdot\frac{N-n}{N-1}$$

초기하 분포는 유한 모집단, 특히 모집단이 크지 않은 경우에 이항 분포를 대신할 수 있는 확률 분포이다. 이는 생산 공장에서 일정 출하 단위로 불량품의 수에 대한 확률을 계산하여 출하 여부를 결정하거나, 대학교에서 특정 활동에 관심이 있는 학생 수에 대한 확률을 추정하여 지원 여부를 결정하는데 사용될 수 있다.

기하 분포(Geometric Distribution)

$Y\sim \mathrm{Geo}(p)$로 표기한다.

- p는 성공 확률이다.

- 관심 특성: 첫번째 성공 전에 발생하는 실패 횟수
- 확률 질량 함수(pmf)

$$f(y)=(1-p)^y p,\quad y=0,1,2,\dots$$

평균과 분산

$$E(Y)=\frac{1-p}{p} \text{ 그리 고 } \mathrm{Var}(Y)=\frac{1-p}{p^2}$$

기하 분포는 이항 분포의 특수한 경우로, 소프트웨어의 검증 시험에서 첫번째 결함이 발생할 때까지의 작동 횟수, 마케팅 활동에서 첫번째 구매나 특정 행동(예: 광고 클릭 또는 맴버십 가입 등)이 발생하기전까지의 시도 횟수 등에 대한 확률을 추정하는데 사용될 수 있다.

음이항 분포(Negative Binomial Distribution)

$Y\sim \mathrm{NB}(r,p)$로 표기한다.

- r은 성공의 목표 횟수, p는 성공 확률이다.

- 관심 특성: r번의 성공 전에 발생하는 실패 횟수

- 확률 질량 함수(pmf)

$$f(y) = \binom{y+r-1}{y} p^r (1-p)^y, \;\; y = 0, 1, 2, \ldots$$

- $\binom{a}{b}$는 이항 계수를 의미한다.

평균과 분산

$$E(Y) = \frac{r(1-p)}{p} \text{ 그리고 } \mathrm{Var}(Y) = \frac{r(1-p)}{p^2}$$

음이항 분포는 일정한 성공 횟수에 도달할 때까지의 실패 횟수에 대한 확률 구조로, 금융 분야에서 보험 청구 건수 또는 금융 손실 횟수에 대한 확률 예측, 질병 연구에서 질병의 발생 횟수나 실험에서 특정 반응이 나타날 때까지의 실패 횟수에 대한 확률에 관심이 있을 때 적용할 수 있다.

이산형 확률 분포는 이산형 확률 변수의 측정값에 대한 확률 구조로 (1) 관심 특성에 적합한 확률 분포의 선택 (2) {성공, 실패} 범주의 명확한 구분 그리고 (3) 대표성 있는 표본의 선택 여부에 따라 그 유용성이 결정된다.

2.2 연속형 확률 분포

연속형 확률변수란 실수(real values; $\mathbb{R}$)를 취할 수 있는 확률 변수를 말한다. 이는 실무적으로 구간(interval) 또는 비율(ratio) 척도에서 적합한 측정 장비에 의하여 측정되며, 고유의 측정 단위(measurement unit)를 갖는다. 연속형 확률 변수는 관심 특성의 기술적 특징, 측정 환경, 측정 표준, 측정 활동 그리고 실무 현상에 대한 객관성과 타당성에 기반하여 측정된다. 이를 연속형 데이터라고 한다.

연속형 데이터(continuous data)[13]

- 구간 또는 비율 척도로 측정되며, 유형 또는 무형의 측정 장비에 의하여 측정된다.
  - 고유의 측정 단위가 존재한다.
- 현상에 대한 이해를 기초로, 다음 사항에 의하여 그 양과 질이 결정된다.
  - [기술적] 관심 특성의 특징
  - [환경적] 측정 환경, 측정 표준, 측정 활동
  - [상식적] 현상에 대한 객관성과 타당성

[13]특정 기준값에 대한 연산과정, 예를 들어 가중치를 부여하여 재계산하거나 여러 항목의 값을 결합하여 하나의 지표를 계산하는 과정 등은 무형의 측정 장비로 가정한다.

연속형 확률변수인 관심 특성은 측정 장비(measuring equipment)와 측정 절차(measuring procedure)를 통하여 측정 된다. 측정 장비와 절차는 해당 분야의 기술과 경험에 기초하며, 측정 목적에 따라 측정 단위와 범위가 결정된다. 예를 들어, 화물 배송에서 무게로 요금을 결정한다면, 무게는 저울이라는 측정 장비에 의하여 화물 배송 요금 분류에 적절한 측정 단위(예: 그램(g), 킬로그램(Kg) 등)로 일정 범위내에서 측정될 것이다.

올바른 측정 장비를 확보했다고 하더라도 측정 환경이 불안정하거나 측정 표준을 준수하지 않는다면, 동일한 현상을 서로 다른 값으로 측정할 것이다. 예를 들어, 숙련도가 서로 다른 구성원들이 무작위로 업무를 처리하는 경우, 업무의 처리 시간은 숙련도에 따라 서로 다르게 나타날 것이다. 또한 측정 표준(measurement standards)을 준수하지 않는다면, 예를 들어, 분(minutes) 단위로 기록해야 하는 것을 시간(hours) 단위로 기록한다면, 특이한 처리 시간이 발생할 것이다.

또한 측정되는 연속형 데이터는 관심 현상에 대하여 객관성과 타당성을 제공할 수 있어야 한다. 여기서, 객관성(objectivity)이란 측정이 주관적인 편향 없이 일관되게 이루어지는 것을 의미한다. 예를 들어, 입사 필기 시험에서 응시자들에게 서로 다른 시험 시간을 제공한다면, 그 시험 점수는 객관성이 있다고 할 수 없다. 타당성(validity)이란 측정이 실제로 의도한 현상을 올바로 반영하는가를 의미한다. 예를 들어, 병원에서 환자의 혈압을 측정하여 건강 상태를 평가할 때, 혈압 측정이 아닌 체중 측정 결과를 사용한다면, 이는 건강 상태 평가의 타당성이 떨어진다고 할 수 있다.

연속형 확률 변수의 확률 구조를 연속형 확률 분포라고 한다. 이는 이산형 확률 분포에서와 같이 특정 값의 확률이 아니라 특정 구간 또는 구간의 합에서의 면적(area)로 확률을 표현한다. 따라서, 연속형 확률 분포의 확률은 다음의 특징을 갖는다.

$$\Pr(Y = a) = 0, \ \text{그리고} \ \Pr(a \leq Y \leq b) = \int_a^b f(y)dy, \ a, b \in \mathbb{R}$$

여기서, $f(y)$는 확률 밀도 함수(pdf)를 의미하고 다음을 만족한다.

연속형 확률 밀도 함수(probability density function; pdf)

- 모든 가능한 y 값에 대하여 확률밀도 값은 0보다 크거나 같다.
- 모든 가능한 y 값에서 구한 면적은 1이다.
- 관심 사건이 정의된 구간의 면적으로 해당 확률을 계산한다.

[그림 2.9]는 이산형 확률 분포와 연속형 확률 분포의 pdf와 CDF를 비교한 것이다.

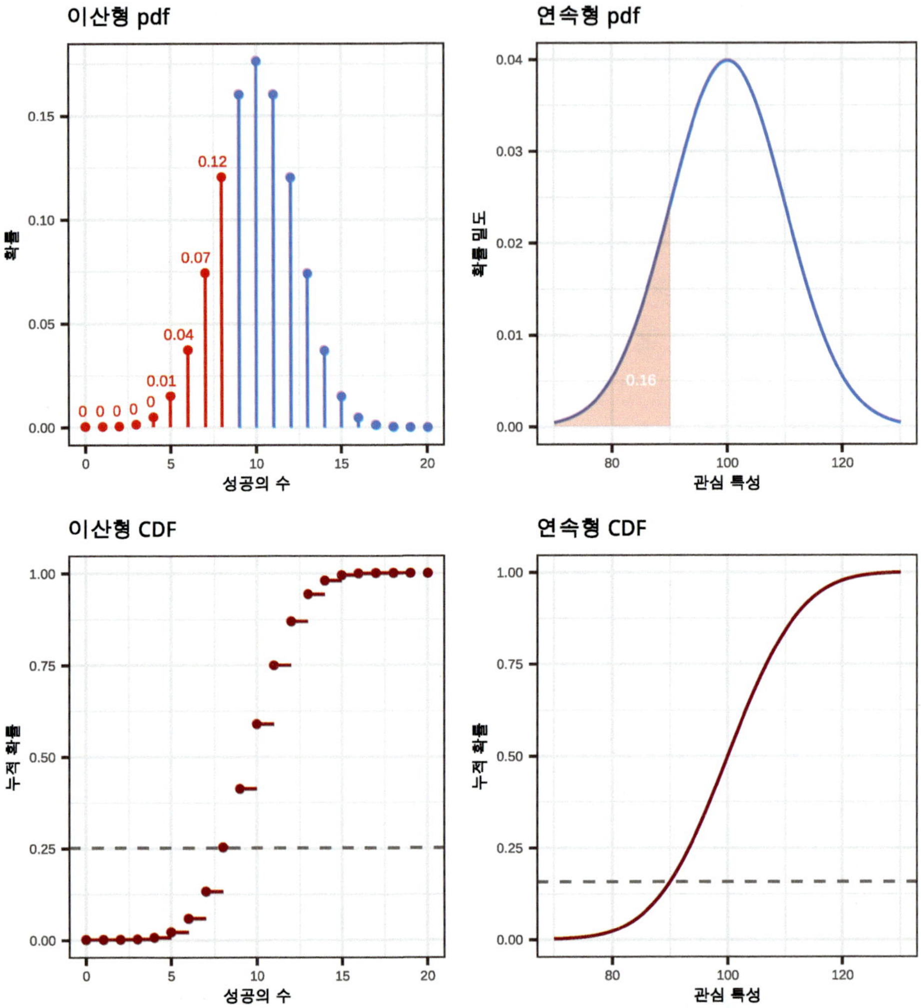

그림 **2.9:** 이산형 (pdf, CDF) vs. 연속형 (pdf, CDF)

[그림 2.9]에서 확인할 수 있듯이 이산형 확률 분포와 달리 연속형 확률 분포의 CDF는 연속이며, 따라서 역 누적 확률값이 유일함을 확인할 수 있다[14]. 연속형 확률 분포의 누적 분포 함수(Cumulative Distribution Function; CDF)와 역 누적 분포 함수(Inverse Cumulative Distribution Function; icdf)는 다음과 같이 정의된다.

[14] 이론적으로 연속형과 이산형은 CDF인 $F(y)$의 연속성 여부로 구분한다. 연속형 확률 분포의 경우, $f(y) = \frac{d}{dy}F(y)$의 관계를 갖는다.

연속형 누적 분포 함수와 역 누적 분포 함수

- 누적 분포 함수(CDF)

$$F(y) = \Pr(Y \leq y),\ \ y \in \mathbb{R}$$

- 역 누적분포 함수(icdf)

$$Q(p) = F^{-1}(p),\ \ p \in [0,1] \text{ 또는 } Q(p) = y_0,\ \text{ 여기서 } p = \Pr(Y \leq y_0)$$

[그림 2.10]은 $F(\cdot)$과 $Q(\cdot)$의 예이다. 특정 연속형 확률 분포에서 $y = 105.0$에서의 누적 확률값 $F(y) = 0.69$이고, $p = 0.80$의 역 누적 확률값 $Q(p) = 108.4$임을 확인할 수 있다.

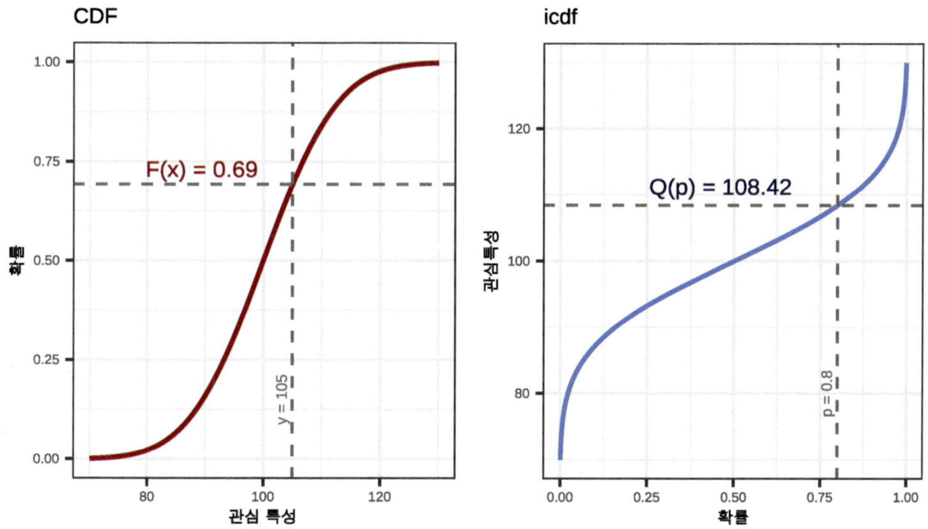

그림 2.10: 연속형 확률 변수의 $F(\cdot)$과 $Q(\cdot)$의 예

연속형 확률 분포는 형태(shape), 위치(location), 척도(scale) 모수에 의하여 결정된다. 개별 모수의 변화에 대한 연속형 분포의 확률 밀도 함수(pdf)와 누적 분포 함수(CDF)는 [그림 2.11]과 같다. (A)는 형태 모수의 변화에 따른 분포의 pdf와 CDF이다. 이들 함수의 패턴이 일정하지 않음을 확인할 수 있다. (B)는 위치 모수만 변화하는 경우의 pdf와 CDF이며, 이들 함수의 패턴이 일정한 규칙이 있음을 확인할 수 있다. (C)는 척도 모수만 변하는 경우인데 이 경우에도 pdf와 CDF의 패턴이 일정한 규칙이 있음을 확인할 수 있다. (B)와 (C)에서와 같이 **형태**가 일정한 경우에는 표준이 되는 **위치 모수**와 **척도 모수**를 지정하여 확률값을 정의한 뒤, 다양한 **위치 모수**와 **척도 모수** 값에 대한 확률값으로 전환할 수 있다는 장점을 갖는다.

이와 비교할 때, (A)의 경우에는 (B)와 (C)에서의 표준 확률 분포를 정의할 수는 없지만, 다양한 실무적 관심 특성을 표현할 수 있다는 장점을 갖는다.

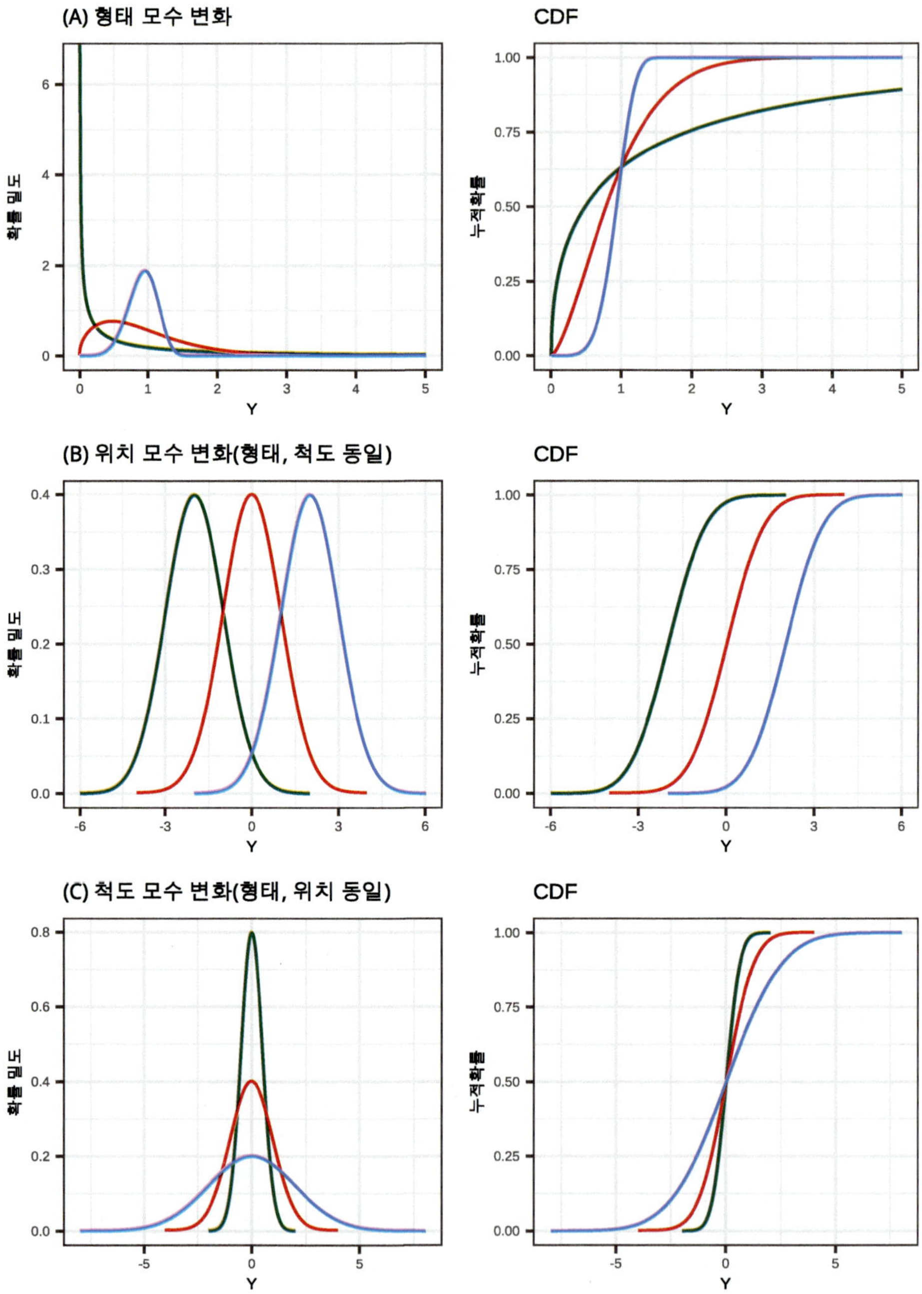

그림 2.11: 형태, 위치, 척도 변화에 따른 pdf와 CDF

연속형 확률 분포의 활용에서 다음을 고려해야 한다.

연속형 확률 분포에서의 고려 사항

- 언제 사용하는가?
  - 구간 또는 비율 척도로 측정되는 관심 특성에서
    주어진 형태(shape), 위치(location), 척도(scale)를 갖는 경우
- 분포의 모수는 무엇인가?
  - [형태 모수] 확률 분포의 형태 결정
  - [위치 모수] 확률 분포의 위치 결정
  - [척도 모수] 확률 분포의 척도 결정
- 확률 계산은 어떻게 할 것인가?
  - R 이용

2.2.1 정규분포 Normal Distribution

정규 분포는 1733년 프랑스의 수학자 아브라함 드 무아브르에 의해 처음 소개되었으며[15], 이후 프랑스의 수학자 피에르 시몽 라플라스에 의해 분포의 함수식이 도출되었다[16]. 그 후, 독일의 수학자 카를 프리드리히 가우스[17]가 창안한 오차에 대한 확률 분포가 정규 분포와 일치한다고 하여 이를 가우스 분포(Gaussian Distribution)라고 부르기도 한다. 이 분포가 소개된 초기에는 수집된 데이터의 형태가 이 모양을 따르지 않으면 비정상적이라고 생각했기 때문에 이름도 정규 분포(Normal Distribution)라고 명명되었다. 정규 분포는 통계 분석에서 가장 중요한 확률 분포 중 하나이며, 오랜 시간 동안 과학의 발전에 기여한 유용한 확률 분포이다. 현재에도 자연 현상, 경영, 교육, 심리 등의 사회과학 연구 그리고 개발, 생산 등의 다양한 분야에서 널리 활용되고 있다.

정규분포의 가장 큰 특징은 좌우 대칭(symmetric)과 종형(bell-shaped)의 형태(shape)를 갖는다는 것이다. 그리고 위치(location) 모수로 평균(μ) 그리고 척도(scale) 모수로 분산(σ^2)를 갖는다[18].

정규 분포(Normal Distribution)

- $Y \sim \mathrm{N}(\mu, \sigma^2)$로 표기한다.
  - $-\infty < \mu < \infty, \;\; 0 < \sigma^2 < \infty$

[15] Abraham de Moivre, 1667~1754, 이는 n이 큰 경우에 이항 분포의 근사 확률을 계산하기 위해 사용되었다.
[16] Marquis de Laplace, 1749~1827
[17] Carl Friedrich Gauss, 1777~1825
[18] 정규분포의 척도 모수를 분산의 양의 제곱근인 **표준 편차**를 사용하여 나타낼 수도 있다.

- 관심 특성: 구간 또는 비율 척도로 측정되는 관심 특성
  - 좌우 대칭, 종형의 형태를 갖는 경우
  - 목표값 또는 참값이 명확하고 우연 변동만 존재하는 경우
- 확률 밀도 함수(pdf)

$$f(y) = \frac{1}{\sqrt{2p}\sigma}\exp\left[-\frac{1}{2}\left(\frac{y-\mu}{\sigma}\right)^2\right],\ \ y \in \mathbb{R}$$

- 평균(μ)과 분산(σ^2)은 서로 독립적인 모수이다.

$$E(Y) = \mu \text{ 그리고 } \mathrm{Var}(Y) = \sigma^2$$

  - μ는 분포의 중심 위치를 결정하고, σ^2은 분포의 산포(퍼짐 정도)를 결정한다.
  - 평균이 변해도 분산이 변하지 않을 수 있으며, 분산이 변해도 평균이 변하지 않을 수 있다.

정규 분포는 좌우 대칭과 종형으로 그 형태가 일정하므로, 표준화(standardization)를 통하여 표준 정규 분포(Standard Normal Distribution)으로 전환할 수 있다. 이를 이용하여 모든 정규 분포의 관심 확률을 쉽게 계산할 수 있다. 또한 표준화는 연속형 확률 변수가 갖는 측정 단위를 제거하여 서로 다른 단위를 갖는 연속형 데이터들의 상호 비교를 가능하게 한다.

정규 분포의 표준화(standardization)

- 모든 정규 분포는 표준화를 통하여 표준 정규 분포로 변환될 수 있다.

$$Y \sim N\left(\mu, \sigma^2\right) \text{ 이면, } Z = \frac{Y-\mu}{\sigma} \sim N(0,1)$$

예를 들어, $Y \sim N(2, 0.5)$일 때, $\Pr(Y \leq 3)$을 표준화를 통하여 계산해 보면 다음과 같고, 이를 예증해 보면, [그림 2.12]과 같다.

$$\Pr(Y \leq 3) = \Pr\left(\frac{Y-2}{\sqrt{0.5}} \leq 3\right) = \Pr\left(Z \leq \frac{3-2}{0.7071}\right) = \Pr(Z \leq 1.414)$$

```
mu <- 2
sigma2 <- 0.5
sigma <- sqrt(sigma2)
z_value <- (3 - mu) / sigma
p_y <- pnorm(3, mean = mu, sd = sigma)     # 확률 계산
```

```
p_z <- pnorm(z_value)
c(p_y, p_z)                                  # 결과 확인
```

```
# [1] 0.921 0.921
```

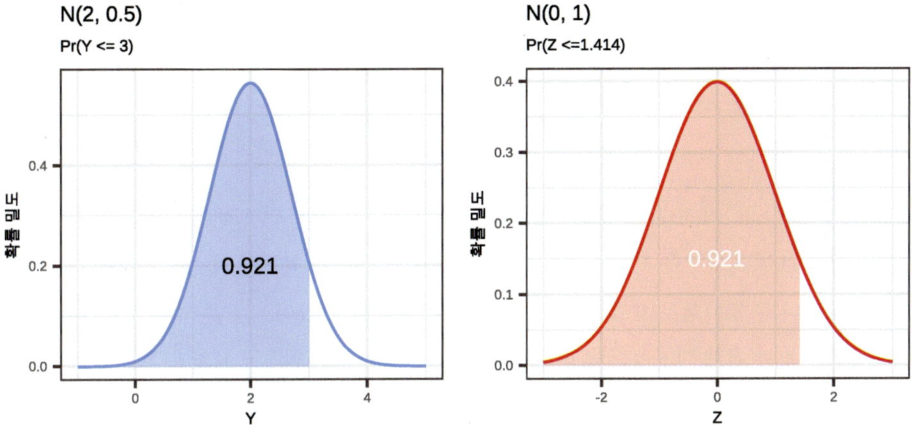

그림 2.12: 정규 분포의 표준화와 확률 계산(예)

N(0, 1) vs. N(2, 0.5)

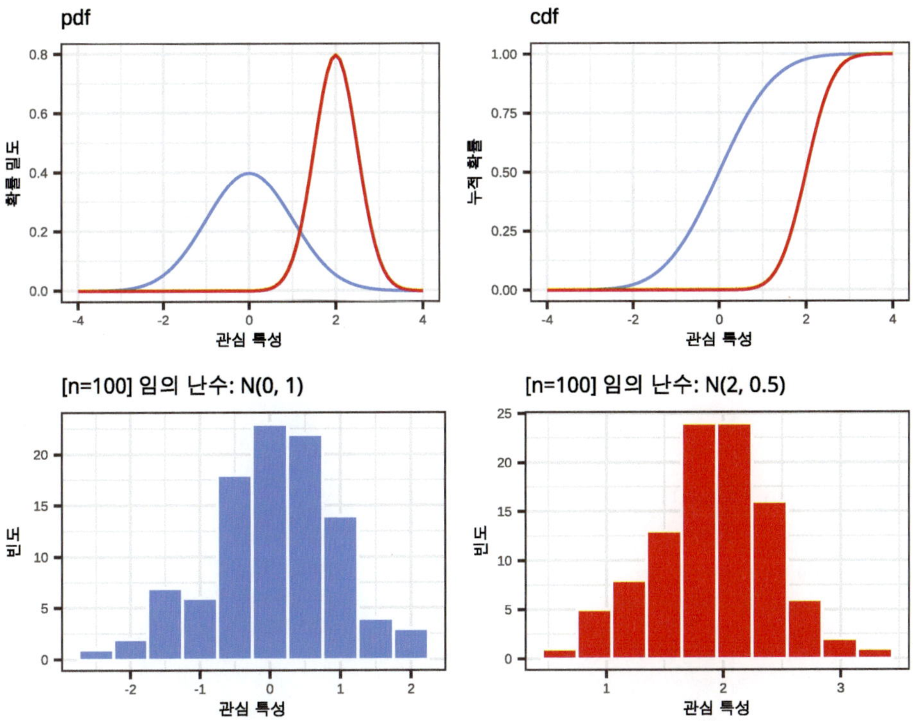

그림 2.13: 서로 다른 (μ, σ^2)를 갖는 정규 분포(예)

[그림 2.13]은 표준 정규 분포인 N(0,1)과 정규 분포인 N(2, 0.5)를 함께 확인할 수 있다. pdf 그림에서 $\mu = 0,\ 2$를 비교하여 분포의 중심 위치를 확인할 수 있고, $\sigma^2 = 1,\ 0.5$를 이용하여 분포의 퍼짐 정도를 확인할 수 있다. cdf 그림을 확인해 보면, 누적 확률 0.5를 갖는 관심 특성의 값이 지정된 μ 값임을 확인할 수 있고, σ^2이 작을수록 cdf의 형태가 더 급격하게 증가함을 확인할 수 있다. 각각의 $n = 100$ 정규 난수의 히스토그램을 통하여 대략적인 형태, 위치, 척도 모수 값을 확인해 볼 수 있다.

실습 4. 서로 다른 난이도의 비교

김열공 학생은 OO자격 시험에 2번 응시하였다. 1차 응시에서는 270/320 점을 획득하였고, 2차 시험에서는 290/320점을 획득하였다. 원하는 300/320 점을 획득하지는 못했지만 시험 성적이 높아지고 있으니 곧 300점을 넘을 수 있을 것이라고 생각하고 있다.

1차 시험을 치른 전체 학생들의 점수는 $N(250, 10^2)$을 따르며 2차 시험을 치른 전체 학생들의 점수는 $N(270, 15^2)$을 따른다. 김철수 학생은 실제로 어떤 시험을 더 잘 보았는가?

결과

	1차 시험	2차 시험
정보	$Y_1 \sim N(250, 10^2)$	$Y_2 \sim N(270, 15^2)$
취득 점수	270	290
$\Pr(Y \geq$ 취득점수$)$	0.023 (약 2%)	0.091 (약 9%)

기준 정보 계산

```
mu1 <- 250
mu2 <- 270
sigma1 <- 10
sigma2 <- 15
c(pnorm(270, mu1, sigma1), pnorm(290, mu2, sigma2))
```

```
# [1] 0.977 0.909
```

```
c(1-pnorm(270, mu1, sigma1), 1-pnorm(290, mu2, sigma2))
```

```
# [1] 0.0228 0.0912
```

결과의 시각화

```
prob1 <- 1- pnorm(270, mu1, sigma1)
prob2 <- 1- pnorm(290, mu2, sigma2)
#
x <- seq(200, 320, length.out = 1000)
y1 <- dnorm(x, mu1, sigma1)
y2 <- dnorm(x, mu2, sigma2)
df <- data.frame(x, y1, y2)
#
ggplot(df, aes(x, y1)) +
  geom_line(color = "blue") +
  geom_ribbon(data = subset(df, x > 270),
              aes(ymax = y1), ymin = 0, fill = "blue",
              alpha = 0.5) +
  geom_line(aes(x, y2), color = "red") +
  geom_ribbon(data = subset(df, x > 290),
              aes(ymax = y2), ymin = 0, fill = "red",
              alpha = 0.5) +
  geom_hline(yintercept = 0) +
  labs(title = "1/2차 시험 결과", x = "시험 점수",
       y ="확률 밀도") +
  theme_bw() +
  annotate("text", x = 276, y = 0.003,
           label = round(prob1, 3)) +
  annotate("text", x = 300, y = 0.004,
           label = round(prob2, 3))
```

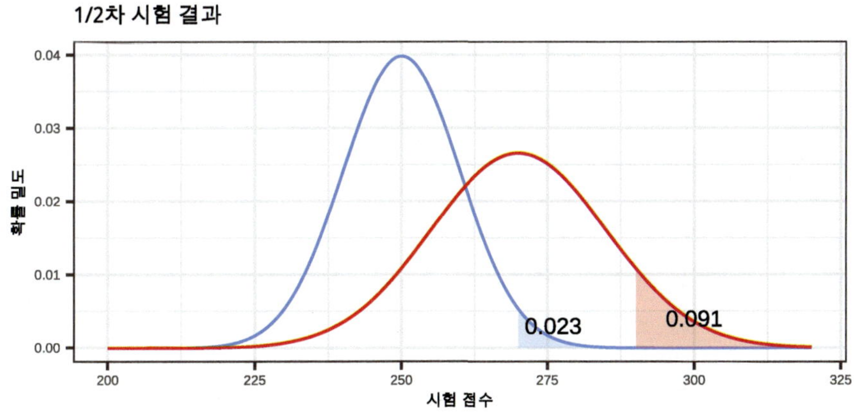

실습 5. 서로 다른 측정 단위의 실행력 비교

A 업무는 처리 시간(분)이 중요 특성이며 이는 $N(30, 3^2)$ 을 따른다. 또한 처리 시간이 35분 이상인 경우 고객 불만족이 발생한다. B 업무는 불순물의 정제량 (g) 이 중요 특성이며 이는 $N(200, 25^2)$ 을 따른다. 또한 정제량이 150g 보다 작은 경우 고객 불만족이 발생한다.

A 업무와 B 업무 중에서 어느 업무가 고객 불만족 가능성이 높은가?

결과

	A 업무	B 업무	비고
측정 단위	Y_1 : 처리시간(분)	Y_2 : 정제량(g)	
정보	$Y_1 \sim N(30, 3^2)$	$Y_2 \sim N(200, 25^2)$	비교 불가
고객 불만족 기준	$\mathrm{P}(\mathrm{Y}_1 \geq 35)$	$\mathrm{P}(\mathrm{Y}_2 \leq 150)$	
고객 불만족 가능성	0.0478(약 5%)	0.0228 (약 2%)	A 업무가 높다.

기준 정보 계산

```
mu1 <- 30
mu2 <- 200
sigma1 <- 3
sigma2 <- 25
c(1- pnorm(35, mu1, sigma1), pnorm(150, mu2, sigma2))
```

```
# [1] 0.0478 0.0228
```

이는 표준화를 통하여 [그림 2.14]와 같이 표준 정규분포의 CDF에 표현할 수 있다. 이는 다양한 업무들의 고객 불만족 예상 확률을 동시에 비교하고자 할 때 유용하다[19].

$$\Pr(Y_1 \geq 35) = \Pr\left(Z_1 \geq \frac{35-30}{3}\right) = \Pr(Z_1 \geq 1.67)$$

$$\Pr(Y_2 \leq 150) = \Pr\left(Z_1 \geq \frac{150-200}{25}\right) = \Pr(Z_1 \leq -2)$$

[19] $\Pr(Y_1 \geq 35) = \Pr(Z_1 \geq 1.67)$ 이고, 표준 정규 분포가 0을 중심으로 좌우 대칭이므로, $\Pr(Z_1 \geq 1.67) = \Pr(Z_1 \leq -1.67)$ 이다.

[CHALLENGE] 표준화를 통한 업무 비교

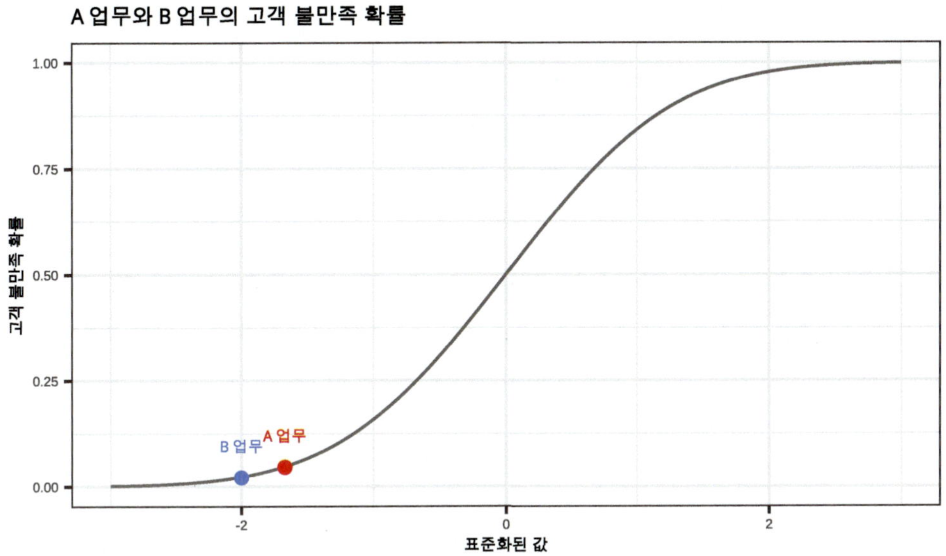

그림 2.14: 표준화를 통한 각 업무의 고객 불만족 확률의 비교

2.2.2 기타**

정규 분포는 거의 모든 분야에서 널리 사용되는 연속형 확률 분포이다. 이외에도 각 분야 별 관심 특성에 적합한 연속형 확률 분포들이 존재한다. 특히 와이블 분포(Weibull Distribution), 지수 분포(Exponential Distribution) 그리고 대수 정규 분포(Log Normal Distribution)는 신뢰성 분야와 생존 분석에 널리 사용되는 분포이다. 이에 대하여 간단히 정리하면 다음과 같다. 이들 분포의 R 함수는 [표 1.4]에서 찾을 수 있다.

와이블 분포(Weibull Distribution)

$Y \sim \text{Wei}(\eta, \beta)$로 표기한다.

- $\eta > 0$은 척도 모수(scale parameter), $\beta > 0$은 형태 모수(shape parameter)이다.

- 관심 특성: 특정 상황에서의 생존 시간 또는 수명
- 확률 밀도 함수(pdf)

$$f(y) = \frac{\beta}{\eta}\left(\frac{x}{\eta}\right)^{\beta-1} e^{-(y/\eta)^{\beta}},\ \ y \geq 0$$

평균과 분산

$$E(Y) = \eta\Gamma\left(1+\frac{1}{\beta}\right) \text{ 그리고 } \mathrm{Var}(Y) = \eta^2\left[\Gamma\left(1+\frac{2}{\beta}\right) - \left(\Gamma\left(1+\frac{1}{\beta}\right)\right)^2\right]$$

- $\Gamma(n) = \int_0^\infty t^{n-1}e^{-t}dt$ 으로 감마 함수이다.

와이블 분포는 형태 모수를 통하여 다양한 분포의 형태를 표현할 수 있어서 다양한 영역에서 사용된다. 예를 들어, 신뢰성 분야에서 제품의 수명이나 시스템의 고장 시간에 대한 확률 구조를 표현하거나, 의학 연구에서 환자의 생존 시간이나 치료 효과 지속 시간을 모델링할 때 사용된다.

지수 분포(Exponential Distribution)

$Y \sim \mathrm{Exp}(\lambda)$ 로 표기한다.

- $\lambda > 0$ 은 평균 발생률(rate parameter)이다.

- 관심 특성: 사건이 발생하기까지의 시간 간격
- 확률 밀도 함수(pdf)

$$f(y) = \lambda e^{-\lambda y}, \ \ y \geq 0$$

평균과 분산

$$E(Y) = \frac{1}{\lambda} \text{ 그리고 } \mathrm{Var}(Y) = \frac{1}{\lambda^2}$$

지수 분포는 와이블 분포의 특수한 경우($\beta = 1$)로 신뢰성 분야에서 무작위 고장이 발생하는 제품의 평균 수명 추정과 고객 서비스에서의 대기 시간, 서버의 요청 처리 시간 등과 같은 대기 시간 분석에서 주로 사용된다.

대수 정규 분포(Log-Normal Distribution)

$Y \sim \mathrm{LogN}(\mu, \sigma^2)$ 로 표기한다.

- μ 와 σ^2 는 정규 분포의 모수이며, $\log(Y)$ 가 정규 분포를 따른다.

- 관심 특성: 지수적으로 성장하거나 감소하는 양수 값의 분포

- 확률 밀도 함수(pdf)

$$f(y) = \frac{1}{y\sigma\sqrt{2\pi}} e^{-\frac{(\log y - \mu)^2}{2\sigma^2}}, y > 0$$

평균과 분산

$$E(Y) = e^{\mu + \sigma^2/2} \text{ 그리고 } \mathrm{Var}(Y) = \left(e^{\sigma^2} - 1\right) e^{2\mu + \sigma^2}$$

대수 정규 분포는 신뢰성 분야에서 마모나 열화에 의하여 발생하는 고장 시간, 경제학에서 비대칭적이고 양의 값을 갖는 소득과 주가에 대한 모형화 그리고 환경 과학에서 특정 오염 물질의 농도 분포를 분석할 때 주로 사용된다.

연속형 확률 분포는 유형의 측정 장비 또는 무형의 계산 과정에 의하여 측정되는 연속형 확률 변수의 확률 구조이며, (1) 관심 특성에 대한 명확한 이해와 정의 (2) 올바른 측정 표준과 절차 (3) 모집단을 대표할 수 있는 충분한 수의 데이터 수집이 그 유용성을 결정한다.

3 요약 Statistical Summaries

숫자 요약은 예상된 값에 집중하고 그래픽 요약은 예상하지 못한 값에 집중한다 - J. Tukey

통계적 요약(Statistical Summaries)은 데이터의 다양한 특징을 이해하고 설명하기 위한 작업이며, 이를 기술 통계(Descriptive Statistics)라고 부른다. 이는 일반적으로 숫자 또는 숫자들의 모임으로 표현되는 기술 통계량(Descriptive Statistic(s))[1], 데이터의 세부적인 비교를 위하여 구조화된 표(Tables) 그리고 데이터의 시각적 표현인 그래프(Graphs)를 포함한다. 이러한 요약 도구들을 상호 연계하여 사용함으로써 데이터의 다양한 특징을 이해하고 올바른 추론 통계(Inferential Statistics) 방법을 선택할 수 있다. 이를 간단히 정리하면 [표 3.1]과 같다.

표 3.1: 기술 통계의 구성 요소

형태	설명	예
기술 통계량	숫자 또는 숫자들의 모임	평균, 중앙값, 분산, 표준편차 등
표	행과 열로 구조화된 형식	일원/이원 배치 표, 교차표 등
그래프	데이터의 시각적으로 표현	막대 그림, 히스토그램, 산점도 등

3.1 기술 통계량 Descriptive Statistic(s)

통계량(statistic)이란 데이터로 부터 계산할 수 있는 함수를 말하고, 다양한 기술 통계량은 데이터의 중요 특징인 중심 성향(central tendency), 산포(dispersion) 그리고 분포적 특성을 수량화하기 위하여 정의된다. 범주형은 분포가 정의되지 않으므로 특별한 기술 통계량이 존재하지 않지만, 이산형 전환을 위해 계산되는 빈도와 상대 빈도 그리고 빈도로 정리된 후에 최빈값을 통하여 범주형 데이터의 특징을 검토할 수 있다. 데이터 유형에 따른 중요 기술 통계량과 R 함수는 [표 3.2]와 같다.

[1]통계량은 데이터로 부터 계산되는 함수로 실무적으로 요약값이라고도 표현한다.

표 3.2: 데이터의 유형에 따른 중요 기술 통계량과 R 함수

데이터 유형	기술 통계량	설명	R 함수
범주형	빈도 Frequency	각 범주가 나타나는 횟수	`table()`
	상대 빈도 Relative Frequency	각 범주의 비율(proportion)	`prop.table(table())`
	최빈값 Mode	가장 많은 범주의 빈도	`which.max(table())`
이산형/연속형	평균 Mean	산술 평균값	`mean()`
	중앙값 Median	순서화된 데이터의 중간 위치 값	`median()`
	최빈값 Mode	가장 높은 빈도를 갖는 값	`which.max(table())`
	분산 Variance	산포를 계량화한 값	`var()`
	표준편차 Standard Deviation	분산의 양의 제곱근	`sd()`
	범위 Range	최대값과 최소값의 차이	`range()`
	사분위수 Quartiles	동일 비율을 갖는 사등분 값	`quantile()`
	백분위수 Percentiles	각 백분율에 해당하는 값	`quantile()`
	최소값 Minimum	가장 작은 값	`min()`
	최대값 Maximum	가장 큰 값	`max()`

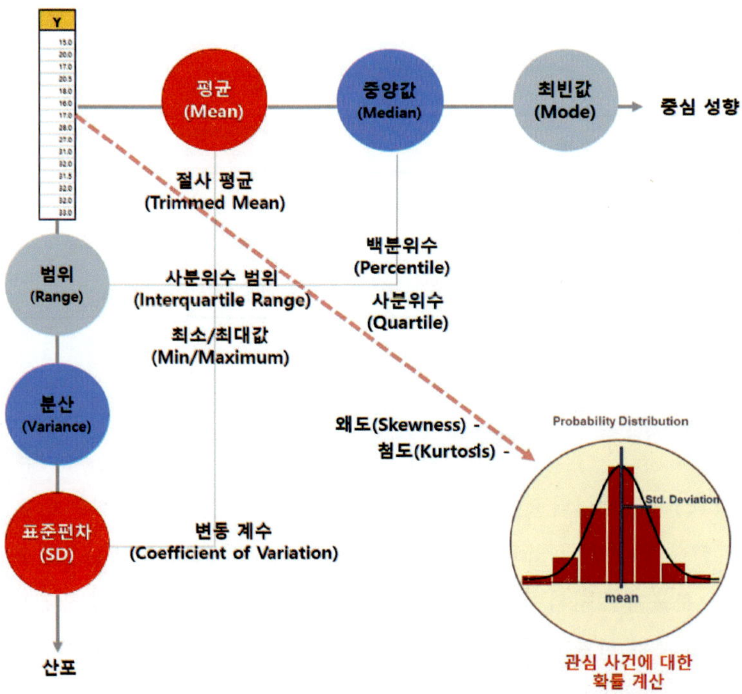

그림 3.1: 연속형 데이터의 중심성향, 산포 그리고 분포 특성 검토를 위한 기술 통계량

[표 3.2]에서 확인할 수 있듯이 이산형과 연속형 데이터는 동일한 기술 통계량을 계산할 수 있다. 하지만, 이산형의 경우에는 정수로 정의되어 랜덤 잡음이 존재하지 않고 중심 성향을 나타내는 평균과 산포를 표현하는 분산(또는 표준 편차)간에 함수 관계가 성립하므로, 일반적으로 평균 중심의 기술 통계량을 사용한다. 연속형의 경우에는 평균과 분산이 각각 데이터에 대한 고유한 정보를 제공하므로 [그림 3.1]과 같이 **중심 성향**, **산포** 그리고 **분포 특성 검토**의 다양한 기술 통계량을 적용할 수 있다. 각 기술 통계량의 계산 방법과 주의 사항은 다음과 같다.

중심 성향의 기술 통계량[2]

- **평균(mean)**, $\bar{y}$
  - 데이터의 산술 평균 값

$$\bar{y} = \frac{1}{n}\sum_{i=1}^{n} y_i$$

  - 이상값(outliers)의 영향을 많이 받고 가법성(additivity)을 갖는다.

- **중앙값(median)**, $\tilde{y}$
  - 크기 순으로 정렬된 데이터 $y_{(i)}$, $i = 1, 2, \dots n$에서 중간에 위치한 값

$$\tilde{y} = \begin{cases} y_{(\frac{n+1}{2})} & \text{if } n \text{ 이 홀수} \\ \left[y_{(\frac{n}{2})} + y_{(\frac{n}{2}+1)}\right]/2 & \text{if } n \text{ 이 짝수} \end{cases}$$

  - 이상값에 대하여 평균보다 덜 민감하고 가법성이 없다.

- **최빈값(mode)**, y^*
  - 데이터에서 가장 자주 나타나는 값

$$y^* = \{y_i \mid f(y_i) = \max\left[f(y_j)\right] \ \ \forall j\}, \quad f(y_j) \text{ 는 } y_j \text{의 빈도}$$

  - 최빈값이 여러 개일 수 있으며, 분해능(resolution)이 높은 연속형에서 유용성이 떨어진다.

절사 평균(trimmed mean), $\bar{y}_{trim}$
  - 데이터의 상/하위 일정 비율($0 < p < 1$)을 제외하고 계산된 평균

$$\bar{y}_{trim} = \frac{1}{n-2k}\sum_{i=k+1}^{n-k} x_i, \text{ 여기서 } k = \lfloor pn \rfloor$$

  - 데이터의 양 극단에 이상값이 존재하는 경우 유용하며 절사 비율이 값을 결정한다.

---

[2] 이상값(outliers)은 패턴을 벗어난 값을 말하며, 단일 변수인 경우에는 극단값(extreme values)이라고도 표현한다. 평균에서 가법성(additivity)이란 두 개 이상의 데이터에 대한 평균을 알고 있을 때, 이를 통합한 데이터의 평균을 평균으로 부터 $\bar{y}_{total} = \frac{n_1 \cdot \bar{y_1} + n_2 \cdot \bar{y_2}}{n_1 + n_2}$ 와 같이 계산할 수 있다는 의미이다. 이를 **확장성**(extendability) 또는 **선형성**(linearity of the mean)으로 표현하기도 한다.

- **범위(range), R**

  \- 데이터의 최대값(y_{max})와 최소값(y_{min})의 차이

$$R = \max(x) - \min(x)$$

  \- 이상값에 매우 민감하며 데이터의 내부 구조를 감지하지 못한다.

- **사분위수 범위(interquartile range), IQR**

  \- 제 3 사분위수와 제 1 사분위수의 차이

$$\mathrm{IQR} = \mathrm{Q}_3 - \mathrm{Q}_1 \text{ 여기서 } \mathrm{Q}_1, \mathrm{Q}_3 \text{는 제 1 사분위수와 제 3 사분위수}$$

  \- 이상값에 덜 민감하며, 데이터 중심부의 산포 검토에 유용하다.

- **분산(variance), s^2**

  \- 데이터 값들의 평균으로부터의 산포를 계량화한 값으로 편차 제곱의 평균

$$s^2 = \frac{1}{n-1}\sum_{i=1}^{n}(y_i - \bar{y})^2$$

  \- 이상값에 민감하며, 단위가 원 데이터 단위의 제곱이다.

- **표준 편차(standard deviation), s**

  \- 분산의 양의 제곱근

$$s = \sqrt{\frac{1}{n-1}\sum_{i=1}^{n}(y_i - \bar{y})^2}$$

  \- 단위가 데이터의 원 단위와 동일하여 해석 관점에서 분산보다 유용하다.

변동 계수(coefficient of variation), CV

  \- 데이터의 상대적 변동성을 계량화한 계수(%)

$$\mathrm{CV} = \frac{s}{\bar{y}} \times 100\%$$

  \- $\bar{y} \to 0$ 인 경우, 해석이 어려울 수 있다.

분포 특성의 기술 통계량[3,4]

- 사분위수(Quartiles), $Q_k,\ k = 1, 2, 3$

  $y_{(1)}, y_{(2)} \cdots y_{(n)}$ 을 오름 차순으로 정리된 데이터라고 할 때,

  $$Q_k = y_{\left(\frac{k(n+1)}{4}\right)},\ k = 1,\ 2,\ 3$$

  - $\frac{k(n+1)}{4}$ 번째 데이터가 존재하지 않는 경우 선형 보간하여 결정한다.

- 백분위수(Percentiles), $P_p,\ p = 1, 2, \ldots, 99$

  $y_{(1)}, y_{(2)}, \cdots, y_{(n)}$ 을 오름차순으로 정리된 데이터라고 할 때,

  $$P_p = y_{\left(\frac{p(n+1)}{100}\right)},\ p = 1, 2, \ldots, 99$$

  - $\frac{p(n+1)}{100}$ 번째 데이터가 존재하지 않는 경우 선형 보간하여 결정한다.

- 왜도(Skewness), S_K

  - 분포의 비대칭성을 나타내는 지표

  $$\mathrm{S}_K = \frac{n}{(n-1)(n-2)} \sum_{i=1}^{n} \left(\frac{y_i - \bar{y}}{s}\right)^3$$

  - 정규분포의 경우, 왜도는 0이다.

- 첨도(Kurtosis), K_E

  - 분포의 모드(peak)와 꼬리의 두꺼움을 나타내는 지표

  $$K_E = \frac{1}{n} \sum_{i=1}^{n} \left(\frac{y_i - \bar{y}}{s}\right)^4 - 3$$

  - 정규 분포의 첨도는 0이다.

practice tools 연습 3. 기술 통계량의 계산 <확률 난수 생성>

범주형 데이터

- `set.seed()`를 지정하면, 매 실행마다 동일한 난수를 생성한다.
- `sample(data, n, replace)`은 임의 추출 표본을 반환한다.

---

[3] 선형 보간에 의한 사분위수는 $Q_k = x_{\lfloor L_{Qk} \rfloor} + (L_{Qk} - \lfloor L_{Qk} \rfloor)\left(x_{\lceil L_{Qk} \rceil} - x_{\lfloor L_{Qk} \rfloor}\right)$ 로 계산된다. 여기서 $L_{Qk} = \frac{k(n+1)}{4} (k = 1, 2, 3)$ 이며, $\lfloor \cdot \rfloor$ 는 floor function 그리고 $\lceil \cdot \rceil$ 는 ceiling function 이다.

[4] 첨도의 경우, 편향 보정된 $K_E^{adjust} = \frac{n(n+1)}{(n-1)(n-2)(n-3)} \sum_{i=1}^{n} \left(\frac{y_i - \bar{y}}{s}\right)^4 - \frac{3(n-1)^2}{(n-2)(n-3)}$ 을 사용하기도 한다. 따라서, 개별 패키지 별로 값이 약간씩 다를 수 있다.

- replace=TRUE/FALSE는 복원 추출과 비복원 추출을 지정한다.

```
set.seed(311)
categories <- c("A", "B", "C", "D")
cat_data <- sample(categories, 150, replace = TRUE)
```

- table()과 prop.table()은 빈도와 상대 빈도를 반환한다.
- which.max()는 벡터에서 가장 큰 값의 위치를 반환한다.
- names()는 객체 이름을 설정하거나 반환한다.

```
# 빈도 계산
cat_freq <- table(cat_data)
cat_freq
```

```
# cat_data
#  A  B  C  D
# 41 37 47 25
```

```
# 상대 빈도 계산
cat_rfreq <- prop.table(cat_freq)
cat_rfreq
```

```
# cat_data
#     A     B     C     D
# 0.273 0.247 0.313 0.167
```

```
# 최빈값 계산
cat_mode <- names(cat_freq)[which.max(cat_freq)]
cat_mode
```

```
# [1] "C"
```

이산형 데이터

```
set.seed(311)
dis_data <- sample(0:10, 150, replace = TRUE)
head(dis_data)
```

```
# [1] 2 9 4 4 4 6
```

✿ sort()는 데이터를 오름/내림 차순로 정렬된 결과를 반환한다.

- decreasing = TRUE/FALSE로 내림과 오름을 지정한다.

```
dis_order <- sort(table(dis_data), decreasing = TRUE)
dis_mode <- as.numeric(dis_order[1])
# 중심 성향
central_dis <- c(mean(dis_data), median(dis_data), dis_mode)
names(central_dis) <- c("Mean", "Median", "Mode")
central_dis
```

```
#   Mean Median   Mode
#   5.05   5.00  19.00
```

✿ range()는 최소값(min)과 최대값(max)를 반환한다.

- diff(a,b)는 b-a를 반환한다.

```
# 산포
dispersion_range <- diff(range(dis_data))
dispersion_dis <- c(dispersion_range, var(dis_data), sd(dis_data))
names(dispersion_dis) <- c("Range", "Variance", "Standard Deviation")
dispersion_dis
```

```
#              Range           Variance Standard Deviation
#              10.00              10.95               3.31
```

연속형 데이터

```
set.seed(311)
cont_data <- rnorm(150, mean = 100, sd = 10)
head(cont_data)
```

```
# [1] 107.5 106.6  94.7  83.2 100.3 115.9
```

```
# 최빈값 계산을 위하여 연속형 데이터의 유효 숫자 줄임
cont_order <- sort(table(round(cont_data, 1)), decreasing = TRUE)
cont_mode <- as.numeric(names(cont_order[1]))
# 상하위 10% 절사 평균
cont_trim_mean <- mean(cont_data, trim = 0.1)
```

```r
# 중심 성향
central_cont <- c(mean(cont_data), median(cont_data), cont_mode, cont_trim_mean)
names(central_cont) <- c("Mean", "Median", "Mode", "trimmed Mean(10%)")
central_cont
```

```
#             Mean            Median              Mode trimmed Mean(10%)
#             99.5              99.0              96.6              99.6
```

```r
# 산포
range_cont <- diff(range(cont_data))
dispersion_cont <- c(range_cont, IQR(cont_data), var(cont_data), sd(cont_data))
names(dispersion_cont) <- c("Range", "IQR", "Variance", "SD")
dispersion_cont
```

```
#    Range      IQR Variance       SD
#    50.99    13.41    94.22     9.71
```

```r
# 분포 특성
percentiles <- quantile(cont_data, probs = seq(0, 1, 0.1))    # 백분위수
percentiles
```

```
#    0%   10%   20%   30%   40%   50%   60%   70%   80%   90%  100%
#  71.2  87.5  91.9  94.6  96.6  99.0 102.0 105.0 108.0 111.7 122.2
```

```r
cont_quartiles <- quantile(cont_data)                          # 사분위수
cont_quartiles
```

```
#    0%   25%   50%   75%  100%
#  71.2  93.8  99.0 107.2 122.2
```

```r
#
n <- length(cont_data)
mean_cont <- mean(cont_data)
sd_cont <- sd(cont_data)
skewness <- sum((cont_data - mean_cont)^3 / sd_cont^3) / n   # 왜도
kurtosis <- (sum((cont_data - mean_cont)^4) /                 # 첨도
               (sd_cont^4 * (n - 1))) - 3
dist_cont <- c(skewness, kurtosis)
names(dist_cont) <- c("Skewness", "Kurtosis")
dist_cont
```

```
# Skewness Kurtosis
#   -0.131   -0.138
```

□

R에서 제공되는 패키지를 이용하여 여러 기술 통계량을 확인할 수 있다.

- psych::describe()를 이용하여 고려된 모든 통계량을 한번에 계산할 수 있다[5].

  - trimmed는 기본적으로 10%를 반환한다.

```
library(psych)
stats_summary <- describe(cont_data)
stats_summary
```

```
#    vars   n mean   sd median trimmed  mad  min max range  skew kurtosis
# X1    1 150 99.5 9.71     99    99.6 9.59 71.2 122    51 -0.13    -0.16
#      se
# X1 0.79
```

□

필요한 기술 통계량을 선택하여 R의 사용자 함수를 정의할 수 있다.

- 사용자 정의 함수 descriptive_stats()

  - central, dispersion, distribution에 TRUE/FALSE를 지정하여 출력을 조정한다.

- requireNamespace()는 필요한 패키지 설치 여부를 확인한다.

```
# 사용자 정의 함수 정의
descriptive_stats <- function(data,
                              central = TRUE,
                              dispersion = TRUE,
                              distribution = TRUE
                              ) {
  # 필요한 패키지 설치 및 로드
  if (!requireNamespace("moments", quietly = TRUE)) {
    install.packages("moments")
  }
  library(moments)

  # 최빈값 계산 함수
  mode_func <- function(x) {
    ux <- unique(x)
```

[5] psych::는 심리학과 행동 과학 연구에 데이터 분석에 유용한 도구를 제공한다. <https://cran.r-project.org/web/packages/psych/index.html>, 2024-06-27

```
  ux[which.max(tabulate(match(x, ux)))]
}

# 결과 변환 함수
to_dataframe <- function(stats) {
  # 사분위수 분리
  quartiles <- stats$Quartiles
  stats$Quartiles <- NULL

  # 결과 데이터프레임 생성
  stats_df <- data.frame(Statistic = names(stats),
                         Value = unlist(stats),
                         row.names = NULL)

  if (!is.null(quartiles)) {
    quartiles <- quartiles[2:4]                    # 0%와 100% 백분위수를 제거
    quartiles_df <- data.frame(
      Statistic = paste("Quartile", names(quartiles)),
      Value = as.numeric(quartiles),
      row.names = NULL
    )
    stats_df <- rbind(stats_df, quartiles_df)
  }

  return(stats_df)
}

result <- list()

if (central) {
  # 중심성향 통계량
  result$Mean <- mean(data)
  result$Median <- median(data)
  result$Mode <- mode_func(data)
}

if (dispersion) {
  # 산포 통계량
  result$Variance <- var(data)
  result$SD <- sd(data)
  result$CV <- sd(data) / mean(data)
  result$Range <- diff(range(data))
  result$Minimum <- min(data)
```

```r
    result$Maximum <- max(data)
    result$IQR <- IQR(data)
  }

  if (distribution) {
    # 분포 검토 통계량
    result$Skewness <- skewness(data)
    result$Kurtosis <- kurtosis(data) - 3
    result$Quartiles <- quantile(data)
  }

  return(to_dataframe(result))
}
```

사용자 정의 함수 결과

중심 성향의 기술 통계량

```r
descriptive_stats(cont_data, central = TRUE, dispersion = FALSE, distribution = FALSE)
```

```
#   Statistic Value
# 1      Mean  99.5
# 2    Median  99.0
# 3      Mode 107.5
```

산포에 대한 기술 통계량

```r
descriptive_stats(cont_data, central = FALSE, dispersion = TRUE, distribution = FALSE)
```

```
#   Statistic    Value
# 1  Variance  94.2184
# 2        SD   9.7066
# 3        CV   0.0976
# 4     Range  50.9913
# 5   Minimum  71.1986
# 6   Maximum 122.1899
# 7       IQR  13.4127
```

중심성향, 산포 그리고 분포 특성의 기술 통계량

```r
descriptive_stats(cont_data, central = TRUE, dispersion = TRUE, distribution = TRUE)
```

```
#         Statistic    Value
# 1            Mean  99.4731
# 2          Median  99.0407
# 3            Mode 107.4951
# 4        Variance  94.2184
# 5              SD   9.7066
# 6              CV   0.0976
# 7           Range  50.9913
# 8         Minimum  71.1986
# 9         Maximum 122.1899
# 10            IQR  13.4127
# 11       Skewness  -0.1328
# 12       Kurtosis  -0.1193
# 13 Quartile 25%  93.7874
# 14 Quartile 50%  99.0407
# 15 Quartile 75% 107.2000
```

□

3.2 표 Tables

표(Tables)는 행과 열 기준으로 원하는 정보를 나열한 형태를 말한다. 단일 변수의 정보를 나열한 경우는 일원 배치(one-way) 표라고 하고, 두 개의 변수에 대한 정보를 나열한 경우를 이원 배치(two-way) 표라고 부른다. 표를 이용한 요약은 수치 요약 결과인 기술 통계량보다 세부적인 정보를 표현할 수 있으며, 범주형 또는 이산형 변수의 빈도 또는 비율의 요약을 위해서는 필수적이다. 예를 들어, 성별, 지역, 직업 등과 같은 범주로 구성된 범주형 데이터의 경우에는 각 범주의 빈도나 비율을 나열하여 설명하거나 비교할 수 있으며, 발생 횟수로 요약된 이산형 데이터에서는 특정 발생 횟수 또는 범위에 대한 빈도나 비율을 요약하여 정보를 제공할 수 있다. 연속형 데이터의 경우, 표는 특정 변수(들)을 일정 구간으로 구분하여 정보를 표현할 때 활용된다. 예를 들어, 실무적으로 관심이 있는 연령 대, 소득 구간, 시간 간격 등으로 데이터를 구분하여 구간의 빈도나 비율을 요약할 수 있다.

이러한 표를 이용한 요약은 데이터의 분포와 패턴을 확인하는 데 도움을 주며, 세부적인 비교와 분석을 가능하게 한다. 이는 특히 대규모 데이터의 구조적 특성을 대략적으로 검토하는데 유용하게 활용될 수 있다. 따라서 표는 다양한 데이터 유형과 분석 목적에 맞추어 유연하게 사용될 수 있는 중요한 기술 통계 도구이다.

연습 4. 표(Table)를 이용한 요약 <확률 난수 생성>

범주형과 이산형 데이터

- data.frame()은 여러 벡터, 리스트 또는 다른 데이터 프레임을 통합한다.
  - 입력된 벡터 또는 리스트는 길이가 동일해야 한다[6].

```
set.seed(311)
# 범주형과 이산형 데이터 생성
cat_v1 <- sample(c("M1", "M2", "M3"), 200, replace = TRUE)
cat_v2 <- sample(c("L1", "L2", "L3"), 200, replace = TRUE)
cat_v3 <- sample(c("A", "B"), 200, replace = TRUE)
dis_v1 <- sample(10:25, 200, replace = TRUE)
dis_v2 <- sample(50:100, 200, replace = TRUE)
#
# 데이터프레임 정의
cd_data <- data.frame(
  market = cat_v1,
  region = cat_v2,
  grade = cat_v3,
  employee = dis_v1,
  count = dis_v2
  )
head(cd_data)
```

```
#   market region grade employee count
# 1     M3     L2     B       13    85
# 2     M2     L2     A       13    85
# 3     M1     L2     A       18    93
# 4     M1     L3     A       14    94
# 5     M1     L3     B       20    73
# 6     M3     L1     B       13    93
```

- table()은 지정된 변수(들)의 단순 빈도를 반환한다.
  - 모든 데이터 유형에 적용할 수 있으며, 서로 다른 데이터 유형을 함께 사용할 수 있다[7].

---

[6] 기존의 객체를 데이터프레임 형식으로 변환할 때는 as.data.frame()을 사용한다. 이는 길이가 다른 리스트가 포함되면, 짧은 열에 부족한 길이 만큼 NA를 할당한다. 따라서, 길이가 다른 객체를 데이터프레임으로 정의할 때는 리스트로 변환한 후 as.data.frame()을 적용하면 된다.

[7] 통계적으로 두 개 이상의 범주형 변수의 빈도를 정리한 표를 교차표(cross tabulation 또는 contingency table)이라고 한다. 이는 관측된 데이터의 빈도수를 행과 열로 정리한 것으로 범주형 변수 간의 관계를 검토하는데 사용된다.

```
table(cd_data$market)                                # 일원배치 표
```

```
#
# M1 M2 M3
# 66 61 73
```

✿ addmargins(table_object, FUN)은 table 객체에 FUN을 적용하여 반환한다.

- FUN을 지정하지 않는 경우, 행/열의 합(sum)을 반환한다.

```
two_way <- table(cd_data$market, cd_data$region)       # 이원배치 표
two_way
```

```
#
#      L1 L2 L3
#   M1 27 20 19
#   M2 15 28 18
#   M3 27 21 25
```

```
addmargins(two_way)                                    # 행/열별 합
```

```
#
#        L1  L2  L3 Sum
#   M1   27  20  19  66
#   M2   15  28  18  61
#   M3   27  21  25  73
#   Sum  69  69  62 200
```

```
addmargins(two_way, FUN = mean)                        # 행/열별 평균
```

```
# Margins computed over dimensions
# in the following order:
# 1:
# 2:


#
#          L1   L2   L3 mean
#   M1   27.0 20.0 19.0 22.0
#   M2   15.0 28.0 18.0 20.3
#   M3   27.0 21.0 25.0 24.3
#   mean 23.0 23.0 20.7 22.2
```

✿ table()에서 세 개 이상의 변수가 지정되면, 다차원 배열 형태로 반환한다.

- 결과는 마지막 변수부터 차례로 기준 범주로 사용한다.

```
three_way <- table(cd_data$market, cd_data$region, cd_data$grade) # 다원배치 표
addmargins(three_way)
```

```
# , ,  = A
#
#
#        L1  L2  L3 Sum
#   M1   16  11   8  35
#   M2    5  13   8  26
#   M3   11  11  10  32
#   Sum  32  35  26  93
#
# , ,  = B
#
#
#        L1  L2  L3 Sum
#   M1   11   9  11  31
#   M2   10  15  10  35
#   M3   16  10  15  41
#   Sum  37  34  36 107
#
# , ,  = Sum
#
#
#        L1  L2  L3 Sum
#   M1   27  20  19  66
#   M2   15  28  18  61
#   M3   27  21  25  73
#   Sum  69  69  62 200
```

이산형과 범주형 데이터는 혼합하여 사용할 수 있다. 이때, 이산형 변수의 정수값은 표의 행 또는 열의 범주로 간주되고, 범주형 변수와의 조합에 따른 빈도를 반환한다.

```
market_emp <- table(cd_data$market, cd_data$employee)
addmargins(market_emp)
```

```
#
#        10  11  12  13  14  15  16  17  18  19  20  21  22  23  24  25
#   M1    5   1   2   2   6   4   2   6   1   6   4   9   7   4   3   4
```

```
#   M2    1   3   3   6   8   3   6   5   2   3   2   3   4   3   6   3
#   M3    1   3   5   3  12   2   6   6   7   4   2   3   6   7   4   2
#   Sum   7   7  10  11  26   9  14  17  10  13   8  15  17  14  13   9
#
#       Sum
#   M1   66
#   M2   61
#   M3   73
#   Sum 200
```

□

연속형 데이터

```r
# 연속형 데이터 생성
set.seed(311)
income <- data.frame(
  age = sample(20:69, 200, replace = TRUE),
  salary = sample(2000:7000, 200, replace = TRUE),
  jobtype = sample(c("A", "B", "C"), 200, replace = TRUE)
)
head(income)
```

```
#   age salary jobtype
# 1  61   6269       A
# 2  40   4229       B
# 3  47   5385       A
# 4  26   6471       C
# 5  61   4004       A
# 6  39   4829       C
```

연속형 데이터는 실수의 범위에서 값을 갖는다. 따라서 각 값의 빈도를 집계하는 것은 의미가 없다. 만일 표를 이용한 요약을 원하는 경우, 개별 값 보다는 의미 있는 구간으로 새로운 범주를 생성한 후 표 요약을 적용해야 한다.

- `cut(data, breaks, right, labels)`는 연속형 변수를 일정 구간으로 구분한다.
  - `data`는 연속형 변수를 표현하는 벡터이어야 한다.
  - `breaks`에는 구간의 수 또는 구간의 경계값을 지정하는 벡터를 정의한다.
  - `right = TRUE/FALSE`는 구간의 오른쪽 경계값의 포함 여부를 지정한다. 기본값은 TRUE이다.
  - `labels`에는 문자형(character) 벡터로 각 구간의 이름을 지정한다.

```r
# age를 이용한 age_groups 정의: 5등분
income$age_groups <- cut(income$age,
                        breaks = c(20, 30, 40, 50, 60, 70),
                        right = FALSE,
                        labels = c("20-29", "30-39", "40-49", "50-59", "60-69"))
head(income)
```

```
#   age salary jobtype age_groups
# 1  61   6269       A      60-69
# 2  40   4229       B      40-49
# 3  47   5385       A      40-49
# 4  26   6471       C      20-29
# 5  61   4004       A      60-69
# 6  39   4829       C      30-39
```

새롭게 생성된 age_groups를 이용하여 범주형/이산형과 동일한 방법으로 표를 생성할 수 있다.

```r
addmargins(table(income$age_groups, income$jobtype))
```

```
#
#          A   B   C Sum
#   20-29   9   8  13  30
#   30-39  16  18  11  45
#   40-49  18  16  15  49
#   50-59  12  10   9  31
#   60-69  18  16  11  45
#   Sum    73  68  59 200
```

연속형 데이터의 경우, 표의 셀(cell)은 단순 빈도와 행과 열의 빈도 합계 보다는 다양한 통계량 - 합계(sum), 평균(mean), 사분위수 범위(IQR) 등이 유용한 경우가 많다.

> ✿ xtabs(formula, data)는 formula를 이용하여 표를 생성한다.
>
> - formula는 y ~x1 + x2 형식으로 지정한다.
>
> 이때, y가 연속형이면 (x1, x2)의 표에 합계를 반환한다.

```r
salary_table <- xtabs(salary ~ age_groups + jobtype, data = income)
salary_table
```

```
#           jobtype
# age_groups     A     B     C
#      20-29 39107 38322 54506
```

```
#      30-39 68150 77431 39918
#      40-49 81522 69738 66640
#      50-59 45292 41539 41608
#      60-69 82554 62488 49757
```

✿ addmargins(xtabs())를 이용하여 행과 열 합계를 추가할 수 있다.

```
addmargins(salary_table)
```

```
#           jobtype
# age_groups      A      B      C    Sum
#      20-29  39107  38322  54506 131935
#      30-39  68150  77431  39918 185499
#      40-49  81522  69738  66640 217900
#      50-59  45292  41539  41608 128439
#      60-69  82554  62488  49757 194799
#      Sum   316625 289518 252429 858572
```

✿ aggregate(formula, data, FUN)은 FUN을 이용하여 다양한 기술 통계량을 계산한다.

- aggregate()의 결과를 xtab()을 이용하여 표로 전환할 수 있다.

```
# 평균 계산
mean_df <- aggregate(salary ~ age_groups + jobtype, data = income, FUN = mean)
head(mean_df)
```

```
#   age_groups jobtype salary
# 1      20-29       A   4345
# 2      30-39       A   4259
# 3      40-49       A   4529
# 4      50-59       A   3774
# 5      60-69       A   4586
# 6      20-29       B   4790
```

age_groups과 jobtype의 범주 조합에 따라 계산된 salary의 평균을 xtabs()를 이용하여 표의 형태로 변환할 수 있다.

```
# xtabs를 사용하여 표 생성
mean_table <- xtabs(salary ~ age_groups + jobtype, data = mean_df)
mean_table
```

```
#           jobtype
# age_groups    A    B    C
#      20-29 4345 4790 4193
#      30-39 4259 4302 3629
#      40-49 4529 4359 4443
#      50-59 3774 4154 4623
#      60-69 4586 3906 4523
```

FUN에는 사용자 정의 함수를 지정할 수 있다. 다음은 산포의 기술 통계량인 사분위수 범위(IQR)을 적용한 경우이다.

```
# 사용자 정의 함수
iqr_func <- function(x) IQR(x)
# 함수 적용
iqr_df <- aggregate(salary ~ age_groups + jobtype, data = income, FUN = iqr_func)
head(iqr_df)
```

```
#   age_groups jobtype salary
# 1      20-29       A   1728
# 2      30-39       A   2030
# 3      40-49       A   2295
# 4      50-59       A   2398
# 5      60-69       A   2727
# 6      20-29       B   1056
```

```
# xtabs을 통한 표 생성
iqr_table <- xtabs(salary ~ age_groups + jobtype, data = iqr_df)
iqr_table
```

```
#           jobtype
# age_groups    A    B    C
#      20-29 1728 1056 2550
#      30-39 2030 2023 1026
#      40-49 2295 2525 2140
#      50-59 2398 2012 1589
#      60-69 2727 1489 2472
```

□

knitr::kable()과 kableExtra::을 이용하여 생성된 표를 출판 수준으로 출력할 수 있다.

```
# 데이터프레임 변환
iqr_table_df <- as.data.frame.matrix(iqr_table)

# HTML 형식의 테이블로 변환
kable(iqr_table_df,
      format = "html",
      caption = "급여의 IQR: (Age, Job)") %>%
  kable_styling(bootstrap_options = c("striped", "condensed"),
                full_width = F) %>%
  kableExtra::row_spec(0, bold = TRUE) %>%
  kableExtra::column_spec(1, bold = TRUE)
```

표 3.3: 급여의 IQR: (Age, Job)

	A	**B**	**C**
20-29	1728	1056	2550
30-39	2030	2023	1026
40-49	2295	2525	2140
50-59	2398	2012	1589
60-69	2727	1489	2472

지금까지 설명된 바와 같이 R에서 표(Table)의 생성 및 관리에는 주로 table()과 xtabs()를 사용한다. 두 함수의 중요 특징을 정리하면 [표 3.4]와 같다.

표 3.4: table()와 xtabs()의 비교

특징	table()	xtabs()
입력 형식	벡터 또는 팩터(factor)형의 나열	formula 형식과 데이터프레임
용도	범주형/이산형 변수의 빈도 집계	범주형/이산형 변수의 빈도 집계 및 연속형 변수의 통계량 계산
확장성	단순 빈도 집계로 한정	agregate()를 통한 통계량 확장 가능
addmargins()	적용 가능	적용 가능

3.3 그래프 Graphs

통계적 요약의 중요한 요소인 그래프(graphs)는 데이터를 시각적으로 표현하는 도구이다. 그래프를 사용하면 기술 통계량이나 표를 이용해 요약하는 것보다 데이터의 패턴(patterns)과 추세(trends)를 쉽고 빠르게 파악할 수 있다. 이를 통해 데이터의 분포와 모수를 대략적으로 검토하고, 이상점(outliers)과 군집(clusters)을 진단하며, 두 개 이상의 변수 간의 관계와 정도를 직관적으로 파악할 수 있다. 또한 이러한 진단 및 분석 목적뿐만 아니라 통계 분석 결과를 반영한 그래프는 데이터 소비자와의 의사 소통에서도 효과적이다[8].

그래프의 유용성은 분석 또는 공유하고자 하는 정보를 명확하고 간결하게 표현할 때 극대화된다. 명확하고 간결한 그래프는 복잡한 데이터에 대한 빠른 이해와 통찰을 제공한다. 이를 위해 그래프 작성 전 또는 후에 다음의 기준을 검토해야 한다. 이를 그래프 작성의 ACCENT 원칙이라고 한다.

그래프 작성의 ACCENT 원칙(Burn, 1993)[9]

- A(Apprehension, 인지): 고려한 변수들을 올바로 반영할 수 있는 방법을 선택한다.
  - 변수들간의 관계를 이해하는데 가장 최적인 그래프를 선택하였는가?
- C(Clarity, 명확): 그래프의 모든 요소를 시각적으로 구분한다.
  - 중요한 요소 또는 관계가 시각적으로 명확히 표현되는가?
- C(Consistency, 일치): 이전 그래프와의 유사성을 기반으로 그래프를 작성한다.
  - 그래프의 형태, 기호, 모양 그리고 색상이 일관성을 갖는가?
- E(Efficiency, 효율): 복잡할 수 있는 관계를 가능한 한 단순하게 묘사한다.
  - 간결한 그래프 요소들을 사용하고 그 결과를 쉽게 해석할 수 있는가?
- N(Necessity, 필요): 꼭 필요한 그래프 그리고 그래프의 요소들을 선택한다.
  - 기술 통계량 또는 표와 같은 대안보다 그래프가 더 유용한가?
  - 정보를 표현하는데 현재 사용한 모든 그래프 요소가 필요한가?
- T(Truthfulness, 진실): 암묵적 또는 명시적 척도들을 올바로 반영한다.
  - 그래프 요소들은 쉬운 해석을 위하여 적절한 척도로 조정되었는가?

[8] 패턴(patterns)은 데이터 내에서 반복적으로 나타나는 구조 또는 규칙을 말하고, 추세(trends)는 시간에 따라 데이터가 일정한 방향을 변하는 경향을 의미한다. 또한 이상점(outliers)은 패턴에서 벗어난 값으로 다른 데이터와 현저하게 다른 값을 말하고, 군집(clusters)은 어떤 특성(들)을 기준으로 비슷한 값들을 갖는 데이터의 모임을 의미한다.

[9] Burn, D. A. (1993), Designing Effective Statistical Graphs. In C. R. Rao, ed., Handbook of Statistics, vol. 9, Chapter 22.

의미있는 그래프를 생성하기 위해서는 먼저 표현하고자 하는 정보를 명확히 정의해야 한다. 또한 원하는 정보를 제공할 수 있는 데이터를 수집 또는 선택할 수 있어야 하고, 데이터의 유형에 적합한 그래프를 선택하여 ACCENT 원칙을 반영할 수 있어야 한다. 이러한 목적을 효과적으로 달성하기 위해서는 (1) 데이터에 대한 사전 준비 그리고 (2) 효율적인 그래프 생성 도구의 이해 그리고 (3) 다양한 그래프의 종류과 해석 방법을 이해해야 한다.

일반적으로 분석 대상이 되는 데이터는 효율적인 입력을 위하여 축약된 형태의 변수/범주 명을 사용한다[10]. 따라서 변수 명, 범주 명, 입력 단위 등을 재정의하여 그래프에 표현될 수 있도록 사전에 준비해야 한다. 적절한 그래프 생성 도구를 선택하는 것은 요약 작업의 양과 질을 결정한다. R은 다양한 그래프 생성 패키지를 제공한다. 기본 패키지가 제공하는 다양한 plot 함수도 충분히 유용하지만, 진단과 분석 결과를 쉽게 구현할 수 있는 ggplot2 패키지 는 유연성과 확장성이 뛰어나 그래프 생성 작업을 효율적이고 효과적으로 실행할 수 있다. 데이터의 양과 규모가 증가하면서 다양한 시각화 방법이 새롭게 소개되고 있지만, 이는 기본적으로 통계 그래프의 응용이다. 여기서는 통계 분석에서 가장 널리 사용되는 그래프들을 예제와 함께 소개한다.

3.3.1 사전 준비 Data Preparation

그래프 생성 과정에서 데이터 사전 준비는 필수적인 작업이다. 이는 생성된 그래프의 왜곡을 방지하기 위한 결측값과 이상값의 처리[11], 직관적인 이해를 위한 변수/범주 명의 재정의와 데이터 형식 변경 그리고 개별 그래프에 적합한 데이터 구조화를 포함한다[12]. 이는 그래프 생성 과정에서 반복 작업을 줄이고 그래프가 전달하고자 하는 메시지를 보다 명확하게 한다. 가장 기초적인 사전 준비 작업은 다음과 같다.

데이터 사전 준비

- 결측값(Missing Values)을 확인하고 필요하다면 제거 또는 보완한다.
- 변수명과 범주명을 의미 있는 단어로 변경한다.
- 데이터의 단위(units) 또는 척도(scale)를 실용적으로 변경한다.
- 변경된 데이터는 원시 데이터와 별도로 저장하고 관리한다.

---

[10] 이러한 입력 환경에서 수집된 데이터의 변수 그리고/또는 범주와 측정 환경에 대한 설명을 별도로 추가하기도 한다. 이와 같이 데이터에 대한 구조적 정보, 변수 설명 및 측정 환경에 대한 정보를 기록한 데이터를 설명하는 데이터를 메타데이터(metadata)라고 한다.

[11] 이 과정은 데이터 전처리(Data Preprocessing)를 통해 분석 전에 데이터를 정리하는 것을 원칙으로 하지만, 실제 그래프 진단에서 발견되고 수정되는 경우가 많다.

[12] 분석 유형에 적합하게 데이터 구조를 변경하는 작업을 데이터 먼징(Munging)이라고 한다. 이는 통계 분석의 전 과정에서 필요하지만, 여기서는 좁은 의미에서 R의 함수가 요구하는 형태로 데이터를 구조화하는 작업을 의미한다.

practice tools 연습 5. 그래프 작업을 위한 데이터 사전 정리 <base::mtcars>

mtcars는 R에 내장된 데이터로 1974년도 미국의 Motor Trend US Magazine에 수록된 1973~1974년 출시 자동차의 다양한 특징들이 기록되어 있다.

고려된 변수들과 데이터의 유형은 [표 3.5]와 같다.

표 3.5: mtcars의 변수와 범주 그리고 데이터 유형

변수 명	설명	데이터 유형
mpg	Miles/Gallon, 연비	연속형
cyl	No. of Cylinders, 엔진의 기통수	이산형
disp	배기량($inch^3$)	연속형
hp	Gross Horsepower, 마력	연속형
drat	Rear axle ratio, 뒤차축비	연속형
wt	Weight(1000lbs), 무게	연속형
qsec	1/4 Mile time, 402m 도달 시간	연속형
vs	V or Straight Engine, 엔진형태	범주형
am	0 = auto, 1 = manual, 변속기어 종류	범주형
gear	No. of Forward Gears, 전진 기어 단계의 수	이산형
carb	No. of Carburetors, 기화기의 수	이산형

데이터 로딩

```
data(mtcars)
```

데이터 구조 파악

- str()는 데이터에 포함된 변수들과 형식 그리고 값의 일부를 제공한다.
  - head()와 tail()은 데이터의 최초/최종 일부를 제공한다.

```
str(mtcars)
```

```
# 'data.frame': 32 obs. of  11 variables:
#  $ mpg : num  21 21 22.8 21.4 18.7 18.1 14.3 24.4 22.8 19.2 ...
#  $ cyl : num  6 6 4 6 8 6 8 4 4 6 ...
```

```
#  $ disp: num  160 160 108 258 360 ...
#  $ hp  : num  110 110 93 110 175 105 245 62 95 123 ...
#  $ drat: num  3.9 3.9 3.85 3.08 3.15 2.76 3.21 3.69 3.92 3.92 ...
#  $ wt  : num  2.62 2.88 2.32 3.21 3.44 ...
#  $ qsec: num  16.5 17 18.6 19.4 17 ...
#  $ vs  : num  0 0 1 1 0 1 0 1 1 1 ...
#  $ am  : num  1 1 1 0 0 0 0 0 0 0 ...
#  $ gear: num  4 4 4 3 3 3 3 4 4 4 ...
#  $ carb: num  4 4 1 1 2 1 4 2 2 4 ...
```

모두 숫자형(num)으로 기록되었고, 총 11개의 변수들과 32개의 케이스로 저장되었다. 여기서 vs와 am은 두 개의 범주를 갖는 범주형 변수이지만, 입력 용이성을 위하여 0과 1로 기록되었다. 데이터의 처음 6개와 마지막 6개의 행(케이스)는 다음과 같다.

```
head(mtcars)
```

```
#                    mpg cyl disp  hp drat    wt qsec vs am gear carb
# Mazda RX4         21.0   6  160 110 3.90 2.62 16.5  0  1    4    4
# Mazda RX4 Wag     21.0   6  160 110 3.90 2.88 17.0  0  1    4    4
# Datsun 710        22.8   4  108  93 3.85 2.32 18.6  1  1    4    1
# Hornet 4 Drive    21.4   6  258 110 3.08 3.21 19.4  1  0    3    1
# Hornet Sportabout 18.7   8  360 175 3.15 3.44 17.0  0  0    3    2
# Valiant           18.1   6  225 105 2.76 3.46 20.2  1  0    3    1
```

```
tail(mtcars)
```

```
#                 mpg cyl  disp  hp drat    wt qsec vs am gear carb
# Porsche 914-2  26.0   4 120.3  91 4.43 2.14 16.7  0  1    5    2
# Lotus Europa   30.4   4  95.1 113 3.77 1.51 16.9  1  1    5    2
# Ford Pantera L 15.8   8 351.0 264 4.22 3.17 14.5  0  1    5    4
# Ferrari Dino   19.7   6 145.0 175 3.62 2.77 15.5  0  1    5    6
# Maserati Bora  15.0   8 301.0 335 3.54 3.57 14.6  0  1    5    8
# Volvo 142E     21.4   4 121.0 109 4.11 2.78 18.6  1  1    4    2
```

결측값(missing values) 여부의 검토

- is.na()는 결측 여부를 TRUE/FALSE로 반환한다.
- sapply(data, FUN)는 데이터 구조에 반복적으로 함수를 적용하고, 그 결과를 벡터 또는 행렬로 반환한다[13].

[13] 데이터 구조에 반복적인 함수 적용 방법으로, 행렬 또는 배열에 적용하는 apply(), 리스트 또는 벡터에 적용하는 lapply() 그리고 벡터에 그룹별(벡터와 인덱스로 입력)로 함수 적용에 사용되는 tapply() 등이 있다.

```
sapply(mtcars, function(x) sum(is.na(x)))
```

```
#  mpg  cyl disp   hp drat   wt qsec   vs   am gear carb
#    0    0    0    0    0    0    0    0    0    0    0
```

로딩된 데이터의 변수들에는 결측값이 없다. 만일 존재한다면, 다음을 이용하여 각 열별 결측값 비율과 위치를 확인할 수 있다.

- which()는 주어진 조건을 만족하는 요소의 인덱스를 반환한다.

```
# 각 열별 결측값 비율
sapply(mtcars, function(x) mean(is.na(x)))
# 결측값 위치
which(is.na(mtcars), arr.ind = TRUE)
```

필요한 경우, 직관적인 해석과 의사 소통이 용이하도록 변수명으로 실용적으로 변환한다. 이때, 한글로도 지정할 수 있다.

변수/범주 명과 단위의 변환

- dplyr::rename_all(tolower, toupper)는 변수명을 소문자 또는 대문자로 변환한다.
  - 가능하면 소문자(tolower)를 추천한다.
- dplyr::rename(new = old)는 기존 변수 이름(old)을 새로운 이름(new)로 변경한다.

```
library(dplyr)
#
auto.74 <- mtcars  %>%
 rename_all(tolower)  %>%
 rename(cylinders = cyl,
        displacement = disp,
        ra.ratio = drat,
        weight = wt,
        trans = am,
        carbuetors = carb
        )
```

- dplyr::mutate()는 새로운 변수를 계산한다.
- dplyr::recode()는 데이터의 값/범주를 재정의한다.
- base::cut()은 연속형 변수를 일정 개수의 구간으로 재정의한다.

변수 mpg는 Miles/Gallon으로 제시되었다. 이를 Km/litter로 전환하면 다음과 같다.

- 1 gallon = 3.78541 litters
- 1 mile = 1.60934 Km

```
auto.74 <- auto.74 %>%
  mutate(kml = (mpg * 1.60934) / 3.78541)
```

범주형 변수의 범주값들은 주로 입력 편의성을 위하여 간단한 문자 또는 숫자로 입력한다. mtcars의 경우에도 vs와 trans 는 $\{0, 1\}$ 로 입력되었다. 이를 의미있는 변수명으로 전환하면 다음과 같다.

```
auto.74 <- auto.74  %>%
 mutate(vs = recode(vs, `0` = "v", `1` = "s"),
        trans = recode(trans, `0` = "auto", `1` = "manual")
        )
```

연속형 변수는 **구간화**(intervalization)를 통하여 **범주형** 변수로 전환할 수 있다. 이는 연속형 변수의 범위를 일정 수의 범주들로 재정의하여 서로 다른 연산 또는 기준을 적용할 때 사용된다. 예를 들어, 국내 자동차 세금은 2024년 현재 엔진 배기량(displacement)에 세액을 곱하여 최종 납부액을 산출한다. 비영업용 차량에 대한 분류와 세금 납부액은 [표 3.6]과 같다.

표 3.6: 국내 자동차의 분류와 자동차 세금(2022년 12월 기준)

분류	배기량(cc)	차체 크기	세액 기준
경차	1000미만	(L, W, H) = (3.6, 1.6, 2.0) 이하	80원/cc
소형	1600미만	(L, W, H) = (4.7, 1.7, 2.0) 이하	140원/cc
중형	2000미만	소형 기준에서 1가지 이상 초과	200원/cc
대형	2000이상	중형 차체와 동일 또는 그 이상	200원/cc

mtcars의 배기량(displacement)는 **큐빅 인치**($inch^3$) 단위로 기록되어 있으며, 국내의 세금은 cc(cubic centimeter)이므로 이를 적절하게 환산하여 세금 부과 기준을 계산할 수 있다.

- $(1\,inch)^3 = 16.387cm^3$

```
auto.74 <- auto.74 %>%
  dplyr::mutate(
    displacement.c = displacement * 16.387,
    taxclass = cut(displacement.c,
                   breaks = c(0, 1000, 1600, Inf),
```

```
                    Right = TRUE,
                    labels = c(80, 140, 200)
                    ),
    tax = displacement.c * as.numeric(as.character(taxclass))
)
```

세금액 부과 기준(배기량(cc))으로 범주화된 변수 taxclass 를 이용하여 세금액(tax)의 결과를 확인해 보면 [그림 3.2]와 같다. 세금은 배기량이 클 수록 더 많아지지만, 1600cc를 기준으로 세금이 일정 금액 증가하는 것을 확인할 수 있다.

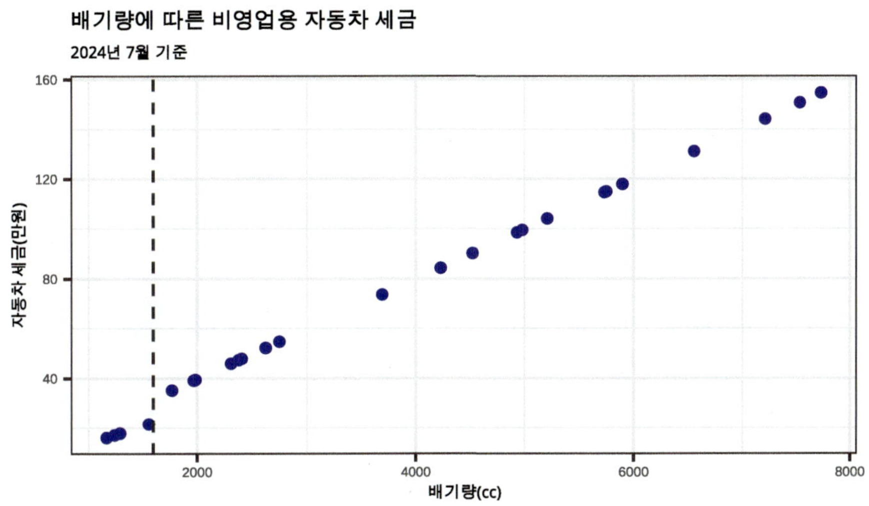

그림 3.2: 2024년 배기량(cc)에 따른 국내 자동차 세금

최종 정리된 데이터는 원하는 장소에 원하는 형식으로 저장할 수 있다.

변경 화일 저장

- write.csv(object, filename)은 csv 형식으로 저장한다[14].
  - save(object, filename)은 RData 형식으로 저정한다[15].

```
write.csv(auto.74, file = paste0(data_path, "auto.74.csv"))     # csv 형식
save(auto.74, file = paste0(data_path, "auto.74.RData"))        # RData 형식
```

[14] csv는 comma seperated values의 약자로 데이터의 각 레코드(record)를 콤마(,)로 구분하여 저장한다.

[15] RData는 R에서 사용하는 데이터 파일 형식으로 R 객체를 저장(save() 하고 불러올때(load()) 사용된다. 이는 데이터프레임, 벡터, 리스트, 함수 등 다양한 R 객체를 save(data1, data2, file = "data.RData")와 같이 단일 파일로 저장할 수 있다.

3.3.2 그래프 생성 도구 ggplot2

R은 다양한 그래프 생성 패키지를 제공하며, 각 패키지는 특정한 시각화 요구에 맞는 기능과 장점을 갖는다. 기본 패키지(base)는 간단한 그래프 생성을 위한 직관적인 함수들을 제공한다. lattice 패키지는 고차원 데이터의 시각화에 유용한 함수들을 제공하고, plotly 패키지는 인터랙티브(interactive) 기능을 제공하여 실시간 데이터 검토와 대시보드(dashboard) 작성에 유용하다[16]. ggplot2 패키지는 통계 분석에 최적화된 그래프 생성 패키지로 유연성과 확장성이 뛰어나다. 이는 [그림 3.3]의 Grammar of Graphics(GG)에 기초하며(Wilkinson, 2013)[17], 진단 그래프와 함께 다양한 통계적 변환(transformations)과 모형(models) 적합 결과를 쉽게 반영할 수 있다.

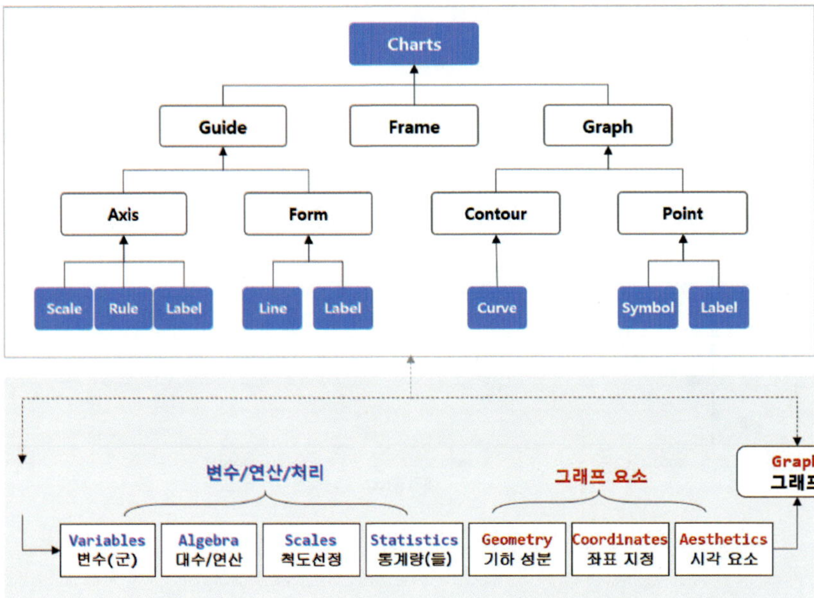

그림 **3.3:** Wilkinson의 Grammar of Graphics(GG), 2013

ggplot2는 [그림 3.4]와 같이 기본 구조 - 추가 요소 - 변경/조정 요소를 순차적으로 적용할 수 있다(Wickham, 2010)[18]. 이때, 기저 함수 ggplot()의 기본 구조는 ggplot(data) + aes(x, y)이며 + 또는 %+%를 이용하여 [표 3.7]에서 설명된 다양한 요소들을 제한 없이 추가할 수 있다. 또한 그래프 생성 결과를 ggsave()를 이용하여 원하는 형식 - jpg, png, pdf 등 - 으로 저장할 수 있다.

[16] 대시보드(dashboard)란 다양한 데이터의 시각적 표현을 한 화면에 통합하여 제공하는 도구를 말한다. 일반적으로 차트와 그래프, 지표와 숫자 요약값, 필터와 상호작용 요소로 구성된다.
[17] Wilkinson, L. (2013). The grammar of graphics. Springer Science & Business Media.
[18] Wickham, H. (2010). A layered grammar of graphics. Journal of Computational and Graphical Statistics, 19(1), 3-28.

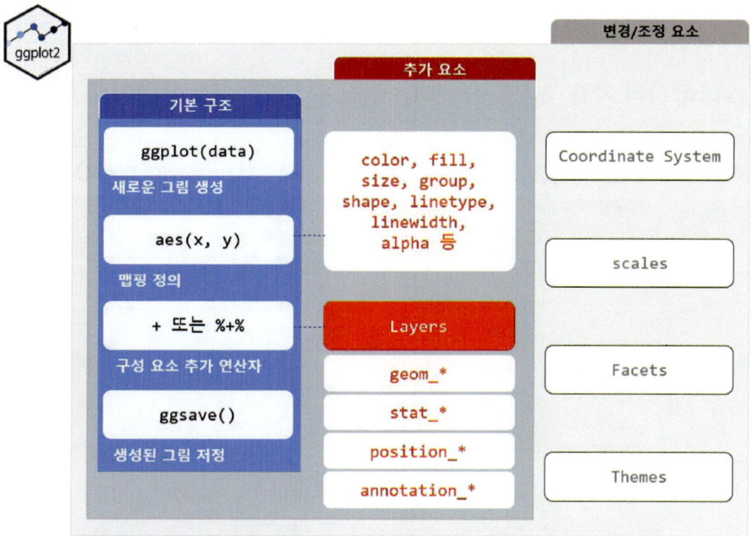

그림 3.4: ggplot()의 구성 - 기본 구조, 추가 요소, 변경/조정 요소

표 3.7: ggplot()의 중요 구성 요소

구성 요소	설명
data	반드시 data.frame 클라스(class)이어야 한다.
aes()	데이터를 표현할 시각적 특징(aesthetics)을 정의
	- x, y, fill, size, color, shape 등
geom_*	데이터를 표현할 기하학적 객체(geometry)를 정의
	- points, lines, polygons 등
stat_*	통계적 변환(transformations)과 모형(models)을 정의
	- counts, means, regression lines 등
scales	각 aes()에서 시각적 특성을 표현하는 방식을 정의
	- log, sqrt, continuous, discrete 등
coordinate system	데이터를 투영하는 2차원 공간 형식을 정의
	- cartesian, polar, map 등
facets	하위 집합 분할과 그래프 표현 방식을 지정
	- grid, wrap, vars 등
themes	비-데이터(non-data) 요소를 제어
	- 전체 지정 theme_*()과 사용자 지정 theme() 등

[그림 3.5]는 ggplot()의 기본 구조에 다양한 요소들을 추가해 가는 과정에 대한 예시이다.

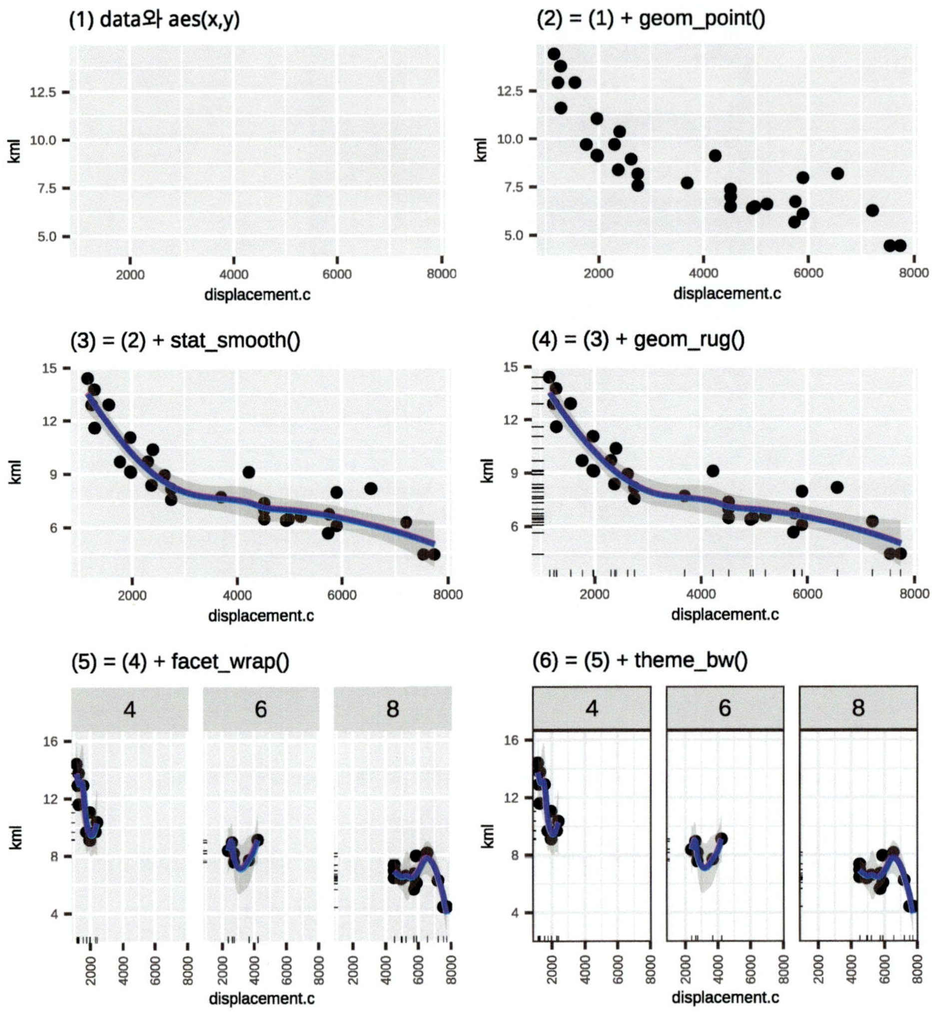

그림 3.5: ggplot()의 기본구조와 구성 요소들의 순차적 추가

생성된 그래프는 사용자 지정 함수 theme()를 이용하여 비 데이터 요소 - 제목, 축 레이블, 눈금 표시, 축 눈금 레이블 및 범례의 추가/수정/삭제 등 - 를 보완할 수 있다. 여기서 정의되지 않는 비 데이터 요소들은 이전에 정의된 값으로 부터 상속(inherit)된다[19]. 다음의 theme_custom은 theme() 함수를 이용하여 글자의 크기, 색깔 등을 변경하는 예이다.

[19] 이에 대한 방대한 양의 추가 및 조정 방법과 사례는 <https://ggplot2.tidyverse.org>에서 찾을 수 있다.

```
theme_custom <- theme(plot.title=element_text(color="blue", size=10, hjust= 0.5),
                  plot.subtitle=element_text(size=9, color="darkgray"),
                  plot.caption=element_text(size=8, face="italic", color="orange"),
                  axis.title=element_text(size=8,face="bold", color="black"),
                  axis.text.y=element_text(color="gray", size=6),
                  axis.text.x=element_text(color="gray", size=6)
                  )
```

정의된 theme_custom을 추가하여 기존의 생성된 그래프의 다양한 비 데이터 요소들을 원하는 형태로 변경할 수 있다.

```
ggplot(auto.74, aes(x = displacement.c, y = kml)) +
 geom_point() +
 stat_smooth() +
 geom_rug(position="jitter", size=.1) +
 facet_wrap(~cylinders) +
 theme(axis.text.x = element_text(angle = 90, vjust = 0.5, hjust=1)) +
 labs(title = "실린더의 수로 구분된 배기량(cc)과 연비(km/l)",
      subtitle = "auto.74: 1973-74 in US",
      caption = "데이터 출처: 1974 Motor Trend US magazine.",
      tag = "[그림 1]",
      x = "배기량(cc)",
      y = "연비(km/l)"
      ) +
 theme_bw() +
 theme_custom
```

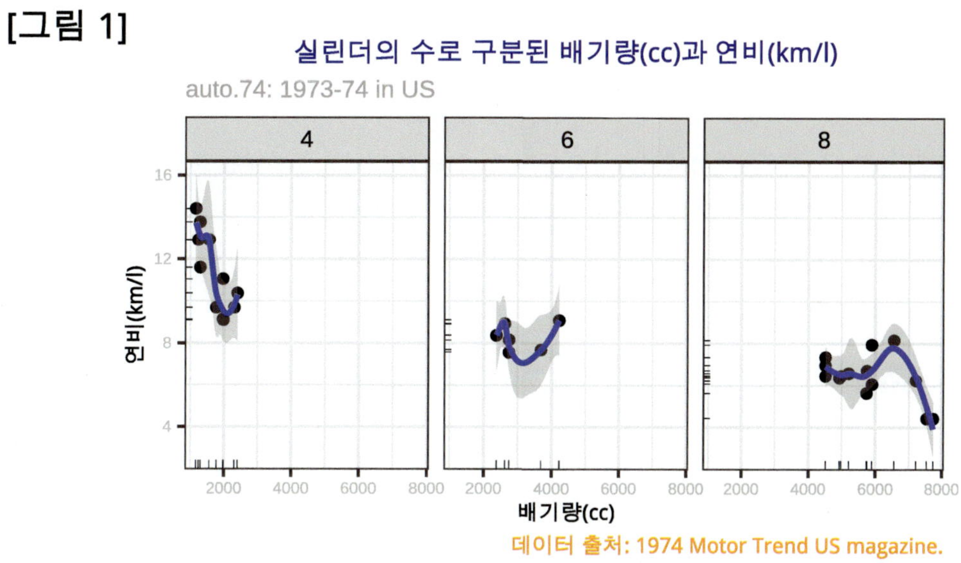

생성된 그래프는 R의 객체(object)로 저장되며, 이를 원하는 형식 - pdf, png, jpg 등 - 으로 저장할 수 있다.

```
ggsave("auto.cc.pdf")                    # ggsave("auto.cc.png")
```

3.3.3 막대 그림 Bar/Column Charts

막대 그림(bar/column charts)는 범주형 변수의 각 범주별 빈도를 막대로 표현하는 그림이다. 막대의 길이 또는 높이로 데이터의 빈도를 표현하여 범주들을 직관적으로 비교할 수 있다.

막대 그림

[표현 가능한 정보] 크기(빈도, 양), 순서, 비율

- 범주형 변수의 범주별 빈도의 **크기**를 표현한다.
- 관련된 연속형 변수가 존재하는 경우, 연속형 변수의 **요약값의 양**을 표현한다.
- 관련된 또 다른 범주형 변수가 존재하는 경우, **구분**하여 **누적** 또는 **그룹화**하여 표현한다.

Tips

- 순서가 없는 범주형 변수인 경우, 빈도 또는 값의 **크기에 따라 범주를 재정렬**한다.
- 정보의 표현에서 가로(horizontal) 또는 세로(vertical) 형식을 결정한다.
- 개별 막대에 **빈도** 또는 **값**을 함께 표현한다.

practice tools 연습 6. 막대 그림의 생성과 해석 <bar.data.csv>

ggplot2에서 제공한 mpg 데이터 중의 일부로 1999~2008년도에 판매된 38종의 자동차의 연비와 특징을 기록한 것으로, 모든 변수에서 결측값(NA)은 존재하지 않는다.

데이터 로딩

```
bar_data <- read.csv(paste0(data_path, "bar.data.csv"))
```

```
str(bar_data)
```

```
# 'data.frame': 234 obs. of  4 variables:
```

```
#  $ class   : chr  "compact" "compact" "compact" "compact" ...
#  $ cylinder: int  4 4 4 4 6 6 6 4 4 4 ...
#  $ drive   : chr  "front" "front" "front" "front" ...
#  $ city    : int  18 21 20 21 16 18 18 18 16 20 ...
```

총 4개의 변수 - class(차종, 범주형), cylinder(기통수, 범주형), drive(주행방식, 범주형), city(시내 연비, 연속형) - 와 234개의 케이스로 기록되었다.

단일 범주형 변수

- geom_bar()는 빈도를 집계하여 막대 그림을 생성한다.
  - stat = "count"이 기본값이다.
- coord_flip()은 그래프의 (x, y) 축을 (y, x)로 전환한다.

```
# 세로 막대 그림
ggplot(bar_data, aes(class)) +
 geom_bar(color = "white", fill = "blue") +
 theme_bw()
#
# 가로 막대 그림
ggplot(bar_data, aes(class)) +
 geom_bar(color = "white", fill = "blue") +
 coord_flip() +
 theme_bw()
```

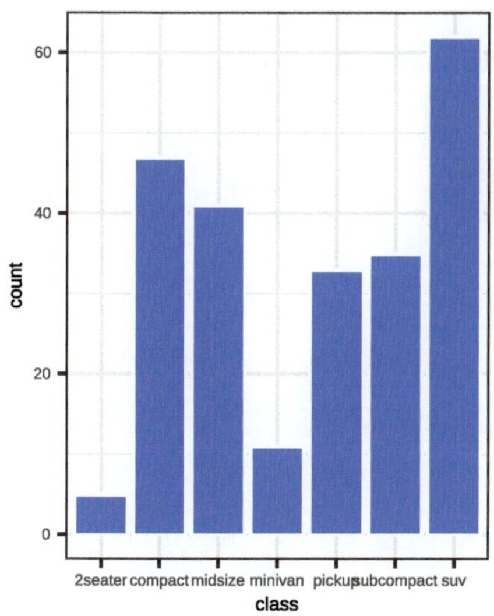

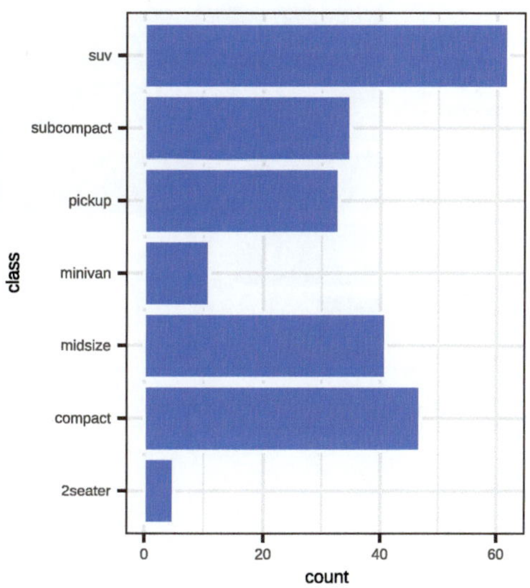

빈도 순으로 범주를 나열하기 위해서는 먼저 빈도를 계산하고 이를 이용하여 geom_bar() 또는 geom_col()을 이용하여 도시한다[20].

- geom_bar(stat = "identity") 역시 y 값을 막대 높이로 반영할 수 있다.
- dplyr::count()는 변수의 고유한 값을 기준으로 빈도를 계산한다.
- forcats::fct_reorder()는 지정된 함수에 따라 범주형 변수를 재정렬한다.
- ggplot2::geom_text()는 그래프에 문자 또는 숫자를 추가한다.

```
bar_data  %>%
 count(class, name = "nclass")  %>%
 mutate(class = fct_reorder(class, nclass))  %>%
 ggplot(aes(x=class, y=nclass )) +
  geom_col(color = "white", fill = "blue") +
# geom_col(color = "white", fill = "blue") + 를 사용해도 동일한 결과 제공
  labs(title = "<ggplot2::mpg> 차종별 빈도", x = "차종", y = "빈도") +
 coord_flip() +
 geom_text(aes(label=nclass), hjust = 2, color="white", size=3) +
 theme_bw()
```

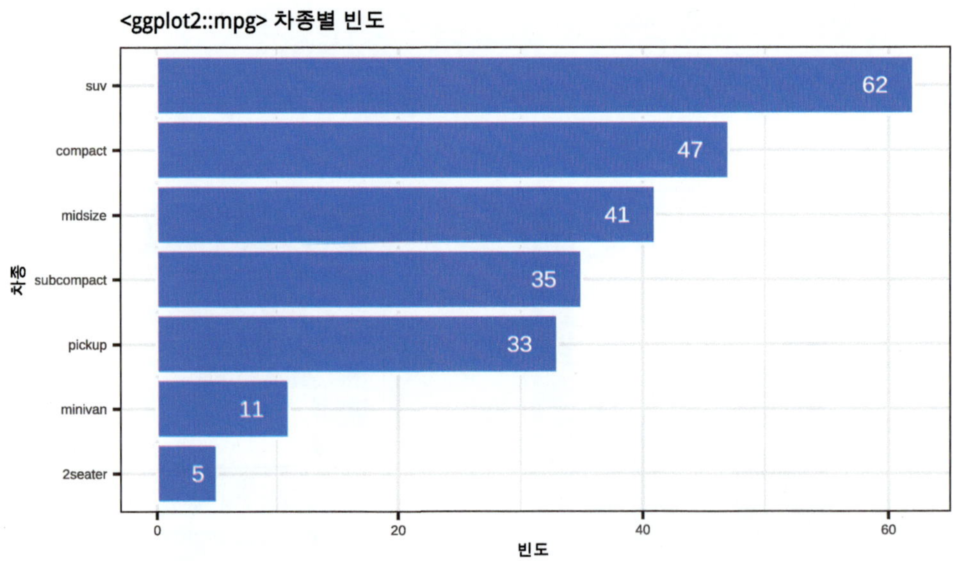

□

[20]geom_bar()를 이미 집계된 빈도를 사용하는 경우, stat = "identity"를 지정해야 한다. geom_col()은 이미 집계된 빈도가 y 변수로 저장된 경우 사용하고, 항상 stat = "identity"로 가정된다.

두 개의 범주형 변수

제 1 범주형 변수(cylinder)의 각 범주별 빈도 중에서 제 2의 범주형 변수(drive)에 의한 빈도(counts)를 구분하여 표현할 수 있다. 이때, 표현 방법은 쌓기(stack)와 병렬 배치(dodge)로 구분된다. 지정하지 않는 경우 쌓기 결과를 제공한다.

- preserve = "single"은 각 범주 내의 막대가 동일한 간격을 유지하도록 배치한다.
- aes(fill = var)에서 제 1 범주형 변수의 개별 막대 내에 표시할 제 2 범주형 변수를 지정한다.
  - scale_fill_manual()을 이용하여 사용자 정의 색상을 지정할 수 있다.
  - theme(legend.position)은 none, left, right, bottom, top으로 범례(legend) 위치를 지정한다.

```
# 사용자 정의 색상 지정
my_colors <- c("red", "darkgray", "blue")
#
bar_data  %>%
 ggplot(aes(class, fill = drive)) +
  geom_bar() +
  scale_fill_manual(values = my_colors) +
  coord_flip() + theme_bw()
# 결과를 비교하세요.
bar_data  %>%
 ggplot(aes(class, fill = drive)) +
  geom_bar(position = position_dodge2(preserve = "total")) +
  scale_fill_manual(values = my_colors) +
  coord_flip() + theme_bw() + theme(legend.position = "bottom")
```

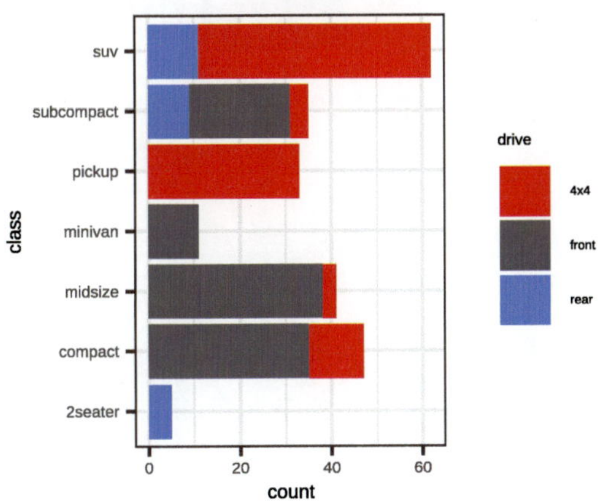

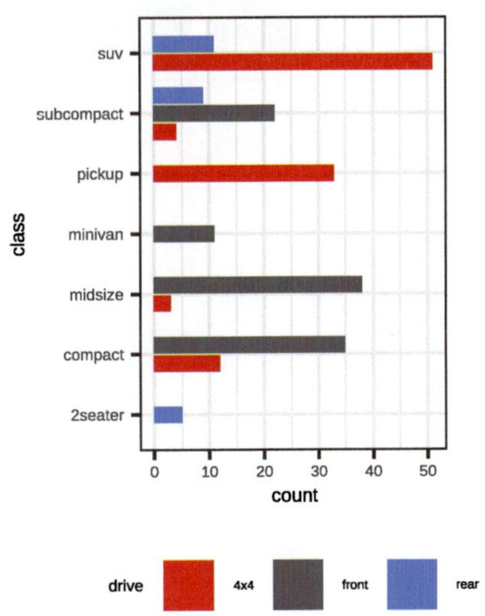

□

두 개의 범주형 변수 - 범주 별 비율(%)

제 1 범주형 변수가 서로 다른 기준 빈도를 갖는 경우, 제 2 범주형 변수의 범주들은 비율(%)로 표현하는 것이 유용하다.

- scale_*_continuous()는 scale을 변환하고, label 형식을 지정할 수 있다.
  - *에는 x 또는 y로 연속형 변수를 지정한다.

```
bar_data  %>%
 ggplot(aes(x= cylinder, fill = drive)) +
  geom_bar(position="fill") +
  scale_y_continuous(labels = scales::percent) +
  scale_fill_manual(values = my_colors) +
  theme_bw()
```

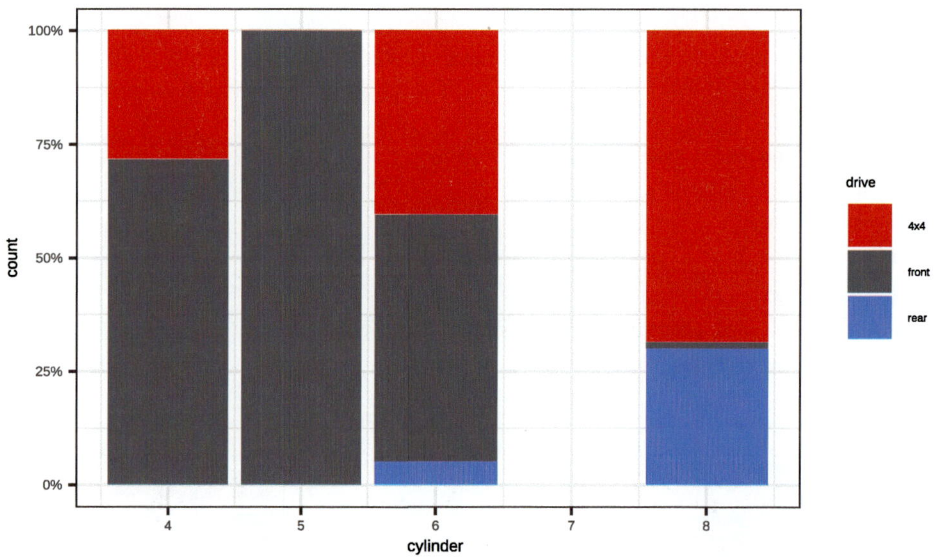

□

범주 별 요약값 표현

범주 별 요약값은 geom_bar()와 geom_col()을 이용하여 표현할 수 있다. 요약값을 막대에 표시하기 위해서는 요약값을 dplyr::summarize()를 이용하여 계산한다. 다음의 두 가지 방법은 동일한 결과를 제공한다.

- round(x, digits): 변수 x를 digits로 반올림한다.

```
# 방법 1
bar_data  %>%
 ggplot(aes(x= cylinder, y = city)) +
 geom_bar(stat = "summary", fun.y = "mean", color = "white", fill = "blue") +
 geom_text(aes(label= round(avg, 1)), vjust = 2, color="white", size=3) +
 theme_bw()
# 방법 2
bar_data  %>%
 group_by(cylinder)  %>%
 summarize(avg = mean(city))  %>%
 ungroup()  %>%
 ggplot(aes(x= cylinder, y = avg)) +
 geom_col(color = "white", fill = "blue") +
 geom_text(aes(label= round(avg, 1)), vjust = 2, color="white", size=3) +
 theme_bw()
```

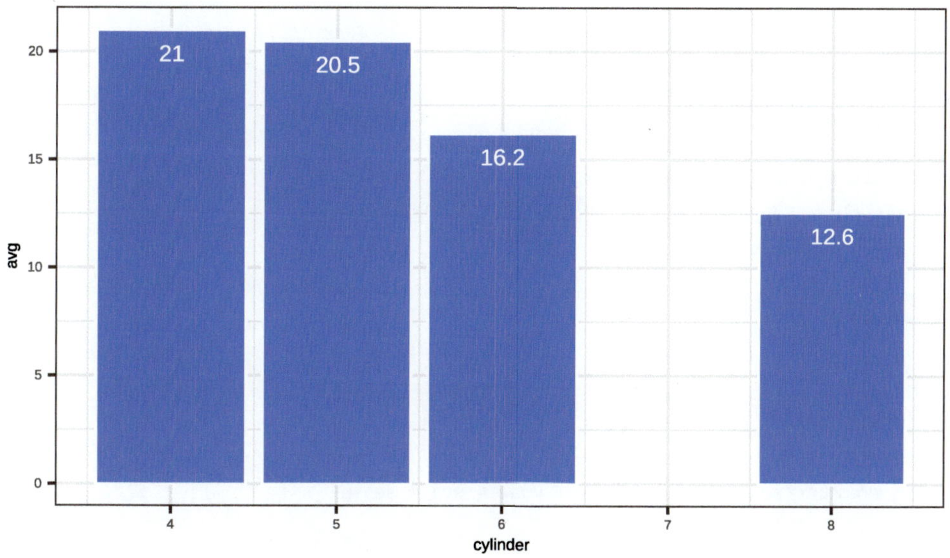

고려한 연속형 변수의 기준값(예: 평균)과의 편차(deviation)를 계산하여 반영하면, 각 범주 별 연속형 변수의 특징을 쉽게 비교할 수 있다. 필요한 경우, 연속형 변수의 평균과 표준 편차를 이용하여 오차 막대(error bar)를 추가할 수 있다.

- group_by()는 지정된 변수 기준을 그룹화하여 그룹별로 함수를 적용할 수 있게 한다.
  - ungrouped()는 그룹화를 해제하고 데이터프레임을 원래 상태로 환원한다.

```r
# 평균 및 표준 오차 계산
overall_avg <- mean(bar_data$city)

bs2 <- bar_data  %>%
  group_by(cylinder)  %>%
  summarize(
    avg = mean(city),
    se = sd(city) / sqrt(n())
  )  %>%
  ungroup() %>%
    mutate(
    diff = avg - overall_avg
  )

# 편차 표현
ggplot(bs2, aes(x = factor(cylinder), y = diff_from_overall)) +
  geom_col(color = "white", fill = "blue") +
  geom_text(aes(label = round(diff, 1)),
            vjust = ifelse(bs2$diff > 0, 3, -3),
            color="white",
            size=3) +
  geom_hline(yintercept = 0, linetype = "dashed", color = "red") +
  labs(title = "평균 시내 평균 연비와와의 편차",
       x = "Cylinder",
       y = "편차") +
  theme_bw()

#오차 막대 반영
ggplot(bs2, aes(x= factor(cylinder), y = avg)) +
  geom_col(color = "white", fill = "blue") +
  geom_errorbar(aes(ymin = avg - se, ymax = avg + se),
                width = 0.5,
                color = "red") +
  geom_text(aes(label= round(avg, 1)),
            vjust = 5, color="white",
            size=3) +
  labs(title = "평균 시내 평균 연비와 1se",
       x = "Cylinder",
       y = "시내 평균 연비") +
  theme_bw()
```

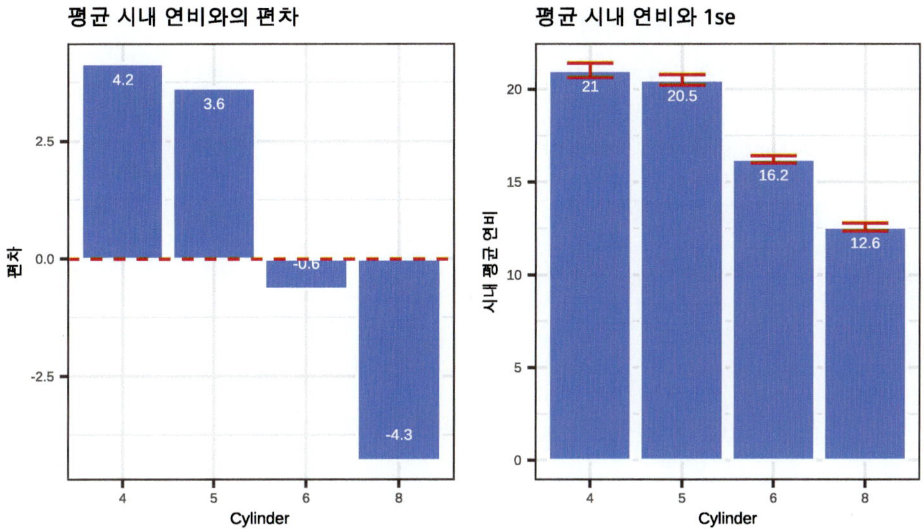

3.3.4 파이 그림 Pie Charts

파이 그림은 전체(Total)에서 각 범주가 차지하는 비율(proportion)을 원형에 표현하는 그래프이다. 이는 원을 여러 조각(slice)으로 나누어 전체에서 차지하는 비율을 나타낸다. 각 조각의 면적은 해당 범주의 비율에 비례하며 조각의 크기가 비슷한 경우 정확한 비교가 어렵다. 또한 조각의 개수가 많아질수록 해석이 난해하므로, 적당한 범주의 수를 사전에 설계해야 한다.

파이 그림(pie charts)

[표현 가능한 정보] 크기(빈도, 양), 순서, 비율

- 범주형 변수의 범주별 빈도의 **크기**를 표현한다.
- 전체(Total)를 명확히 정의할 수 있는 경우, 범주 별 비율(%)을 표현할 때 유용하다.

Tips

- 파이 그림은 대부분 막대 그림으로 전환할 수 있으며, 비교에서는 막대 그림이 더 유용하다.
- 전체(Total)을 명확히 정의할 수 없는 경우에는 해석이 왜곡될 수 있다.

ggplot()에서 파이 그림을 위한 geom_*를 제공하지 않고 막대 그래프를 변환하는 방식을 사용해야 한다. 구현 방법은 다음과 같다.

1. 데이터로부터 범주를 표현하는 group과 빈도를 나타내는 counts로 정제한다.

2. geom_bar()를 이용하여 기본 막대 그림을 도시한다.
3. coord_polar()를 이용하여 막대 그림을 원(circle) 그림으로 변환한다.

- coord_polar(., start, direction)는 그래프를 평면에서 원으로 전환한다.
- theme_void()는 그래프의 배경, 격자, 숫자 라벨을 모두 제거한다.

```
pie_data<-data.frame(group = LETTERS[1:6],
                     value = c(30, 20, 10, 5, 3, 2)
)
```

단순 막대 그림과 좌표 변환을 통하여 기본 파이 그림을 작성할 수 있다.

```
ggplot(pie_data, aes(x="", y = value, fill = group)) +
 geom_bar(stat="identity", width = 1)+
 coord_polar("y", start = 0) +
 theme_void()
```

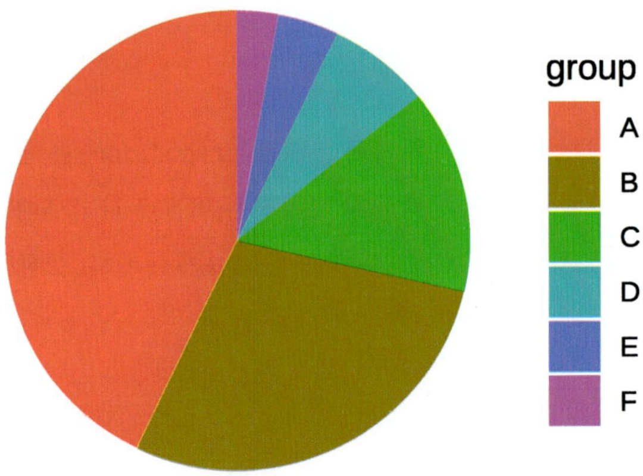

각 조각(slice)내의 중앙에 범례(legend)를 추가하기 위하여 새로운 변수를 생성한다. 새로운 범례를 위하여 생성된 막대 그림과 파이 그림으로 전환한 그림은 다음과 같다.

```
# 조각별 범례의 생성
pie_data <- pie_data %>%
  arrange(desc(group)) %>%
  mutate(prop = value / sum(value) *100) %>%
  mutate(ypos = cumsum(prop)- 0.5*prop )

# 범례를 반영한 파이 그림
ggplot(pie_data, aes(x="", y=prop, fill=group)) +
```

```
geom_bar(stat="identity", width=1, color="white") +
coord_polar("y", start=0) +
theme_void() +
theme(legend.position="none") +
geom_text(aes(y = ypos, label = group), color = "white", size=3)
```

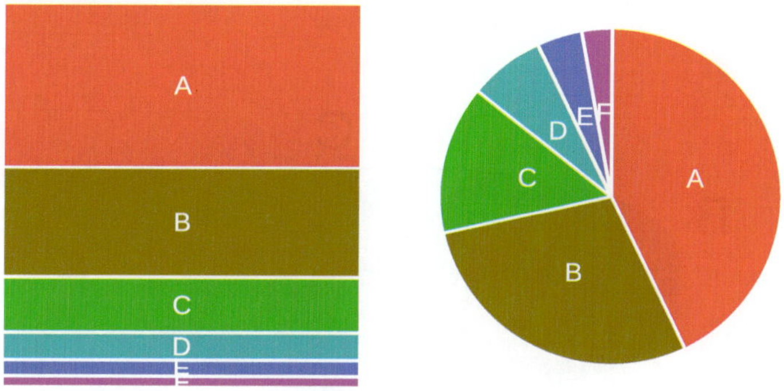

간단한 파이 그림을 신속하게 그려보고자 할 때는 기본 패키지가 제공하는 다음의 pie() 함수를 사용할 수 있다.

```
pie(pie_data$value, labels = pie_data$group, main = "Simple Pie Chart")
```

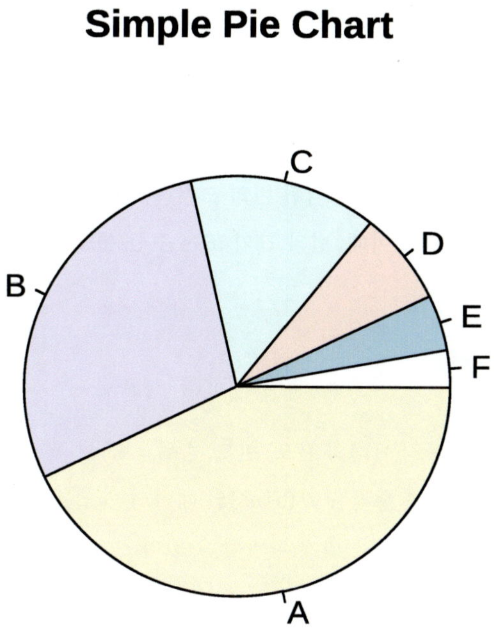

plotrix 패키지는 3D 파이 차트를 제공한다. 그러나 조각의 면적을 비교해야 하는 파이 그림의 경우, 기울어진 구조는 비교가 쉽지 않아 바람직하지 않다.

```
library(plotrix)
pie3D(pie_data$value, labels = pie_data$group, main = "Simple Pie Chart", start = 0)
```

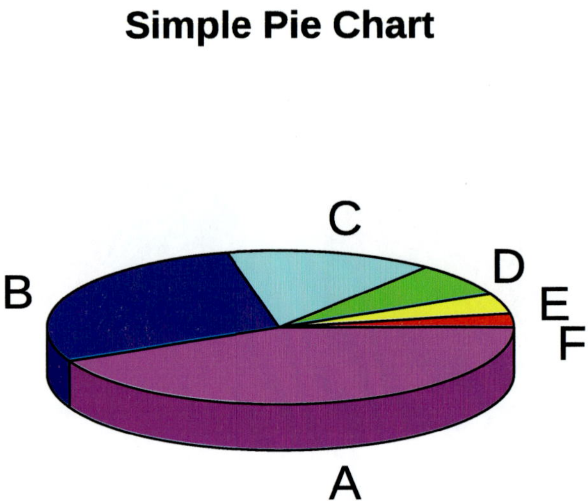

기본적으로 모든 파이 그림은 막대 그림으로 전환할 수 있으며, 막대 그림이 정보 생성에서 더 유리하다. 따라서, 가능하면 파이 그림 대신에 막대 그림을 선택하면 더 다양한 정보를 생성하고 비교할 수 있다.

3.3.5 히스토그램 Histograms

히스토그램(histogram)은 연속형 데이터의 대략적인 **분포 형태**를 확인하기 위하여 제안된 방법이다 (Pearson, 1895a)[21]. 이는 데이터를 사전 정의된 빈의 크기(binwidth) 또는 빈(bins)의 수로 데이터를 분할하고 빈도를 집계하여 표현한다. 이때, 빈의 크기 또는 수는 분포 형태를 판단하는데 중요한 역할을 한다.

히스토그램(Histograms)

[표현 가능한 정보] 연속형 데이터의 분포, 빈도, 범위

- 연속형 변수의 데이터 분포를 특정 구간(bins)의 데이터 빈도를 나타낸다.
- 데이터의 분포 형태와 중심 경향을 쉽게 파악할 수 있다.

Tips

[21] Pearson은 다음의 논문에서 통계적 데이터의 분포를 시각적으로 나타내기 위하여 히스토그램을 사용하였다. Pearson, K. (1895). "Contributions to the Mathematical Theory of Evolution. II. Skew Variation in Homogeneous Material". Philosophical Transactions of the Royal Society A: Mathematical, Physical and Engineering Sciences. 186: 343–414.

- 구간(bins) 또는 구간 너비(binwidth)에 따라 분포 형태가 달라질 수 있으므로, 이의 적절한 선택이 중요하다.

히스토그램에서 관찰 가능한 정보

- 데이터의 좌우대칭 여부와 양(+)과 음(-)의 왜도
- 데이터의 대표값에 대한 대략적 위치
- 데이터의 범위와 산포의 정도
- 군집(clusters)의 존재 유무
- 이상값(outliers)의 존재 유무

practice tools 연습 7. 히스토그램과 커널 밀도 추정 <확률 난수 생성>

데이터 생성

rnorm(n, mean, stdev)는 정규분포로부터 랜덤 난수를 생성한다.

```
set.seed(311)
hist_data <- data.frame(values = rnorm(100, 100, 10))
```

bin과 binwidth의 조절

```
hist_data  %>%
 ggplot(aes(x=values)) +
 geom_histogram(binwidth = 5, color = "white", fill = "blue") +   # binwidth 지정
 labs(subtitle = "binwidth = 5") +
 theme_bw()
hist_data  %>%
 ggplot(aes(x=values)) +
 geom_histogram(bins = 17, color = "white", fill = "blue") +     # bin의 수 지정정
 labs(subtitle = "bins = 17") +
 theme_bw()
```

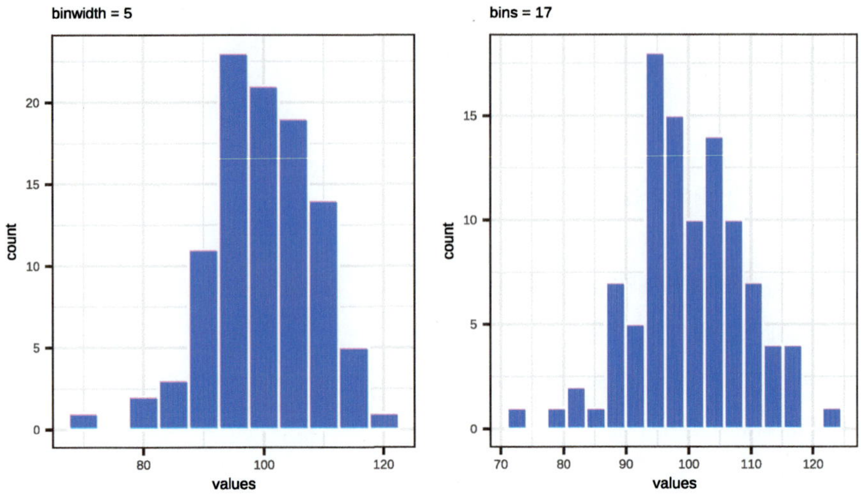

히스토그램에서 연속형 변수의 **확률 밀도**(probability density)의 형태를 파악하기 위해서는 그림의 총 면적을 1.0으로 척도화해야 한다. 이를 위하여 다음을 지정한다.

- y = after_stat(density)은 y축을 확률 밀도로 척도화한다[22].

```
hist_data %>%
 ggplot(aes(x =values,y=after_stat(density))) +
 geom_histogram(bins = 17, color ="white",fill ="blue") +
 theme_bw()
```

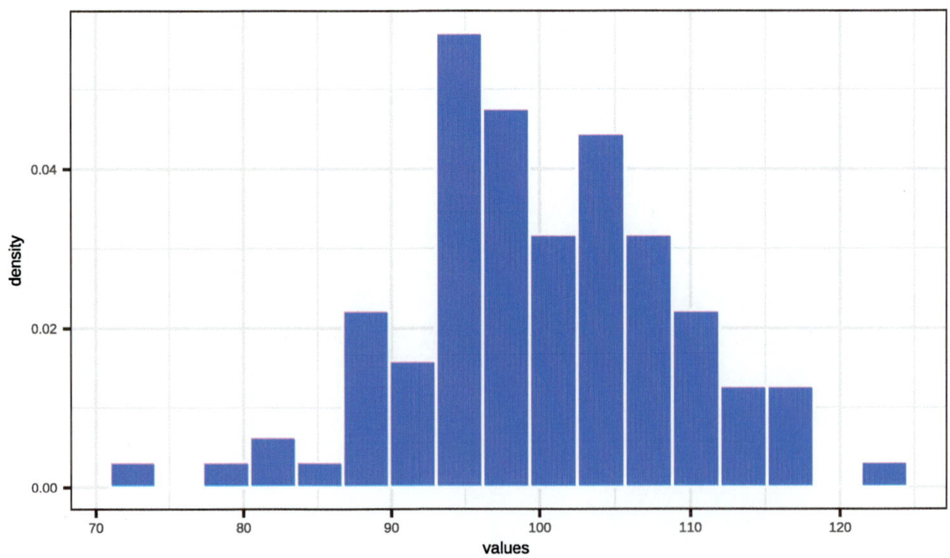

[22]after_stat(density)는 ..density..로 부터 변경되었다.

히스토그램은 시각적으로 분포 형태를 대략적으로 판단할 수 있게 해준다. 만일 좀 더 적합된 확률 밀도 함수를 원한다면, 커널 밀도 추정(Kernel Density Estimation; KDE)을 고려할 수 있다.

커널 밀도 추정(Kernel Density Estimation)

만일 데이터 $y_1, y_2, \ldots, y_n$ 이 밀도 함수 $f(y)$를 갖는 분포로 부터의 임의 표본이라면 추정된 밀도 함수 $\hat{f}(y)$는 다음과 같다.

$$\hat{f}(y) = \frac{1}{n}\sum_{i=1}^{n}\frac{1}{h}K\left(\frac{y-y_i}{h}\right)$$

여기서 $K(\cdot) > 0$를 커널(kernel) 그리고 $h > 0$를 밴드너비(bandwidth)라고 한다.

(예) 정규(gaussian) 커널과 밴드너비

$$K(z) = \frac{1}{\sqrt{2\pi}}e^{-\frac{z}{2}} \quad \text{그리고} \quad h = 0.9 \times \left[\min\left(s, \frac{\text{IQR}}{1.35}\right)\right] \times n^{-\frac{1}{5}}$$

geom_density()는 커널 밀도 함수를 생성한다.

- 커널의 기본값은 gaussian이며, epanechnikov, biweight 등을 선택할 수 있다.
- adjust를 이용하여 bandwidth를 조절한다. 이는 평활 정도를 결정한다[23].

```
hist_data  %>%
 ggplot(aes(values)) +
 geom_density(adjust = 1) +                    # 평활 정도를 조정
 theme_bw()
```

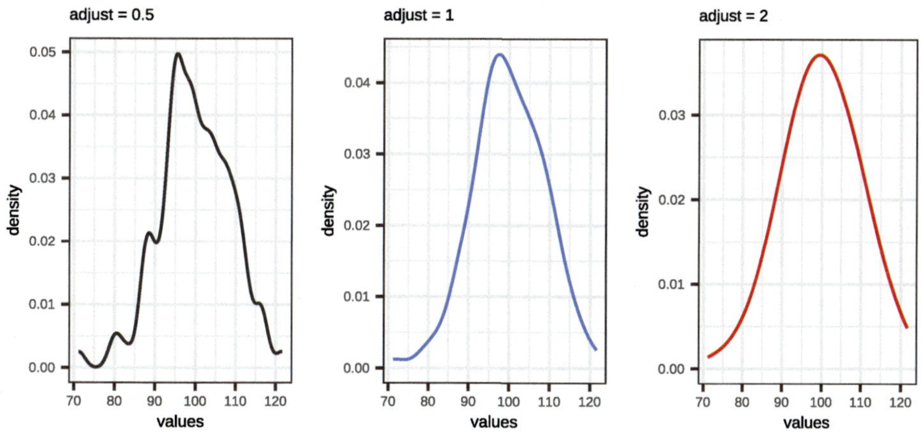

[23] adjust = 1을 기본값으로 한다. 만일 $a \neq 1$}이면, a x (bandwidth)를 적용한다. 즉, a < 1이면 더 좁은 그리고 a > 1이면 더 넓은 bandwith를 적용하여 평활화한다.

실습 6. 다양한 산점도의 생성과 해석 <ggplot2::diamonds>

ggplot2 패키지에 내장된 diamonds 데이터는 약 54,000개의 다이아몬드에 대한 가격(price)과 4C - Carat, Cut, Color, Clarity 그리고 크기와 관련된 10가지 특징을 기록한 것이다.

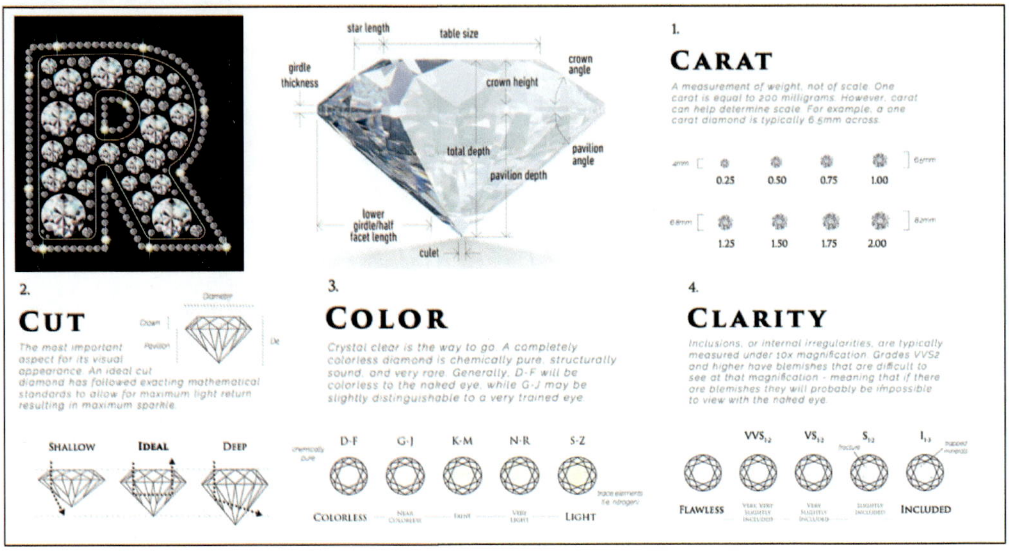

https://www.thediamondcenter.com/

데이터 로딩

```
data(diamonds, package = "ggplot2")
str(diamonds)
```

```
# tibble [53,940 x 10] (S3: tbl_df/tbl/data.frame)
#  $ carat  : num [1:53940] 0.23 0.21 0.23 0.29 0.31 0.24 0.24 0.26 0.22 0.23 ...
#  $ cut    : Ord.factor w/ 5 levels "Fair"<"Good"<..: 5 4 2 4 2 3 3 3 1 3 ...
#  $ color  : Ord.factor w/ 7 levels "D"<"E"<"F"<"G"<..: 2 2 2 6 7 7 6 5 2 5 ...
#  $ clarity: Ord.factor w/ 8 levels "I1"<"SI2"<"SI1"<..: 2 3 5 4 2 6 7 3 4 5 ...
#  $ depth  : num [1:53940] 61.5 59.8 56.9 62.4 63.3 62.8 62.3 61.9 65.1 59.4 ...
#  $ table  : num [1:53940] 55 61 65 58 58 57 57 55 61 61 ...
#  $ price  : int [1:53940] 326 326 327 334 335 336 336 337 337 338 ...
#  $ x      : num [1:53940] 3.95 3.89 4.05 4.2 4.34 3.94 3.95 4.07 3.87 4 ...
#  $ y      : num [1:53940] 3.98 3.84 4.07 4.23 4.35 3.96 3.98 4.11 3.78 4.05 ...
#  $ z      : num [1:53940] 2.43 2.31 2.31 2.63 2.75 2.48 2.47 2.53 2.49 2.39 ...
```

각 변수명과 설명 그리고 범위는 [표 3.8]과 같다.

표 3.8: ggplot2::diamonds 데이터의 각 변수와 설명

변수명	설명	범위
price	가격(US $)	\$326 ~ \$18, 823
carat	무게(캐럿)	0.2 ~ 5.01
cut	세공 품질	Fair, Good, Very Good, Premium, Ideal
color	색상	D(Best) ~ J(Worst)
clarity	투명도	I1(Worst), SI2, SI1, VS2, VS1, VVS2, VVS1, IF(Best)
x	길이(length, mm)	0 ~ 10.74
y	넓이(width, mm)	0 ~ 58.9
z	깊이(depth, mm)	0 ~ 31.8
depth	총 깊이 비율	$\frac{z}{\text{mean(x,y)}}$
table	상판 넓이	가장 넓은 점과 비교된 값값

결측값(missing values) 여부의 검토

- is.na()는 결측 여부를 TRUE/FALSE로 반환한다.
- sapply(data, FUN)는 데이터 구조에 반복적으로 함수를 적용하고, 그 결과를 벡터 또는 행렬로 반환한다.

```
sapply(diamonds, function(x) sum(is.na(x)))
```

```
#   carat     cut   color clarity   depth   table   price       x       y 
#       0       0       0       0       0       0       0       0       0 
#       z 
#       0 
```

로딩된 데이터의 변수들에는 결측값이 없다. 만일 존재한다면, 다음을 이용하여 각 열별 결측값 비율과 위치를 확인할 수 있다.

- which()는 주어진 조건을 만족하는 요소의 인덱스를 반환한다.

```
# 각 열별 결측값 비율
sapply(diamonds, function(x) mean(is.na(x)))
# 결측값 위치
which(is.na(diamonds), arr.ind = TRUE)
```

히스토그램과 커널 밀도 함수 - caret

```
diamonds %>%
 ggplot(aes(x = carat, y=after_stat(density))) +
 geom_histogram(color = "white", fill = "blue") +
 geom_density(adjust = 3, color = "red") +
 theme_bw()
```

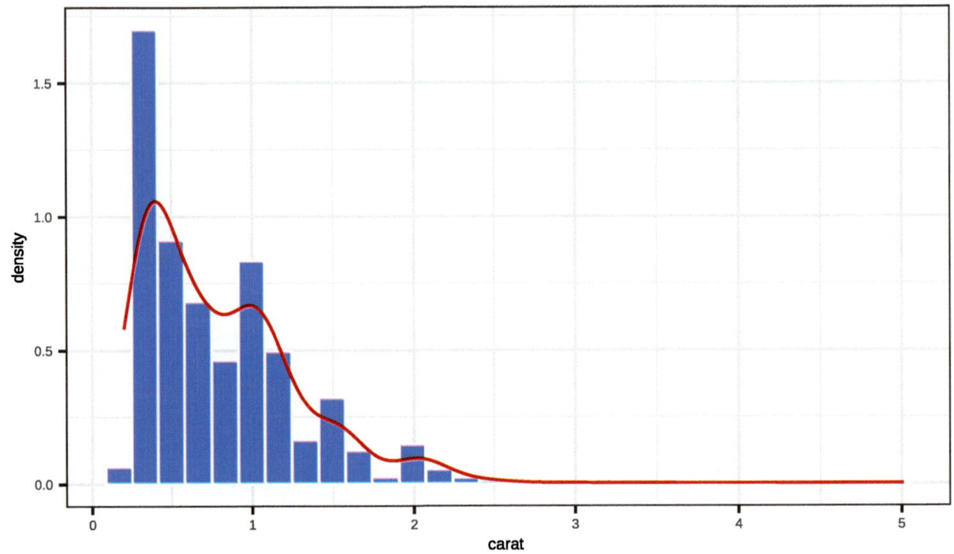

□

쌍별 비교된 히스토 그램 - color의 범주 D와 E의 가격 비교

두 개의 히스토그램을 함께 도시하여 비교할 수 있다. 비교하는 방법은 히스토그램을 중복하여 그리면서 각 그룹별로 투명도를 조절하거나 또는 상하로 배치하여 분포의 형태를 비교하는 것이다.

```
# 투명도 조정을 통한 중복 표현
diamonds %>%
  ggplot(aes(x = price)) +
  geom_histogram(data = subset(diamonds, color == "D"),
                 aes(y = after_stat(density),
                     fill = color,
                     alpha = 0.3),
                 color = "white") +
  geom_histogram(data = subset(diamonds, color == "J"),
                 aes(y = after_stat(density),
                     fill = color,
```

```
                    alpha = 0.3),
                color = "white") +
  scale_fill_manual(name = "color",
                    values = c("D" = "blue", "J" = "red"),
                    labels = c("D", "J"),
                    breaks = c("D", "J")) +
  guides(alpha = "none") +
  theme_bw()

# 상하로 배치하여 표현
diamonds %>%
  ggplot(aes(x = price)) +
  geom_histogram(data = subset(diamonds, color == "D"),
                 aes(y = after_stat(density),
                     fill = color),
                 color = "white") +
  geom_histogram(data = subset(diamonds, color == "J"),
                 aes(y = -after_stat(density),
                     fill = color),
                 color = "white") +
  scale_fill_manual(name = "color",
                    values = c("D" = "blue", "J" = "red"),
                    labels = c("D", "J"),
                    breaks = c("D", "J")) +
  theme_bw()
```

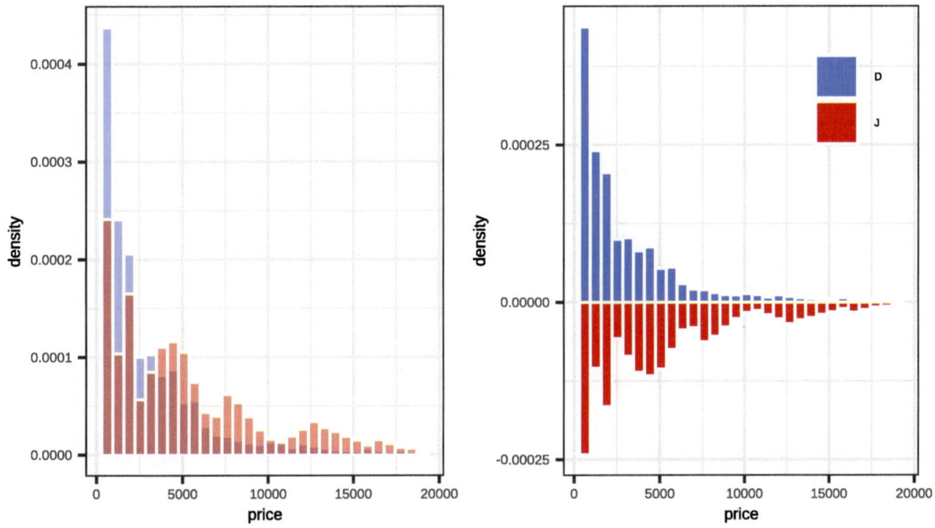

범주별로 구분된 히스토 그램 - color별 price의 분포

- facet_wrap()는 formula로 지정된 변수의 범주별로 구분하여 패널을 생성한다.
  - formula는 $\sim var_1 + var_2 ...$로 지정한다.

```
diamonds %>%
 ggplot(aes(x = price, color= color, fill = color)) +
 geom_histogram(binwidth = 5, alpha=0.6) +
 theme_bw() +
 theme(legend.position="none",
       strip.text.x = element_text(size = 4),
       axis.text.x = element_text(angle = 90, hjust = 1)) +
 facet_wrap(~color)
```

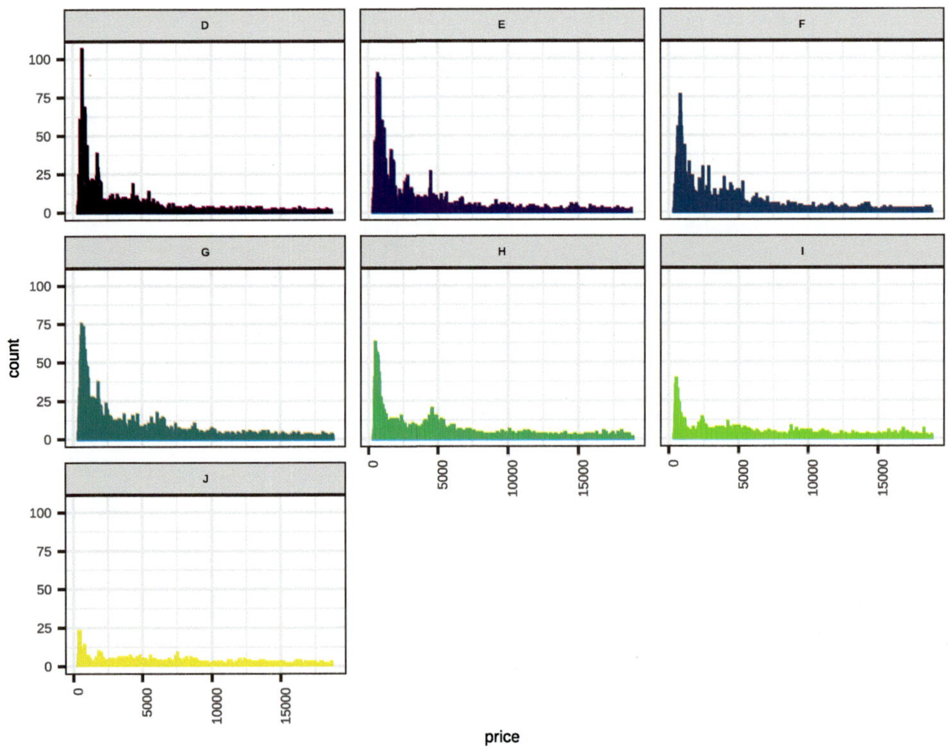

또한 두 개의 범주형 변수들의 범주 조합별로 히스토그램을 비교할 수 있다.

- facet_grid()는 formula로 지정된 행과 열로 데이터를 구분하여 패널을 생성한다.
  - formula는 행 var ∼ 열 var로 지정한다.

```
diamonds %>%
  ggplot(aes(x = price, color= color, fill = color)) +
  geom_histogram(binwidth = 5, alpha=0.6) +
  theme_bw() +
  theme(legend.position="none",
        strip.text.x = element_text(size = 4),
         axis.text.x = element_text(angle = 90, hjust = 1)
        ) +
  labs(y = "counts") +
  facet_grid(cut~color)
```

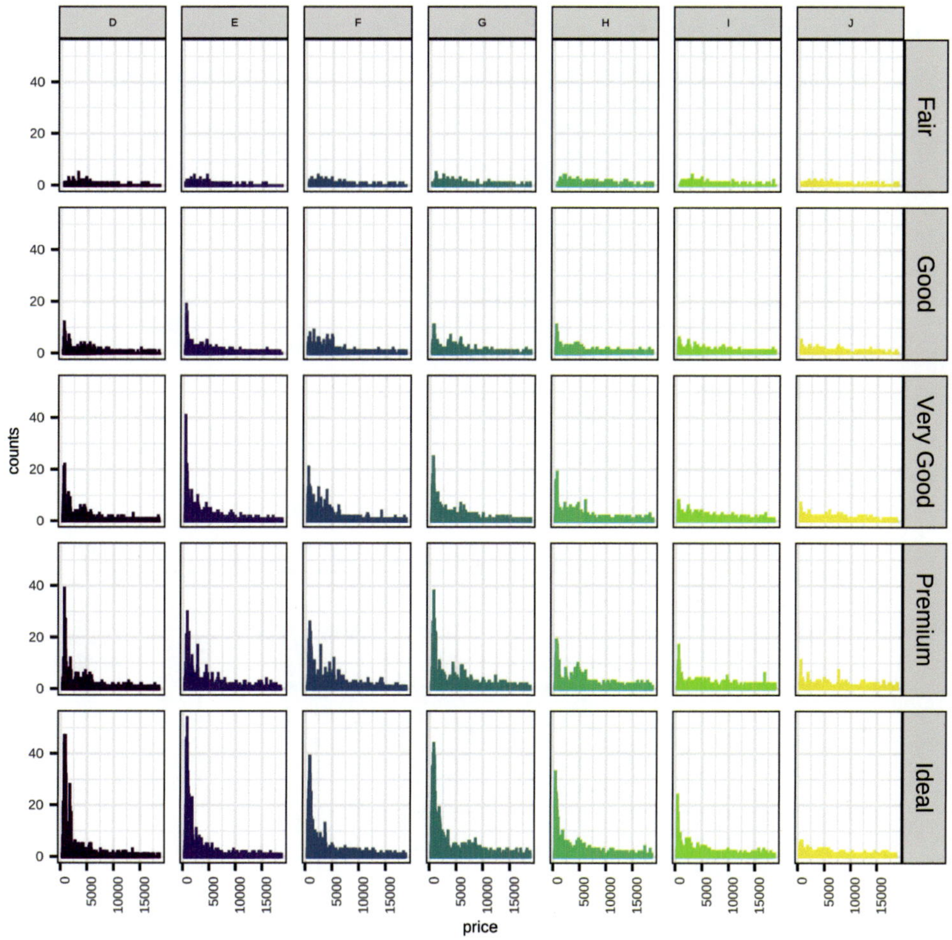

3.3.6 박스 그림 Box-Whisker Plots

박스 그림(box plot) 또는 박스-수염 그림(box-whisker plot)은 분포를 진단하는 다양한 요약값들을 체계적으로 반영한 그림이다. 이는 개별 집단의 분포 고찰뿐만 아니라 여러 집단의 상호 비교에서도 유용하게 사용된다. [그림 3.6]은 박스 그림 생성 방법 에 따른 기본 구조를 점 도표(dot plot)과 비교하여 표현한 것이다[24].

박스 그림(box plot)의 생성[25]

1. 중앙값과 사분위수를 계산한다.
2. 사분위수 상한과 하한을 박스(box)로 감싸고 중앙값의 위치에 선을 넣는다.
3. $k = 1.5$를 가정하고 펜스(fence)의 상한과 하한을 계산한다.
4. 펜스의 상한과 하한 내의 마지막 관찰값까지를 박스의 중앙에서 선으로 연결한다.
5. 펜스의 상한과 하한을 벗어나는 값들은 다른 기호로 그 값을 표시(*)한다.

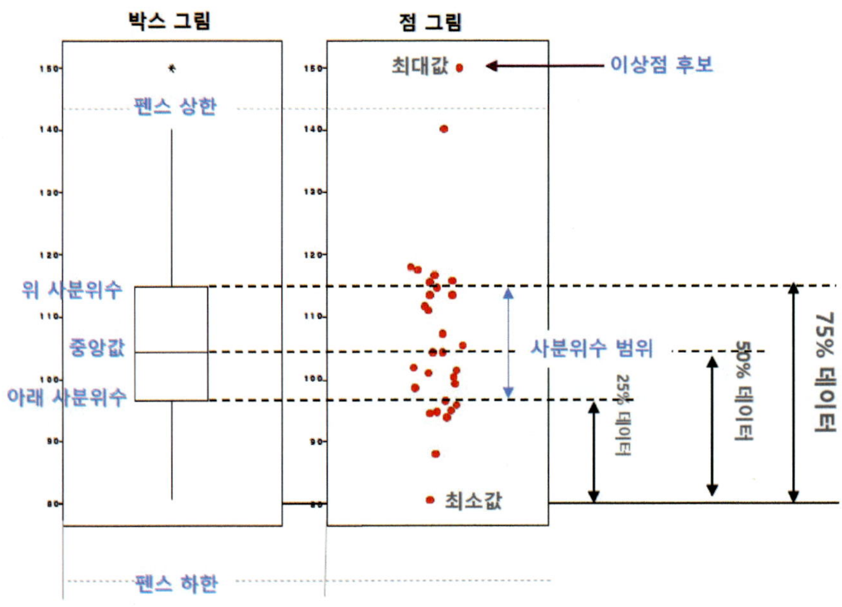

그림 3.6: 박스 그림의 기본 구조

[24] 고승곤. (2023). (R 과 통계적 방법을 활용한) 탐색적 데이터 분석, 교우사

[25] 펜스(fence)는 아상값을 식별하는데 사용하는 경계를 말하며, (하한, 상한) $= (Q_1 - k \times IQR,\ Q_3 + k \times IQR)$로 정의된다. $k = 1.5$인 경우를 inner fence 그리고 $k = 3.0$인 경우를 outer fence라고 한다.

박스 그림에서 표현 가능한 정보와 장점과 단점은 다음과 같다.

박스 그림(Box Plots)

[표현 가능한 정보] 데이터의 분포, 중심 경향, 산포, 이상값

- 연속형 데이터의 분포 특징을 시각적으로 표현한다.
- 데이터의 산포와 이상점(outliers)을 진단한다.

단점

- 고려된 데이터의 수(n)를 확인할 수 없다.
- 서로 다른 집단이 혼합(Mix)된 다봉 구조(multi-modal)를 진단하지 못한다.

Tips

- 점 도표(dot plot)과 함께 표현하면, 대략적인 데이터의 수, 데이터 밀집도 그리고 군집 여부를 쉽게 확인할 수 있다.
- 데이터에 따라 가로와 세로 형태를 선택하여 표현한다.

박스 그림은 데이터 구조에 대한 직관적인 이해를 돕고 분포의 형태에 대한 유용한 정보를 제공한다. 하지만, 사분위수로 부터 동일한 크기의 펜스를 정의하므로 [그림 3.7]과 같이 양(+) 또는 음(-)의 왜도를 갖는 경우에는 일부 이상점들이 진단될 수 있다. 또한 데이터의 수가 많은 경우에는 정규 분포에서도 일부 이상점이 진단될 수 있으므로 이상점에 대한 검토에 신중해야 한다[26].

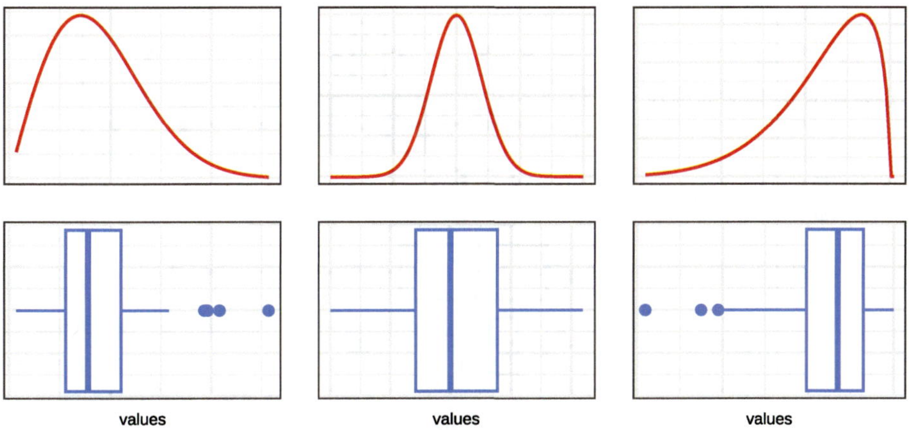

그림 3.7: 분포의 형태에 따른 박스 그림과 이상점 여부

[26] 정규 분포의 경우, 데이터가 $k = 1.5$ 인 inner fence를 벗어날 확률은 약 0.007 이다.

기본 박스 그림

```
ggplot(marathon, aes(x = time)) +
  geom_boxplot() +
  labs(x = "시간(분)") +
  theme_bw()
```

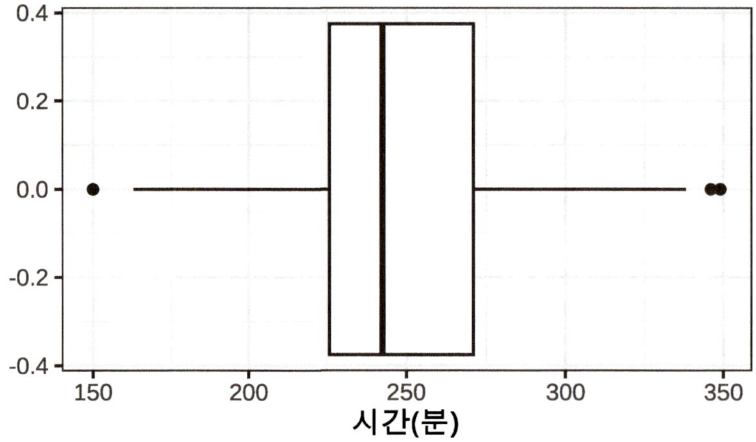

상자 내의 중앙값 위치를 볼 때 기록이 짧은 참가자들이 더 밀집되어 있으며, 기록이 아주 좋은 참가자(박스 그림의 왼쪽 이상점)와 기록이 저조한 일부 참가자(박스 그림의 오른쪽 이상점)를 확인할 수 있다.

기본 박스 그림과 점 그림

jitter()란 점들이 중복되지 않도록 좌표를 약간 흔들어 표기하는 방법을 말한다. 이는 각 점의 위치를 무작위로 약간씩 조정하여, 개별 데이터들이 서로 겹치지 않도록 배치함으로써 데이터의 분포를 더 명확히 보여준다. 단, jitter() 함수를 사용하기 위해서는 반드시 y를 지정해야 한다. 여기서는 y = 1을 지정하여 형식을 맞추었다.

```
ggplot(marathon, aes(x=time, y =1)) +
  geom_boxplot() +
  geom_jitter(color = "blue") +
  labs(x = "시간(분)") +
  theme_bw()
```

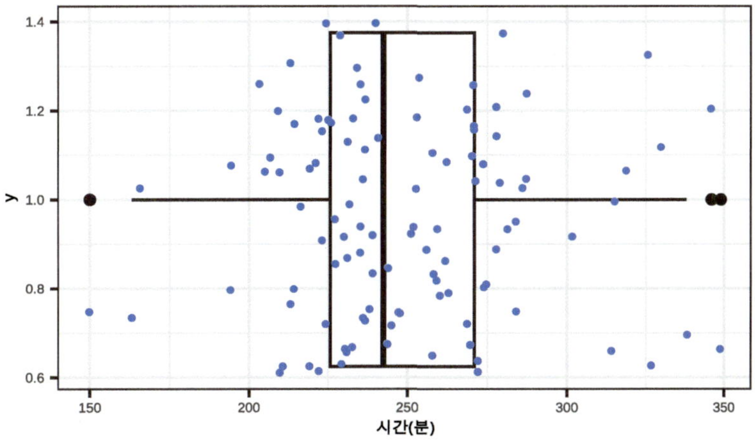

중심부의 데이터를 보면 중앙값의 앞쪽으로 더 많은 데이터들이 밀집되어 있고, 명확하게 구별되는 군집은 발견되지 않는다.

바이올린(violin) 그림

- geom_violin()은 바이올린 그림을 생성한다.

```
ggplot(marathon, aes(x=time, y =1)) +
  geom_violin(color = "red") +
  geom_jitter(color = "blue") +
  xlab("시간(분)") +
  theme_bw()
```

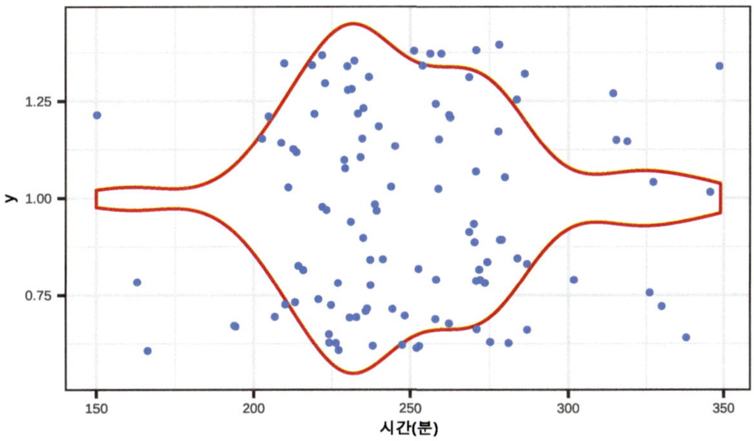

바이올린 그림은 많은 데이터가 분포하는 영역(예: 약 230분)은 넓게 표현되고, 그렇지 않은 영역(예: 약 150분 또는 약 350분)은 좁게 표현한다. 박스 그림과 비교할 때, 데이터의 밀집된 영역과 희소한 영역을 쉽게 파악할 수 있다.

연령 별 박스 그림

마라톤 기록은 연령대에 따라 서로 다를 수 있다. 따라서 연령을 구분하여 이를 비교하면 다음과 같다. 이때, 숫자형으로 기록된 age는 범주형 변수로 전환하는 것이 바람직하다.

- factor()는 연속형 변수를 범주형 변수로 전환한다.

```
ggplot(marathon, aes(x = factor(age), y=time)) +
  geom_boxplot()+
  coord_flip() +
  labs(x = "연령대", y = "시간(분)") +
  theme_bw()
```

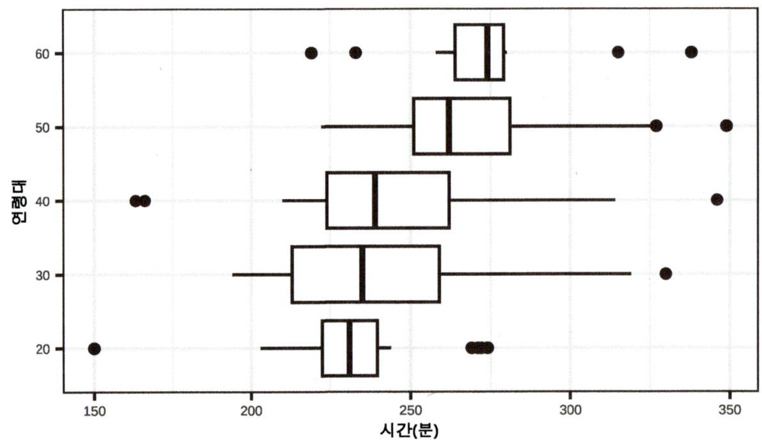

연령 별 박스 그림 + 점 그림 또는 바이올린 그림 + 점 그림

- gridExtra::grid.arrange()는 여러 그림 동시에 배치한다.
  - ncol = 2는 그림들을 2개의 열에 배치한다.

```
library(gridExtra)
g1 <- ggplot(marathon, aes(x=factor(age), y=time)) +
 geom_boxplot() +
  geom_jitter(color = "blue") +
  coord_flip() +
  labs(x = "연령대", y ="시간(분)") +
```

```
  theme_bw()

g2 <- ggplot(marathon, aes(x=factor(age), y=time)) +
 geom_violin(color = "red") +
 geom_jitter(color = "blue") +
 coord_flip() +
 labs(x = "연령대", y ="시간(분)") +
 theme_bw()

gridExtra::grid.arrange(g1, g2, ncol = 2)
```

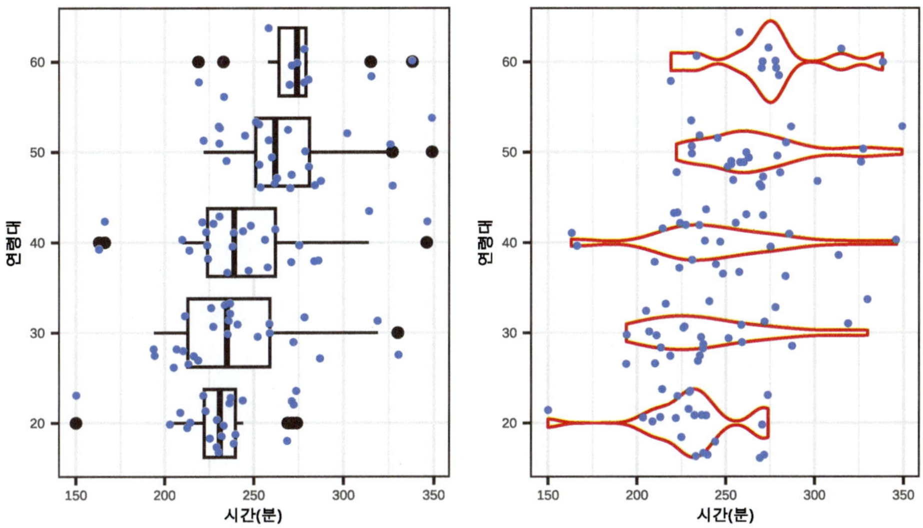

박스 중앙의 중앙값을 보면, 연령대가 높아질 수록 **완주** 시간이 길어짐을 확인할 수 있고, 박스의 (가로) 길이인 IQR을 볼때, 30대/40대/50대와 20대/60대는 산포가 서로 다름을 확인할 수 있다. 이를 구체적으로 확인해 보면 다음과 같다.

```
# 20대의 기록 요약
marathon  %>%
            dplyr::filter(age >= 20 & age < 30)  %>%
  dplyr::summarise(
    median = median(time),
    Q1 = quantile(time, 0.25),
    Q3 = quantile(time, 0.75),
    IQR = Q3 - Q1
  )
```

```
#   median  Q1  Q3  IQR
```

```
# 1    231 222 240 17.5
```

20대의 경우, 중앙값은 231(분)이며, 사분위수 범위(IQR)는 17.5(분)이다. 동일한 방법으로 나머지 연령대 에 대한 중앙값과 사분위수 범위를 구해보면 [표 3.9]와 같다.

표 3.9: 연령대별 중앙값과 사분위수 범위(IQR)

age_group	median	IQR
20대	231	17.5
30대	235	46.0
40대	239	38.0
50대	262	30.0
60대	274	15.0

20대와 60대의 IQR이 크지 않다. 이는 해당 연령대 참가자들의 기록 차이가 크지 않음을 의미한다. 또한 30대~50대의 IQR값은 크고 연령대간의 차이가 크지 않다. 만일 실무적으로 이를 큰 차이가 아니라고 판단한다면, 이들의 중앙값을 비교하여 다음과 같이 요약할 수 있다.

$$Time_{40} = Time_{30} + 4 \quad \text{그리고} \quad Time_{50} = Time_{40} + 23$$

즉, 40대는 30대의 기록보다 일반적으로 약 4분이 더 길고, 50대는 40대의 기록 보다 약 23분 정도 더 길다. 이는 마라톤 기록에서 30대와 40대는 큰 차이가 없지만, 40대와 50대는 큰 차이를 보이는 것을 확인할 수 있다. 물론 연령대 뿐만 아니라 각 선수의 건강 상태, 운동 시간 그리고 경기 방법에 따른 차이가 있을 수 있다. 다음은 각 연령대 별 우승자들의 기록이다. 40대가 30대보다 그리고 60대가 50대보다 더 좋은 기록을 얻었다. 이는 점 도표에서도 확인할 수 있다.

```
marathon %>%
    group_by(age) %>%
    summarize(winner = min(time))
```

```
# # A tibble: 5 x 2
#     age winner
#   <int>  <int>
# 1    20    150
# 2    30    194
# 3    40    163
# 4    50    222
# 5    60    219
```

3.3.7 산점도 Scatter Plots

산점도(scatter plots)는 쌍별로 측정되는 2개의 연속형 변수들의 값을 2차 평면 (x, y) 상에 표현하는 그림으로 시각화 방법에서 다양하게 응용되는 중요한 방법이다.

산점도(Scatter Plots)

[표현 가능한 정보] 두 변수 간의 관계와 분포

- 두 연속형 변수 간의 관계를 표현한다.
- 변수 간의 상관 관계를 시각적으로 파악할 수 있다.

Tips

- 데이터 포인트가 중복되는 경우, 관계와 분포가 왜곡될 수 있다.
- 관계를 유추할 수 있는 추정선을 추가하면 유용하다.

산점도는 형태 또는 관계를 파악할 때 유용하지만, 실제로 측정 단위의 **불연속성**(discreteness) 또는 데이터의 수가 많은 경우 데이터들이 중복되어(overplotting) 표현될 수 있다. 이러한 상황에서는 데이터의 형태 또는 패턴에 심각한 왜곡이 생길 수 있고, 경우에 따라서는 변수들의 대략적 범위 이외에는 아무런 정보도 확인할 수 없는 경우도 발생한다. 이를 위한 해결책이 유일하지는 않지만, 다음의 방법이 도움이 될 수 있다.

산점도에서 고밀도 데이터의 패턴 확인

- `jitter()`는 각 값들을 겹치지 않게 랜덤 잡음을 포함하여 도시한다.
- `geom_bin2d()`는 2차원 bin을 정의한다.
  - 기본적으로 각 축에서 30개를 가정한다. `bins = k` 또는 `binwidth = c(a, b)`를 통하여 조정할 수 있다.
- `geom_hex()`는 데이터를 육각형 bin으로 나누어 고밀도 데이터의 패턴을 시각화한다.
- `geom_smooth()`는 두 변수들의 관계를 나타내는 평활화 함수를 제공한다.

실습 8. 산점도의 생성과 해석 <ggplot2::diamonds>

데이터 로딩

```
data(diamonds)
```

다음은 (carat, price)에 대한 기본 산점도이다.

```
diamonds  %>%
 ggplot(aes(carat, price)) +
 geom_point(color = "blue") +
 # geom_jitter() +                                # 각각을 시도해 보세요.
 # geom_point(color = "blue",  size = 0.5, alpha = 0.1) +
 # geom_bin2d() +
 # geom_hex(color = "gold") +
 # geom_smooth() +
 theme_bw()
```

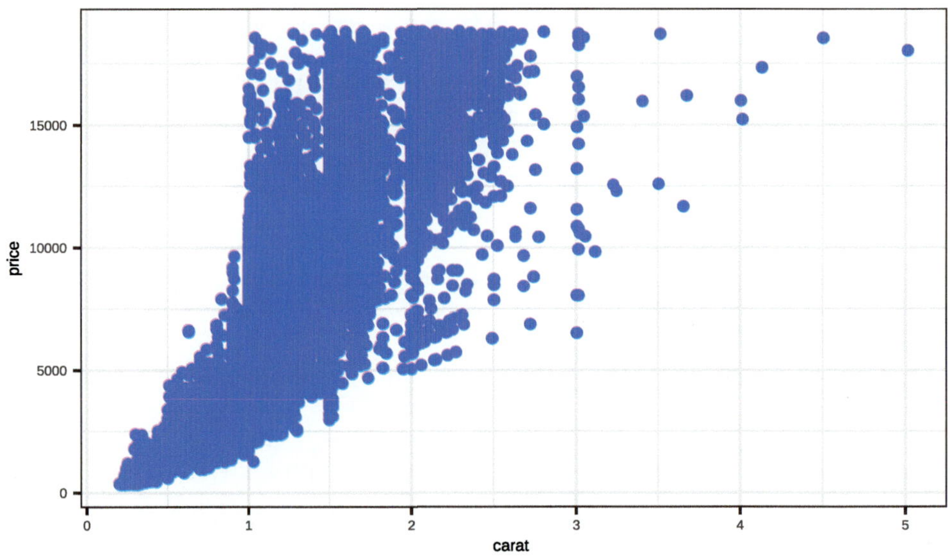

기본 산점도에서는 데이터들이 중복되어 나타나고, 데이터 밀집 구간 또는 그 형태를 올바로 파악할 수 없다. [그림 3.10]은 다양한 방법으로 시도된 산점도이다.

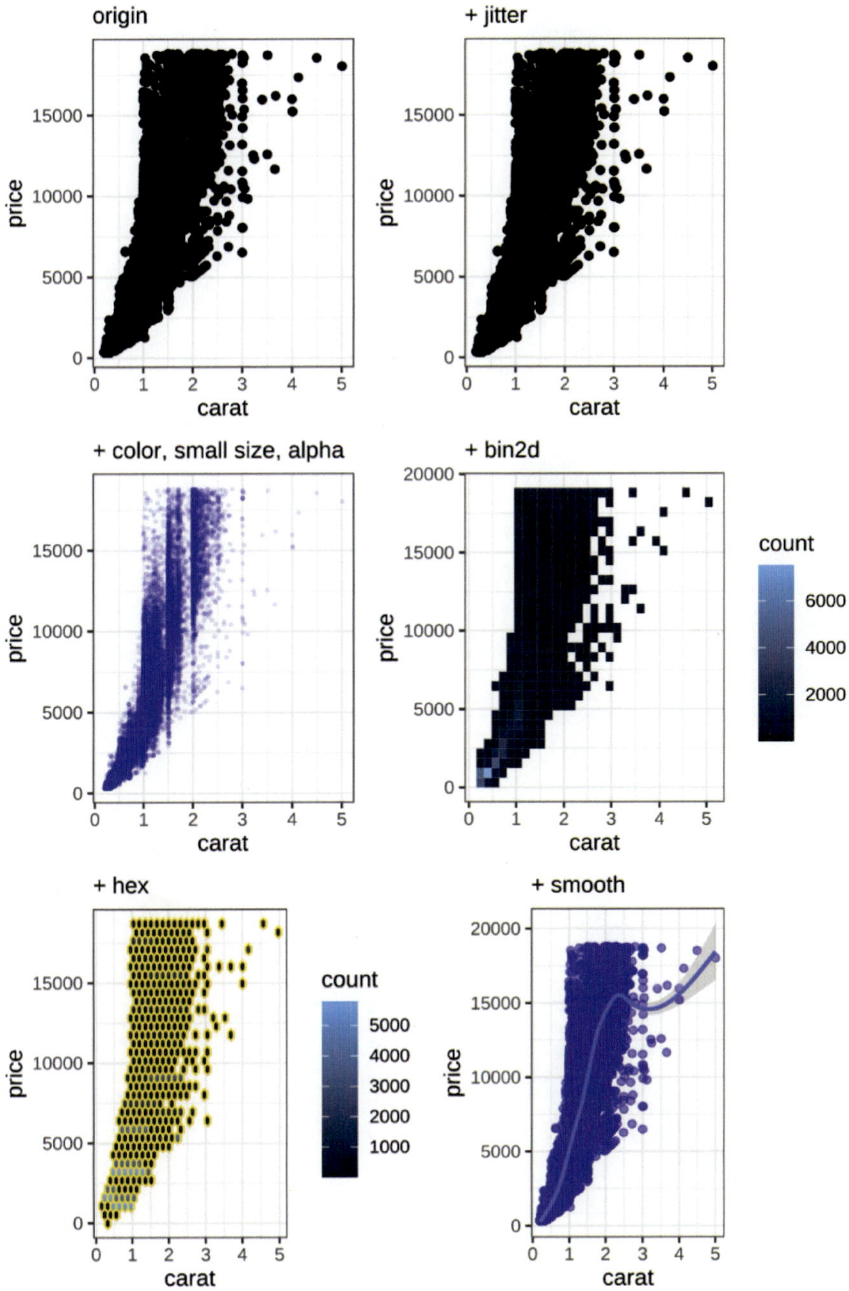

그림 3.10: ggplot()에서 산점도를 그리는 여러 가지 방법(예)

데이터의 수가 많아지면, 다양한 요소들이 혼합되었을 가능성이 높다. 올바른 패턴과 관계를 파악하기 위하여 혼합된 데이터를 특정 기준으로 분류하여 적용해 볼 필요가 있다.

데이터 부분 선택 및 산점도 생성 - cut = Ideal과 color = D

- filter()는 조건에 맞는 케이스(행)를 선택한다.

```
dia.ID <- diamonds  %>%
  dplyr::filter(cut == "Ideal" & color == "D")
```

- geom_smooth()를 적용하여 관계 평활화 추정선을 추가하면 패턴 해석에 도움이 된다.
  - lm은 선형 회귀선(linear regression line)을 추가한다.
  - rlm은 강건 회귀선(robust regression line)을 추가한다[28].

```
dia.ID  %>%
  ggplot(aes(x = carat, y = price)) +
  geom_point(color = "blue") +
  geom_smooth(method= "rlm", color = "gold") +
  geom_smooth(method= "lm", color = "red", se = FALSE) +
  theme_bw()
```

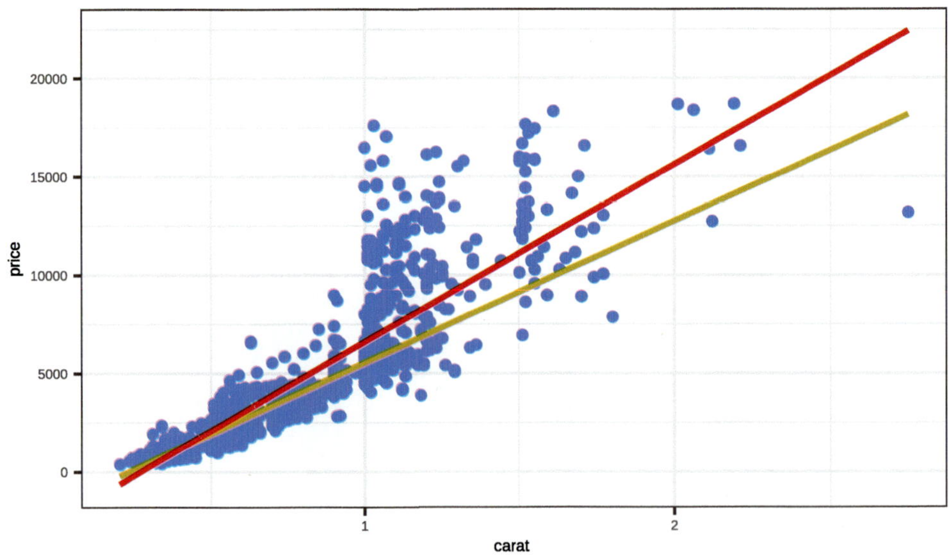

[28] 강건 회귀선이란 이상점에 영향을 덜 받도록 추정된 회귀선을 말한다. MASS::rlm()은 기본적으로 후버(Huber)의 M-추정에 의한 적합 결과를 제공한다.

두 개의 추정선이 차이가 큰 데이터 영역은 이상점의 영향을 크게 받는 영역이다. 가능하다면, 이상점에 대한 실무적 검토를 해야 한다.

군집(clusters) 여부 확인

군집(clusters)이란 비슷한 특성을 갖는 집단을 말한다. 만일 데이터에서 특정 변수를 기준으로 군집이 존재한다면, 이는 분류하여 개별적으로 분석해야 한다.

- aes(group = var)는 var을 기준으로 분류하여 명령을 수행한다.

```
dia.ID  %>%
 ggplot(aes(x = carat, y = price, group = clarity)) +
 geom_point(color = "blue") +
 geom_smooth(method= "rlm", color = "gold", se = FALSE) +
 geom_smooth(method= "lm", color = "red", se = FALSE) +
 theme_bw()
```

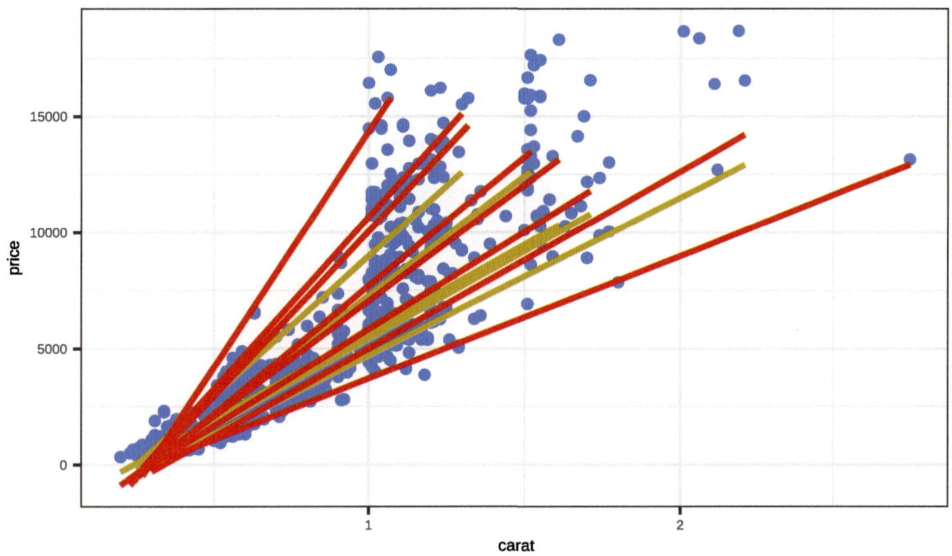

clarity 별로 서로 다른 추정선이 존재한다. 이는 clarity의 범주 별로 군집 가능성이 높다는 것을 의미한다. 이러한 경우, 해당 변수를 기준으로 층화(stratification)를 고려해야 한다.

```
dia.ID  %>%
 ggplot(aes(x = carat, y = price)) +
 geom_point(color = "blue") +
 geom_smooth(method= "rlm", color = "gold") +
 geom_smooth(method= "lm", color = "red") +
```

```
facet_wrap(~clarity) +
theme_bw()
```

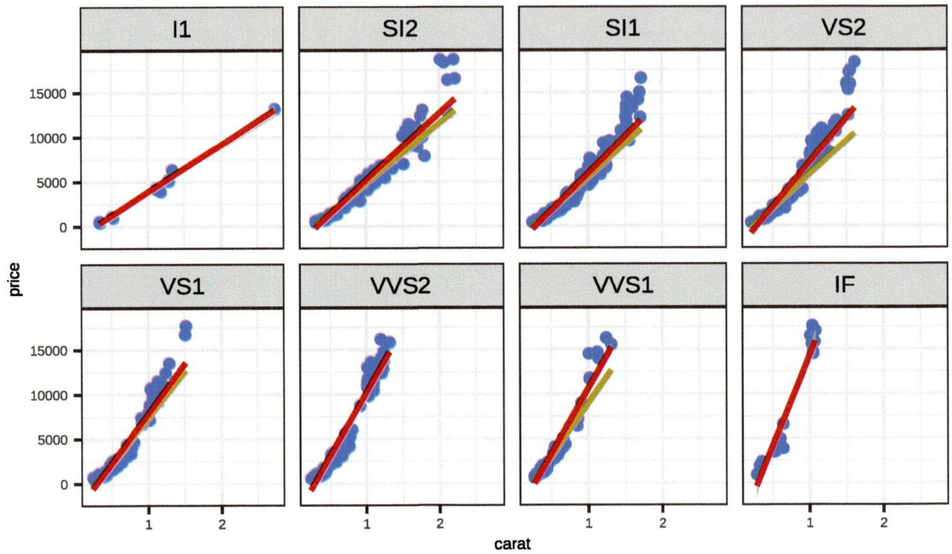

clarity의 모든 범주에서 carat이 증가할수록 price가 증가한다. 여기서, SI2, VS2, VVS1의 경우는 이상점의 영향으로 carat이 큰 영역에서 두 개의 추정선의 차이가 상대적으로 크다.

3.3.8 히트맵 Heatmaps

히트맵(heatmap)은 서로 다른 2개의 범주형 변수간에 나타나는 값들을 색상으로 구분된 타일(tile) 형태로 표현한 그림이다.

히트맵

[표현 가능한 정보] 데이터의 밀도, 패턴, 관계

- 두 변수 간의 값 또는 빈도의 밀도를 색상으로 표현한다.
- 두 변수 간의 관계를 색상의 강도로 표현한다.

Tips

- 색상의 스케일을 적절하게 설정하여 데이터의 밀도 변화를 표현할 수 있어야 한다.
- 컬러맵은 데이터의 의미를 고려하여 선택되어야 한다.
- 레이블을 추가하여 각 셀의 값을 함께 표현하면 유용하다.

이를 적용하기 위해서는 다음의 데이터 구조가 필요하다.

히트맵 적용을 위한 데이터

- 제 1 범주형 변수 - x 축 상에 위치하는 변수
- 제 2 범주형 변수 - y 축 상에 위치하는 변수
- 연속형 또는 이산형 변수 - 타일 색상으로 표현할 변수

히트맵은 타일의 색상의 농도를 조정하여 연속형 또는 이산형 변수의 값을 표현한다. 적용 가능한 색상은 [그림 3.11]과 같다.

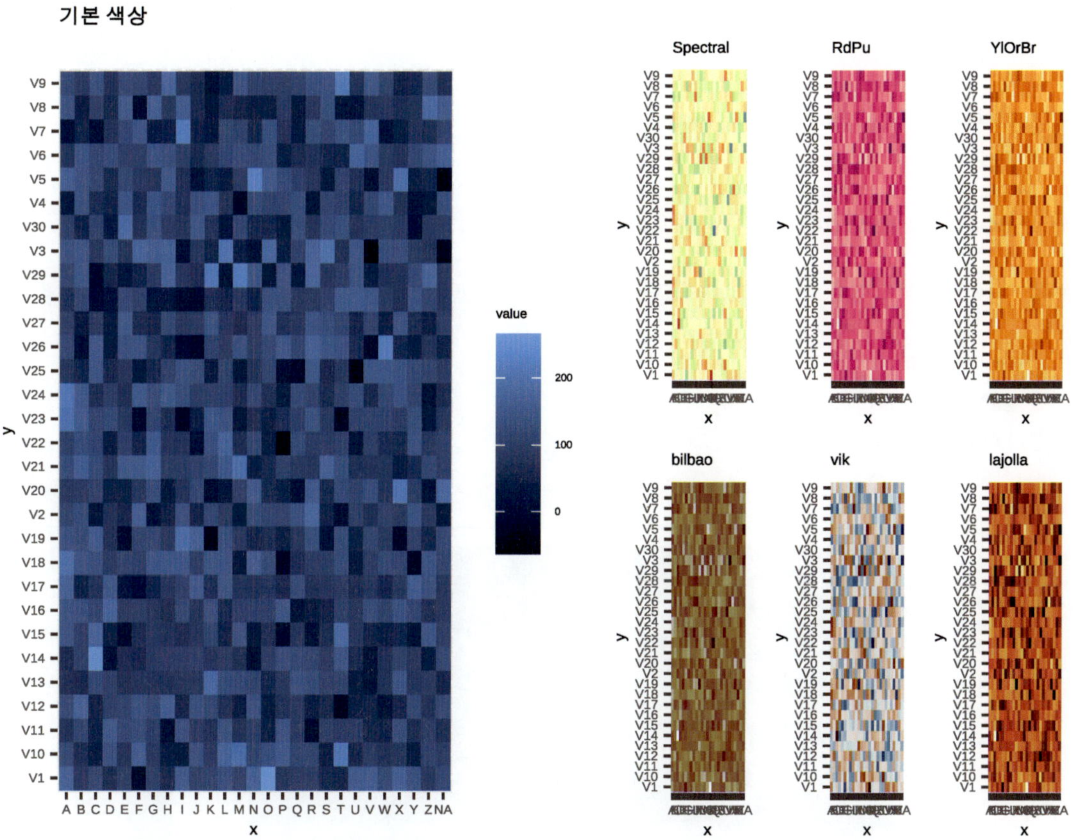

그림 3.11: 다양한 색상을 지정한 히트맵(예)

practice tools 연습 8. 히트맵의 생성과 해석 <volcano2.csv>

R의 base 패키지에 내장된 volcano 데이터는 Maunga Whau(One Tree Hill)의 지형 정보 데이터이다. 이는 오클랜드(Auckland) 화산 지대에 있는 약 50개의 화산 중 하나이며, 10m x 10m 간격의 고도 데이터를 포함하고 있다. 여기서, X는 동(east)에서 서(west)로, Y는 북(north)에서 남(south)으로의 격자를 나타내며, 87x61 크기의 행렬로 저장되어 있다. volcano2.csv는 이에 대한 위치 정보를 보완하여 저장한 것이다.

데이터 로딩

```
volcano2 <- read.csv(paste0(data_path, "volcano2.csv"))
str(volcano2)
```

```
# 'data.frame': 5307 obs. of  3 variables:
#  $ X: int  1 2 3 4 5 6 7 8 9 10 ...
#  $ Y: int  1 1 1 1 1 1 1 1 1 1 ...
#  $ Z: int  100 101 102 103 104 105 105 106 107 108 ...
```

이를 이용하여 히트맵을 그려보면 다음과 같다. 이때, 밝게 표현되는 부분이 고도가 높은 지역이다.

```
volcano2 %>%
 ggplot(aes(X, Y, fill= Z)) +
  geom_tile() +
 theme_bw()
```

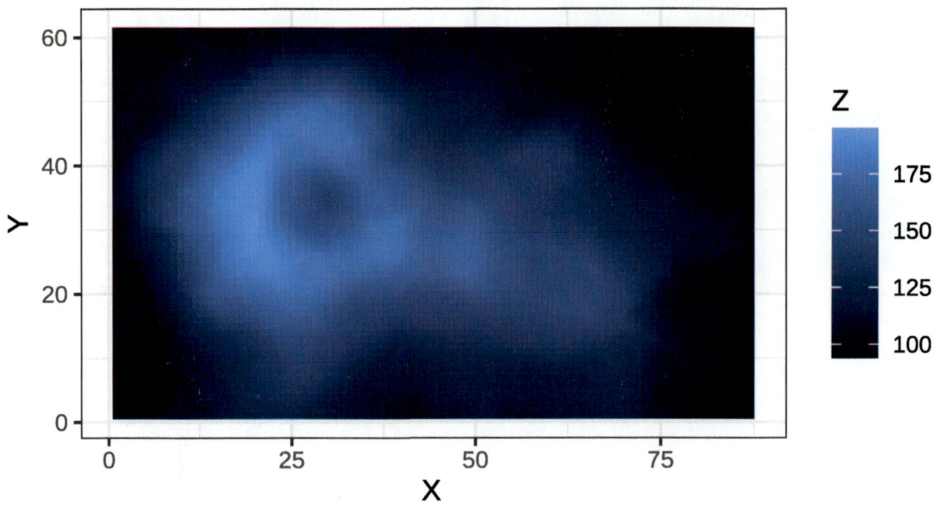

실습 9. 국내 성씨 본관의 분포 2015 <lastname.2015.csv>

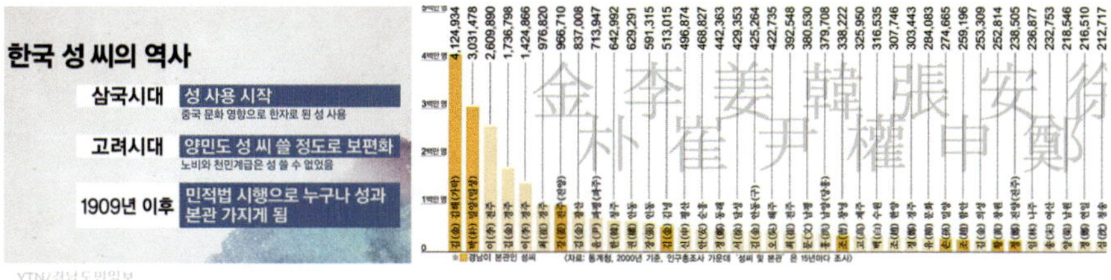

YTN/경남도민일보

데이터 로딩

```
lastnames <- read.csv(paste0(data_path, "lastname.2015.csv"))
str(lastnames)
```

```
# 'data.frame': 2769 obs. of  3 variables:
#  $ last : chr  "계" NA NA NA ...
#  $ area : chr  "전국" "서울특별시" "부산광역시" "대구광역시" ...
# $ total: int  49705663 9567196 3404667 2436770 2822601 1481289 1519314 1136755 199617 12026429 ...
```

총 3개의 변수 - last(성), area(거주 지역), total(인구 수) - 와 2769개의 케이스로 구성되었다. 결측값(missing values; NA)의 존재 여부를 확인한다.

결측값(missing values) 여부의 검토

```
sapply(lastnames, function(x) sum(is.na(x)))
```

```
#  last  area total
#  2614     0     0
```

last(성)에서 총 2614개의 결측값(NA)가 존재한다.

```
head(lastnames)
```

```
#   last       area    total
# 1   계      전국 49705663
# 2 <NA> 서울특별시  9567196
# 3 <NA> 부산광역시  3404667
# 4 <NA> 대구광역시  2436770
# 5 <NA> 인천광역시  2822601
# 6 <NA> 광주광역시  1481289
```

이는 집계 표를 생성할 때, 주로 발생하는 결측 구조이다.

✿ `fill()`: 기록되지 않은 분류값을 채워준다.

```
lastnames <- lastnames  %>%
 fill(last)
sapply(lastnames, function(x) sum(is.na(x)))
```

```
#  last  area total
#     0     0     0
```

집계 과정에서 발생한 모든 결측값을 보완하였다. 보완된 데이터프레임은 다음과 같다.

```
head(lastnames)
```

```
#   last        area    total
# 1   계     전국 49705663
# 2   계 서울특별시  9567196
# 3   계 부산광역시  3404667
# 4   계 대구광역시  2436770
# 5   계 인천광역시  2822601
# 6   계 광주광역시  1481289
```

국내 성씨의 종류

```
names_total <- lastnames  %>%
 fill(last)  %>%
  dplyr::filter(area == "전국") %>%
  dplyr::filter(last != "계")  %>%
   arrange(desc(total))

last_unique <- unique(names_total$last)
last_unique
```

```
#   [1] "김(金)"     "이(李)"     "박(朴)"     "최(崔)"     "정(鄭)"
#   [6] "강(姜)"     "조(趙)"     "윤(尹)"     "장(張)"     "임(林)"
#  [11] "한(韓)"     "오(吳)"     "서(徐)"     "신(申)"     "권(權)"
#  [16] "황(黃)"     "안(安)"     "송(宋)"     "전(全)"     "홍(洪)"
#  [21] "유(柳)"     "고(高)"     "문(文)"     "양(梁)"     "손(孫)"
#  [26] "배(裵)"     "조(曺)"     "백(白)"     "허(許)"     "유(劉)"
#  [31] "남(南)"     "심(沈)"     "노(盧)"     "정(丁)"     "하(河)"
#  [36] "곽(郭)"     "성(成)"     "차(車)"     "주(朱)"     "우(禹)"
```

```
# [41] "구(具)"      "신(辛)"      "임(任)"      "전(田)"      "민(閔)"
# [46] "유(兪)"      "류(柳)"      "나(羅)"      "진(陳)"      "지(池)"
# [51] "엄(嚴)"      "채(蔡)"      "원(元)"      "기타"        "천(千)"
# [56] "방(方)"      "공(孔)"      "강(康)"      "현(玄)"      "함(咸)"
# [61] "변(卞)"      "염(廉)"      "양(楊)"      "변(邊)"      "여(呂)"
# [66] "추(秋)"      "노(魯)"      "도(都)"      "소(蘇)"      "신(愼)"
# [71] "석(石)"      "선(宣)"      "설(薛)"      "마(馬)"      "길(吉)"
# [76] "주(周)"      "연(延)"      "방(房)"      "위(魏)"      "표(表)"
# [81] "명(明)"      "기(奇)"      "반(潘)"      "라(羅)"      "왕(王)"
# [86] "금(琴)"      "옥(玉)"      "육(陸)"      "인(印)"      "맹(孟)"
# [91] "제(諸)"      "모(牟)"      "장(蔣)"      "남궁(南宮)" "탁(卓)"
# [96] "국(鞠)"      "여(余)"      "진(秦)"      "어(魚)"      "은(殷)"
# [101] "편(片)"     "구(丘)"      "용(龍)"      "유(庾)"      "예(芮)"
# [106] "경(慶)"     "봉(奉)"      "정(程)"      "석(昔)"      "사(史)"
# [111] "부(夫)"     "황보(皇甫)" "가(賈)"      "복(卜)"      "태(太)"
# [116] "목(睦)"     "진(晋)"      "형(邢)"      "계(桂)"      "최(催)"
# [121] "피(皮)"     "두(杜)"      "지(智)"      "감(甘)"      "장(章)"
# [126] "제갈(諸葛)" "음(陰)"      "빈(賓)"      "동(董)"      "온(溫)"
# [131] "사공(司空)" "호(扈)"      "경(景)"      "범(范)"      "전(錢)"
# [136] "선우(鮮于)" "좌(左)"      "설(☐)"       "팽(彭)"      "승(承)"
# [141] "간(簡)"     "하(夏)"      "상(尙)"      "시(施)"      "시(柴)"
# [146] "갈(葛)"     "서문(西門)" "진(陣)"      "단(段)"      "호(胡)"
# [151] "소(邵)"     "견(甄)"      "당(唐)"      "도(陶)"
```

```
length(last_unique)
```

```
# [1] 154
```

국내에는 총 154개의 성씨가 존재한다.

국내 상위 50 성씨들의 빈도 분포

```
names_50 <- names_total  %>%
 top_n(50)

names_50 %>%
  ggplot(aes(fct_reorder(last, total), total))  +
  geom_col(color = "white", fill = "blue") +
  labs(x = "성씨",
       y = "등록 인구 수",
       subtitle = "국내 빈도 상위 50개 성씨들(2015)"
       ) +
```

```
  coord_flip() +
  theme_bw()
```

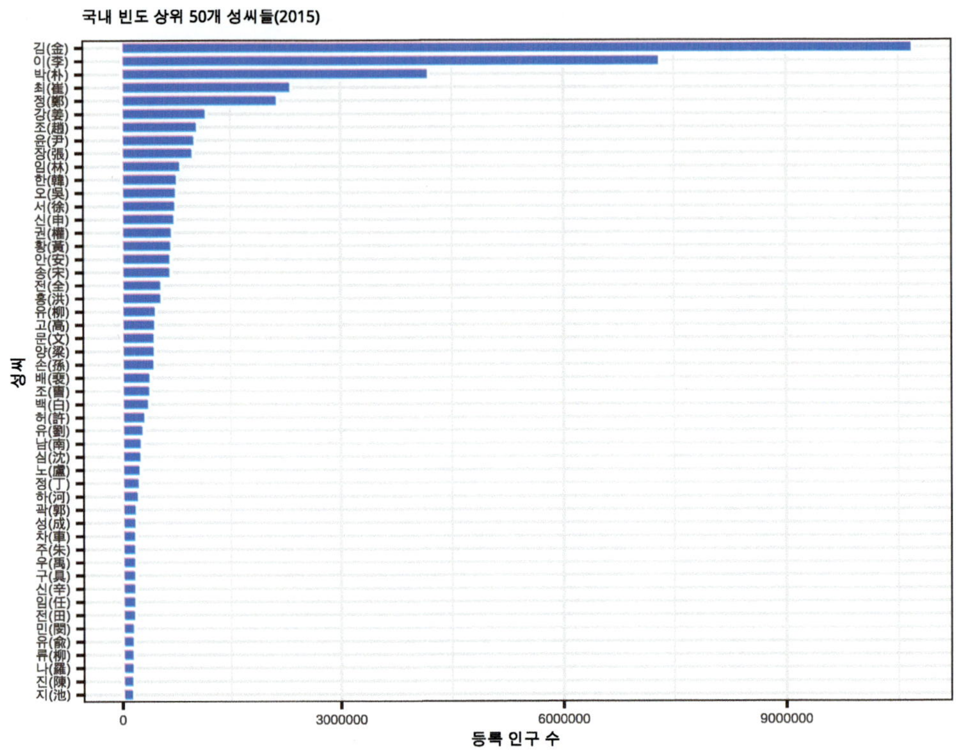

빈도 상위 50 성씨들의 지역 분포

- scico::scale_fill_scico(palette = c("bilbao", "vik", "lajolla"))로 원하는 색상 모음을 지정할 수 있다.
  - direction = -1은 색상 모음에서 순서를 역순으로 반영한다.
- scale_fill_distiller(palette = c("Spectral", "RdPu", "YlOrBr")) 역시 다양한 색상 모음을 제공한다.

```
names_50_area <- names  %>%
 fill(last)  %>%
  dplyr::filter(area != "전국") %>%
  dplyr::filter(last != "계" & last %in% names_50$last)
names_50_area %>%
 ggplot(aes(fct_reorder(area, -total),
            fct_reorder(last, total),
            fill = total)) +
```

```
geom_tile() +
geom_text(aes(label=sprintf("%0.2f", round(total/10000,2)),
              color = "red"),
          size = 1.5
          )+
labs(x = "행정구역",
     y = "성씨",
     subtitle = "2015년 국내 상위 50개 성씨들(단위:만명)"
     ) +
theme_bw() +
theme(axis.text.x = element_text(angle = 90, vjust = 0.5, hjust=1),
      legend.position="none"
      ) +
scico::scale_fill_scico(palette = "lajolla", direction = -1)
```

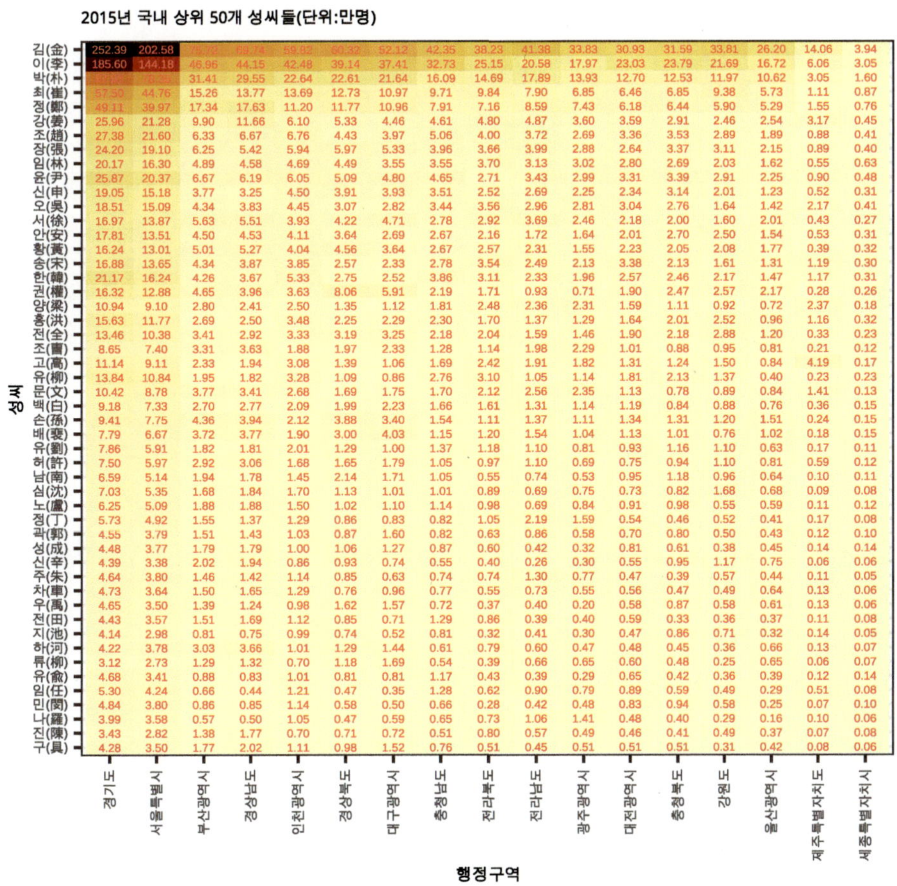

지금까지 통계 분석에서 널리 사용되는 중요 그래프의 유형에 대하여 확인하였다. 이러한 그래프들은 대규모 데이터(Big Data)의 시각화에서 더욱 중요한 역할을 한다. 대규모 데이터는 복잡성과 규모로 인하여 일반적인 분석 방법으로는 패턴과 트렌드를 파악하기 어렵기 때문이다. 통계 그래프를 응용한 다양한 시각화 도구와 방법은 대규모 데이터 환경에서 데이터를 이해하고 의미 있는 패턴을 도출하기 위한 필수적인 요소이다.

4 비교 Statistical Comparisons

모든 통계적 비교는 모집단에 대한 비교를 목적으로 한다. - H. T. David

통계적 비교(Statistical Comparisons)는 표본 데이터를 이용한 모집단 비교를 위하여 표본 오차를 반영할 수 있는 구간 추정과 가설 검정을 적용한다. **범주형** 데이터의 경우에는 측정 또는 집계 단위를 선택하고 관심 범주가 결정되면, 이의 빈도를 집계하여 **이산형** 데이터로 전환한 후 비교 방법을 적용한다. **연속형** 데이터의 경우에는 적합도 검정(Goodness of Fit; GOF)을 통하여 원하는 연속형 확률 분포의 적합성 여부를 먼저 확인한다. 여기서는 정규 분포의 적합성을 확인하기 위한 정규성 검정(Normality Test)만을 소개하지만, 기타 다른 연속형 분포 역시 적합성을 확인할 수 있다. 적절한 확률 분포가 결정되면, 모집단의 비교는 모수(들)의 비교로 대신할 수 있다. 이산형인 경우에는 비율(proportion, p) 또는 평균 횟수(mean counts, λ)를 통하여 비교하고, 연속형인 경우에는 평균(mean, μ) 그리고 분산(variance, σ^2)을 비교한다. 일반적으로 두 집단 이상의 평균을 비교할 때, 분산은 동질적임을 가정한다. [그림 4.1]은 데이터의 유형에 따른 **통계적 비교**의 중요 방법이다.

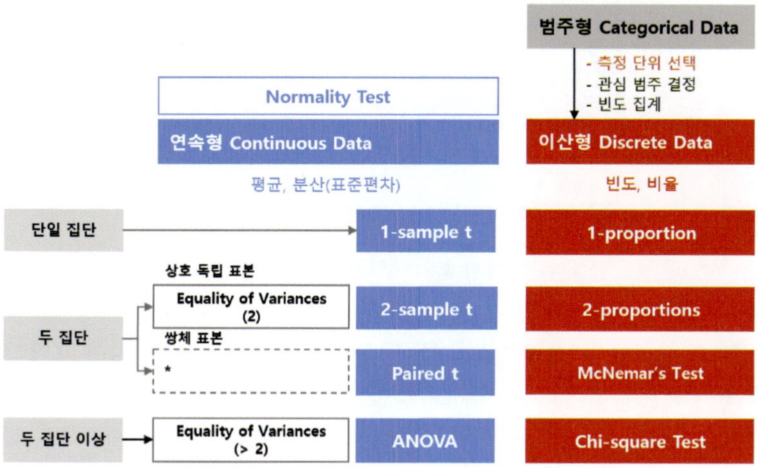

그림 4.1: 기본적인 통계적 비교 방법

데이터의 수집 환경 역시 비교 방법을 선택하는데 중요한 역할을 한다. 이산형과 연속형 데이터 모두 모집단을 대표할 수 있는 충분한 수의 임의 표본(Random Sample)의 측정값임을 가정하고, 비교되는 데이터들이 상호 독립(Satistically Independence) 또는 동일 표본으로 부터 반복 측정되어 상호 연계(interrelated)되는지 여부에 따라 비교 방법이 결정된다. 특히, 동일 표본으로 부터 두 번 측정된 경우를 쌍체(paired) 데이터라고 부른다. 비교 방법을 부르는 이름은 다양할 수 있으나, 여기서는 가장 일반적으로 사용되는 용어 - 1-sample t, 1-proportion 등 - 를 사용하기로 한다.

4.1 범주형과 이산형 Categorical and Discrete

범주형(Categorical) 데이터에서 중요한 수집 원칙은 측정되는 범주들이 중복되지 않고 모든 가능한 범주를 포함해야 한다는 것이다. 이러한 조건을 MECE(Mutually Exclusive, Collectively Exhaustive)라고 하고, 그 개념은 [그림 4.2]와 같다(Minto, 2009)[1]. 이를 만족하는 범주형 데이터의 경우, 변수를 구성하는 모든 범주가 포함되고, 각 관찰값은 단 하나의 범주에 속하게 된다. 만일 고려하는 범주형 데이터가 MECE 조건을 만족하지 못한다면, 데이터 재측정 또는 데이터 전처리(data preprocessing)를 통해 재정의해야 한다[2].

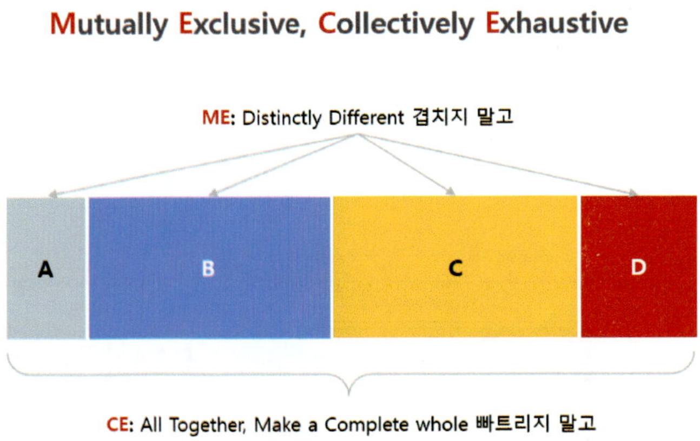

그림 4.2: MECE의 개념

실무적으로 범주형 데이터는 [그림 4.3]과 같이 개별 케이스(Case; C), 사전 요약된 표(Table; T) 그리고 동일 범주를 집계한 빈도/개수(Frequency/Counts; F)로 수집될 수 있다. 실제로 R 그리고 통계

[1] Minto, B. (2009). The pyramid principle: logic in writing and thinking. Pearson Education. 우리는 보통 'Mee-cee'라고 말하지만 Barbara는 'niece' 또는 'Greece'와 운율이 맞는 한 음절인 meece로 발음한다. "I invented it, so I get to say it how to pronounce it," she says[McKinsey Alumni Site]

[2] 통계적으로 확률은 사건(또는 사상)에서 정의되고, 여기서 사건은 집합에서 원소들의 모임과 같다. 집합(set)의 정의가 명확하게 정의(well-defined)되고 구별 가능(distinguishable)한 대상들의 모임임을 상기할 때, MECE는 이산형 확률 분포를 적용하기 위한 필요 조건이다.

소프트웨어에서의 함수들은 이들 중 특정 형식을 요구한다. 예를 들어, 일부 함수는 데이터가 요약된 형태(Table)로 입력되기를 요구하고, 다른 함수는 개별 케이스(case) 형식을 요구할 수 있다. 따라서 데이터 분석 전에 각 함수가 요구하는 형식으로 데이터를 변환할 수 있어야 한다. 따라서, 먼저 각 수집 형태 - Case, Table, Frequecy/Counts - 간에 상호 전환할 수 있는 방법을 이해해야 한다[3].

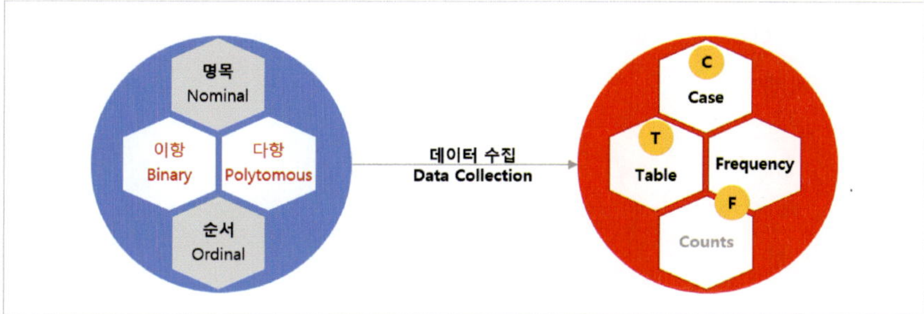

Case

item <chr>	group <chr>
B	45+
B	25-34
B	25-34
B	25-34
C	18-24

Table

```
      group
item 18-24 25-34 35-44 45+
   A    59   175    44  13
   B   101   318    80  15
   C    18    56    17   3
   E    26    58    15   2
```

Frequency/ Counts

item <fctr>	group <fctr>	Freq <int>
A	18-24	71
B	18-24	103
C	18-24	20
E	18-24	28
A	25-34	183

그림 4.3: 범주형 데이터의 수집 형태

practice tools 연습 9. 범주형 데이터 랭글링: C-T-F <customer.sat.csv>

데이터 로딩

```
customer <- read.csv(paste0(data_path, "customer.sat.csv"))
str(customer)
```

```
# 'data.frame': 1257 obs. of  2 variables:
#  $ item : chr  "B" "E" "B" "A" ...
#  $ group: chr  "25-34" "25-34" "25-34" "25-34" ...
```

```
head(customer, 5)                    # 데이터 구조 확인: [Case] 별로 입력
```

```
#   item group
# 1    B 25-34
# 2    E 25-34
```

[3] 수집된 데이터를 분석을 위하여 특정 형식으로 전환하는 과정을 Data Wrangling(데이터 랭글링) 또는 Data Munging(데이터 먼징)이라고 부른다. 이는 데이터의 정리, 변환, 조작 등을 포함하며 올바른 데이터 분석을 위한 필수적인 단계이다.

```
# 3     B 25-34
# 4     A 25-34
# 5     C   45+
```

[Case]에서 [Table] 또는 [Frequency]로 변환

- stats::xtabs(formula, data) formula 기준으로 table 작성
- dplyr::count(data, var1, var2, name) 변수var1, var2를 기준으로 계산된 빈도를 name으로 저장

```
# From Case to Table
cas_to_tab <- xtabs(~ item + group, customer)
head(cas_to_tab, 5)
```

```
#     group
# item 18-24 25-34 35-44 45+
#    A    73   222    59  20
#    B   117   374   117  29
#    C    32    73    21   5
#    E    21    66    17  11
```

```
cas_to_freq <- count(customer, item, group, name = "Freq")
head(cas_to_freq, 5)
```

```
#   item group Freq
# 1    A 18-24   73
# 2    A 25-34  222
# 3    A 35-44   59
# 4    A   45+   20
# 5    B 18-24  117
```

[Table]에서 [Frequency] 또는 [Case]로 변환

- as.data.frame(table) table의 행/열 기준으로 나열
- tidyr::uncount(data, weights) weights 기준으로 개별값 나열

```
# From Table to Frequency
tab_to_freq <- as.data.frame(cas_to_tab)
head(tab_to_freq, 5)
```

```
#   item group Freq
# 1    A 18-24   73
# 2    B 18-24  117
```

```
# 3     C 18-24    32
# 4     E 18-24    21
# 5     A 25-34   222
```

```
# From Table to Case
temp <- as.data.frame(cas_to_tab)
tab_to_cas <- tidyr::uncount(temp, weights = Freq)
head(tab_to_cas, 5)
```

```
#   item group
# 1     A 18-24
# 2     A 18-24
# 3     A 18-24
# 4     A 18-24
# 5     A 18-24
```

[Frequency]에서 [Table] 또는 [Case]로 전환

- stats::xtabs(formula, data)
- tidyr::uncount(data, weights)

```
# From Frequency  to Table
freq_to_tab <- xtabs(Freq ~ item + group,
                     tab_to_freq)
head(freq_to_tab, 5)
```

```
#     group
# item 18-24 25-34 35-44 45+
#    A    73   222    59  20
#    B   117   374   117  29
#    C    32    73    21   5
#    E    21    66    17  11
```

```
# From Frequency to Case
freq_to_cas <- tidyr::uncount(
                 cas_to_freq,
                 weights = Freq)
head(freq_to_cas, 5)
```

```
#   item group
# 1     A 18-24
# 2     A 18-24
# 3     A 18-24
# 4     A 18-24
# 5     A 18-24
```

4.1.1 정규 근사와 카이 제곱 근사 Normal and Chi-square Approximation

이산형 데이터의 비교에서 정규 근사(Normal Approximation)과 카이 제곱 근사(Chi-square Approximation)는 확률 계산의 용이성과 다양한 통계적 추론을 적용할 때 사용된다. 정규 근사는 중심 극한 정리에 근거하여, 특정 조건에서 이산형 분포와 포아송 분포의 확률을 정규 분포로 근사할 때 사용하고, 카이 제곱 근사는 범주형 데이터의 관찰 빈도(Observed Frequency)와 기대 빈도(Expected Frequency)와의 일치성을 평가하여 데이터의 분포 적합성 그리고 교차표(Contingency Table)를 이용한 범주형 변수간의 독립성(Independence) 검정 또는 동질성(Homogeneity) 검정에 사용된다.

정규 근사(Normal Approximation)

- 이항 분포의 근사 조건: $\min\{np,\ n(1-p)\} \geq 5$

$$Z = \frac{Y - E(Y)}{\sqrt{\mathrm{Var}(Y)}} = \frac{Y - np}{\sqrt{np(1-p)}} \approx N(0,1)$$

  - $p \approx 0.5$ 일 때 바람직한 근사값을 제공
  - $p \to 0$(또는 1) 인 경우, 일정 크기의 편의 발생

- 포아송 분포의 근사 조건: $\lambda \geq 5$

$$Z = \frac{Y - E(Y)}{\sqrt{\mathrm{Var}(Y)}} = \frac{Y - \lambda}{\sqrt{\lambda}} \approx N(0,1)$$

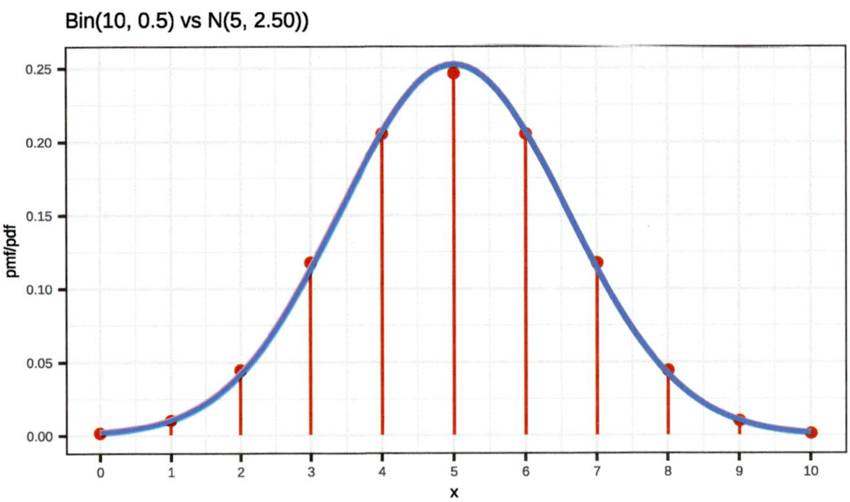

그림 4.4: p = 0.5인 이항 분포와 정규 분포

[그림 4.4]는 $p = 0.5$ 인 이항 분포와 정규 분포를 함께 도시한 것이다. 이 그림에서 이항 분포의 확률 질량 함수(pmf)와 정규 분포의 확률 밀도 함수(pdf)가 거의 일치함을 확인할 수 있다. 정규 근사에서는 특정 값에서 확률을 갖는 이산형 분포와 일정 구간의 면적으로 확률을 갖는 연속형 분포의 차이를 보정하기 위하여 연속 수정(continuity correction)을 적용한다. 이는 두 개의 인접한 이산값 사이의 간격을 보정하기 위하여 ± 0.5를 사용한다.

연속 수정(Continuity Correction)

- $Y \sim Bin(n, p)$ 일때,

$$Z_c = \frac{(Y - np) - c}{\sqrt{np(1-p)}}, \text{ 여기서 } c = \begin{cases} -0.5 \text{ if } \ Y < np \\ \ \ 0.5 \text{ if } \ Y > np \end{cases}$$

- $Y \sim Poi(\lambda)$ 일때,

$$Z_c = \frac{(X - \lambda) - c}{\sqrt{\lambda}}, \text{ 여기서 } c = \begin{cases} -0.5 \text{ if } X < \lambda \\ \ \ 0.5 \text{ if } X > \lambda \end{cases}$$

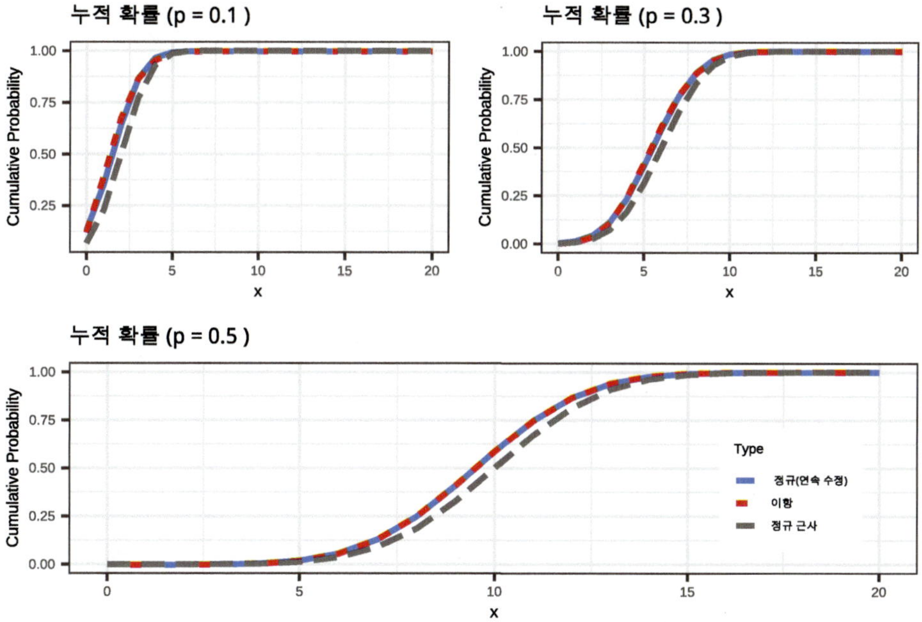

그림 4.5: 이항, 정규 근사, 정규 근사(연속 수정)의 누적 확률

[그림 4.5]는 이항 분포 $Bin(20, p)$ 에서 $p = 0.1,\ 0.3,\ 0.5$의 모수를 갖는 확률 변수에 대한 누적 확률 함수(CDF)를 (1) 이항분포, (2) 정규 근사 그리고 (3) 연속 수정을 적용한 정규 근사에 대하여 비교한 것이다. 연속 수정을 적용한 정규 근사가 그렇지 않은 정규 근사보다 더 좋은 근사값을 제공하며, $p = 0.5$에 가까울수록 근사 정도가 높아지는 것을 확인할 수 있다. 이러한 특징은 포아송 정규 근사에도 동일하게 적용된다.

카이 제곱 근사(Chi-square Approximation)

- 근사 조건: $E_i \geq 5, \ \forall i$

각 범주의 관찰(Observed) 빈도를 O_i 그리고 기대(Expected) 빈도를 E_i 라고 할 때,

$$\chi^2 = \sum_{i=1}^{k} \frac{(O_i - E_i)^2}{E_i} \quad \approx \quad \chi^2_{(k-1)}, \ \ k \geq 2 \tag{4.1}$$

카이 제곱 분포는 표준 정규 분포의 제곱합의 분포이다. 이항 분포 $Bin(n, p)$를 따르는 확률 변수 Y에 정규 근사를 적용하여 카이 제곱 분포를 정의하면 (4.2)와 같다.

$$\chi^2(1) = Z^2 = \left(\frac{Y - np}{\sqrt{np(1-p)}} \right)^2 = \frac{(Y - np)^2}{np(1-p)} \tag{4.2}$$

이항 분포 $Bin(n, p)$에서 **관찰 도수**(Observed Frequency; O)와 **기대 도수**(Expected Frequency; E)를 정의하면 다음과 같다. 이항 분포에서 고려하는 범주는 {성공, 실패} 이므로, $k = 2$이다.

	성공	실패
관찰 도수(O)	y	$n - y$
기대 도수(E)	np	$n(1-p)$
O - E	$y - np$	$-(y - np)$

이를 카이 제곱 근사 (4.1)에 적용해 보면, 카이 제곱 근사는 (4.2)와 동일함을 확인할 수 있다.

$$\chi^2(1) = \sum_{i=1}^{2} \frac{(O_i - E_i)^2}{E_i}$$

$$\begin{aligned}
&= \frac{(y-np)^2}{np} + \frac{(n-y-n(1-p))^2}{n(1-p)} \\
&= \frac{(y-np)^2}{np} + \frac{((n-y)-n+np)^2}{n(1-p)} \\
&= \frac{(y-np)^2}{np} + \frac{(y-np)^2}{n(1-p)} \\
&= \frac{(y-np)^2}{np(1-p)}(p+(1-p)) \\
&= \frac{(y-np)^2}{np(1-p)}
\end{aligned}$$

$$= Z^2$$

4.1.2 모비율 1-proportion, 2-proportions and multi-proportions

모비율(population proportion)은 모집단에서 특정 특성을 가진 개체들의 비율(proportion)을 나타내는 값이다. 모집단 원소를 $u_i = 0,\ 1,\ i = 1, 2, ..., N$로 가정하는 경우, 모비율은 (4.3)과 같이 정의된다. 여기서, $u_i = 1$은 해당 모집단 개체가 원하는 특성을 가지고 있고, $u_i = 0$은 원하는 특성을 가지고 있지 않는 것을 의미한다[4].

$$p = \frac{\sum_{i=1}^{N} u_i}{N},\ 0 \le p \le 1 \tag{4.3}$$

모비율은 이항 분포의 모수이며, 실무적으로 다양한 모집단의 특성을 반영한다. 예를 들어, 생산 프로세스의 불량율, 특정 질병의 유병률, 특정 제품의 소비자 선호율, 특정 집단의 정당 지지율 등 거의 모든 분야에서 의사 결정의 중요한 기준이 된다.

모비율은 표본에 의하여 추정된다. 표본의 대표성과 적절한 표본의 수 그리고 올바른 통계적 추론 방법의 적용 여부에 따라 표본 추정값의 유용성을 결정한다. [그림 4.6]은 표본의 대표성을 강조하는 대표적인 실증 사례이다. 이는 1936년 미국 대통령 선거 당시의 표본 결과인 리터러리 다이제스트(230만명, 자체 고객 대상)와 조지 갤럽(1500명, 일반 유권자 기준으로 성별/연령 등으로 구분 선택) 그리고 모집단 결과인

[4]무한 모집단의 경우에도 동일하게 적용되며, 특정 특성을 가진 개체의 비율이 일정하게 유지됨을 가정하며, 다음과 같이 정의한다. $p = \lim_{N\to\infty} \frac{\sum_{i=1}^{N} u_i}{N},\ 0 \le p \le 1$

최종 투표 결과를 보여준다. 230만명이라는 많은 표본을 조사하더라도 그 표본이 대표성을 갖지 않으면, 추정 결과를 신뢰할 수 없다는 사실을 증명한 역사적 사례이다(Squire, 1988)[5].

그림 4.6: 1936년 미국 대통령 선거의 표본 조사와 실제 개표 결과

모비율에 대한 통계적 추론은 점추정, 구간 추정 그리고 가설 검정으로 구분된다. 점 추정은 표본 오차를 반영할 수 없으므로 충분한 표본의 수를 적용해야 한다. 구간 추정과 가설 검정은 표본 오차를 반영하여 모집단에 대한 보다 의미 있는 결과를 제공할 수 있다. 단일 모비율의 경우, 구간 추정을 통한 모비율의 신뢰 구간 그리고 가설 검정을 통한 모비율과 기준값의 비교에서의 의사 결정 기준을 결정할 수 있다. 여기서는 가설 검정을 중심으로 설명하고 구간 추정 결과는 해석 중심으로 소개한다.

단일 모비율에 대한 검정(1-proportion Test)

- 비교하고자 하는 단일 모비율에 대한 기준 비율을 p_0라고 할 때

$$H_0 : p = p_0 \text{ vs. } H_1 : p \neq p_0 \text{ (또는 } p < p_0 \text{ 또는 } p > p_0 \text{)}$$

- 의사 결정

$$\text{만일 } p - value < \alpha, \ H_0 \text{ 기각}$$

`prop.test(x, n, p, alternative = c("less", "greater", "two.sided"))`

- 신뢰 수준은 0.95를 기본으로 가정한다.
  신뢰 수준 $(1-\alpha)100\%$는 인수 `conf.level` = $1-\alpha$로 지정한다.
- `correct = TRUE`, 연속 수정(continuity correction)을 기본 적용한다.

[5] Squire, P. (1988). Why the 1936 Literary Digest poll failed. Public Opinion Quarterly, 52(1), 125-133.

두 모비율에 대한 검정(2-proportion Test)

- 비교하고자 하는 두 모비율을 p_1, p_2 라고 할 때

$$H_0 : p_1 = p_2 \text{ vs. } H_1 : p_1 \neq p_2 \;(\text{ 또는 } p_1 < p_2 \text{ 또는 } p_1 > p_2)$$

- 의사 결정

$$\text{만일 } p-value \; < \; \alpha, \;\; H_0 \text{ 기각}$$

`prop.test(success, n, alternative = c("less", "greater", "two.sided"))`

- success와 n은 벡터로 지정되어야 한다. (예) success = c(10, 20) 등
- 신뢰 수준은 0.95를 기본으로 가정한다.
  신뢰 수준 $(1-\alpha)100\%$는 인수 conf.level = $1-\alpha$로 지정한다.
- correct = TRUE, 연속 수정(continuity correction)을 기본 적용한다.

실습 10. 모비율의 검정 I

다음은 자동화 생산의 핵심 프로세스인 [E 단계]와 [R 단계]에서 조사된 불량의 개수이다. 조사 과정에서 재료의 변경과 프로세스 절차의 수정을 제한하여 서로 다른 환경에서의 표본이 혼합되지 않도록 관리하였다. 이전 조사 결과에 의하면 두 프로세스의 불량률은 0.07로 차이가 없었다. 다음 주장이 타당한지 유의 수준 0.05(또는 신뢰수준 95%)하에서 검토하시오.

(1) [E 단계]와 [R 단계]는 모두 불량율이 0.07보다 작다.

(2) [E 단계]와 [R 단계]의 불량율은 동일하다.

표본 데이터 집계 결과

	E 단계	R 단계
불량	69	28
정상	929	644
총계	998	672

```
#  $ Before: Factor w/ 2 levels "buy","not buy": 1 2 1 2
#  $ After : Factor w/ 2 levels "buy","not buy": 1 1 2 2
#  $ Freq  : num  634 196 66 104
```

✿ geom_text()는 그래프에 문자/숫자를 추가한다.

```
ggplot(data, aes(x = Before, y = Freq, fill = After)) +
  geom_bar(stat = "identity", position = "dodge") +
  geom_text(aes(label = Freq),
            vjust =2, color = "white",
            position = position_dodge(width = 0.9),
            size = 3.5
            ) +
  labs(title = "광고 효과: Before vs After",
       x = "광고 노출 전",
       y = "빈도", fill = "광고 노출 후") +
  scale_fill_manual(values = c("buy" = "blue", "not buy" = "red")) +
  theme_bw()
```

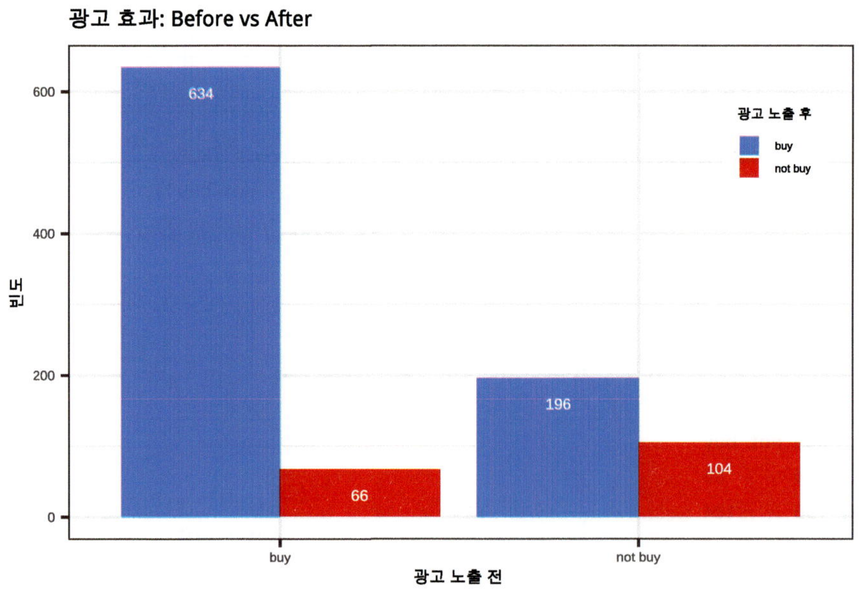

광고 전에도 구매 의사가 있었고 광고 후에도 구매 의사가 있는 고객은 634명이며, 광고 전에는 구매 의사가 있었으나 광고 후에 구매 의사가 없는 고객은 66명이다. 그리고 광고 전에 구매 의사가 없었으나 광구 후에 구매 의사가 있는 고객은 196명이며, 광고 전과 후에 모두 구매 의사가 없는 고객은 104명이다. 여기서 구매 의사가 없던 고객 196명이 광고 노출 후 구매 의사가 생긴 것은 광고의 긍정적인 효과라고 할 수 있고, 구매 의사가 있던 고객 66명이 광고 노출 후 구매 의사를 철회한 것은 광고의 부정적인 효과라고 할 수 있다.

전반적으로 광고 전에는 700명이 구매 의사를 가졌지만, 광고 노출 후에는 총 830명의 고객이 구매 의사를 갖게 되었으며, 광고 전 구매 의사가 없던 고객은 300명이었지만, 광고 노출 후 구매 의사가 없는 고객은 총 170명으로 줄어들었다. 이러한 변화는 전반적으로 광고가 긍정적인 영향을 준 것으로 판단되지만, 이러한 변화가 실제로 통계적으로 유의한지 여부를 확인해야 한다. □

McNemar's Test

```
mcnemar.test(table_data)
```

```
#
#   McNemar's Chi-squared test with continuity correction
#
# data:  table_data
# McNemar's chi-squared = 64, df = 1, p-value = 0.000000000000002
```

검정 결과 $p - value = 0.000 < \alpha = 0.05$ 이므로 $H_0 : p_{1+} - p_{+1} = 0$ 인 광고 전후의 구매 행동에 차이가 없음을 기각한다. 따라서 광고가 제품 구매에 유의한 영향을 주었다고 할 수 있다. □

효과(Effect)의 크기 계산

통계적 비교를 통하여 광고가 제품 구매에 실제로 영향을 주고 있음을 확인하였다. 이 경우, 관찰 빈도를 이용하여 상대 위험도(Relative Risk; RR)와 절대 위험도 감소(Absolute Risk Reduction; ARR)를 이용하여 효과의 크기를 확인할 수 있다.

```
# 광고 전후 구매 비율 계산
before_buy <- 700 / 1000
after_buy  <- 830 / 1000

# 상대 위험도 (Relative Risk, RR)
RR <- after_buy / before_buy
# 절대 위험도 감소 (Absolute Risk Reduction, ARR) 계산
ARR <- after_buy - before_buy
# 결과
c(RR, ARR)
```

```
# [1] 1.19 0.13
```

- **상대 위험도(RR)**: 광고 전/후의 사건 발생률의 비(ratio)

$$
\begin{aligned}
\text{RR} &= \text{(광고 후 구매한 고객 비율) / (광고 전 구매한 고객 비율)} \\
&= (830/1000)/(700/1000) = 830/700 \\
&= 1.19 \\
&> 1.0
\end{aligned}
$$

- **절대 위험도 감소(ARR)**: 광고 전/후의 사건 발생률 차이

$$
\begin{aligned}
\text{ARR} &= (\text{ 광고 후 구매한 고객 비율}) - (\text{ 광고 전 구매한 고객 비율}) \\
&= (830/1000) - (700/1000) \\
&= 0.13 \\
&> 0.0
\end{aligned}
$$

광고는 고객의 구매 의사 비율을 약 19% 높였으며, 광고 후 구매 비율이 광고 전보다 13% 높다[8]. □

2개 이상의 모비율을 고려하는 경우에는 관찰 빈도와 기대 빈도의 차이를 분석하여 모집단의 확률 구조 또는 이론적 분포를 따르는지를 확인하는 검정 방법을 적합도 검정(Goodness-of-Fit Test) 이라고 한다.

적합도 검정(Goodness-of-Fit Test)

$k \geq 2$ 범주 별 모비율이 $(p_{01}, p_{02}, \cdots, p_{0k})$ 이라고 할 때

- 가설

$$H_0 : (p_1,\ p_2, \cdots,\ p_k) = (p_{01},\ p_{02}, \cdots,\ p_{0k}) \quad \text{vs.} \quad H_1 : H_0\text{가 아니다}$$

- 검정 통계량

$$\chi^2 = \sum_{i=1}^{k} \frac{(O_i - E_i)^2}{E_i} \sim \chi^2_{(k-1)} \quad \text{여기서} \quad E_i = np_i$$

- 의사 결정

$$p-value < \alpha \text{ 이면, } H_0 \text{ 기각}$$

[8] 구간 추정을 통하여 효과 크기 - RR, ARR 등 - 에 대한 신뢰구간을 정규 근사를 통하여 계산할 수 있지만, 이 책의 범위를 벗어나므로 다루지 않는다. 추가 분석에 관심이 있는 경우, epitools 패키지 - 역학(epidemiology) 관련 분석 도구 제공 - 을 이용하면 교차표에 대한 다양한 분석 결과를 얻을 수 있다.

```
chisq.test(observed, p = expected_proportions)
```

- observed는 관찰된 빈도의 벡터로 입력한다.
- expected_proportions는 기대 비율을 벡터로 입력한다.
- 기본적으로 양측 검정(two.sided)를 실행하고, 단측 검정을 제공하지 않는다.

카이 제곱 근사를 위하여 모든 $E_i \geq 5$이어야 한다.

실습 13. 다항($k \geq 2$) 비율의 적합도 검정

Lindstrom(1918)은 두 종류의 옥수수의 교배에서 다음과 같이 4 가지 서로 다른 종자를 발견하였고, 총 1301개의 임의 표본 중중에서 다음과 같은 결과를 얻었다.

(1) green = 773

(2) golden = 231

(3) green-striped = 238

(4) golden-green-striped = 59

주어진 결과가 멘델의 유전 법칙(Mendelian inheritance)에 따른 일반 기대 비율 9:3:3:1과 동일한지 여부를 검토하시오.

데이터 입력 및 관찰/기대 도수의 계산(Lindstrom, 1918)[9]

```
# 관찰 빈도
observed <- c(773, 231, 238, 59)
# 기대 비율
expected_ratio <- c(9, 3, 3, 1)
# 관찰된 총 빈도
total <- sum(observed)
# 기대 빈도
expected <- expected_ratio / sum(expected_ratio) * total
# 범주 별 정리
data <- data.frame(
  Category = c("1Green", "2Golden", "3Green-S", "4Golden-Green-S"),
  Observed = observed,
  Expected = expected
```

[9] Lindstrom, E. W. (1918). Chlorophyll inheritance in maize (Vol. 13). Cornell university. As noted in the Analysis of Frequencies section (Snedecor & Cochran, 1989, pp.196 - 200)

```
)
data
```

```
#          Category Observed Expected
# 1          1Green      773    731.8
# 2         2Golden      231    243.9
# 3         3Green-S     238    243.9
# 4 4Golden-Green-S       59     81.3
```

기대도수(Expected)가 5보다 작은 값은 없으므로, 카이 제곱 근사 검정을 적용할 수 있다.

관찰 빈도와 기대 빈도의 시각화

```
data_long <- melt(data,
                  id.vars = "Category",
                  variable.name = "Type",
                  value.name = "Freq"
                  )
# 그래프 생성
ggplot(data_long, aes(x = Category, y = Freq, fill = Type)) +
  geom_bar(stat = "identity", position = "dodge") +
  labs(title = "<Lindstrom Data> 관찰(Observed) vs 기대(Expected) 빈도",
       x = "범주",
       y = "빈도") +
  scale_fill_manual(values = c("Observed" = "blue", "Expected" = "red")) +
  theme_bw()
```

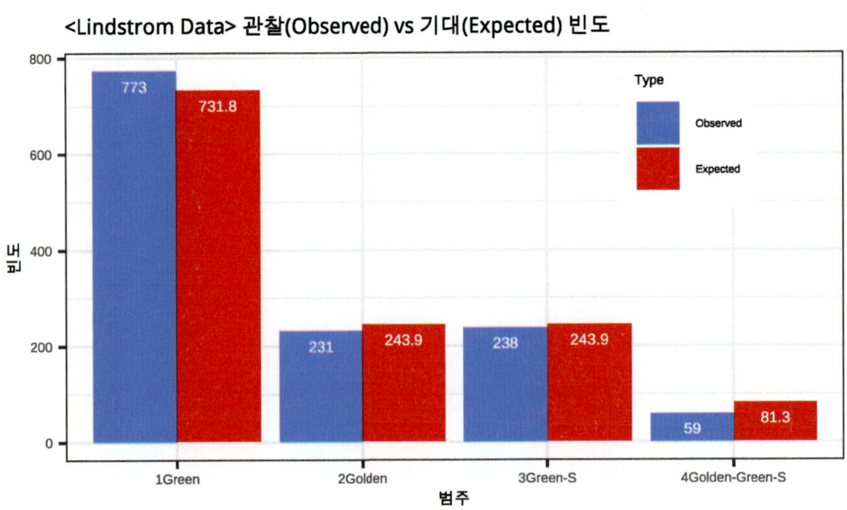

그림 4.8: <Lindstrom 데이터> 관찰 빈도와 기대 빈도

[그림 4.8]을 보면, 고려한 4개의 범주 중에서 상대적으로 Golden-Green-S 범주의 관찰 빈도와 기대 빈도의 차이가 크고, 나머지 범주들은 관찰 빈도와 기대 빈도가 거의 비슷함을 확인할 수 있다.

기대 비율에 대한 적합성 검정

```
gof_test <- chisq.test(observed, p = expected_ratio/sum(expected_ratio))
gof_test
```

```
#
#   Chi-squared test for given probabilities
#
# data:  observed
# X-squared = 9, df = 3, p-value = 0.03
```

적합도 검정 결과 $p\text{-}value = 0.03 < \alpha = 0.05$ 이므로 H_0 : 관찰된 데이터가 9:3:3:1 비율과 일치한다를 기각한다. 즉, 관찰된 빈도는 멘델의 유전 법칙의 기대 비율과 일치하지 않는다. 이러한 경우, 각 범주들이 카이 제곱 통계량에 기여한 정도를 고려하여 추가적인 가설을 고려할 수 있다.

```
# 카이 제곱 통계량 계산
data$CS_contribution <- (data$Observed - data$Expected)^2 / data$Expected
data
```

```
#           Category Observed Expected CS_contribution
# 1           1Green      773    731.8           2.318
# 2          2Golden      231    243.9           0.686
# 3         3Green-S      238    243.9           0.145
# 4 4Golden-Green-S       59     81.3           6.123
```

각 범주가 카이제곱 통계량에 기여한 값은 [그림 4.8]의 관찰 결과와 동일하게 Golden-Green-S = 6.123 이 가장 크다. 따라서 2가지 추가 가설을 고려할 수 있다.

(1) 4Golden-Green-S 범주의 관찰 빈도가 1/16의 비율과 동일하다고 할 수 있는가?

(2) 4Golden-Green-S를 제외한 나머지 3범주의 관찰 빈도도는 멘델의 기대 비율 6:3:3과 동일하다고 할 수 있는가?

(1)의 경우는 앞서 소개한 1-proportion test이며 결과는 H_0를 기각한다.

```
prop.test(59, 1301, 1/16)
```

```
#
#   1-sample proportions test with continuity correction
```

```
#
# data:  59 out of 1301, null probability 1/16
# X-squared = 6, df = 1, p-value = 0.01
# alternative hypothesis: true p is not equal to 0.0625
# 95 percent confidence interval:
#  0.0350 0.0585
# sample estimates:
#      p
# 0.0453
```

(2)의 경우에는 다음과 같이 적합도 검정을 통하여 확인할 수 있다.

3개 범주에 대한 적합도 검정

```
# 4Golden-Green-S을 제외한 범주의 관찰 빈도
observed <- c(773, 231, 238)
# 기대 비율 (9:3:3)
expected_ratio <- c(9, 3, 3)
# 카이 제곱 검정
gof_test <- chisq.test(observed, p = expected_ratio / sum(expected_ratio))
gof_test
```

```
#
#   Chi-squared test for given probabilities
#
# data:  observed
# X-squared = 3, df = 2, p-value = 0.3
```

적합도 검정 결과 $p - value = 0.3 > \alpha = 0.05$ 이므로 H_0 : 관찰된 데이터가 9:3:3 비율과 일치한다를 기각하지 못한다. 즉, 처음 3개의 범주에서는 관찰된 빈도가 멘델의 유전 법칙의 기대 비율과 일치하지 않는다고 할 수 없다. 추가적으로 각 범주들이 카이 제곱 통계량에 기여한 정도를 확인해 보면 다음과 같다.

```
# 관찰된 총 빈도
total <- sum(observed)
# 기대 빈도
expected <- expected_ratio / sum(expected_ratio) * total
# 데이터프레임으로 정리
data <- data.frame(
  Category = c("Green", "Golden", "Green-S"),
  Observed = observed,
  Expected = expected
```

```
)
data$CS_contribution <- (data$Observed - data$Expected)^2 / data$Expected
data
```

```
#   Category Observed Expected CS_contribution
# 1    Green      773      745           1.037
# 2   Golden      231      248           1.219
# 3  Green-S      238      248           0.435
```

각 범주별 카이 제곱 기여도가 1 근처에 있다는 것은 해당 범주에서 관찰 빈도와 기대 빈도간의 차이가 크지 않음을 의미하고, 기여도가 0.435라는 것은 이 범주가 전체 카이 제곱 통계량에 거의 기여하지 않음을 나타낸다. 이러한 범주별 카이 제곱 기여도는 데이터가 귀무 가설의 기대 비율과 일치함에 대한 증거가 되고, 카이 제곱 검정에서 귀무가설이 기각되지 못했음에 대한 근거를 세부적으로 보여준다. □

기본 가설 검증 후에 실행되는 추가 가설 검증은 연구자가 가설을 명확히 설정하지 못한 **탐색적 단계** 그리고 기본 가설 검증 후 특이한 범주에 대한 **추가 연구**를 필요로 할 때 유용하다. 이를 사후 분석(post hoc analysis)이라고 하며, 이를 통해 도출된 결론은 잠정적이며, 반드시 새로운 데이터를 이용하여 추가 검증되어야 한다[10].

4.1.3 교차표 Test of Independence/Homogeneity

교차표(Contingency Table)는 두 개 이상의 범주형 변수의 범주별 빈도를 행렬 형식으로 집계한 표를 말한다[11]. 이는 이항 분포, 다항 분포 또는 포아송 분포 등을 따르는 이산형 데이터의 요약과 서로 다른 범주형 변수들 간의 관계를 검토하는데 유용하며 다음의 형식을 갖는다.

[모집단]

변수$_1$\변수$_2$	C_1	C_2	$\cdots$	C_c	Total
R_1	p_{11}	p_{12}	$\cdots$	p_{1c}	p_{1+}
R_2	p_{21}	p_{22}	$\cdots$	p_{1c}	p_{2+}
$\vdots$	$\vdots$	$\cdots$	$\cdots$	$\vdots$	$\vdots$
R_r	p_{r1}	p_{r2}	$\cdots$	p_{rc}	p_{r+}
Total	p_{+1}	p_{+2}	$\cdots$	p_{+c}	p_{++}

[표본 데이터]

변수$_1$\변수$_2$	C_1	C_2	$\cdots$	C_c	Total
R_1	n_{11}	n_{12}	$\cdots$	n_{1c}	n_{1+}
R_2	n_{21}	n_{22}	$\cdots$	n_{1c}	n_{2+}
$\vdots$	$\vdots$	$\cdots$	$\cdots$	$\vdots$	$\vdots$
R_r	n_{r1}	n_{r2}	$\cdots$	n_{rc}	n_{r+}
Total	n_{+1}	n_{+2}	$\cdots$	n_{+c}	n_{++}

[10] 데이터 분석에서 유의한 관계나 패턴을 찾기 위하여 다양한 가설을 무차별적으로 적용하는 것을 Data Dredging, Data Fishing 또는 Data Snooping이라고 부른다. 이러한 경우 유의 수준(α)가 커지면서 우연히 유의한 결과를 얻을 가능성이 높아진다. 따라서 분석 결과의 재현성이 현격히 낮아진다. 이러한 문제점을 강조하기 위하여 p-hacking, Cherry Picking 등으로 부르기도 한다.

[11] **분할표**라고도 부른다. 영문 표기에서 Cross Tabulation은 데이터를 요약하고 분류하는데 사용되는 표를 의미하는 용어이고, Contingency Table은 두 개 이상의 범주형 변수에서 변수들 간의 관계를 분석할 때 주로 사용하는 용어이다. 실제로 두 용어는 서로 혼용해서 사용되지만 통계 분석에서는 Contingency Table을 더 많이 사용한다.

교차표로 정리된 두 개 이상의 변수에서 각 변수의 범주별 비율이 다른 변수의 범주에 영향을 받는지를 평가하는 방법을 독립성 검정(Test of Independence)이라고 한다. 또한 만일 특정 변수 기준으로 나머지 변수의 범주별 비율이 동일한가, 다시 말해, 여러 모집단에서 특정 특성의 분포가 동일한가를 평가하는 방법을 동질성 검정(Test of Homogeneity)이라고 한다. 예를 들어, 프로모션 실행 여부가 제품 구매에 영향을 미치는가 여부를 확인한다면, 두 변수의 독립성 검정이라고 할 수 있다. 반면, 여러 지역에서의 특정 제품 구매 비율이 동일한지를 평가한다면, 지역이라는 여러 모집단에서 제품 구매라는 특성의 분포가 동일한지를 확인하는 동질성 검정을 적용할 수 있다. 이 두 검정은 분석 방법은 동일하지만, 그 목적과 해석에서 서로 다른 결론을 얻을 수 있다.

범주형 변수의 독립성/동질성 검정(Test of Independence/Homogeneity)[12]

- 가설

$$H_0: \quad p_{ij} = p_{i+} \cdot p_{+j} \; \forall\, i \quad \text{vs.} \quad H_1: H_0\text{가 아니다}$$

- 검정 통계량

$$\chi^2 = \sum_{i=1}^{r} \sum_{j=1}^{c} \frac{\left(O_{ij} - E_{ij}\right)^2}{E_{ij}} \sim \chi^2_{(r-1)(c-1)} \quad \text{여기서} \quad E_{ij} = \frac{n_{i+} n_{+j}}{n_{++}}$$

- 피어슨 잔차(Pearson's Residuals)

$$r_{ij} = \frac{O_{ij} - E_{ij}}{\sqrt{E_{ij}}}, \quad \forall\, i, j$$

- 의사 결정

$$p - value \; < \; \alpha \text{ 이면, } H_0 \text{ 기각}$$

chisq.test(table)

- table은 $r \times c$ 분할표 또는 행렬로 입력한다.
- 기본적으로 양측 검정(two.sided)를 실행하고, 단측 검정을 제공하지 않는다.
- 2×2 분할표에서는 연속 수정(continuity correction)을 기본 적용한다.

카이 제곱 근사를 위하여 모든 $E_{ij} \geq 5$ 이어야 한다.

[12] 통계적으로 분포의 독립이란 결합 확률이 개별(주변) 확률의 곱과 동일함을 말한다. 이를 범주형 변수에 적용해 보면, 수학적으로 $p_{ij} = p_{i+} \cdot p_{+j}$ 로 표현된다. 여기서 p_{ij} 는 두 변수 X 와 Y 의 결합 확률, p_{i+} 는 변수 X 의 주변 확률, p_{+j} 는 변수 Y 의 주변 확률을 나타낸다. 이러한 특성을 반영하여 독립성은 두 변수 간의 결합 확률이 각 변수의 주변 확률의 곱과 같다는 것을 의미한다.

실습 14. 지역과 모델 별 고객 불만 접수 빈도 <claim.area.2023.csv>

다음은 일정 기간 동안 제품별 고객과 파트너의 불만 사항의 빈도를 지역별로 집계한 것이다. Model은 판매량이 높은 5개 그리고 Area는 국내(Domestic)와 해외(Oversea1, 2, 3)로 총 4개의 지역을 조사하였다.

데이터 로딩

```
claim <- read.csv(paste0(data_path, "claim.area.2023.csv"))
str(claim)
```

```
# 'data.frame': 20 obs. of  3 variables:
#  $ model    : chr  "a_model1" "a_model2" "b_model1" "b_model2" ...
#  $ area     : chr  "1Domestic" "1Domestic" "1Domestic" "1Domestic" ...
#  $ frequency: int  107 51 32 27 71 30 21 9 29 21 ...
```

두 범주형 변수 (model, area)의 범주 별 빈도(frequency)가 기록되었다. 각 범주형 변수의 범주의 수와 종류는 다음과 같다.

```
# model
model_c <- unique(claim$model)
model_k <- length(model_c)
c(model_k, model_c)
```

```
# [1] "5"        "a_model1" "a_model2" "b_model1" "b_model2" "c_model"
```

고려한 model은 총 5개이며, a_model 2개, b_model 2개 그리고 c_model 1개가 조사되었다.

```
# area
area_c <- unique(claim$area)
area_k <- length(area_c)
c(area_k, area_c)
```

```
# [1] "4"          "1Domestic"  "2Overseas1" "3Overseas2" "4Overseas3"
```

고려한 area은 총 4개이며, Domestic 그리고 3개의 Overseas로 구성된다.

데이터 시각화

- geom_col()은 x와 y축의 값을 직접 맵핑한다[13].
- scale_y_continuous(labels = scales::percent)는 scale 패키지의 percent 함수를 y축에 적용한다.

```
# Model의 frequency를 반영한 막대 그림
claim %>%
 ggplot(aes(x = model, y = frequency)) +
 geom_col(fill = "green") +
 labs(title = "(A) Model 빈도 막대 그림", x = "Model", y = "빈도") +
 theme_bw()
#
# Area의 frequency를 반영한 막대 그림
claim %>%
 ggplot(aes(x = area, y = frequency)) +
 geom_col(fill = "yellow") +
 labs(title = "(B) Area 빈도 막대 그림", x = "Area", y = "빈도") +
 theme_bw()
#
# (Model, Area)의 빈도를 반영한 병렬 막대 그림
claim %>%
 ggplot(aes(x = model, y = frequency, fill = area)) +
 geom_bar(stat = "identity", position = "dodge") +
 labs(title = "(C) (Model, Area) 단순 병렬 막대 그림",
      x = "Model",
      y = "빈도"
      ) +
 theme_bw()
#
# Model별 Area의 누적 백분률 막대 그림
claim %>%
 ggplot(aes(x = model, y = frequency, fill = area)) +
  geom_bar(stat = "identity", position = "fill") +
 labs(title = "(D) Model 별 누적 백분율 막대 그림",
      x = "Model",
      y = "빈도"
      ) +
 scale_y_continuous(labels = scales::percent) +
 theme_bw()
```

[13] geom_bar()는 기본적으로 y축이 지정되지 않아도 x축에 지정된 변수의 범주를 자동 계산하는 stat = "counts"를 적용하여 빈도를 계산한다. 만일 y축을 지정하고 stat = "identity"를 지정하면, y 축의 값을 그림에 반영할 수 있다. geom_col()은 데이터로부터 빈도를 계산하지 않는다. 따라서, 반드시 y 축이 지정되어야 하고, 기본적으로 stat = "identity"의 결과를 그림에 반영한다.

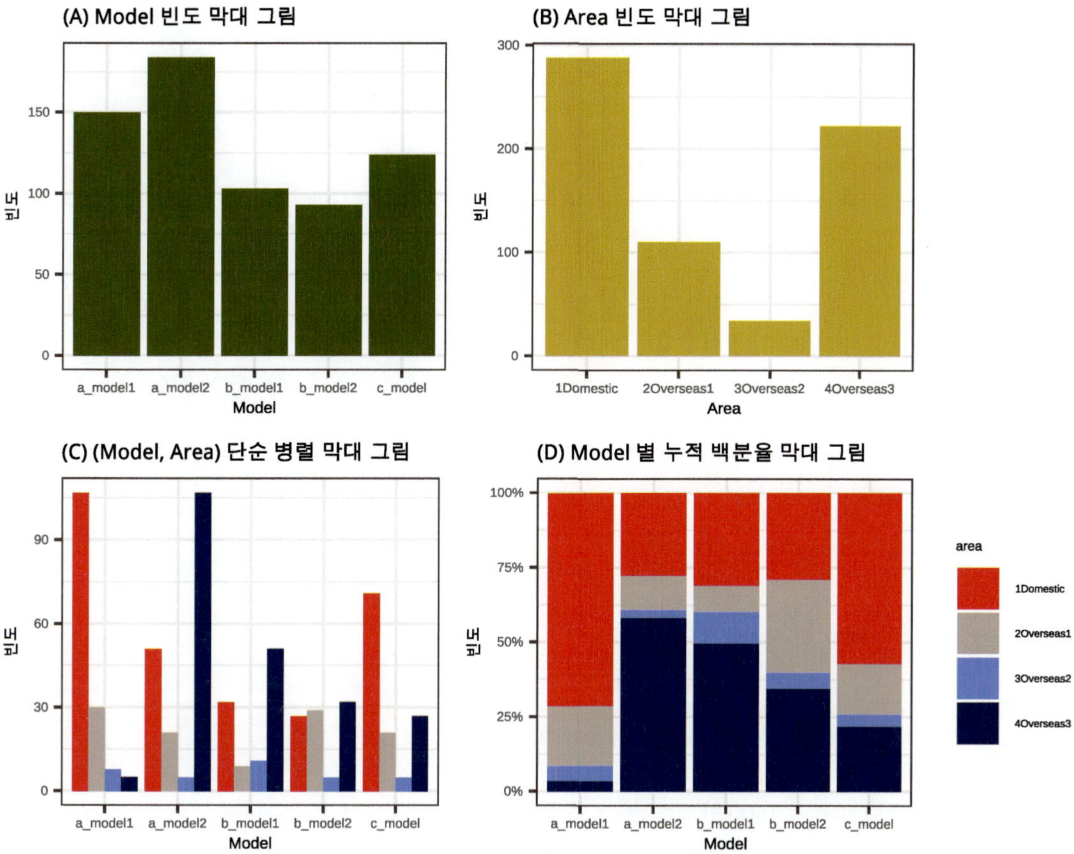

그림 4.9: <claim.area.2023.csv> 각 범주형 변수별 그리고 범주 조합에서의 막대 그림

[그림 4.9]의 (A)의 Model 별 불만 건수를 보면, a_model2와 a_model1이 다른 모델에 비하여 높은 빈도를 갖고, b_model2는 가장 낮은 빈도를 갖는다. (B)의 Area 별 불만 건수를 보면, 1Domestic 지역에서의 빈도가 가장 높고, 3Overseas2 지역이 가장 낮은 빈도를 보인다. 4Overseas3 지역도 비교적 높은 빈도로 불만 건수가 접수되었다. (C)의 (Model, Area) 단순 병렬 막대 그림에서는 a_model1과 c_model에서 1Domestic의 불만 빈도가 높고, b_model1에서 4Overseas3의 빈도가 높지만, 모델별로 지역별 빈도가 서로 다르게 분포한다는 제한된 정보만을 확인할 수 있다. (D)의 Model 별 누적 백분율 막대 그림에서는 모든 모델에서 1Domestic의 비율이 높고, a_model2, b_model1그리고 b_model2는 4Overseas3에서 높은 빈도를 보인다. a_model2의 경우에는 2Overseas1의 비율이 높게 나타난다. 모델별로 지역에 따른 불만 빈도는 차이가 있어 보인다. 두 범주형 변수간의 독립성 여부를 검증해 볼 필요가 있다. □

교차표 생성

```
claim_tab <- xtabs(frequency ~ model + area, claim)
claim_tab
```

```
#           area
# model      1Domestic 2Overseas1 3Overseas2 4Overseas3
#   a_model1       107         30          8          5
#   a_model2        51         21          5        107
#   b_model1        32          9         11         51
#   b_model2        27         29          5         32
#   c_model         71         21          5         27
```

독립성 검정

```
results <- chisq.test(claim_tab)
results
```

```
#
#   Pearson's Chi-squared test
#
# data:  claim_tab
# X-squared = 164, df = 12, p-value <0.0000000000000002
```

$p - vlaue = 0.000 < \alpha = 0.05$ 이므로 H_0 : 두 변수 model과 area는 독립이다를 기각한다. 만일 카이 제곱 근사 검정에서 특정 셀의 기대(Expected) 도수가 5보다 작다면, $p - value$가 왜곡될 수 있다. 따라서 카이 제곱 검정의 결과를 해석 하기 전에 반드시 기대 도수를 확인해 보아야 한다.

names()는 객체에 저장된 list의 이름을 반환한다.

```
names(results)
```

```
# [1] "statistic" "parameter" "p.value"   "method"    "data.name"
# [6] "observed"  "expected"  "residuals" "stdres"
```

$ 연산자와list의 이름을 이용하여 원하는 요소를 선택할 수 있다.

```
results$expected
```

```
#           area
# model      1Domestic 2Overseas1 3Overseas2 4Overseas3
#   a_model1      66.1       25.2       7.80       50.9
```

```
#    a_model2      81.0       30.9       9.57       62.5
#    b_model1      45.4       17.3       5.35       35.0
#    b_model2      41.0       15.6       4.83       31.6
#    c_model       54.6       20.9       6.45       42.1
```

b_model2와 3Overseas2의 기대 도수가 4.83으로, 이는 카이제곱 근사 조건인 기대 도수 5 이상을 만족하지 못한다. 이러한 경우, 카이 제곱 검정의 $p-value$가 정확하지 않을 수 있다. 따라서, 실무적으로 의미가 있다면, 기대 도수가 낮은 범주를 인접한 범주와 통합하여 데이터를 재분석하거나 몬테카를로 시뮬레이션 (Monte Carlo Simulation)을 이용하여 정확한 $p-value$를 재계산한 후 의사 결정에 반영한다[14].

simulate.p.value = TRUE는 카이 제곱 검정의 보다 정확한 p-value를 제공한다.
- B = m으로 반복 횟수를 m을 지정한다.

```
chisq.test(claim_tab, simulate.p.value = TRUE, B = 10000)
```

```
#
#   Pearson's Chi-squared test with simulated p-value (based on
#   10000 replicates)
#
# data:  claim_tab
# X-squared = 164, df = NA, p-value = 0.0001
```

몬테카를로 시뮬레이션을 이용한 경우, $p - value = 0.0001 < \alpha = 0.05$이므로, H_0 : 두 변수 model과 area는 독립이다를 기각한다. □

독립성 검정에서 데이터가 충분히 크고 기대 빈도가 근사 조건을 만족하는 경우에는 기본 카이 제곱 검정을 사용하고, 기대 빈도가 작거나 또는 카이 제곱 근사 조건을 만족하지 않는 경우에는 **몬테카를로 시뮬레이션**을 이용하여 $p-value$를 계산한다. 시뮬레이션 횟수는 많을수록 더 정확한 $p-value$를 제공하지만, 일반적으로 B = 10000 정도를 적용한다. 만일 데이터의 규모가 큰 경우에는 시뮬레이션 횟수가 많아지면 계산 시간이 급격히 증가한다.

피어슨 잔차(Pearson's Residuals) 진단

vcd::mosaic(table)은 각 조합에서의 피어슨 잔차를 제공한다[15].
- shade = TRUE는 잔차의 크기에 따라 음영을 적용한다.

---

[14] 몬테카를로 시뮬레이션은 확률 분포를 기반으로 임의 표본을 생성하여 확률 분포 추정, 위험 분석, 복잡한 최적화 문제 등에 사용되는 방법으로, (1) 문제의 입력 변수에 대한 확률 분포 정의 (2) 임의 표본 생성 (3) 생성된 표본을 이용한 시나리오 반복 실행 및 결과 생성 (4) 결과에 따른 확률 분포 추정, 위험 평가, 최적안 도출의 단계로 적용된다.

[15] vcd 패키지는 Visualizing Categorical Data의 약자로, 범주형 데이터 시각화 및 분석을 위한 R 패키지이다. 이는 범주형 데이터의 시각화를 위한 모자이크 플롯, 연관 그래프, 사이브 플롯 등 다양한 그래프와 도구를 제공하며, 특히 교차표를 다루는 데 유용하다. 이의 확장판으로 vcdExtra 패키지도 제공된다. 패키지에 대한 기본 정보는 packageDescription("vcd")를 이용하여 확인한다.

```
vcd::mosaic(claim_tab,
          shade = TRUE,
          labeling = labeling_residuals,
          digits = 2
          )
```

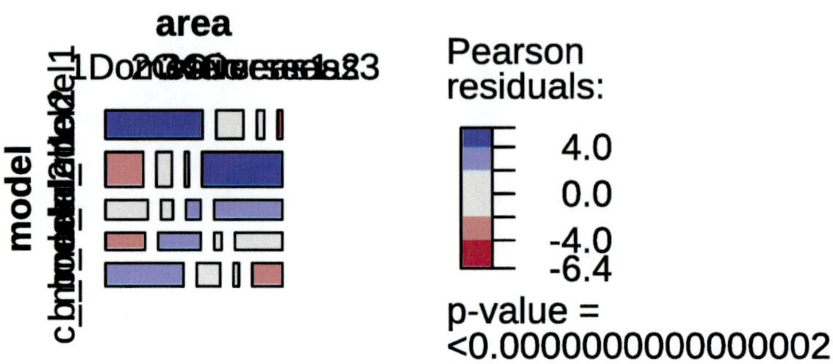

모자이크(Mosaic) 플롯이란 교차표의 데이터를 시각화한 것으로 각 셀의 면적은 교차 범주들의 빈도(frequency)를 나타내며, 독립성을 만족할 때의 기대 도수와의 피어슨 잔차(Pearson's residuals)의 크기를 색상이나 음영으로 표현한 것이다. 만일 범주명이 길거나 구분이 명확하지 않은 경우, 다음과 같이 조정할 수 있다.

- `format.pval()`은 p-value의 출력 형식을 지정한다.
- `rot_labels = c(90, 0, 0, 0)`은 x축 레이블을 90도 회전하여 표시한다.
- `abbreviate_labs = c(TRUE, TRUE)`은 x, y 축 레이블을 축약하여 표시한다.
- `legend = FALSE`는 범례를 제거한다.

```
mosaic(claim_tab,
       shade = TRUE,
       labeling_args = list(rot_labels = c(90, 0, 0, 0),
                            abbreviate_labs = c(TRUE, TRUE)
                            ),
       legend = FALSE,
       main = "Model vs Area",
       sub = paste("simulated p-value =",
                   format.pval(chisq.test(claim_tab,
                                          simulate.p.value = TRUE,
                                          B = 10000)$p.value,
                               digits = 3)
                   )
)
```

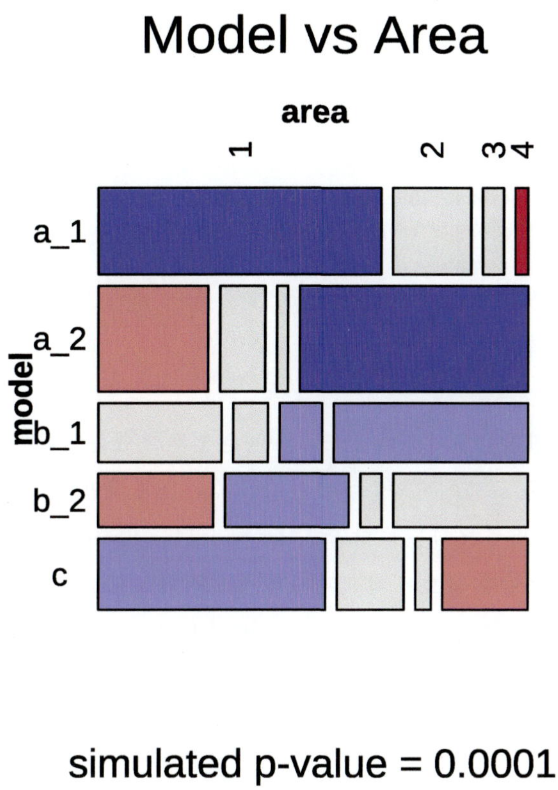

그림 4.10: <claim.area.2023.csv> 모자이크 플롯(잔차 진단)

[그림 4.10]에서 각 셀의 크기는 해당 범주의 관찰 빈도를 의미한다. 다음의 관찰 빈도를 보면, (a_model1, 1Domestic)과 (a_model2, 4Overseas3)에서 107로 관찰 빈도가 높음을 확인할 수 있다.

```
# 관찰 빈도
claim_tab
```

```
#             area
# model       1Domestic 2Overseas1 3Overseas2 4Overseas3
#   a_model1        107         30          8          5
#   a_model2         51         21          5        107
#   b_model1         32          9         11         51
#   b_model2         27         29          5         32
#   c_model          71         21          5         27
```

피어슨 잔차는 각 범주 조합의 관찰 빈도와 기대 빈도의 차이를 표준화한 값이다. 이는 각 변수별 표본 크기의 차이를 보정하여 범주 간의 차이를 공정하게 비교할 수 있게 한다.

```r
# Pearson's Residuals
results$residuals
```

```
#           area
# model      1Domestic 2Overseas1 3Overseas2 4Overseas3
#   a_model1    5.0379     0.9498     0.0723    -6.4349
#   a_model2   -3.3358    -1.7882    -1.4762     5.6359
#   b_model1   -1.9834    -1.9999     2.4396     2.7121
#   b_model2   -2.1805     3.3774     0.0751     0.0767
#   c_model     2.2186     0.0315    -0.5697    -2.3262
```

[그림 4.10]에서 파란색은 관찰 빈도가 기대 빈도보다 높은 범주 조합을 나타낸다. (a_model1, 1Domestic)과 (a_model2, 4Overseas3)에서 양수이며 큰 값을 갖는 것을 확인할 수 있다. 그리고 빨간색은 관찰 빈도가 기대 빈도보다 낮은 범주 조합을 나타낸다. (a_model1, 4Overseas3)은 음수이면서 작은 값을 갖는 것을 확인할 수 있다. 또한 흰색 또는 회색은 관측 빈도와 기대 빈도가 비슷한 범주 조합을 나타낸다. 수집된 데이터가 불만 건수이므로, 파란 색으로 표현된 셀이 불만 접수 빈도가 기대 빈도보다 높은 조합이고, 빨간색으로 표현되는 셀이 불만 접수 빈도가 기대 빈도보다 낮은 조합이다. 각 지역별로 피어슨 잔차가 가장 큰 model의 범주와 가장 작은 model의 범주를 정리하면 [표 4.1]과 같다.

```r
#최대/최소 피어슨 잔차를 갖는 모델과 값 확인
results <- chisq.test(claim_tab)
p_residuals <- results$residuals
max_min <- data.frame(Area = character(),                    # 데이터 프레임 초기화
                      Max = character(),
                      Max_p = numeric(),
                      Min = character(),
                      Min_p = numeric(),
                      stringsAsFactors = FALSE)
for (area in colnames(p_residuals)) {                        # 최대/최소 탐색
  column <- p_residuals[, area]
  max <- names(which.max(column))
  min <- names(which.min(column))
  max_p <- as.numeric(max(column))
  min_p <- as.numeric(min(column))
  max_min <- rbind(max_min,
                   data.frame(Area = area,
                              Max = max,
                              Max_p = max_p,
                              Min = min,
                              Min_p = min_p,
```

```
                    stringsAsFactors = FALSE))
}
print(max_min)                                    # 결과 확인
```

표 4.1: <claim.area.2023.csv> 각 지역별 최대/최소 피어슨 잔차를 갖는 모델

area	최대(max)	최소(min)
1Domestic	a_model1 (5.04)	a_model2 (-3.34)
2Overseas1	b_model2 (3.38)	b_model1 (-2.00)
3Overseas2	b_model1 (2.44)	a_model2 (-1.48)
4Overseas3	a_model2 (5.64)	a_model1 (-6.43)

피어슨 잔차가 가장 큰 model은 해당 지역에서 가장 문제가 많은 모델로 우선 개선 대상일 수 있고, 피어슨 잔차가 가장 작은 model은 상대적으로 문제가 없는 모델로 벤치마킹(Benchmarking)의 대상이 될 수 있다[16]. 따라서, [표 4.1]는 area의 각 범주 별 고객/파트너 클레임 개선을 위한 우선 순위 결정 또는 특정 모델의 성공 사례를 다른 모델의 개선에 적용하는 데이터 기반 의사 결정에 활용할 수 있다. □

효과 크기(Effect)의 계산

카이 제곱 검정의 결과가 유의하다면, 피어슨 잔차 검토를 통한 최대/최소 잔차값을 갖는 대상을 선택하여 실무적으로 해석할 수 있다. 만일 이러한 대상이 선정되었다면, 이들의 관찰 도수(Observe)를 이용하여 2×2 교차표에서 소개한 상대 위험도(RR)와 절대 위험 감소율(ARR)을 계산해 볼 수 있다.

먼저 효과 크기는 관찰 도수를 기준으로 계산되므로 행과 열의 합을 교차표에 추가하면 다음과 같다.

행과 열의 합을 포함한 교차표 정의

- addmargins(table)은 table에 행과 열의 합을 추가한다.

```
claim_tab_total <- addmargins(claim_tab)
claim_tab_total
```

```
#           area
# model       1Domestic 2Overseas1 3Overseas2 4Overseas3 Sum
#   a_model1       107         30          8          5 150
#   a_model2        51         21          5        107 184
```

[16] 조직이 최상의 성과를 달성하기 위해 타 조직의 우수 사례나 표준을 비교하고 검토하여 이를 자사의 프로세스, 성과, 제품 또는 서비스를 개선하기 위해 적용하는 혁신 방법론을 말한다. 이는 특정 분야에서 뛰어난 성과를 보이는 타 조직을 기준으로 자사의 약점을 파악하고, 개선 방안을 도출하는 데 유용하다.

```
#    b_model1        32        9        11        51  103
#    b_model2        27       29         5        32   93
#    c_model         71       21         5        27  124
#    Sum            288      110        34       222  654
```

주어진 교차표를 이용하여 각 area내에서 원하는 2개의 모델에 대하여 RR과 ARR을 계산해 볼 수 있다. 계산된 결과에 의하면, 1Domestic 지역에서 a_model1의 클레임 발생 비율이 a_model2보다 약 2.58배 높고, 절대적으로 43.61% 더 높다는 것을 알 수 있다.

$$
\begin{aligned}
\text{RR(a\_model1, a\_model2)} &= \left(\frac{\text{a\_model1의 클레임 발생 빈도}}{\text{a\_model1의 총 클레임 빈도}}\right) / \left(\frac{\text{a\_model2의 클레임 발생 빈도}}{\text{a\_model2의 총 클레임 빈도}}\right) \\
&= \left(\frac{107}{150}\right) / \left(\frac{51}{184}\right) \\
&= 2.575
\end{aligned}
$$

$$
\begin{aligned}
\text{ARR(a\_model1, a\_model2)} &= \left(\frac{\text{a\_model1의 클레임 발생 빈도}}{\text{a\_model1의 총 클레임 빈도}}\right) - \left(\frac{\text{a\_model2의 클레임 발생 빈도}}{\text{a\_model2의 총 클레임 빈도}}\right) \\
&= \left(\frac{107}{150}\right) - \left(\frac{51}{184}\right) \\
&= 0.436
\end{aligned}
$$

Area별 Model의 쌍별 비교에 대한 RR과 ARR

```r
# RR 및 ARR 계산 함수 정의
rr_arr_calc <- function(claim_tab, model1, model2, area) {
  model1_claims <- claim_tab[model1, area]
  model2_claims <- claim_tab[model2, area]
  total_model1 <- sum(claim_tab[model1, ])
  total_model2 <- sum(claim_tab[model2, ])
  p1 <- model1_claims / total_model1
  p2 <- model2_claims / total_model2
  rr <- ifelse(p2 == 0, NA, p1 / p2)
  arr <- p1 - p2
  return(list(rr = rr, arr = arr))
}
models <- rownames(claim_tab)             # area와 model의 목록(각 변수의 범주형 범주)
areas <- colnames(claim_tab)
rr_arr_results <- data.frame(Area = character(),     # 빈 데이터프레임 명시적 초기화
                             Model1 = character(),
                             Model2 = character(),
                             RR = numeric(),
```

```r
                                    ARR = numeric(),
                                    stringsAsFactors = FALSE)
for (area in areas) {                                          # 전체 모델 쌍별 RR 및 ARR 계산
  for (i in 1:(length(models) - 1)) {
    for (j in (i + 1):length(models)) {
      model1 <- models[i]
      model2 <- models[j]
      rr_arr <- rr_arr_calc(claim_tab, model1, model2, area)
      if (!is.null(rr_arr) && !is.na(rr_arr$rr) && !is.na(rr_arr$arr)) {
        rr_arr_results <- rbind(rr_arr_results,
                                data.frame(
                                  Area = area,
                                  Model1 = model1,
                                  Model2 = model2,
                                  RR = rr_arr$rr,
                                  ARR = rr_arr$arr,
                                  stringsAsFactors = FALSE)
        )
      }
    }
  }
}
head(rr_arr_results, 3)                                          # 결과 일부 출력
```

```
#         Area    Model1    Model2   RR   ARR
# 1 1Domestic a_model1 a_model2 2.57 0.436
# 2 1Domestic a_model1 b_model1 2.30 0.403
# 3 1Domestic a_model1 b_model2 2.46 0.423
```

또한 구해진 쌍별 RR과 ARR의 시각화를 통하여 고려한 범주형 변수에서 고객/파트너 클레임에 대한 전반적인 추세와 비교를 할 수 있다. [그림 4.11]은 그 예이다. 동일한 방법으로 각 Model에서 Area의 범주간의 RR과 ARR을 비교해 볼 수 있다[17]. □

[17]구간 추정을 통하여 효과 크기 - RR, ARR 등 - 에 대한 신뢰구간을 정규 근사를 통하여 계산할 수 있지만, 이 책의 범위를 벗어나므로 다루지 않는다. 추가 분석에 관심이 있는 경우, epitools 패키지 - 역학(epidemiology) 관련 분석 도구 제공 - 을 이용하면 교차표에 대한 다양한 분석 결과를 얻을 수 있다.

[CHALLENGE] RR과 ARR의 시각화

지역별 모든 모델의 쌍별 조합에 대한 RR과 ARR

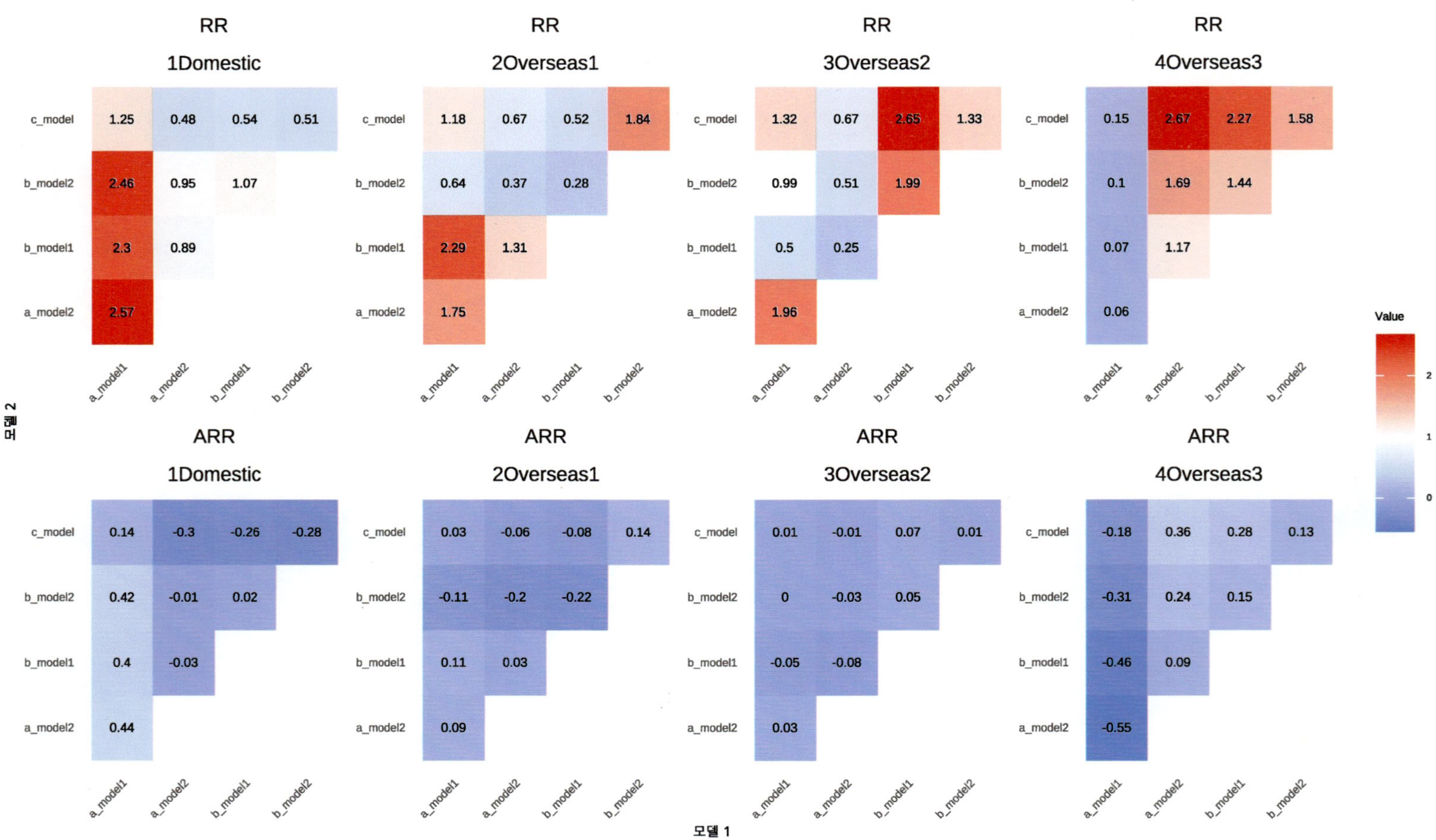

그림 **4.11:** Area별 고려한 Model별 RR과 ARR: (Model1, Model2)

데이터의 부분 선택 후 독립성 검정

범주형 데이터에서 특정 범주를 제거하거나 일부 범주만을 선택하여 독립성 검정을 수행 할 수 있다. 이는 카이 제곱 분포의 가법성(1.2.2 참조)에 근거한다. 예를 들어, 1Domestic은 나머지 Overseas와 구분하여 분석해야 할 필요가 있다고 가정할 때, 1Domestic의 데이터를 제거하고 새로운 교차표를 정의할 수 있다.

데이터의 부분 선택

```
claim_2 <- claim %>%
 dplyr::filter(area != "1Domestic")
claim_t2 <- xtabs(frequency ~ model + area, claim_2)
claim_t2
```

```
#           area
# model      2Overseas1 3Overseas2 4Overseas3
#   a_model1         30          8          5
#   a_model2         21          5        107
#   b_model1          9         11         51
#   b_model2         29          5         32
#   c_model          21          5         27
```

독립성 검정

```
results_2<-chisq.test(claim_t2)
results_2$expected
```

```
#           area
# model      2Overseas1 3Overseas2 4Overseas3
#   a_model1       12.9       3.99       26.1
#   a_model2       40.0      12.36       80.7
#   b_model1       21.3       6.60       43.1
#   b_model2       19.8       6.13       40.0
#   c_model        15.9       4.92       32.1
```

몬테카를로 시뮬레이션을 이용한 $p - value$ 보정

```
chisq.test(claim_t2, simulate.p.value = TRUE, B = 10000 )
```

```
#
#   Pearson's Chi-squared test with simulated p-value (based on
#   10000 replicates)
```

```
#
# data:  claim_t2
# X-squared = 86, df = NA, p-value = 0.0001
```

모자이크 플롯 및 피어슨 잔차 진단

```
mosaic(claim_t2,
       shade = TRUE,
       labeling_args = list(rot_labels = c(90, 0, 0, 0),
                            abbreviate_labs = c(TRUE, TRUE)
                            ),
       legend = FALSE,
       main = "Model vs Area",
       sub = paste("simulated p-value =",
                   format.pval(chisq.test(claim_tab,
                                          simulate.p.value = TRUE,
                                          B = 10000)$p.value,
                               digits = 3)
                   )
)
```

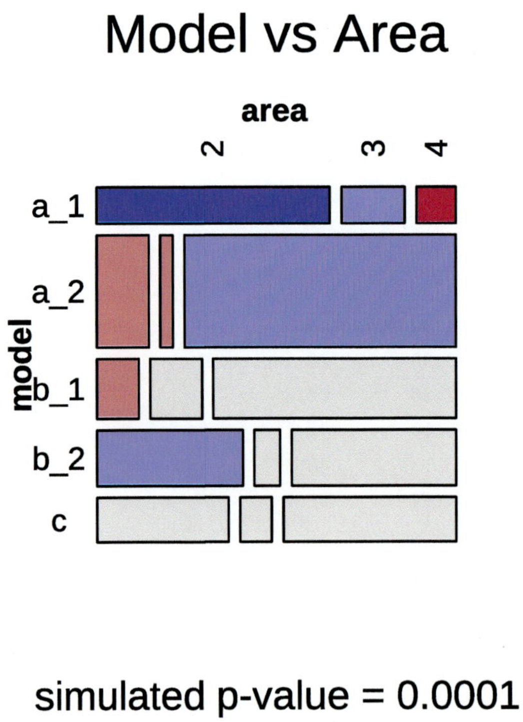

범주 통합을 통한 독립성 검정

필요한 경우 - 기대 도수가 작은 셀이 많거나 또는 실무적으로 범주 재조정을 원하는 경우 - 각 변수의 데이터를 통합하여 재분석할 수 있다. 예를 들어, 현재 4개의 범주인 area를 Domestic과 Overseas의 2개의 범주로 통합하고, 5개의 범주인 model을 a, b, c인 3개의 범주로 통합하여 독립성 검정을 적용할 수 있다. 단, 통합되는 범주들은 반드시 실무적으로 의미가 있어야 한다.

데이터 통합

- grepl(pattern, var)은 var내에 특정 문자열 pattern의 포함 여부를 확인한다.
- aggregate(formula, data, FUN)는 formula에 따라 요약값을 제공한다.
  - formula는 y ~ x + z의 형태로 요약할 변수 y와 그룹화할 변수x, z를 지정한다.
  - FUN은 sum, mean, sd 등 원하는 함수를 지정한다.

```
# Area와 Model 통합
new_claim <- claim %>%
  mutate(
    area = ifelse(area == "1Domestic", "Domestic", "Overseas"),
    model = ifelse(grepl("^a_", model), "a",
                   ifelse(grepl("^b_", model), "b", "c"))
  )

# 통합된 데이터
data <- aggregate(frequency ~ model + area, data = new_claim, sum)
# 교차표 생성
new_claim_tab <- xtabs(frequency ~ model + area, data = new_claim)
new_claim_tab
```

```
#       area
# model Domestic Overseas
#     a      158      176
#     b       59      137
#     c       71       53
```

독립성 검정

```
# 카이제곱 검정 수행
results_3 <- chisq.test(new_claim_tab)
results_3$expected
```

```
#       area
# model Domestic Overseas
```

```
#     a    147.1    186.9
#     b     86.3    109.7
#     c     54.6     69.4
```

모자이크 플롯과 피어슨 잔차 진단

```
mosaic(new_claim_tab,
       legend = FALSE,
       shade = TRUE,
       main = "Model vs Area",
       sub = paste("p-value =", format.pval(results_3$p.value, digits = 3))
)
```

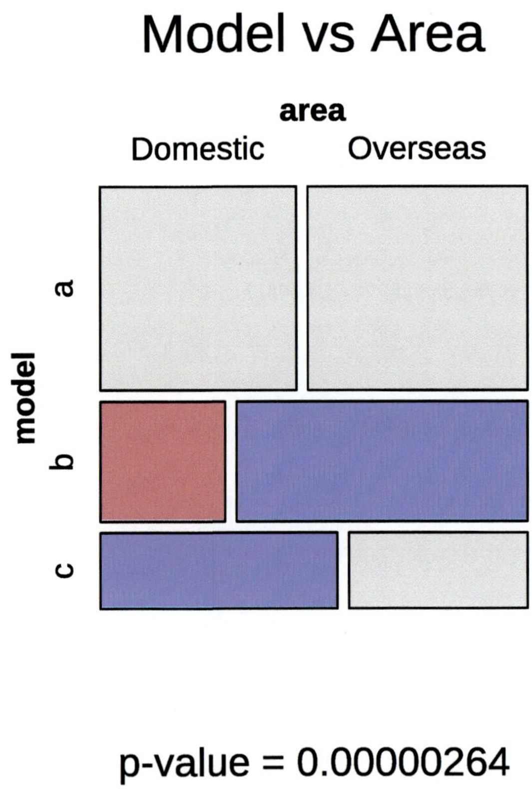

데이터의 부분 선택 또는 인접한 범주의 통합에서의 해석은 원 데이터의 해석 기준과 동일하게 해석할 수 있다.

4.2 연속형 Continuous

연속형(Continuous) 데이터는 유형 또는 무형의 측정 장비에 의하여 측정되고, 측정 표준의 준수 여부와 측정 환경의 영향을 받는다. 따라서 연속형 데이터에서는 관심 특성의 타당성과 함께 확률 분포의 적합성을 먼저 확인해야 한다. 이를 위한 대표적인 그래프적 진단 방법으로는 히스토그램(histogram)(Pearson, 1894)[18], 분위수 플롯(Quantile-Quantile Plot; Q-Q plot)(Daniels, 1950)[19] 그리고 일반화된 분위수 플롯인 확률도(Probability Plot)(Wilk, 1968)[20]가 있다. 히스토그램은 [제 3 장]에서 소개한 것과 같이 데이터의 분포 구조를 직관적으로 파악할 수 있으며, 분위수 플롯과 확률도는 관찰된 분포와 가정된 이론적 분포의 적합성 여부를 시각적으로 판단할 수 있다. [그림 4.12]에서 확인할 수 있듯이, (B)의 확률도는 (A)의 분위수 플롯을 전체 데이터의 누적 분포 함수(CDF)로 일반화한 것이다. 앞으로 분포의 적합도 평가를 위하여 확률도를 사용한다.

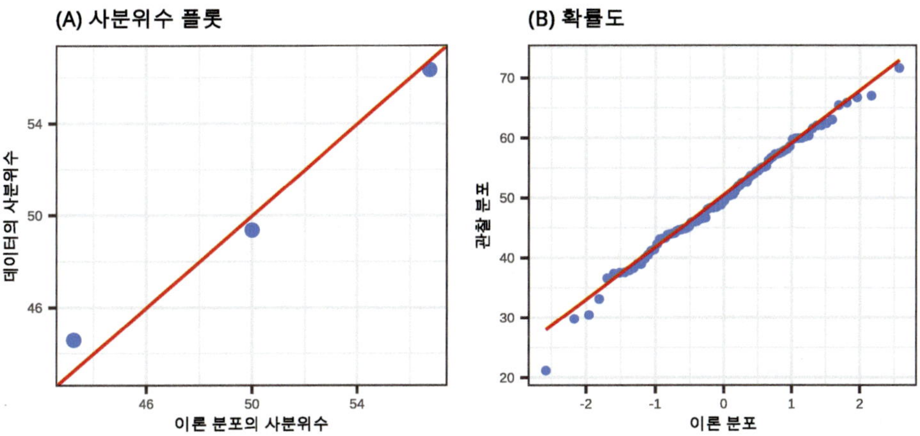

그림 4.12: 분위수 플롯과 확률도

확률도(Probability Plot)

- [목적] 데이터의 분포 적합성 확인
  - 관찰 분포와 이론적 기대 분포의 누적 분포 함수를 비교
- [의사 결정] 점들이 대각선에 가까이 분포할수록 데이터가 기대 분포와 밀접하다고 판단

[18] Pearson, K. (1894). Contributions to the mathematical theory of evolution. Philosophical Transactions of the Royal Society of London. A, 185, 71-110.

[19] Daniels, H. E. (1950). Rank correlation and population models. Journal of the Royal Statistical Society. Series B (Methodological), 12(2), 171-191.

[20] Wilk, M. B., & Gnanadesikan, R. (1968). Probability plotting methods for the analysis of data. Biometrika, 55(1), 1-17.

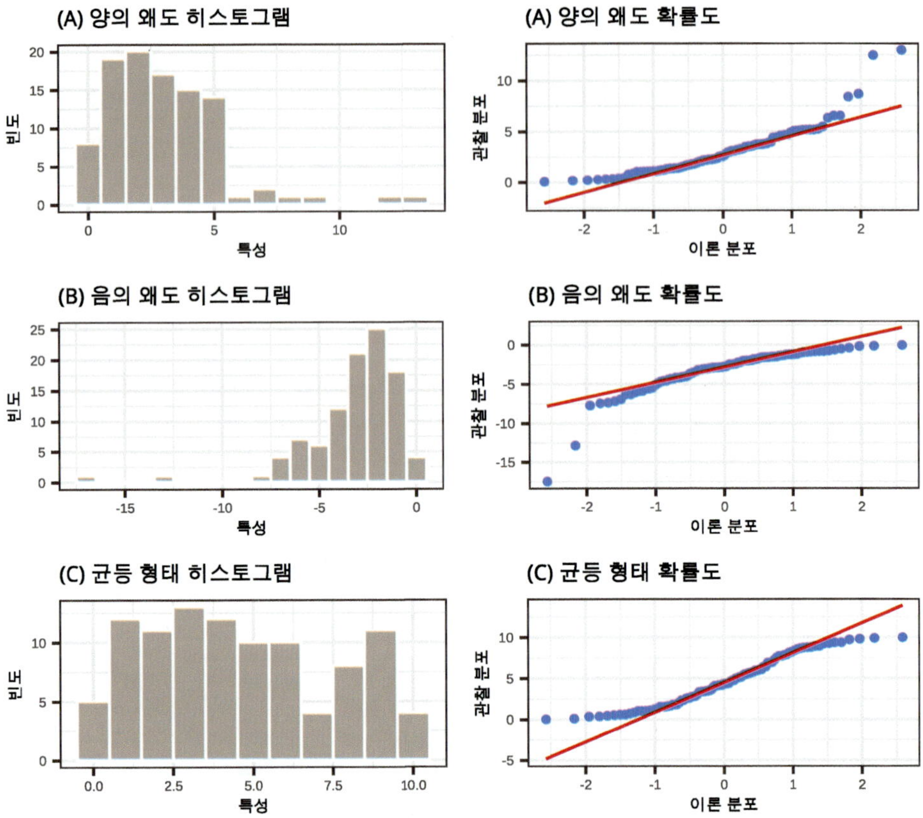

그림 4.13: 데이터가 정규분포에 적합하지 않은 경우의 확률도(예)

[그림 4.13]은 데이터가 이론적 분포(예: 정규 분포)에 적합하지 않는 경우의 확률도이다. 모두 대각선으로부터 점들의 형태가 벗어나 있다. (A)는 데이터가 왼쪽으로 집중되고 오른쪽 꼬리가 길게 나타나는 양(+)의 왜도(Skewness)를 갖는다. 이에 대한 확률도에서는 오른쪽 끝에서 데이터의 누적 분포 함수 값이 이론적 분포의 누적 분포 함수 값 보다 더 큰 값을 나타낸다. (B)는 데이터가 오른쪽으로 집중되고 왼쪽 꼬리가 길게 나타나는 음(-)의 왜도(Skewness)를 갖는다. 이에 대한 확률도에서는 (A)와 반대로 왼쪽 끝에서 데이터의 누적 분포 함수 값이 이론적 분포의 누적 분포 함수 값보다 더 작은 값을 나타낸다. (C)는 데이터가 전 범위에서 균등하게 분포되어 있는 균등 분포의 형태이다. 정규 분포와 비교할 때, 꼬리 부분이 짧으므로 음(-)의 첨도(Kurtosis)를 갖는다[21]. 이에 대한 확률도에서는 양 끝에서 데이터의 누적 분포 함수 값이 이론적 분포의 누적 분포 함수 값 보다 크거나 작은 값을 나타내며, 점들의 패턴이 S-형태로 대각선에서 벗어난다. 이러한 분포의 형태에 따른 확률도의 패턴은 데이터의 적합한 분포를 유추할 때 유용한 기준이 된다[22].

[21] 이와 반대로, 정규 분포 보다 양쪽 꼬리 부분이 길게 분포하는 형태를 양(+)의 첨도(Kurtosis)를 갖는다고 한다. 정규 분포의 경우에는 왜도와 첨도가 모두 0이다.

[22] 관찰 분포의 누적 분포 함수(Empirical CDF; ECDF) 값은 $F_E(y_i) = \frac{\text{rank of } y_i}{n}$ 으로 계산되고, 기대 분포의 누적 분포 함수는 $F(y_i)$로 계산된다. 만일 정규 분포라면, $F(y_i) = \int_{-\infty}^{y_i} \frac{1}{\sqrt{2\pi}\sigma} \exp\left(-\frac{(t-\mu)^2}{2\sigma^2}\right) dt$로 계산된다.

연습 10. 긴 형식과 넓은 형식 <continuous.practice.csv>

범주형 데이터는 케이스(cases), 테이블(table), 빈도 집계(frequency 또는 counts)와 같이 동일한 데이터를 다양한 형식으로 저장할 수 있다. 연속형 데이터는 측정값이 직접 기록되므로 [표 4.2]와 같이 각 변수의 여러 측정값을 하나의 행에 저장하는 넓은 형식(wide form) 또는 [표 4.3]과 같이 각 변수의 측정값을 개별 행에 저장하는 긴 형식(long form)으로 저장할 수 있다. 이러한 저장 형식 간의 변환은 데이터 분석과 시각화의 유연성을 높인다[23].

표 4.2: [넓은 형식]의 데이터

Subject	Var1_T1	Var1_T2	Var2_T1	Var2_T2
1	10	12	20	22
2	11	13	21	23

표 4.3: [긴 형식]의 데이터

Subject	Time	Var	Value
1	T1	Var1	10
2	T1	Var1	11
1	T2	Var1	12
2	T2	Var1	13
1	T1	Var2	20
2	T1	Var2	21
1	T2	Var2	22
2	T2	Var2	23

[넓은 형식(wide form)]에서 [긴 형식(long form)]으로 변환

```
library(tidyr)
data("table4a", package = "tidyr")
data("table4b", package = "tidyr")
```

```
head(table4a)                        # wide form: case
```

```
# # A tibble: 3 x 3
#   country    `1999` `2000`
#   <chr>       <dbl>  <dbl>
```

[23] 실무적인 데이터는 이 두 형식의 다양한 혼합 형태가 존재한다. 이러한 혼합 데이터를 분석 방법의 요구하는 특정 형식으로 전환하는 과정을 데이터 랭글링(Data Wrangling) 또는 데이터 먼징(Data Munging) 이라고 한다. 이는 원 데이터를 수집, 정리, 변환하여 분석 가능한 형식으로 전환하는 일련의 과정을 의미한다.

```
# 1 Afghanistan    745   2666
# 2 Brazil       37737  80488
# 3 China       212258 213766
```

```
head(table4b)                        # wide form: population
```

```
# # A tibble: 3 x 3
#   country         `1999`     `2000`
#   <chr>            <dbl>      <dbl>
# 1 Afghanistan   19987071   20595360
# 2 Brazil       172006362  174504898
# 3 China       1272915272 1280428583
```

table4a와 table4b는 모두 넓은 형식이다. 이는 각 열에 1999년과 2000년의 특정 사건의 수(case)와 인구(population)가 저장되었다.

- tidyr::pivot_longer()는 [넓은 형식]을 [긴 형식]으로 전환한다.
  - cols는 [긴 형식]으로 변환할 [넓은 형식]의 열들을 벡터로 지정한다. -는 제외를 의미한다.
  - names_to는 [긴 형식]에서 새로 생성될 열의 이름을 지정한다.
  - values_to는 [긴 형식]에서 데이터 값이 들어갈 새로운 열의 이름을 지정한다.

table4a와 table4b를 [긴 형식]으로 전환

```
longform_a <- table4a %>%
  pivot_longer(cols = c("1999", "2000"), names_to = "year", values_to = "cases")
head(longform_a)
```

```
# # A tibble: 6 x 3
#   country     year   cases
#   <chr>       <chr>  <dbl>
# 1 Afghanistan 1999     745
# 2 Afghanistan 2000    2666
# 3 Brazil      1999   37737
# 4 Brazil      2000   80488
# 5 China       1999  212258
# 6 China       2000  213766
```

```
longform_b <- table4b %>%
  pivot_longer(cols = c("1999", "2000"), names_to = "year", values_to = "population")
head(longform_b)
```

```
# # A tibble: 6 x 3
#   country     year  population
#   <chr>       <chr>      <dbl>
# 1 Afghanistan 1999    19987071
# 2 Afghanistan 2000    20595360
# 3 Brazil      1999   172006362
# 4 Brazil      2000   174504898
# 5 China       1999  1272915272
# 6 China       2000  1280428583
```

[긴 형식]에서 [넓은 형식]으로 변환

- tidyr::pivot_wider()는 [긴 형식]을 [넓은 형식]으로 전환한다.
  - names_from은 [넓은 형식]으로 변환할 [긴 형식]의 열 이름을 지정한다.
  - values_from는 [넓은 형식]으로 저장될 값을 갖는 [긴 형식]의 열 이름을 지정한다.

```
# 긴 형식을 다시 넓은 형식으로 변환
wide_form_a <- longform_a %>%
  pivot_wider(names_from = "year", values_from = "cases")
head(wide_form_a)
```

```
# # A tibble: 3 x 3
#   country     `1999` `2000`
#   <chr>        <dbl>  <dbl>
# 1 Afghanistan    745   2666
# 2 Brazil       37737  80488
# 3 China       212258 213766
```

longform_a와 longform_b를 통합하여 [넓은 형식]으로 변환

- dplyr::left_join(left, right)은 left 를 기준으로 right를 통합한다[24].
  - by는 통합 기준 변수를 벡터로 지정한다.
  - left의 모든 행이 유지되고, right는 일치되는 데이터만 결합한다.
    일치하지 않는 right 데이터는 NA로 채워진다.

```
wide_form_ab <- longform_a %>%
  left_join(longform_b, by = c("country", "year")) %>%
  pivot_wider(names_from = "year", values_from = c("cases", "population"))
head(wide_form_ab)
```

[24] 데이터 프레임을 통합하는 비슷한 방법으로 right 중심의 right_join(), 두 데이터 프레임의 모든 행을 유지하며 통합하는 full_join() 그리고 두 데이터 프레임의 공통 행만 통합하고 유지하는 inner_join() 등이 있다.

```
# # A tibble: 3 x 5
#   country     cases_1999 cases_2000 population_1999 population_2000
#   <chr>            <dbl>      <dbl>           <dbl>           <dbl>
# 1 Afghanistan        745       2666        19987071        20595360
# 2 Brazil           37737      80488       172006362       174504898
# 3 China           212258     213766      1272915272      1280428583
```

2개 이상의 연속형 변수

데이터 로딩

```
data <- read.csv(paste0(data_path, "continuous.practice.csv"))
head(data, 3)
```

```
#   id    A_y   A_x   B_y   B_x    C_y   C_x    D_y   D_x
# 1  1  0.750 0.696 0.534 0.878 -0.616 0.539  0.194 0.114
# 2  2  0.663 0.145 1.212 0.493  0.383 0.759 -0.116 0.184
# 3  3 -0.529 0.344 0.735 0.107 -0.588 0.673 -0.122 0.590
```

주어진 데이터는 넓은 형식(wide form)으로, A_y, A_x와 같이 동일 그룹 A에 서로 다른 y와 x로 구분된 연속형 데이터를 저장하고 있다.

- tidyr::pivot_longer()는 [넓은 형식]을 [긴 형식] 으로 전환한다.
  - names_to = c("group", ".value")는 두 개의 값을 포함하는 새로운 열의 이름이다[25].
  - names_sep는 [넓은 형식]의 열 이름을 나눌 구분자를 지정한다.

  넓은 형식의 A_y는 A와 y로 구분되고, A는 group 열 그리고 y는 .value 열로 지정된다.

```
long_data <- data %>%
  pivot_longer(
    cols = -id,
    names_to = c("group", ".value"),
    names_sep = "_"
  )
# 데이터 확인
head(long_data)
```

```
# # A tibble: 6 x 4
#      id group     y     x
```

[25] .(point)는 tidyverse::에서 예약된 이름이다. .value는 여러 열 이름에서 공통된 부분을 하나의 열로 묶을 수 있다. 예를 들어, 열 이름 A_y, A_x, B_y, B_x에서 _y와 _x 부분은 공통된 부분이며, 이들 각각을 하나의 열에 할당할 수 있다. 이는 긴 형식에서 넓은 형식으로 변환할 때 또는 그 반대의 경우에 유용하게 사용된다. 만일 다른 방법을 원하면, ".value" 대신에 "variable"을 적용할 수도 있지만, 이는 공통된 부분을 반영하지 못한다.

```
#   <int> <chr>   <dbl> <dbl>
# 1     1 A       0.750 0.696
# 2     1 B       0.534 0.878
# 3     1 C      -0.616 0.539
# 4     1 D       0.194 0.114
# 5     2 A       0.663 0.145
# 6     2 B       1.21  0.493
```

[긴 형식]에서 [넓은 형식]으로 변환[26]

tidyr::pivot_wider()는 [긴 형식]을 [넓은 형식]으로 전환한다.

- names_glue는 [넓은 형식]에서 열 이름의 형식을 지정한다.

"{group}_{.value}"는 그룹 이름과 변수 이름을 결합하여 [넓은 형식]의 열 이름을 생성한다.

- id_cols는 변환할 때 고유하게 식별되는 열을 지정한다.

```
wide_data <- long_data %>%
  pivot_wider(
    names_from = group,
    values_from = c(y, x),
    names_glue = "{group}_{.value}",
    id_cols = id
  )
# 데이터 확인
head(wide_data)
```

```
# # A tibble: 6 x 9
#      id    A_y    B_y    C_y    D_y    A_x   B_x   C_x   D_x
#   <int>  <dbl>  <dbl>  <dbl>  <dbl>  <dbl> <dbl> <dbl> <dbl>
# 1     1  0.750  0.534 -0.616  0.194 0.696  0.878 0.539 0.114
# 2     2  0.663  1.21   0.383 -0.116 0.145  0.493 0.759 0.184
# 3     3 -0.529  0.735 -0.588 -0.122 0.344  0.107 0.673 0.590
# 4     4 -1.68  -0.370 -0.400 -0.475 0.0145 0.270 0.464 0.290
# 5     5  0.0277 -0.158  0.0484 -2.88  0.444  0.561 0.767 0.820
# 6     6  1.59   1.55   0.209  0.995 0.367  0.852 0.463 0.640
```

□

[26] tidyr::은 R에서 데이터 정리와 변형을 쉽게 할 수 있도록 도와주는 패키지이다. 이는 특히 데이터의 형태를 변경하고, 결측값을 처리하며, 데이터를 구조화하는 데 유용하다. Wickham H, Vaughan D, Girlich M (2024). tidyr: Tidy Messy Data. R package version 1.3.1, <https://github.com/tidyverse/tidyr, https://tidyr.tidyverse.org.>

4.2.1 정규성 검정 Normality Test

정규성 검정(Normality Test)은 적합도(Goodness of Fit; GoF) 검정 중의 하나이며, 데이터가 정규 분포로 부터의 임의 표본인가를 검정한다. 히스토그램과 확률도는 데이터 분포의 형태를 직관적으로 보여주는 도구로 유용하지만, 정규성 검정은 데이터가 정규 분포를 따르는지 여부를 보다 정확하게 판단할 수 있는 정량적이고 객관적인 기준을 제공한다.

정규성 검정(Normality Test)

- [목적] 선택된 표본이 정규 분포로 부터 임의 표본인가를 검토
- 가설

$$H_0 : y_1, y_2, \dots y_n \sim \text{iid}\, N\left(\mu, \sigma^2\right) \quad \text{vs.} \quad H_1 : \text{ not } H_0$$

  또는 간단히 다음과 같이 표현한다.

$$H_0 : \text{데이터는 정규분포를 따른다. } vs. \; H_1 : H_0\text{가 아니다.}$$

- 의사 결정

$$p-value \; < \; \alpha \text{ 이면, } H_0 \text{ 기각}$$

다음은 대표적인 정규성 검정 방법이다. 각각의 검정 방법은 특정 상황에서 더 적합할 수 있으므로 데이터의 특성에 따라 적절한 검정 방법을 선택해야 한다. 만일 정규성 여부가 실무적으로 중요한 경우에는 2개 이상의 정규성 검정 방법을 적용하여 검토하는 것이 바람직하다[27].

대표적인 정규성 검정의 R 함수

- shapiro.test(): Shapiro-Wilk Test
  - 데이터의 순위를 기반으로 기대 분위수와 가중 상관 계수로 진단
  - 표본 크기 $(30 \leq n \leq 50)$일 때 가장 유용
  - 표본의 크기가 큰 경우와 이상점 존재 유무에 민감
- ks.test(): Kolmogorov-Smirnov Test 또는 nortest::lillie.test()
  - 관측된 누적 분포 함수와 이론적 누적 분포 함수 사이의 최대 편차로 진단
    이론적 누적 분포 함수(예: pnorm 등) 지정 필요

[27] shapiro.test()와 ks.test()는 R의 기본 패키지인 stats::에 포함되어 별도의 설치없이 사용 가능하고, ad.test()와 pearson.test()는 추가적으로 nortest:: 패키지를 설치해야 한다. 이론 분포에 대한 정보가 없거나 데이터에 동일한 값들이 존재하는 경우에는 ks.test() 대신에 nortest::lillie.test()를 사용한다.

- 규모가 작은 표본 크기에 적합 (일반적으로 $n < 50$)
- 최대 편차만을 이용하므로 모든 데이터를 반영하지 못함
  꼬리 부분의 정규성 편차에 민감하고 이상점의 존재 유무에 민감

✿ `nortest::ad.test()`: Anderson-Darling Test
- 이론 분포(정규 누적 함수)에 기초한 분포의 중심과 꼬리 부분을 비교 진단
- 표본 크기와 관계없이 적용 가능 (일반적으로 $n \geq 50$에 적합)
- 이론 분포를 적용하므로 계산량이 많음

✿ `nortest::pearson.test()`: Pearson's Chi-square Test
- 데이터를 구간으로 분할하여 각 구간의 빈도를 기대 빈도와 비교 진단
- 규모가 큰 표본 크기에 적합 (일반적으로 $n \geq 50$)
- 꼬리 부분의 정규성 편차에 덜 민감

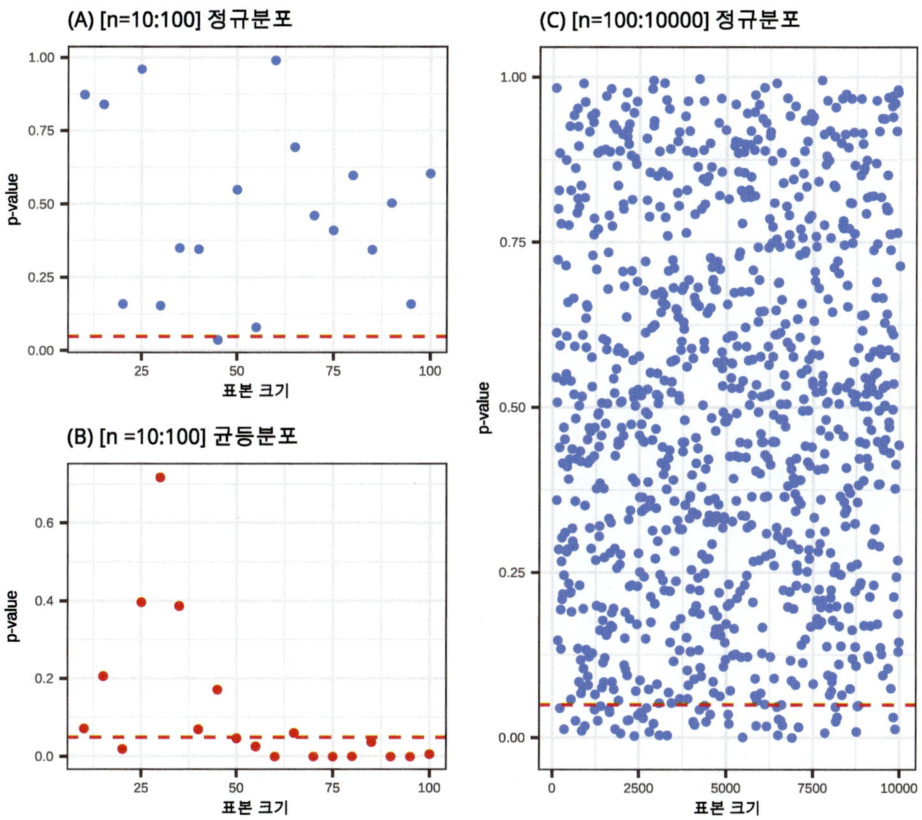

그림 4.14: [시뮬레이션] 정규/비정규 분포의 확률 난수에 대한 정규성 검정 결과

실제 모집단이 정규성을 만족하는 경우, 표본 크기와 관계없이 정규성 검정은 올바로 정규성 여부를 검토한다. [그림 4.14]는 정규 분포와 균등 분포 그리고 대표본의 정규 분포으로 부터의 확률 난수를 반복하여 생성하고, 이에 대한 Anderson-Darling(AT) Test를 적합한 결과이다. 이때, $p - value < 0.05$(빨강 가로 점선)이면 데이터가 정규성을 따른다는 H_0를 기각한다. (A)와 (C)는 실제 모집단이 정규분포인 경우로 대부분 정규성을 지지함을 확인할 수 있다. 정규 분포가 아닌 (B)에서는 대부분 정규성을 기각하지만, 표본 크기가 작은 경우에는 비정규성 상황에서 정규성을 명확하게 감지하지 못할 수 있다[28].

실습 15. 정규성 검정과 실무적 해석 <mid.measure.csv>

다음은 생산 프로세스의 중간 단계의 각 장비(set)에서 임의로 수집된 데이터이다. 측정 대상은 중간 단계의 가공된 길이(processed length; length)이며, 목표값은 19.0 (Micrometer, $\mu m = 10^{-6} m$)이며, 허용 한계는 ± 5.0이다. 길이의 정규성 여부는 프로세스의 안정성의 검증과 추가 조립 작업에서 중요한 기준이 된다.

데이터 로딩

```
check <- read.csv(paste0(data_path, "mid.measure.csv"))
str(check)
```

```
# 'data.frame': 363 obs. of  2 variables:
#  $ length: num  10.6 18.1 26.8 23.9 16.1 ...
#  $ set   : chr  "s3" "s3" "s4" "s4" ...
```

```
# set의 종류
unique(check$set)
```

```
# [1] "s3" "s4" "s2" "s1"
```

$n = 363$개의 length가 수집된 장비명인 set와 함께 기록되었다. 여기서 set는 총 4 종류로 각각 s1~s4로 기록되었다.

[28] 소 표본에서는 비정규성을 명확하게 감지하지 못할 수 있다. 이는 검정력(power of test)이 낮아져서 생기는 상황으로, 실제로 비정규성인 데이터도 정규성을 기각하지 못하는 경우가 발생할 수 있다. 따라서 소 표본을 다루는 경우, 정규성 검정 결과만으로 정규성의 가정이 잘 지켜진다고 판단하기 어렵다. 이러한 경우에는 데이터의 분포를 시각적으로 검토하여 원하는 분석 - 비교 또는 관계 도출 등 - 에 적합한 비모수적 방법(예: Wilcoxon Rank Sum Test를 이용한 중앙값 비교) 또는 강건한 통계 방법(예: Huber's M-Estimation, Median Absolute Deviation 등)의 사용을 고려해야 한다.

결측값(missing values)의 검토

- is.na()는 결측 여부를 TRUE/FALSE로 반환한다.

```
sapply(check, function(x) sum(is.na(x)))
```

```
# length    set
#      0      0
```

로딩된 데이터의 두 변수에는 결측값이 없다. 만일 존재한다면, 다음을 이용하여 각 열별 결측값 비율과 위치를 확인할 수 있다.

```
# 각 열별 결측값 비율
sapply(check, function(x) mean(is.na(x)))
# 결측값 위치
which(is.na(check), arr.ind = TRUE)
```

기본 요약값 확인[29]

```
summary(check$length)
```

```
#    Min. 1st Qu.  Median    Mean 3rd Qu.    Max.
#     4.5    16.9    19.2    19.1    21.1    33.2
```

데이터의 최소값이 4.5 그리고 최대값이 33.2로 허용 한계인 19.0 ± 5를 크게 벗어난다. Median과 Mean의 값이 비슷하므로, 좌우 대칭 구조를 갖는 것으로 판단된다.

```
# 목표값 달성 유무와 산포 확인
c(mean(check$length), sd(check$length))
```

```
# [1] 19.08  3.97
```

전체 데이터의 평균은 19.08(μm)으로 목표값 19.0과 근접하며, 표준 편차는 3.97(μm)로 허용 한계 ± 5와 비교할 때 상대적으로 크다[30].

---

[29] R의 다양한 패키지에서 변수별 기본 요약을 제공한다. 대표적으로 psych::describe()와 skimr::skim()이 널리 사용된다.

[30] 특정 분포를 가정하지 않았을 때, ± 2 표준 편차 내에 약 75% 이상을 포함한다. 최소 생산된 length의 75%가 허용 한계내에 포함하려면, 표준 편차는 약 2.5보다 작아야 한다(Chebyshev Inequality, 1867).

- 히스토그램과 커널 밀도 추정(Kernel Density Estimation; KDE)[31]
  - y = after_stat(density)는 빈도 대신 밀도(density)를 표현한다.
  - geom_density(adjust = k)에서 k가 클수록 평활(smooth)한 확률 밀도 함수를 제공한다.

```
check %>%
  ggplot(aes(length, y = after_stat(density))) +
  geom_histogram(color = "white", fill = "grey") +
  geom_density(color = "red") +
  geom_density(color = "blue", adjust = 1.5) +
  geom_density(color = "green", adjust = 0.5) +
  labs(title = "히스토그램과 커널 밀도 함수", x = ";length", y = "확률 밀도") +
  theme_bw()
```

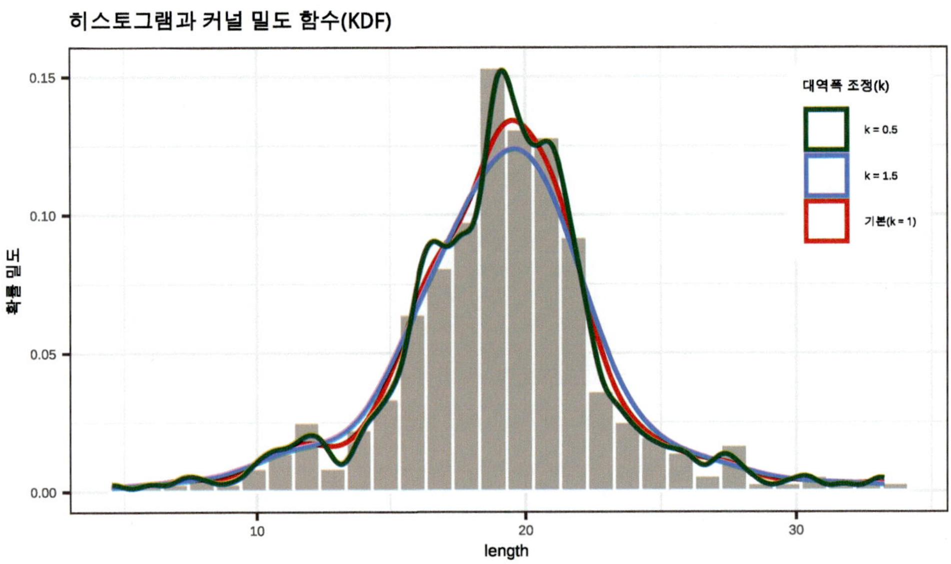

그림 4.15: <mid.measure.csv, length> 히스토그램과 KDE(adjust = 0.5, 1, 1.5)

[그림 4.15]는 모집단의 정규성 여부를 평가하기 위해 도시한 히스토그램과 커널 밀도 추정(KDE)의 결과이다. 추정된 커널 밀도 함수는 모집단의 예상 분포를 의미하는 연속 밀도 함수를 제공하여 시각적인 판단을 돕는다. 히스토그램에서는 전체적으로 종 모양(bell-shaped) 그리고 그리고 중심에서 좌우 대칭(symmetric) 형태임을 확인할 수 있지만, 양쪽 꼬리 부분에도 길게 데이터가 존재함을 확인할 수 있다. 커

[31] KDE는 데이터의 확률 밀도 함수를 추정하는 비모수적 방법을 말한다. 이는 데이터의 분포를 추정할 때 특정한 분포를 가정하지 않고, 데이터를 기반으로 연속적인 밀도 함수를 생성한다. 이는 데이터 평활화를 위한 커널 함수(Kernel Function)와 데이터 평활도를 결정하는 대역폭(Bandwidth)으로 구성된다. 여기서, 커널 함수는 데이터 평활화 함수를 말하고, 대역폭이란 적용되는 커널 함수의 너비를 조절하는 조정 값을 말한다.

널 밀도 추정에서는 다양한 대역폭(bandwidth) 조정 계수(adjust)를 시도하였다[32]. **빨간색으로 표현된 기본(k = 1)**은 기본 대역폭을 반영한 것이다. 이는 데이터의 세부 구조를 적절히 반영하면서도 과도한 잡음을 포함하지 않는 형태를 제공한다. **녹색선인** k = 0.5는 기본 대역폭의 크기를 절반으로 줄인 경우로, 추정된 밀도 함수가 덜 매끄럽고 더 많은 피크(peak)를 포함한다. **파란색으로 표시된** k = 1.5는 기본 대역폭의 1.5배를 사용한 것으로 고려한 k값 중에서 가장 매끄러운 형태의 밀도 함수를 제공한다. 이는 기본값인 경우보다 데이터의 잡음을 더 많이 상쇄하여 모집단 분포의 형태를 유추하는데 도움이되지만, 중요한 세부 구조를 간과할 수 있다. □

히스토그램에서는 그 형태를 결정하는 빈(bins)의 수 또는 빈의 너비(binwidth)를 적절하게 설정할 수 있어야 한다. 너무 많은 빈의 수를 사용하면 과도한 세부 구조와 잡음을 반영할 수 있고, 너무 적은 빈의 수를 사용하면 데이터의 중요한 구조를 간과할 수 있다. 따라서 다양한 빈의 수(또는 빈의 너비)를 시도하여 적절한 값을 선택하는 것이 중요하다. 커널 밀도 추정에서는 적절한 대역폭 조정 계수(adjust)를 결정해야 한다. 이 값이 너무 작으면 데이터의 잡음을 과도하게 반영하여 부정확한 밀도 함수가 추정될 수 있고, 반대로 이 값이 너무 크면 데이터의 중요한 구조를 간과할 수 있다. 따라서 데이터의 특성과 분석 목적에 맞는 적절한 대역폭 조정 계수(adjust)를 선택하는 것이 중요하다.

정규 확률도

- stat_qq()와 stat_qq_line()은 정규 확률도와 **참조선**(reference line)을 도시한다[33].
  - 정규성을 만족하는 경우, 데이터의 평균과 표준편차는 기대 분포의 0 그리고 0과 1에서의 차이로 추정한다.

```
check %>%
  ggplot(aes(sample =length)) +
  stat_qq(color ="blue") +
  stat_qq_line(color ="red")+
  geom_vline(xintercept = 0, linetype = "dashed") +
  geom_vline(xintercept = 1, linetype = "dashed") +
  labs(title = "<mid.measure.csv, length>  확률도" , x ="이론 분포(Standard Normal)",
       y ="관찰 분포(Data)") +
  theme_bw()
```

[32] adjust는 기본 대역폭(bandwith)에 곱해지는 조정 계수이며 k < 1은 밀도 함수가 거칠고 데이터의 세부 구조를 더 많이 반영하고, k >1은 밀도 함수가 더 매끄럽고 데이터의 세부 구조를 평활화한다.

[33] 참조선은 Q-Q line이라고도 부르며, 이론 분포의 백분위수와 관찰 분포의 백분위수가 일치하는 경우를 표현한다. 데이터를 나타내는 점들이 참조선에 가깝게 위치할수록 데이터가 해당 이론 분포를 잘 따른다고 판단한다.

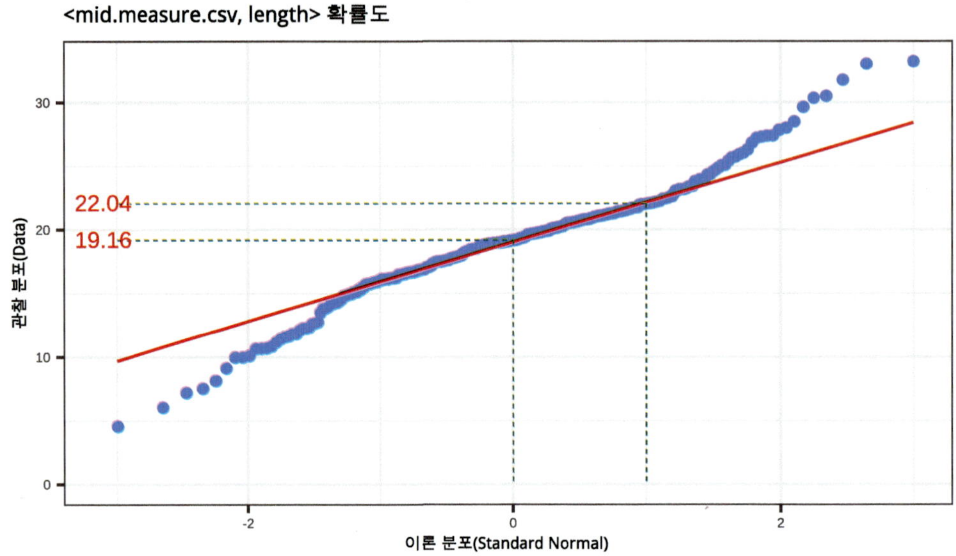

그림 4.16: <mid.measure.csv>의 length에 대한 확률도와 정규분포일 경우의 평균과 표준편차 추정

[그림 4.16]은 length에 대한 확률도이다. 데이터들이 정규 분포 만족 시의 참조선(빨간색)과 크게 벗어나며, 특히 중심보다는 양쪽 끝 부분에서 차이가 크다. 이는 분포의 꼬리 부분에서 정규 분포와 큰 차이를 있음을 나타낸다. 데이터가 정규성을 따르는 경우에 적용할 수 있는 추정된 평균과 표준 편차는 각각 19.16과 22.04 - 19.16 = 2.88이며, 이는 데이터의 평균 19.08과는 큰 차이가 나지 않지만, 추정된 표준편차는 데이터의 표준 편차 3.97과는 차이가 난다. 이러한 차이는 데이터의 비정규성, 극단값의 영향, 추정 방법의 차이에 의해 나타난다. 일반적으로 정규성을 만족하는 경우, 확률도에서 추정된 표준 편차는 데이터의 표준 편차와 유사한 값을 갖는다. □

데이터의 정규성 여부에 대한 시각적 진단에서 확률도는 히스토그램 또는 커널 밀도 추정과 비교할 때 보다 명확한 기준을 제공한다. 이러한 다양한 진단 방법의 시도는 데이터에 대한 이해를 돕고 실무적인 필요 대책의 수립과 실행에서의 통찰을 제공한다. 고려된 그래프적 방법은 모집단의 분포의 정규성 여부를 시각적으로 확인할 수 있어 유용하지만, 보다 정확한 판단을 위해서는 정규성 검정을 적용해야 한다. 현재 데이터는 $n = 363$으로 개별 정규성 검정에서의 소표본 또는 지나치게 큰 데이터 등의 제약이 없다.

정규성 검정

- nortest:: 패키지를 설치하고 library()로 활성화한다.

```r
shapiro.test(check$length)
```

```
#
#   Shapiro-Wilk normality test
#
# data:  check$length
# W = 1, p-value = 0.0000001
```

```r
ks.test(check$length, "pnorm")
```

```
#
#   Asymptotic one-sample Kolmogorov-Smirnov test
#
# data:  check$length
# D = 1, p-value <0.0000000000000002
# alternative hypothesis: two-sided
```

```r
library(nortest)
ad.test(check$length)
```

```
#
#   Anderson-Darling normality test
#
# data:  check$length
# A = 4, p-value = 0.0000000004
```

```r
library(nortest)
pearson.test(check$length)
```

```
#
#   Pearson chi-square normality test
#
# data:  check$length
# P = 59, p-value = 0.000005
```

고려한 모든 정규성 검정에서 $p - value = 0.000 < \alpha = 0.05$로 H_0 : 데이터가 정규 분포를 따른다.를 기각한다. 각 검정별 $p - value$를 간략히 정리할 수 있는 사용자 정의 함수(user-defined function)를 정의해 두면 유용하다[34].

[34] Kolmogorov-Sminorv 검정의 경고(warning)는 데이터에 동일한 값(tie)들이 있는 경우 발생한다. 이러한 경우, 데이터의 동일한 값을 찾아서 작은 잡음을 더하여 처리하기도 하지만, 일반적으로 비슷한 검정 방법인 릴리퍼스 검정(Lilliefors Test)를 적용한다. 이는 nortest::lillie.test()로 실행할 수 있다. Lilliefors, H. W. (1967). "On the Kolmogorov-Smirnov Test for Normality with Mean and Variance Unknown". Journal of the American Statistical Association, Vol. 62, No. 318, pp. 399-402.

- 사용자 정의 함수 normality_tests(data, var)

  - var에 대한 다양한 정규성 검정 결과의 $p-value$를 반환한다.

- requireNamespace("PKG", quietly = TRUE)는 지정된 PKG의 설치 여부를 TRUE/FALSE로 반환하고, quietly = TRUE는 경고 메시지 출력을 방지한다.
- dplyr::pull()은 dataframe의 특정 열을 벡터로 추출한다.
- $\{\{\cdot\}\}$ 은 rlang패키지에서 제공하는 문법으로 변수를 동적으로 정의한다[35].

```
# 사용자 정의 함수
normality_tests <- function(data, var){
  # 패키지 확인
  if (!requireNamespace("nortest", quietly = TRUE)) {
    install.packages("nortest")
  }
  if (!requireNamespace("dplyr", quietly = TRUE)) {
    install.packages("dplyr")
  }
  if (!requireNamespace("rlang", quietly = TRUE)) {
    install.packages("rlang")
  }
  # 패키지 활성화
  library(nortest)
  library(dplyr)
  library(rlang)
  # 변수 선택
  var_data <- data %>% pull({{ var }})
  # 정규성 검정
  shapiro_test <- shapiro.test(var_data)       # Shapiro-Wilk 검정
  shapiro_p <- shapiro_test$p.value
  lillie_ks_test <- lillie.test(var_data)      # Lilliefors-Kolmogorov-Smirnov 검정
  lillie_p <- lillie_ks_test$p.value
  ad_test <- ad.test(var_data)                 # Anderson-Darling 검정
  ad_p <- ad_test$p.value
  pearson_test <- pearson.test(var_data)       # Pearson's Chi-Square 검정
  pearson_p <- pearson_test$p.value
  # 결과 통합
  p_values_df <- data.frame(
    검정_종류 = c("Shapiro-Wilk", "Lilliefors_K_S",
                 "Anderson-Darling", "Pearson Chi-Square"),
    p_value = c(shapiro_p, lillie_p, ad_p, pearson_p)
```

[35] 이를 curly-curly라고 부른다. 동적 정의란 함수가 호출될 때마다 전달된 인수에 따라 다르게 작동하는 것을 의미한다. 즉, 함수가 호출될 때마다 전달된 변수명이나 데이터에 맞춰서 변수를 평가하고 처리하는 것을 말한다. 이를 통해 함수가 다양한 상황에 적응하여 유연하게 동작할 수 있다.

```
  )
  return(p_values_df)
}
# 함수 실행
normality_tests(check, length)
```

```
#          검정_종류     p_value
# 1      Shapiro-Wilk 0.000000111518
# 2    Lilliefors_K_S 0.000011900711
# 3  Anderson-Darling 0.000000000419
# 4 Pearson Chi-Square 0.000005096289
```

□

정규성은 실무적으로 중요한 가정이다. 정규성이 위배되는 경우에는 다양한 시도를 통하여 정규성 위배의 원인을 탐색해야 한다. 가장 기본적으로 데이터 레쥬메(Data Resume) 항목을 고려하여 혼합된 데이터 여부를 확인한다[36,37]. 특히, 데이터의 크기가 큰 경우에는 다양한 원인들에 의하여 혼합될 가능성이 높으므로 반드시 확인할 필요가 있다.

그룹 별 확률도와 정규성 검정

- ggplot(aes(color = var))은 var에 따라 그룹을 분할하고, 색상 지정 및 분석을 그룹별로 적용한다.

```
check %>%
  ggplot(aes(sample = length, color = set)) +
  geom_qq() +
  stat_qq_line(aes(color = set)) +
  labs(title = "장비(set)별 확률도",
       x = "이론 분포(Standard Normal)", y = "데이터" ) +
  theme_bw()
```

[36] 고승곤. (2020). (프로젝트 기반의) 통계적 문제 해결. 교우사

[37] 데이터 레쥬메(Data Resume)란 관심 특성이 측정될 때, 함께 기록하는 측정 환경에 대한 다양한 변수군을 말한다. 연속형 관심 특성인 경우, 변동 원인 항목들을 중심으로 측정 환경의 중요 요소들을 포함한다.

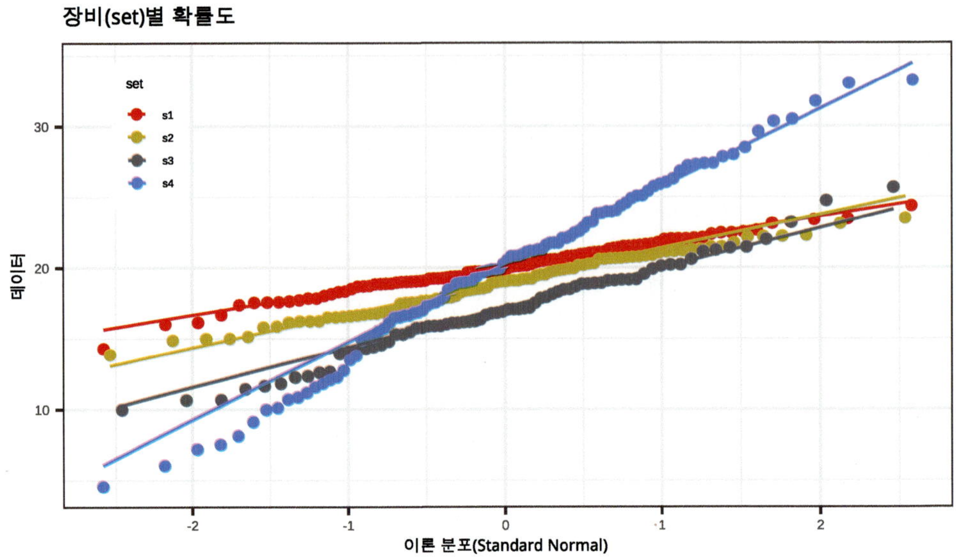

그림 4.17: <mid.measure.csv> 혼합 데이터 여부의 검토: 장비(set)별 확률도

[그림 4.17]은 범주형 변수인 set 별로 구분된 확률도이다. s3의 양쪽 꼬리 그리고 s4에서 작은 값의 꼬리에서 불일치를 확인할 수 있지만, 대부분의 데이터는 이론 분포의 참조선과 밀접하게 분포한다. set 별 정규성 검정 결과는 다음과 같다.

- 사용자 정의 함수 grouped_normality_tests(data, var, group)
  - group 별 var에 대한 정규성 검정의 $p - value$를 반환한다.
- split(data, var)는 data를 var값에 따라 분할하여 list로 저장한다.

```
group_set <- split(check$length, check$set)
str(group_set)
```

```
# List of 4
#  $ s1: num [1:100] 17.5 21.9 22.3 22 16.6 ...
#  $ s2: num [1:89] 15.7 19.9 20.6 20.6 19.1 ...
#  $ s3: num [1:72] 10.6 18.1 19.1 19.1 20.2 ...
#  $ s4: num [1:102] 26.8 23.9 16.1 23.9 25.1 ...
```

- lapply(data, FUN)는 data의 각 요소에 FUN을 적용하여 그 결과를 리스트로 반환한다.
- sapply(data, FUN)는 data의 각 요소에 FUN을 적용하여 그 결과를 벡터 또는 행렬로 단순화하여 반환한다.

```r
# 사용자 정의 함수
grouped_normality_tests <- function(data, var, group) {
  # 패키지 확인
  if (!requireNamespace("nortest", quietly = TRUE)) {
    install.packages("nortest")
  }
  if (!requireNamespace("dplyr", quietly = TRUE)) {
    install.packages("dplyr")
  }
  if (!requireNamespace("rlang", quietly = TRUE)) {
    install.packages("rlang")
  }
  # 패키지 활성화
  library(nortest)
  library(dplyr)
  library(rlang)

  # 동적으로 변수명 처리
  var_data <- data %>% pull({{ var }})
  group_data <- data %>% pull({{ group }})

  # 각 그룹으로 데이터 분할
  group_set <- split(var_data, group_data)

  # 각 그룹에 대해 정규성 검정 수행
  shapiro_tests <- lapply(group_set, shapiro.test)
  ad_tests <- lapply(group_set, ad.test)
  lillie_tests <- lapply(group_set, lillie.test)
  pearson_tests <- lapply(group_set, pearson.test)

  # p-value 추출
  shapiro_p <- sapply(shapiro_tests, function(x) x$p.value)
  ad_p <- sapply(ad_tests, function(x) x$p.value)
  lillie_p <- sapply(lillie_tests, function(x) x$p.value)
  pearson_p <- sapply(pearson_tests, function(x) x$p.value)

  # 결과 통합
  set_p <- data.frame(
    group = names(group_set),
    Shapiro_Wilk = shapiro_p,
    Anderson_Darling = ad_p,
    Lilliefors_KS = lillie_p,
    Pearson_Chi_Square = pearson_p
```

```
  )

  return(set_p)
}
# 결과 확인
grouped_normality_tests(check, length, set)
```

	Shapiro_Wilk	Anderson_Darling	Lilliefors_KS	Pearson_Chi_Square
s1	0.788	0.869	0.737	0.830
s2	0.445	0.286	0.235	0.701
s3	0.672	0.572	0.518	0.031
s4	0.554	0.482	0.455	0.830

결과를 보면, 장비(set)로 고려한 모든 정규성 검정에서 s3의 pearson.test를 제외하고 $p - value > \alpha = 0.05$ 이므로 H_0 : 데이터가 정규 분포를 따른다.를 기각하지 못한다. 이러한 경우, 각 정규성 검정 방법의 원리를 고려하여 추가 검토 여부를 확인한다. pearson.test()는 데이터의 구간별 분포를 평가한다. s3의 경우에만 기각된 경우는 구간 분할 방법의 차이일 가능성이 높다. 만일 일정 구간의 데이터가 큰 변별력을 갖지 않아 구간을 구분하는 것이 의미가 있다면 추가적인 실무적 검토를 고려해야 한다. 만일 그렇지 않다면, 나머지 검정의 결과를 참조하여 정규성을 만족한다고 판단할 수 있다. 참고로 생산 프로세스로부터의 데이터는 각 값의 변별력이 중요하며, 이러한 경우에는 ad.test()를 우선적으로 참조한다. 이는 ad.test()가 이론적인 정규분포의 누적 확률에 기초한다는 점과 데이터의 꼬리 부분에 대한 민감도가 높아 허용 한계 등에 인접한 영역의 정규성 여부를 평가하는데 더 적합하기 때문이다. □

그룹 별로 검토한 정규성이 만족한다면, 각 그룹별 모수들을 추정해 볼 수 있다. 이는 전체 데이터의 비정규성을 실무적으로 교정할 수 있는 유용한 해석의 기준을 제공한다.

그룹 별 모수(들) 추정

- 사용자 정의 함수 fit_pars(data, dist)
  - data로 부터 가정된 확률 분포 dist의 추정된 모수(들)을 반환한다.
- MASS::fitdistr(x, dist)는 다양한 분포의 모수를 추정하여 리스트로 제공한다.
  - dist는 정규 분포 이외에 다양한 분포를 지정할 수 있다.

  (예) exponential, lognormal, weibull 등

```
# 사용자 정의 함수
fit_pars <- function(data, dist = "normal") {
  fit <- MASS::fitdistr(data, dist)
```

```
  return(fit)
}
#
# 그룹별 데이터 구분분
group_set <- split(check$length, check$set)
# 각 그룹별 사용자 정의 함수 적용
fit_results <- lapply(group_set, fit_pars, dist = "normal")
# 추정된 모수 정리
set_paras <- data.frame(
  set = names(fit_results),
  mean = sapply(fit_results, function(x) x$estimate["mean"]),
  sd = sapply(fit_results, function(x) x$estimate["sd"])
)
# 결과 확인
set_paras
```

```
#         set mean   sd
# s1.mean  s1 20.0 1.77
# s2.mean  s2 18.8 2.09
# s3.mean  s3 17.0 3.23
# s4.mean  s4 19.9 6.10
```

추정된 set별 평균과 표준편차를 비교하기 위하여 2×2 블록도(block diagram)와 추정된 확률 밀도 함수(pdf)를 시각화하면 다음과 같다. 블록도의 기준선은 목표값(19.0)과 전체 데이터의 표준 편차(3.97)를 지정하였다. 이는 실무적으로 비교 기준이 되는 값 - 업계 표준, 경쟁사의 수준, 단기 목표 수준 등 - 을 지정할 수 있다. 확률 밀도 함수를 표현한 그림에서는 목표값(19.0)과 허용 한계(± 5)를 반영한 14 그리고 21에 지침선을 추가하였다[38].

```
# 색상 지정
my_colors <- c("red", "gold", "grey", "blue")
# set별 추정된 모수값 비교
ggplot(set_paras, aes(x = mean, y = sd, color = set)) +
  geom_point(size = 3) +
  geom_vline(xintercept = 19, linetype = "dashed", color = sgr, size = 0.2) +
  geom_hline(yintercept = 3.97, linetype = "dashed", color = sgr, size = 0.2) +
  scale_color_manual(values = my_colors) +
  labs(title = "(A) 그룹(set)별 평균과 표준편차",
       x = "length의 평균",
```

[38] 모집단에서의 불량률 예측과 프로세스 능력 지수화 등을 위해서는 구간 추정 또는 장/단기 변동 반영을 통하여 최대/최소 불량률 등의 결과를 도출할 수 있다.

```
       y = "length의 표준편차"
       ) +
  theme_bw() +
  theme(legend.position = c(0.1, 0.85),
        legend.key.height = unit(0.3, "cm"),
        legend.key.width = unit(0.3, "cm"),
        legend.box.background = element_rect(color = "black", size = 0.2),
        legend.background = element_rect(fill = "white", color = "black", size = 0.2)
  )
# 기존 데이터에 추정값 추가
check_expanded <- merge(check, set_paras, by = "set")
# 추정된 모수에 의한 set별 확률 밀도 함수
ggplot(check_expanded, aes(x = length, color = set)) +
  stat_function(fun = dnorm,
                args = list(mean = set_paras$mean[1], sd = set_paras$sd[1]),
                color = my_colors[1], size = 1) +
  stat_function(fun = dnorm,
                args = list(mean = set_paras$mean[2], sd = set_paras$sd[2]),
                color = my_colors[2], size = 1) +
  stat_function(fun = dnorm,
                args = list(mean = set_paras$mean[3], sd = set_paras$sd[3]),
                color = my_colors[3], size = 1) +
  stat_function(fun = dnorm,
                args = list(mean = set_paras$mean[4], sd = set_paras$sd[4]),
                color = my_colors[4], size = 1) +
  geom_vline(xintercept = c(19, 14, 23),
             linetype = "dashed", color = sgr, size = 0.2) +
  labs(title = "(B) 그룹(set)별 추정 모수에 따른 pdf",
       x = "length",
       y = "확률 밀도"
       ) +
  theme_bw()
```

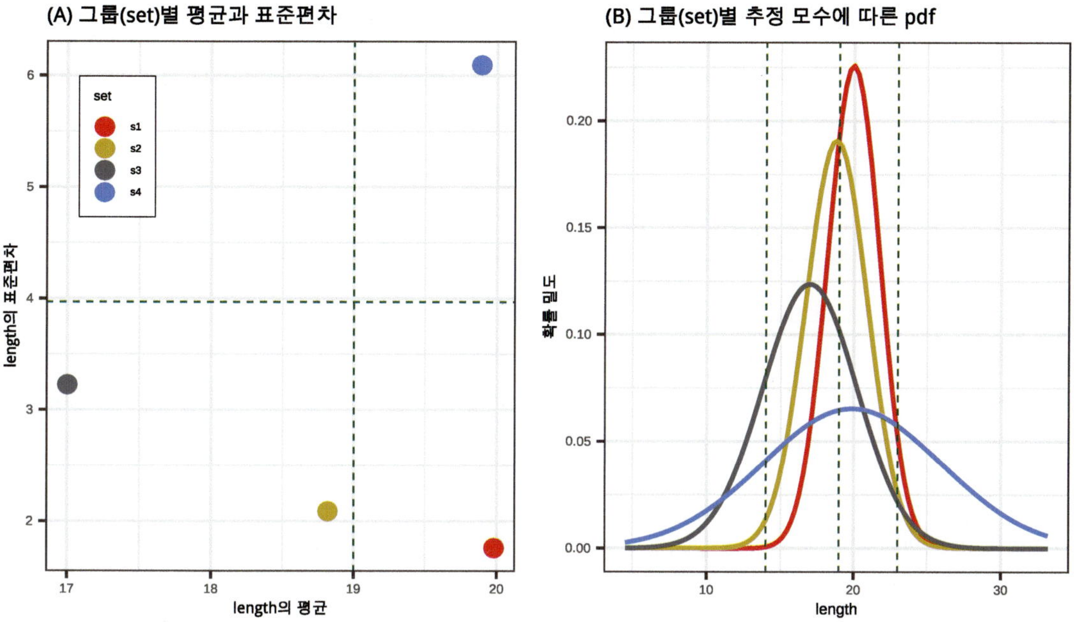

그림 4.18: <mid.measure.csv> set별 추정된 모수값의 비교 및 검토

[그림 4.18]의 (A)에서 s2의 평균이 목표값(19.0)과 가장 근접하다. 이는 해당 장비가 목표 성능에 적절하게 맞추어 운영됨을 의미한다. 반면 s3의 평균이 목표값보다 작은 쪽으로 가장 멀리 위치한다. 이는 장비의 성능이 저하되었거나 표준이 잘못 설정되었음을 시사한다. 따라서 s3 장비에 대한 점검과 조정이 필요하다. 표준 편차의 경우에는 s1이 가장 작다. 이는 프로세스가 잘 관리되고 있음을 의미한다. 반면 s4의 표준 편차가 가장 크다. 이는 다른 장비와 비교할 때 프로세스의 관리 절차와 방법에 문제가 있음을 의미한다. (B)에서 s4와 s3는 데이터(length)가 허용한계를 벗어나는 빈도가 높다. 이는 두 장비의 변동성이 크고 불량 비율이 높다는 것을 의미한다. 이와 같이 정규성 여부와 모수의 추정은 다양한 실무적 해석의 기준을 제공한다[39]. □

[39] 목표가 명확한 유형과 무형 프로세스에서 정규 분포는 중요한 역할을 한다. 정규성은 프로세스 운영의 안정성 유무, 평균은 목표 달성 여부 그리고 표준편차는 관리 능력 개선 필요성을 계량화한다.

4.2.2 데이터 재표현 Box-Cox Transformation

대부분의 통계 분석 도구와 방법은 기본적으로 정규 분포를 가정한다. 하지만 실무적으로 모든 관심 특성이 정규 분포를 따르는 것은 아니다. 일반적인 정규성 위배의 원인은 [표 4.4]와 같다. 정규성 검정이 위배되는 경우 **평균**(mean)이 올바른 대표값이 될 수 없으며, 정규성을 만족하는 경우와 비교할 때 **표준 편차**(standard deviation)는 커지는 경향을 갖는다.

표 4.4: 정규성 위배의 중요 원인과 실무적 대책

원인	설명	대책
(A) 혼합된 데이터	데이터가 다양한 원인 또는 환경의 영향으로 혼합	진단 및 분류
(B) 불안정한 프로세스	가장 일반적인 경우로 프로세스의 관리 부재	원인 규명 및 개선
(C) 내재적 특징	시간의 함수 또는 내구성의 수집	비정규 분포 적용 또는 데이터 재표현
(D) 입력 또는 비선형 관계	조절 불가능한 원인들의 영향	데이터 재표현

[그림 4.19]는 다양한 실무적 상황에서 정규성이 위배되는 경우에 대한 예시이다. (A)의 경우는 고객 만족도 평가에서 항목별 다양한 가중치를 반영하여 [0, 100] 범위의 점수로 변환한 것이다. 이때, 고객의 특성 - 국적, 연령, 성별 등 - 을 올바로 반영하지 못하는 경우에는 (A-1)과 같이 정규성이 위배될 수 있다. 하지만, 이를 그룹으로 분류한 (A-2)는 개별 그룹 모두 정규성에 위배되지 않음을 확인할 수 있다. (B)는 제조 현장에서 생산의 중요 특성을 조사한 것이다. 제조 현장에서는 원하는 목표값(target) 달성을 위하여 프로세스를 운영하므로 정규성이 다른 분야보다 더욱 중요하다.(B-1)의 생산 프로세스는 정규성에 위배된다. 이는 대부분 관리 부재로 (B-2)와 같이 프로세스가 올바로 운영되지 못하기 때문에 발생한다. 이 경우에는 정규성 진단을 통하여 프로세스의 안정적 운영 여부를 판단하고, 프로세스의 변동 원인을 규명하여 개선할 수 있어야 한다. (C)의 경우에는 일정 시간 동안의 장비 성능을 조사한 것이다. (C-1)과 같이 장비 성능이 정규성에 위배되는 이유는 장비가 시간에 따른 열화 또는 마모에 의하여 성능을 지속하지 못했기 때문이다. 즉, (C-2)와 같이 장비의 성능을 연속적인 시간으로 측정한 경우 일반적으로 정규성이 위배된다. 이러한 경우에는 실무적 특성의 내재적 구조로 인하여 위배되는 경우이므로, 정규성이 필요한 경우, 변수 변환을 한 후 분석한다. (D)는 다양한 위치의 농장에서 수확량을 조사한 것이다. 각 단위 농장에서의 수확량은 (D-1)과 같이 정규성이 위배된다. 이는 복잡한 원인과 결과에 의하여 (D-2)와 같이 비선형적일 때 발생하며, 이 경우도 영향을 주는 복잡한 환경 요인을 해결할 수 없다면, 변수 변환을 적용하여 정규성을 확보한 후 분석해야 한다.

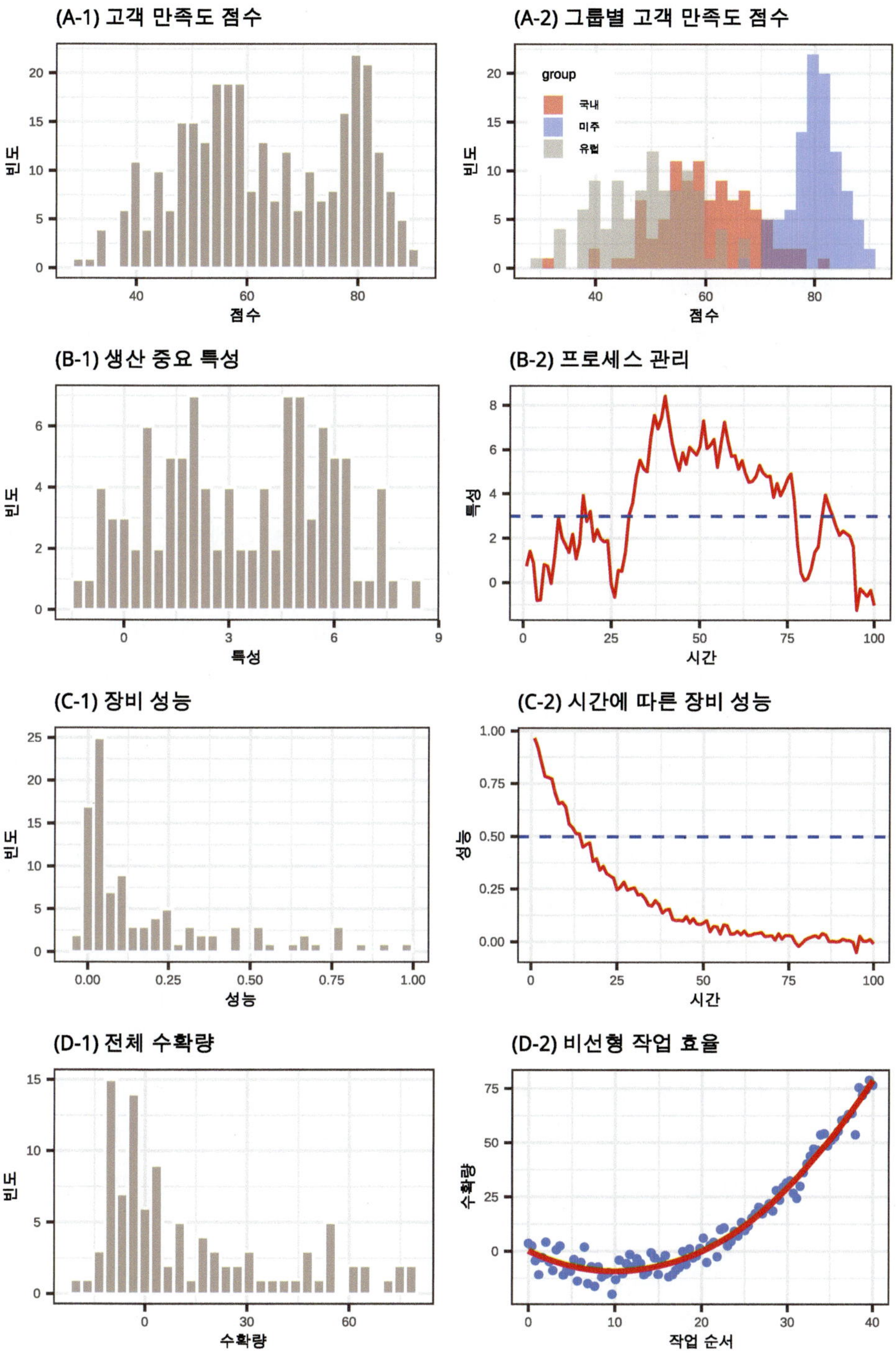

그림 **4.19:** 대표적인 정규성 위배의 예시

만일 관심 특성이 정규성을 만족하지 못한다면, 다음의순서로 해결 방법을 고려해야 한다.

관심 특성의 비정규성에 대한 대책

1. 데이터 레쥬메(Data Resume)의 검토
   - 다양한 원인들의 영향도 분석 및 실무적 해결
2. 안정화 작업(Stable Operation)
   - 극단값 또는 왜도 문제에 대한 실무적 해결
3. 비정규(Non-normal) 분포 적용
   - 관심 특성의 기술적 검토에 기반한 분석 기준 정립
4. 데이터 재표현(Data Re-expression)
   - 내재적 비정규성에 대한 통계적 교정

데이터 레쥬메(Resume)란 측정되는 관심 특성의 출처를 함께 기록하는 데이터 수집 양식을 말한다. 이는 관심 특성이 측정될 때의 **중요 환경 변수를 함께 기록**하여 변동의 출처를 명확히 구별하는 것을 목적으로 한다. 대규모 관찰 연구에서는 가능한 한 다양한 변수의 데이터를 확보하는 데이터 통합 과정으로 이를 대신할 수 있다. 이는 데이터 분석 과정에서 다양한 원인에 의한 분류 및 검토 그리고 비상식적인 값들의 제거 또는 보완의 근거가 된다.

안정화 작업(Stable Operation)은 관심 특성의 분포가 양(+) 또는 음(-)의 왜도를 갖는 경우, 꼬리 부분의 데이터가 올바른지 확인하고 이를 수정하는 작업을 말한다. 즉, 정규 분포의 위배 원인이 되는 데이터에 대한 검토와 재측정 그리고 활동 개선을 통하여 비정규성을 실무적으로 해결하는 것을 말한다.

내구성 또는 시간의 함수로 정의되는 관심 특성은 일반적으로 양(+)의 값을 갖고 분포 형태는 양(+)의 왜도를 갖는 경우가 일반적이다. 이러한 경우에는 정규 분포가 아닌 비대칭 연속형 분포 - 와이블, 지수, 대수 정규 분포 등 - 의 적합성 확인을 통하여 적절한 비정규 분포를 선택하고 이를 기초로 분석 계획을 수립해야 한다.

이러한 실무적 검토를 통한 대책의 적용 후에도 정규성이 위배된다면 데이터 재표현(Data Re-expression)을 고려할 수 있다(Tukey, 1977)[40]. 데이터 재표현이란 데이터를 일정 기준으로 변환하여 분석의 정확성과 신뢰성을 높이는 과정을 말하며, 데이터의 내재적 특성 또는 입력과 출력 간의 비선형 관계로 인하여 정규성이 위배되는 경우에 유용하다. 박스-칵스 변환(Box-Cox Transformation)은 데이터 재표현의 대표적인 방법으로 데이터의 정규성 확보를 목적으로 소개되었다(Box, 1964)[41]. 이는

[40] Tukey, J. W. (1977). Exploratory data analysis (Vol. 2, pp. 131-160). Reading, MA: Addison-wesley.

[41] Box, G. E., & Cox, D. R. (1964). An analysis of transformations. Journal of the Royal Statistical Society Series B: Statistical Methodology, 26(2), 211-243.

내구성 또는 시간의 함수로 정의되는 관심 특성에서 특정 비정규 분포를 선택할 수 없는 경우에도 좋은 대안을 제공한다.

Box-Cox 변환[42,43]

- 데이터 변환

$$Y_{(\lambda)} = \begin{cases} \frac{Y^{\lambda}-1}{\lambda} & \text{if } \lambda \neq 0 \\ \ln(Y) & \text{if } \lambda = 0 \end{cases}, \quad Y > 0$$

- 원 데이터로의 역 변환(inverse transformation)

  적용된 변환 승수를 λ^* 라고 할 때

$$Y = \begin{cases} (Y_{(\lambda^*)} \cdot \lambda^* + 1)^{1/\lambda^*} & \text{if } \lambda^* \neq 0 \\ \exp(Y_{(\lambda^*)}) & \text{if } \lambda^* = 0 \end{cases}$$

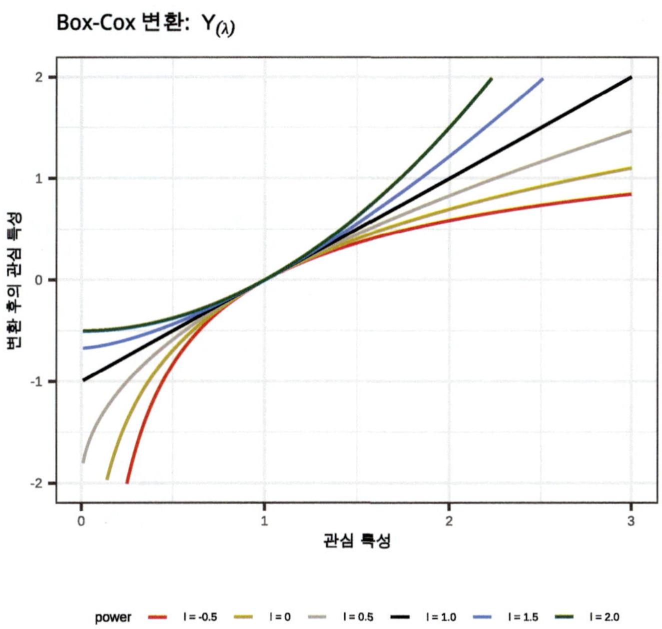

그림 4.20: Box-Cox 변환, $\lambda \in (-0.5, 2.0)$

[42] 간단히 다음과 같이 적용하기도 한다. 이 경우 $\lambda < 0$ 인 경우, 데이터의 순서가 역순이 된다.

$$Y^* = \begin{cases} Y^{\lambda} & \text{if } \lambda \neq 0 \\ \ln(Y) & \text{if } \lambda = 0 \end{cases}, \quad Y > 0$$

[43] 박스-칵스 변환은 주로 왜도(skewness)의 교정에 유용하고, 데이터의 극단값이나 분포의 꼬리 부분의 비중을 줄여 준다. 또한 여러 집단의 분산 안정화(Variance Stabilization)를 통하여 올바른 비교를 가능하게 하고 이상점을 감소시키는 효과를 갖는다. 하지만, 이는 첨도(kurtosis)의 교정에는 효과적이지 못하다.

[그림 4.20]은 Box-Cox 변환의 다양한 λ값이 데이터 변환에 미치는 영향을 보여준다. $\lambda = -0.5$(빨간색)는 변환 전의 데이터 값이 작을수록 변환 후에 더 많은 변화가 있고, 데이터 값이 클수록 그 변화가 적다. 이러한 변화의 정도는 $\lambda = 1$이 될때 까지 점차 감소한다. $\lambda = 1$(검정색)은 원래 데이터 값과 동일한 값으로 항등 변환(Identity Transformation)을 의미한다. $\lambda = 1.5$(파랑색)는 변환 전의 데이터 값이 작을수록 변환 후에 변화가 크고, 데이터 값이 클수록 변환 후에 변화가 작다. 이러한 변화의 정도는 λ값이 커지면서 증가한다. 이와 같이, λ의 값에 따라 그 변화의 정도를 달리하는 특징을 재표현의 사다리(ladder of Re-expression)라 하고, 이는 적절한 λ값을 결정하는데 유용한 기준이 된다. [그림 4.21]은 Box-Cox 변환의 적용 예이다.

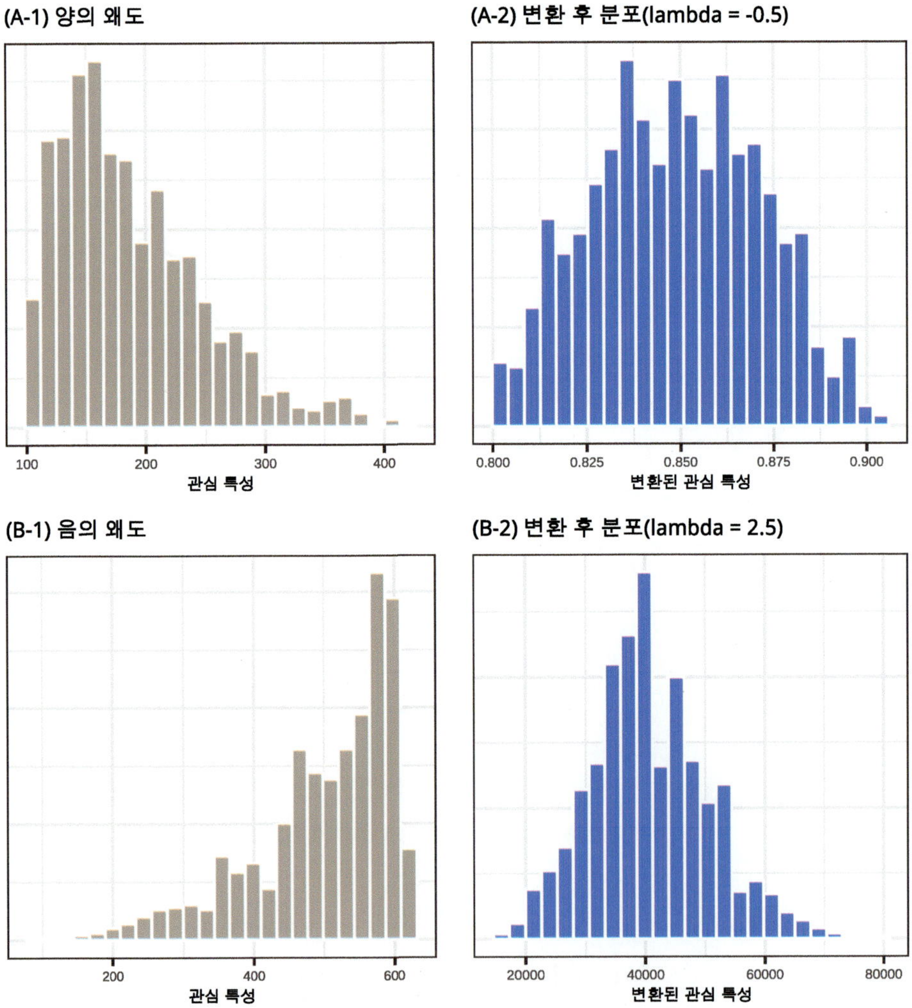

그림 4.21: Box-Cox 변환의 예

Box-Cox **변환** 적용을 위한 준비 사항은 데이터가 모두 양(+)의 값을 갖는지를 확인하는 것이다. 이는 변환을 정의하는 함수($log(y), y^{\lambda}$)의 정의역(domain)이 양수이기 때문이다. 따라서, 음(-)의 값을 포함하는 경우, 선형 변환을 통하여 양의 값으로 전환해야 한다[44]. 데이터가 모두 양의 상수로 정의되면, 다양한 변환 승수 λ를 시도하여 변환된 데이터의 정규성을 확보한다. 정규성을 확보할 수 있는 변환 승수들 중에서 가능하면 간단한 값(예: 0.5, 1, 2 등)을 결정하여 데이터에 적용한다. 변환 자체가 정규성을 보장해 주는 것은 아니므로, 정규성 검정을 통하여 정규성 달성 여부를 확인하고 변환 후의 유효성을 검토한다. 여기서, 유효성이란 실무적인 영역에서 원 데이터의 본질적 특성, 변환 후 데이터와 원 데이터와의 일관성 그리고 해석의 유용성 등이 바람직함을 의미한다. 정규성이 달성되었다면, 변환된 데이터를 이용하여 정규성 가정에 기초한 다양한 통계 분석을 적용하여 의사 결정의 기준값을 도출한다. 필요한 경우, 통계 분석의 결과를 원 데이터로 역 변환(inverse transformation)하여 해석한다. 이를 정리하면 다음과 같다.

Box-Cox 변환의 적용 절차[45]

- 모든 데이터 값이 양수(+)가 되도록 선형 변환
- 다양한 변환 승수 $\lambda \in [-5, 5]$를 적용하여 정규성 확보
- 정규성을 만족하는 가장 간단한 변환 승수 λ^* 결정
- 반환 후의 데이터의 정규성과 유효성 검토
- 변환된 데이터를 이용하여 정규성 가정을 갖는 다양한 통계 분석 실행
- 필요한 경우, 분석 결과를 원 데이터로 역 변환

대부분의 경우 주어진 절차를 통해 정규성을 달성할 수 있지만, (1) 데이터가 본질적으로 극한 비대칭이거나 또는 혼합이 아니더라도 **다중 봉우리**(multi-modal)의 형태인 경우 - 복잡한 경제 지표 등 (2) 극단값(extreme values) 또는 **이상점**(outliers)이 많이 포함된 경우 - 금융 데이터 또는 주식 데이터 (3) 데이터의 범위가 지나치게 좁은 경우 - 미세한 변화를 관찰하는 임상 시험 등 (4) 실무적으로 특정 계층 구조를 갖는 경우 - 인구 통계 또는 기후 관련 데이터 등 에서는 변환을 적용하더라도 정규성을 확보하기 어려울 수 있다. 따라서, 이러한 경우에는 정규성을 가정하는 통계 분석 방법은 부적절할 수 있다. 대신에 (1) 대략적인 패턴 파악 또는 효과 분석 등과 같이 제한된 정보와 실무적 경험을 통합하여 의사 결정하거나 (2) 정규성을 가정하지 않는 대안적 통계 분석 기법 - 로버스트(Robust) 통계, 부트스트랩(Bootstrap), 비모수적(Nonparametirc) 방법 등 - 을 고려해야 한다.

---

[44] 일반적으로 $Y^{new} = Y + (|Y_{(\min)}| + \epsilon)$, $\epsilon > 0$을 적용한다. 여기서, Y는 음수를 갖는 원 데이터이고, $Y_{(\min)}$은 원 데이터의 최소값 그리고 ϵ은 작은 양의 상수이다.

[45] $\lambda \in [-5, 5]$를 자주 사용하는 이유는 대부분의 데이터에서 이 범위가 적절한 변환을 찾는데 충분하고, 계산 시의 수치적 불안정성을 방지하기 위해서 이다. 실제로 이 범위를 넘는 λ값이 있을 수도 있지만, λ값이 너무 크거나 작으면 변환의 효과로 극단적인 특성 왜곡이 발생할 수 있다.

실습 16. 정규성 변환(*Box-Cox Transformation*) <auto.defect.csv>

다음은 소프트웨어 자동 테스트의 결과이다. 동일한 표준 제품에 소프트웨어를 설치하고 172번 반복 테스트를 하였다. 테스트를 시작할 때는 표준 제품을 초기화하여 소프트웨어를 다시 설치하여 다른 환경 요소의 영향을 배제하였다.

데이터 로딩

```
defect <- read.csv(paste0(data_path, "auto.defect.csv"))
str(defect)
```

```
# 'data.frame': 172 obs. of  2 variables:
#  $ id   : int  1 2 3 4 5 6 7 8 9 10 ...
#  $ times: num  124.9 65.2 113.1 27.7 123.3 ...
```

$n = 172$개의 times가 수집되었고, 그 이외의 정보는 없다. id는 정수형으로 표시되지만 단순한 데이터 일련 번호이다.

결측값(missing values)의 검토

```
sapply(defect, function(x) sum(is.na(x)))
```

```
#    id times
#     0     0
```

로딩된 데이터의 변수에는 결측값이 없다. 만일 존재한다면, 다음을 이용하여 각 열별 결측값 비율과 위치를 확인할 수 있다.

```
# 각 열별 결측값 비율
sapply(defect, function(x) mean(is.na(x)))
# 결측값 위치
which(is.na(defect), arr.ind = TRUE)
```

기본 요약값 확인

```
summary(defect$times)
```

```
#    Min. 1st Qu.  Median    Mean 3rd Qu.    Max.
#       1      28      74     112     148     653
```

데이터의 최소값이 1.0 그리고 최대값이 653.0으로 최초 오류가 발생하는 시간(sec.s)의 범위가 크고 Median과 Mean의 값이 서로 차이가 있으므로, 좌우 대칭 구조를 가정하기 어렵다. 동일한 공간에서 단일 장비와 표준 제품을 이용한 자동 테스트의 결과이므로, 실무적으로 해당 특성은 혼합되지 않았다고 가정한다.

히스토그램, 커널 밀도 함수 그리고 확률도

```
defect %>%
 ggplot(aes(times, y = after_stat(density))) +
 geom_histogram(color = "white", fill = "darkgray") +
 geom_density(color = "red") +
 geom_density(color = "blue", adjust = 2) +
 labs(title = "히스토그램과 커널 밀도 함수", x = "관심 특성", y = "확률 밀도") +
  theme_bw()
#
defect %>%
 ggplot(aes(sample =times)) +
 stat_qq(color ="blue") +
 stat_qq_line(color ="red")+
 geom_vline(xintercept = 0, linetype = "dashed") +
 geom_vline(xintercept = 1, linetype = "dashed") +
 labs(title = "확률도", x ="이론 분포(Standard Normal)", y ="관찰 분포(Data)") +
 theme_bw()
```

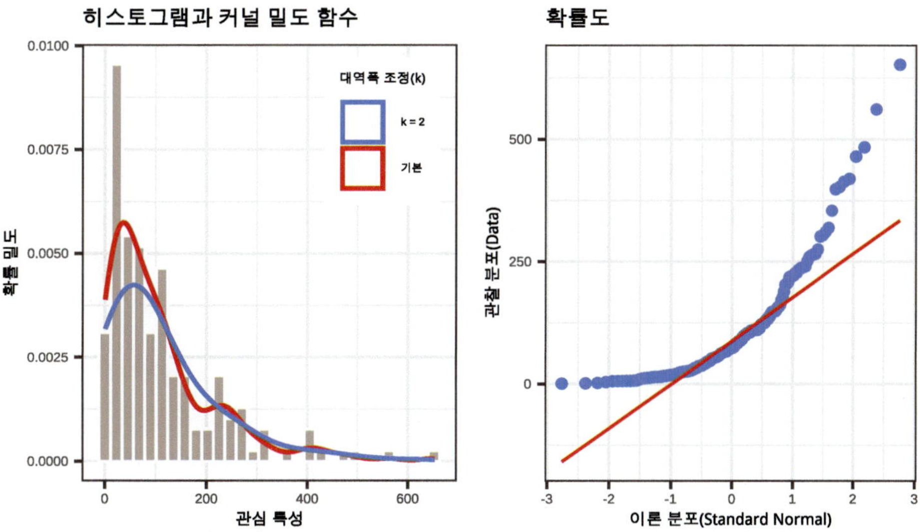

그림 4.22: <auto.defect.csv, times> 의 히스토그램, 커널 밀도 함수 그리고 확률도

[그림 4.22]에서 고려된 모든 그래프적 진단 - 히스토 그램, 2 종류의 커널 확률 밀도 그리고 확률도 - 에서 정규성이 명확히 위배되며, 양(+)의 왜도를 갖는다. 이는 표준 제품에서 반복되는 자동화 테스트에서 대상 소프트웨어가 대략 200(sec.s) 이전에 첫번째 오류가 발생되지만, 그 중 일부만이 더 긴 시간 정상 작동한다는 것을 확인할 수 있다. □

정규성 검정

normality_tests() 사용자 정의 함수(p. 231 참조)

```
normality_tests(defect, times)
```

```
#              검정_종류                p_value
# 1       Shapiro-Wilk 0.000000000000638777722512
# 2      Lilliefors_K_S 0.000000000003595787787414
# 3    Anderson-Darling 0.000000000000000000000605
# 4 Pearson Chi-Square 0.000000000000000000900416
```

모든 검정에서 $p-value = 0.000 < \alpha = 0.05$로 H_0 : 데이터가 정규 분포를 따른다.를 기각하였다. 앞서 검토된 바와 같이 현재의 관심 특성은 혼합의 가능성이 없고 내구성을 측정하는 시간의 함수이므로 데이터 재표현 방법인 Box-Cox 변환을 적용하기로 한다. □

Box-Cox 변환

MASS::boxcox(formula, lambda)는 lambda 값에 따른 로그-우도(log-likelihood) 그래프와 값을 제공한다[46].

- 단일 변수를 지정할 때는 y ~ 1의 형태로 지정한다[47].
- λ의 범위를 지정하지 않는 경우, [-2, 2] 범위를 탐색한다.
- 결과는 우도-함수의 그래프와 최적 λ 그리고 λ 값을 나타내는 x와 계산된 로그-우도 함수값인 y를 반환한다.

```
y <- defect$times
bc <- MASS::boxcox(y ~ 1)      # lambda 변경: boxcox(x ~ 1, lambda = seq(-5, 5, by = 0.1))
```

[46] MASS::boxcox() 함수는 λ에 의하여 변환된 데이터의 로그-우도(log-likelihood)를 계산하여 최적 변환 계수 λ^*를 찾는다. 로그-우도가 클수록 해당 λ값으로 변환된 데이터가 모형(정규 분포)에 가깝다는 의미이다. 하지만, 최적λ^* 라고 해서 정규 분포를 보장하는 것은 아니다.

[47] MASS::boxcox() 함수는 단일 데이터 객체를 적용할 수 없고 반드시 formula 형식인 y ~ x로 지정해야 한다. 이는 회귀 모형 등의 반응 변수의 변환에서 유용하다. 단일 데이터 객체를 적용하기 위해서는 y ~ 1로 입력한다.

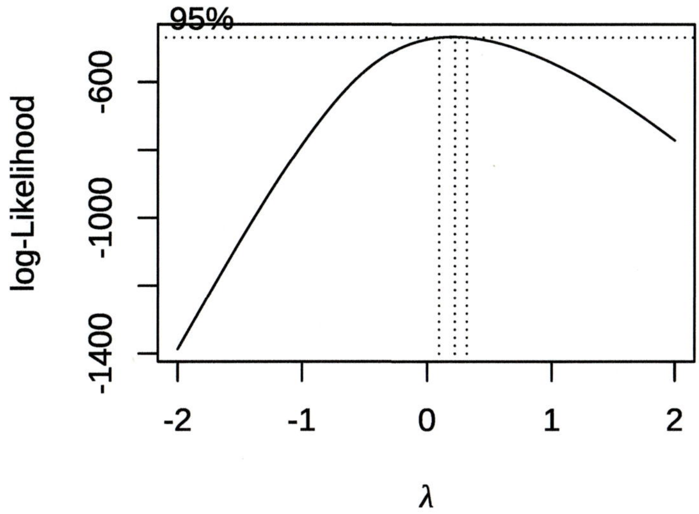

which.max()는 최대값의 위치를 반환한다.

```
lambda <- round(bc$x[which.max(bc$y)], 1)
lambda
```

```
# [1] 0.2
```

최적 변환 승수 $\lambda^* = 0.2$이다. 이를 이용하여 원 데이터를 변환하고 정규성 여부를 확인해 보면 다음과 같다.

$\lambda^* = 0.2$를 적용한 데이터 변환 및 정규성 검정

```
times_trans02 <- (y^lambda - 1) / lambda
normality_tests(data.frame(times_trans02), times_trans02)
```

```
#             검정_종류 p_value
# 1       Shapiro-Wilk   0.837
# 2     Lilliefors_K_S   0.781
# 3   Anderson-Darling   0.759
# 4 Pearson Chi-Square   0.873
```

최적 변환 승수 $\lambda = 0.2$를 이용하여 변환된 데이터는 모든 검정에서 $p - value > \alpha$이므로 H_0 : 데이터가 정규 분포를 따른다.를 기각하지 못한다. 참고로 변환된 데이터의 히스토그램, 커널 밀도 추정 그리고 확률도를 확인해 보면 [그림 4.23]과 같다. 변환된 데이터는 좌우 대칭과 종형의 형태이며, 확률도에서는 참조선과 밀접하게 분포한다.

```
#
defect$new_times02 <- times_trans02
#
defect %>%
 ggplot(aes(new_times02 , y = ..density..)) +
 geom_histogram(color = "white", fill = "gray") +
 geom_density(color = "red") +
 geom_density(color = "blue", adjust = 2) +
labs(title = "히스토그램과 커널 밀도 함수", x = "변환된 데이터", y = "확률 밀도") +
 theme_bw()
#
defect %>%
 ggplot(aes(sample =new_times02)) +
 stat_qq(color ="blue") +
 stat_qq_line(color ="red")+
 geom_vline(xintercept = 0, linetype = "dashed") +
 geom_vline(xintercept = 1, linetype = "dashed") +
 labs(title = "확률도" , x ="이론 분포(Standard Normal)",y ="관찰 분포(Data)") +
 theme_bw()
```

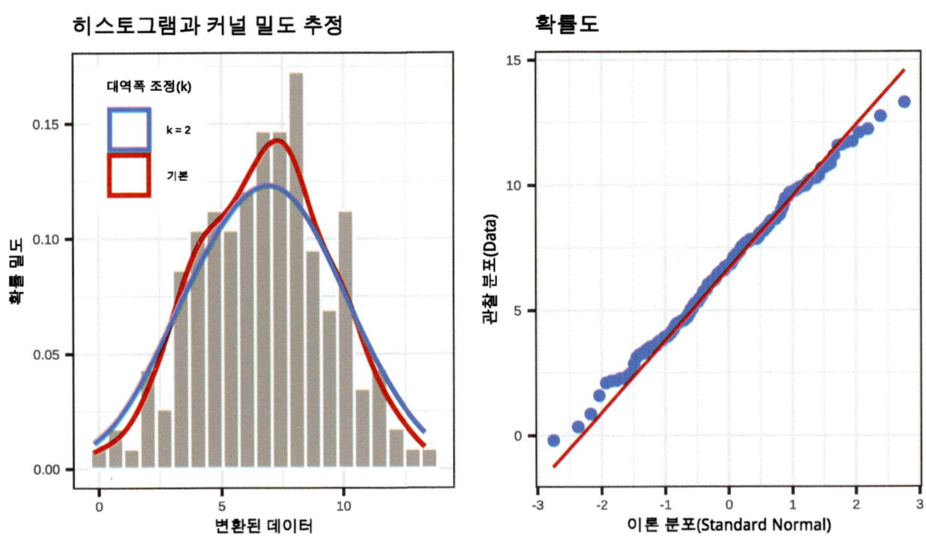

그림 4.23: <auto.defect.csv, times> 변환 후 히스토그램, 커널 밀도 함수 그리고 확률도

□

변환된 데이터의 요약과 역 변환

변환 전 평균값 그리고 변환 후 평균값 그리고 변환된 데이터의 평균의 역변환된 값은 각각 다음과 같다.

```
mean <- mean(defect$times)
mean_trans <- mean(defect$new_times02)
mean_by_inverse <- ((mean_trans*lambda) + 1)^(1/lambda)
c(mean, mean_trans, mean_by_inverse)
```

```
# [1] 111.66   6.79  72.86
```

비정규성을 갖는 원 데이터의 평균은 (A) 111.7 그리고 변환된 데이터의 평균은 (B) 6.8 이며, 변환된 데이터 평균의 역 변환 값은 (C) 72.9이다. 이들 값들의 관계는 [그림 4.24]와 같다.

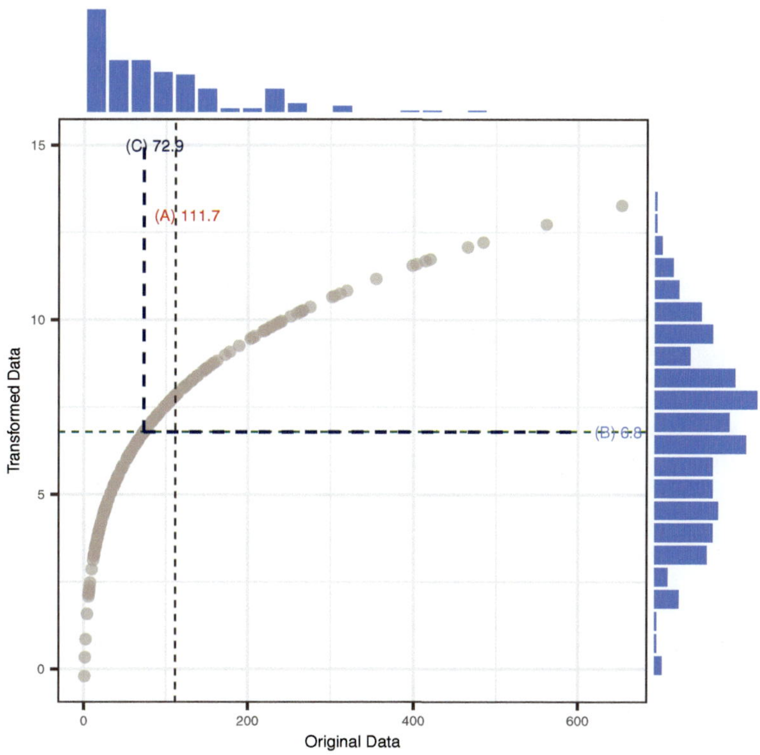

그림 4.24: 원 데이터의 평균, 변환된 데이터의 평균 그리고 변환된 데이터 평균의 역 변환 값

변환 전인 (A)와 변환 적용 후 역 변환인 (B) 값은 차이가 있다. 평균값이 극단값의 영향을 많이 받는다는 점을 고려할 때, (A)는 비대칭 분포로 부터 계산되었으므로 중심 성향의 대표값으로 사용할 수 없다. 이는 (1) 비대칭 분포에서의 **평균**(Mean)은 중심 성향의 대표값으로 사용할 수 없으며, (2) 비대칭 분포에서는 평균 보다 **중앙값**(Median)이 더 적합한 중심 성향의 대표값임을 증명한다. (B)는 대칭 분포인 정규 분포의 평균에 대한 역변환으로 72.9이고, 원 데이터의 중앙값은 74.0이다.

4.2.3 모평균과 모분산 1-sample t, 2-sample t, paired t and equal variances

정규 분포의 가정 하에서 모평균(μ)은 모집단의 중심 성향을 나타내는 대표값(central value)과 기대값(expected value)으로 해석된다. 여기서, 대표값이란 확률 변수가 취할 수 있는 다양한 값들을 대표할 수 있다는 의미이고, 기대값이란 향후 선택되는 표본이 해당 값에서 발생할 가능성이 가장 높다는 의미이다. 따라서, 대표값은 모집단의 정보 요약에서 중요한 역할을 하고, 기대값은 새로운 값을 예측하는데 중요한 역할을 한다. [그림 4.25]는 분포의 형태에 따라 중심 성향을 표현하는 평균(mean), 중앙값(median) 그리고 최빈값(mode)을 나타낸 것이다[48].

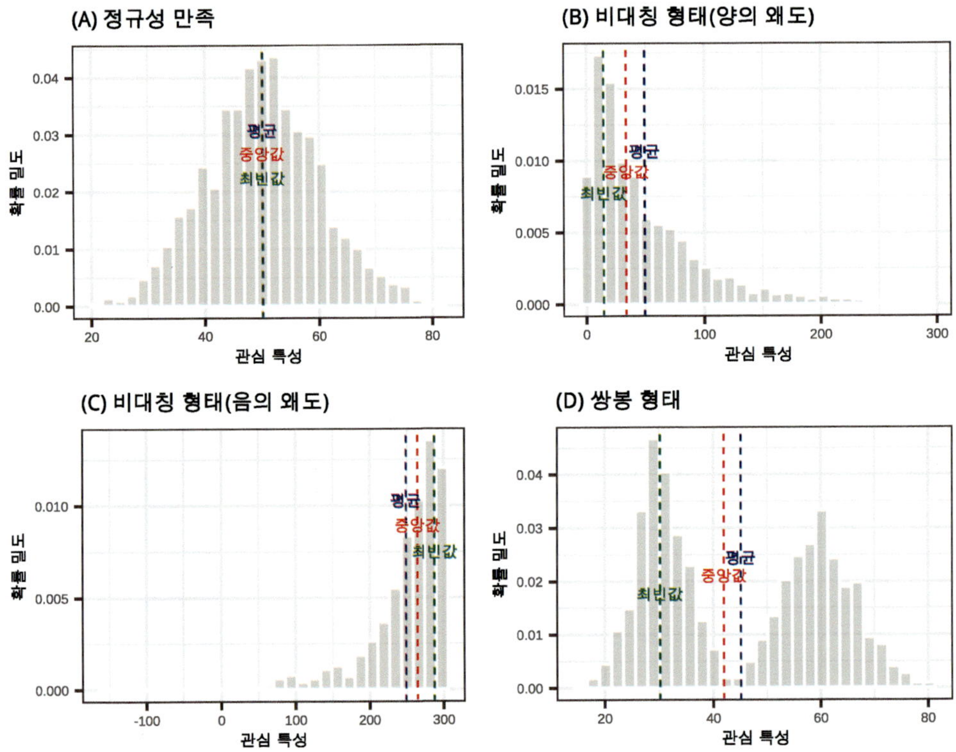

그림 4.25: 정규 형태와 비정규 형태의 평균, 중앙값 그리고 최빈값

정규성을 만족하는 (A)의 경우, 평균은 중앙값 그리고 최빈값과 일치하고 평균은 데이터의 중심을 잘 나타내고 기대값과 일치하므로 대표값으로 적합하다. 비대칭 왜도를 갖는 (B)와 (C)에서는 이 값들이 서로 일치하지 않으며, 평균은 극단값에 영향을 받아 대표값으로 적합하지 않고 중앙값이 데이터의 중심 성향을 더 잘 나타내므로 대표값으로 평균이 아닌 중앙값을 주로 사용한다. (D)의 쌍봉(multi-modal)

[48] 연속형 분포에서 최빈값은 데이터의 단위에 따라 상이하므로, 객관성을 위하여 최대 밀도(maximum density)를 계산하여 표시하였다.

형태에서는 평균이 데이터를 대표하지 못하며 여러 중심(peak)이 있는 데이터를 단일 평균으로 표현하는 것은 분포의 구조를 충분히 반영하지 못하므로 대표값 또는 기대값으로 사용할 수 없다.

모분산(σ^2)은 모집단의 확률 변수가 취할 수 있는 값들의 산포(dispersion)를 계량화한 값이다. 확률 변수가 정규 분포를 따를 때, 모분산을 이용하여 모평균으로부터의 변동성을 확인하고 비교할 수 있다. [그림 4.26]은 동일한 범위와 동일한 평균을 갖는 서로 다른 분포 형태에서 분산을 계산한 것이다. 정규성을 만족하는 경우의 분산이 가장 작음을 확인할 수 있다.

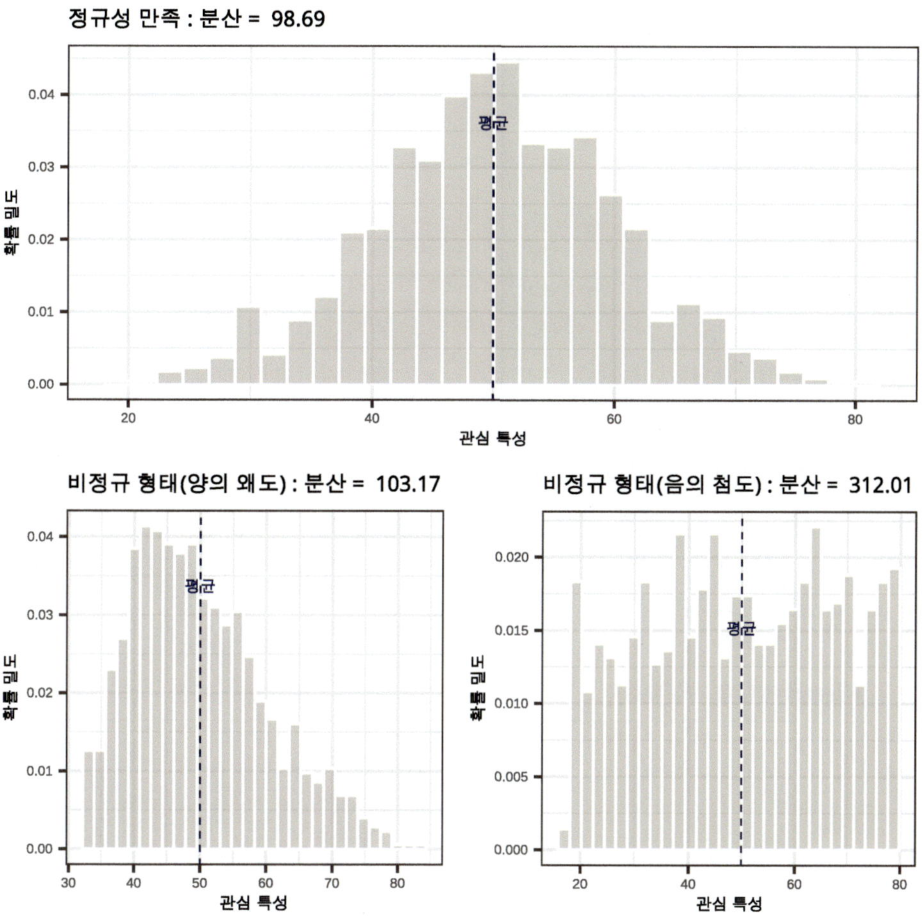

그림 4.26: 분포의 형태에 따른 분산(예)

모평균(μ)과 모분산(σ^2)은 정규 분포의 모수이다. 따라서 확률 변수가 정규 분포를 따르는 경우, 모평균과 모분산을 이용하여 모집단 분포간의 비교를 쉽게 할 수 있다. 정규 분포가 아닌 경우에는 중심 극한 정리(Central Limit Theorem)에 근거하여 표본의 크기가 충분히 큰 경우로 제한하여 적용할 수 있다. 여기서는 가설 검정을 중심으로 비교 방법을 소개하고, 구간 추정은 결과의 해석 위주로 설명하기로 한다.

단일 모평균의 비교(1-sample t)

- [목적] 모평균(μ)과 기준값 μ_0 의 비교를 통한 차이 유무 및 대소 관계 검정
- 가설

  (1) 단측 가설

$$H_0 : \mu \leq \mu_0 \text{ vs. } H_1 : \mu > \mu_0$$

$$H_0 : \mu \geq \mu_0 \text{ vs. } H_1 : \mu < \mu_0$$

  (2) 양측가설

$$H_0 : \mu = \mu_0 \quad \text{vs. } H_1 : \mu \neq \mu_0$$

- 의사 결정

$$p - value \ < \ \alpha \text{ 이면, } H_0 \text{ 기각}$$

```
t.test(var, mu, alternative)
```
- mu에 검정하고자 하는 기준값 μ_0를 지정한다.
- alternative = {"two.sided", "less", "greater"}를 이용하여 단측 또는 양측 가설을 지정한다.

단일 모평균의 비교에서 단측 가설(less)을 그림으로 표현하면 [그림 4.27]과 같다. 주어진 가설은 모평균(μ)와 기준값(μ_0)의 비교이며, 이를 위한 정보는 모집단으로 부터 임의 추출된 일정 개수의 표본(빨간색 점들)이다. 여기서, 기준값(μ_0)은 객관적인 근거 - 고객 요구 사항, 장기간 누적된 특성값들의 평균 등 - 하에서 지정되어야 한다.

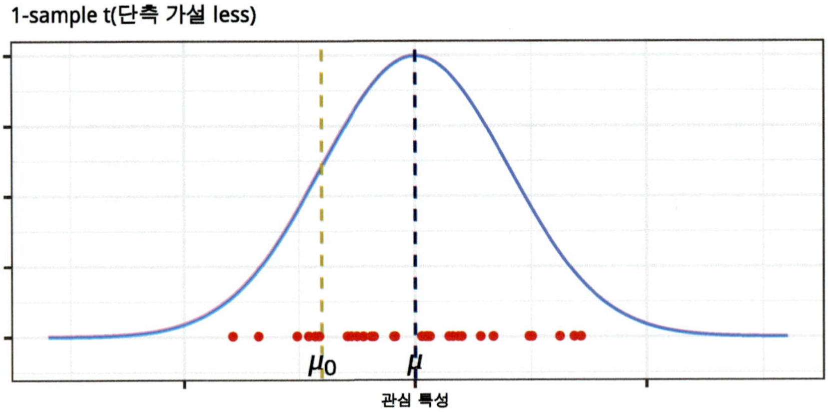

그림 4.27: 단측 가설 $H_0 : \mu \geq \mu_0$ vs. $H_1 : \mu < \mu_0$

모집단의 정규성이 위배되는 경우, (1) 표본 크기를 충분히 증가시킨 후 재 검정 (2) 정규성 달성을 위한 데이터 변환 (3) 비모수적 방법인 **윌콕슨 부호 순위 검정**(Wilcoxon Signed-Rank Test) 또는 (4) 대안적 방법인 **부트스트랩**(Bootstrap) 방법을 사용한다[49].

실습 17. 해외 배송 화물 분류 시간 <logistics.min.csv>

해외에서 발송되는 화물은 세관 검사를 거쳐서 지역 별 집하장으로 이송된다. 배송된 화물은 지역 별 배송 담당자에게 분배하기 위한 사전 분류 작업을 진행한다. 분류 작업의 소요 시간은 집하장 이송 후 약 평균 8.0시간을 가정한다. 하지만, 익일(one-day) 배송 프로그램의 고객 클레임이 자주 발생하여 각 집하장에서 임의의 선택된 해외 화물의 분류 시간(min.s)을 조사하였다. 배송 업체의 실제 분류 작업의 소요 시간은 평균 8.0(hr.s) 보다 짧다고 할 수 있는지를 검토하고, 최대 분류 시간을 추정하시오.

데이터 로딩

```
data <- read.csv(paste0(data_path, "logistics.min.csv"))
str(data)
```

```
# 'data.frame': 120 obs. of  3 variables:
#  $ elapsed_t: num  174 287 334 335 335 ...
#  $ group    : chr  "center5" "center2" "center1" "center4" ...
#  $ country  : chr  "china" "china" "us" "china" ...
```

$n = 120$개의 분류 시간 elapsed_t가 조사되었고, 조사가 실시된 group과 처리된 화물이 발송된 country를 함께 기록되었다. group과 country는 분류 시간 elapsed_t의 데이터 레쥬메이다.

데이터 레쥬메(Data Resume) 확인

```
unique(data$group)
```

```
# [1] "center5" "center2" "center1" "center4" "center3" "center6"
```

```
unique(data$country)
```

```
# [1] "china" "us"    "eu"
```

[49] Wilcoxon Signed-Rank Test는 데이터의 순위를 이용하여 중앙값에 대한 검정을 실시한다 wilcox.test(data, mu = mu0). Bootstrap 방법은 표본을 반복적으로 재추출하여 통계적 추정 결과를 도출한다. 이는 모집단의 분포에 대한 가정을 최소화한다 boot::boot(data, statistic, R).

group은 총 6개의 center로 구분되었으며, 화물이 발송된 country는 총 3개의 나라 - china, us, eu - 로 기록되었다.

결측값(missing values)의 검토

- is.na()는 결측 여부를 TRUE/FALSE로 반환한다.

```
sapply(data, function(x) sum(is.na(x)))
```

```
# elapsed_t     group   country
#         0         0         0
```

로딩된 데이터의 두 변수에는 결측값이 없다. 만일 존재한다면, 다음을 이용하여 각 열별 결측값 비율과 위치를 확인할 수 있다.

```
# 각 열별 결측값 비율
sapply(data, function(x) mean(is.na(x)))
# 결측값 위치
which(is.na(data), arr.ind = TRUE)
```

기본 요약값 확인

```
summary((data$elapsed_t)/60)
```

```
#    Min. 1st Qu.  Median    Mean 3rd Qu.    Max.
#    2.90    6.96    8.00    8.03    9.15   11.35
```

데이터는 분(min.s)으로 저장되었고, 목표 분류 기준은 시간(hr.s)이므로, 단위를 변환하여 확인한다. 조사된 분류 시간의 최소값은 2.90(hr.s) 그리고 최대값이 11.35(hr.s)이다. Median과 Mean의 값이 비슷하므로, 분포의 형태는 좌우 대칭 구조일 것으로 예상된다. □

히스토그램과 커널 밀도 추정(Kernel Density Estimation; KDE)

- after_stat()은 통계량 또는 함수를 계산하여 반환한다.
- geom_density()의 adjust는 평활도를 결정한다.

```
ggplot(data, aes(x = elapsed_t, y = after_stat(density))) +
  geom_histogram(bins = 19, color = "white", fill = "gray") +
  geom_density(color = "blue", adjust = 2) +
  labs(title = "<logistics.min.csv, elapsed_t> 히스토그램과 커널 밀도 추정",
       x = "분류 시간(분)",
```

```
    y = "확률 밀도"
    ) +
  theme_bw()
```

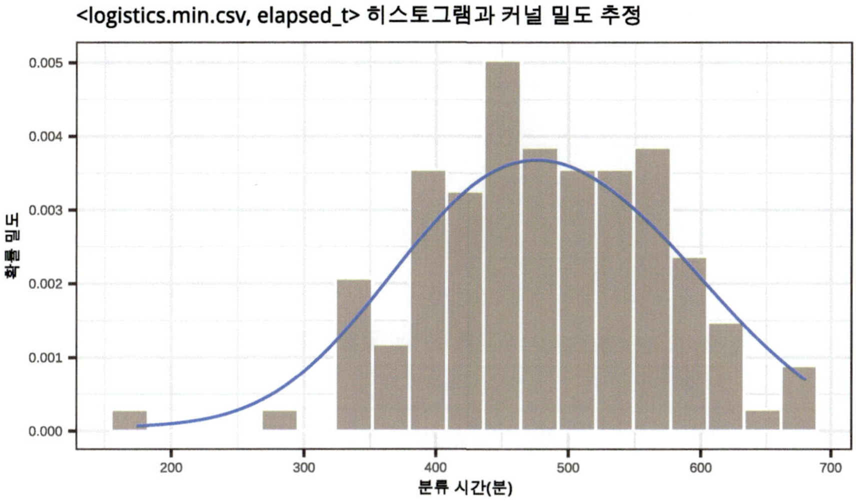

그림 4.28: 히스토그램과 커널 밀도 추정

[그림 4.28]은 elapsed_t의 히스토그램과 adjust = 2를 적용한 커널 밀도 함수이다. 좌우 대칭과 종형의 형태를 갖고, 매우 짧은 분류 시간도 존재한다. 각 group과 country 별로 히스토그램을 그려보면 [그림 4.29]와 같다. 만일 모두 정규성을 만족한다면, 각 범주 그리고 (표본 크기가 충분하다면) 각 범주들의 조합에 대한 추가 분석이 가능하다.

```
ggplot(data, aes(x = elapsed_t, fill = country)) +      # Group별 히스토그램
  geom_histogram(position = "dodge") +
  facet_wrap(~ group) +
  labs(title = "<logistics.min.csv, elapsed_t:group> 히스토그램",
       x = "경과 시간 (분)", y = "빈도") +
  scale_fill_brewer(palette = "Set1") +
  theme_bw()
ggplot(data, aes(x = elapsed_t, fill = group)) +        # Country별 히스토그램
  geom_histogram(position = "dodge") +
  facet_wrap(~ country) +
  labs(title = "<logistics.min.csv, elapsed_t:country> 히스토그램",
       x = "경과 시간 (분)", y = "빈도") +
  scale_fill_brewer(palette = "Set1") +
  theme_bw()
```

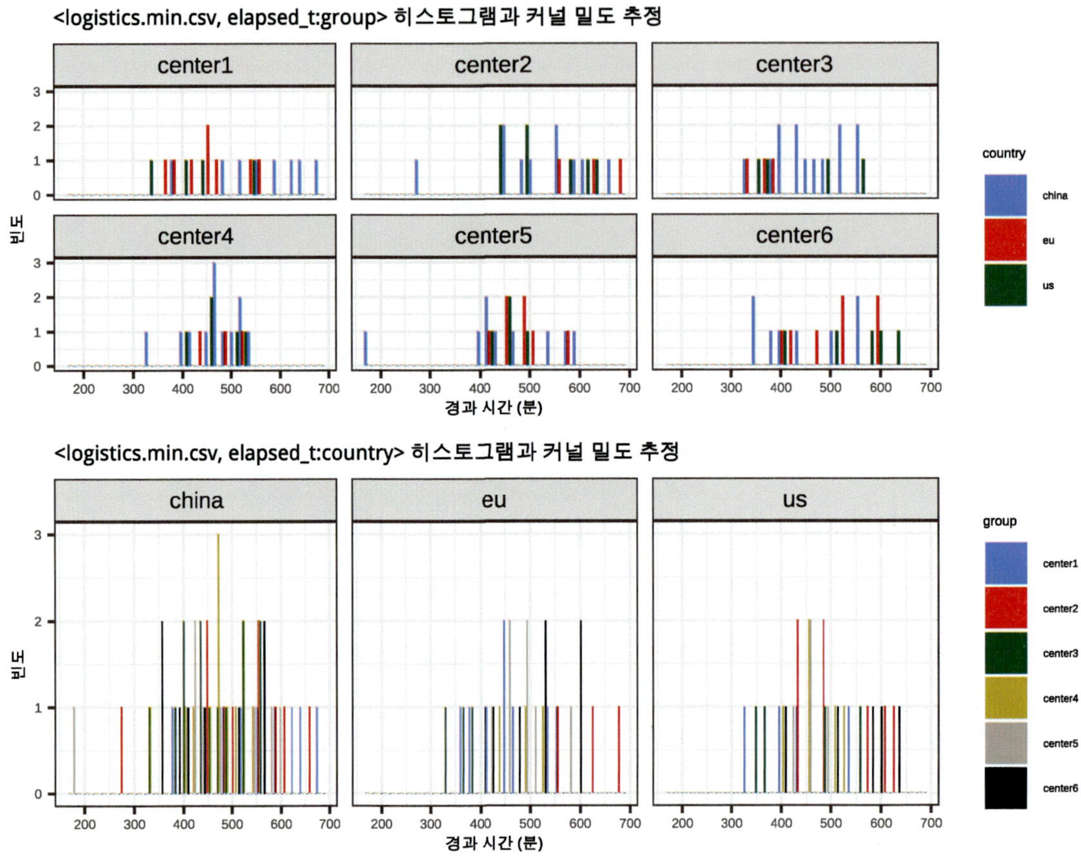

그림 **4.29:** Group별 그리고 Country별 히스토그램

또한 확률 밀도 함수는 다음의 사용자 정의 함수를 이용하여 확인해 볼 수 있다.

사용자 정의 함수 `plot_group_density()`

```
# 사용자 정의 함수
plot_group_density <- function(data, group_var, value_var) {
  ggplot(data, aes(x = {{ value_var }}, fill = {{ group_var }})) +
    geom_density(adjust = 2) +
    facet_wrap(vars({{ group_var }})) +
    labs(title = "Group별 확률 밀도 함수", x = deparse(substitute(value_var)), y = "밀도") +
    theme_bw()
}
# 함수 실행
plot_group_density(data, group, elapsed_t)
```

정규성 검정

사용자 정의 함수 normality_tests(data, var) [p.?? 참조]

```
normality_tests(data, elapsed_t)
```

```
#             검정_종류 p_value
# 1        Shapiro-Wilk   0.537
# 2      Lilliefors_K_S   0.967
# 3   Anderson-Darling   0.925
# 4 Pearson Chi-Square   0.928
```

고려한 모든 정규성 검정에서 $p - value > \alpha = 0.05$ 로 H_0 : 데이터가 정규 분포를 따른다. 를 기각하지 못한다. □

단일 모평균 검정(1-sample t)

t.test(var, mu, alternative)는 가설 검정과 구간 추정의 결과를 반환한다.

```
mu_0 = 8*60
t.test(data$elapsed_t, mu = mu_0, alternative = "less")
```

```
#
#   One Sample t-test
#
# data:  data$elapsed_t
# t = 0.2, df = 119, p-value = 0.6
# alternative hypothesis: true mean is less than 480
# 95 percent confidence interval:
#  -Inf  495
# sample estimates:
# mean of x
#       482
```

관찰된 표본 평균은 482(min.s)로 분류 기준인 480(min.s)과 비슷하지만, 가설 검정 결과에서 $p - value = 0.6 > \alpha = 0.05$ 이므로 H_0 : $\mu \geq 480(8hr.s)$를 기각하지 못한다. 현재 분류 프로세스를 지속한다면, 분류 시간은 최대 평균 495(min.s), 약 8시간 25분일 수 있다. □

각 group과 화물 발송 지역인 country 별로 동일한 가설을 검정해 보면 다음과 같다.

```
t_test_group <- data %>%
  group_by(group) %>%
  dplyr::summarise(t_test_p = t.test(elapsed_t, mu = mu_0, alternative = "less")$p.value)
t_test_group
```

```
# # A tibble: 6 x 2
#   group    t_test_p
#   <chr>       <dbl>
# 1 center1    0.739
# 2 center2    0.989
# 3 center3    0.0227
# 4 center4    0.208
# 5 center5    0.193
# 6 center6    0.656
```

동일한 가설에 대하여 group별 결과는 center3를 제외하고 모두 $H_0 : \mu \geq 480$를 기각하지 못한다. 즉, center3의 분류 시간은 분류 기준 8(hr.s)보다 작다고 할 수 있지만, 나머지 center들은 8(hr.s)보다 작다고 할 수 없다. 따라서, 고객 클레임은 center3 이외에서 발생할 가능성이 높다. 동일한 가설에 대하여 배송 화물 발송지인 country 별 검정 결과 역시 모두 $H_0 : \mu \geq 480$를 기각하지 못한다.

```
t_test_country <- data %>%
  group_by(country) %>%
  dplyr::summarise(t_test_p = t.test(elapsed_t, mu = mu_0, alternative = "less")$p.value)
t_test_country
```

```
# # A tibble: 3 x 2
#   country t_test_p
#   <chr>      <dbl>
# 1 china      0.522
# 2 eu         0.597
# 3 us         0.568
```

□

구간 추정의 활용

가설 검정은 실무적 목적에 대하여 $p-value$를 통한 명확한 의사 결정 기준을 제시하지만, 구간 추정은 특정 신뢰수준 하에서 모수가 포함될 신뢰 구간을 제시하므로, 좀 더 구체적인 해석을 할 수 있다.

- 사용자 정의 함수 `ci_intervals(var, confidence_level)`
  - 표본 크기를 반영하여 (1-confidence_level)%의 신뢰 구간을 반환한다.

```r
# 사용자 정의 함수: 신뢰 구간
ci_intervals <- function(x, confidence_level = 0.95) {
  m <- mean(x)
  s <- sd(x)
  n <- length(x)
  alpha <- 1 - confidence_level
  if (n < 30) {
    # t-분포 적용
    error <- qt(1 - alpha/2, df = n - 1) * s / sqrt(n)
  } else {
    # 정규 분포 적용
    error <- qnorm(1 - alpha/2) * s / sqrt(n)
  }
  c(m - error, m + error)
}
```

coord_flip()은 그래프의 축 (x, y)를 (y, x)로 전환한다.

```r
# 사용자 정의 함수를 이용한 그룹별 신뢰구간 계산
group_ci <- data %>%
  group_by(group) %>%
  dplyr::summarise(
    mean = mean(elapsed_t),
    ci_lower = ci_intervals(elapsed_t, 0.95)[1],
    ci_upper = ci_intervals(elapsed_t, 0.95)[2]
  )
#
# 신뢰구간 시각화
ggplot(group_ci, aes(x = group, y = mean)) +
  geom_hline(yintercept = 480, linetype = "dashed", color = "red") +
  geom_errorbar(aes(ymin = ci_lower, ymax = ci_upper), width = 0.2, color = "blue") +
  geom_point() +
  labs(title = "<logistics.min.csv, elapsed_t:group> 95% 신뢰구간",
       x = "Group",
       y = "분류 시간(분)"
       ) +
  coord_flip() +
  theme_bw()
```

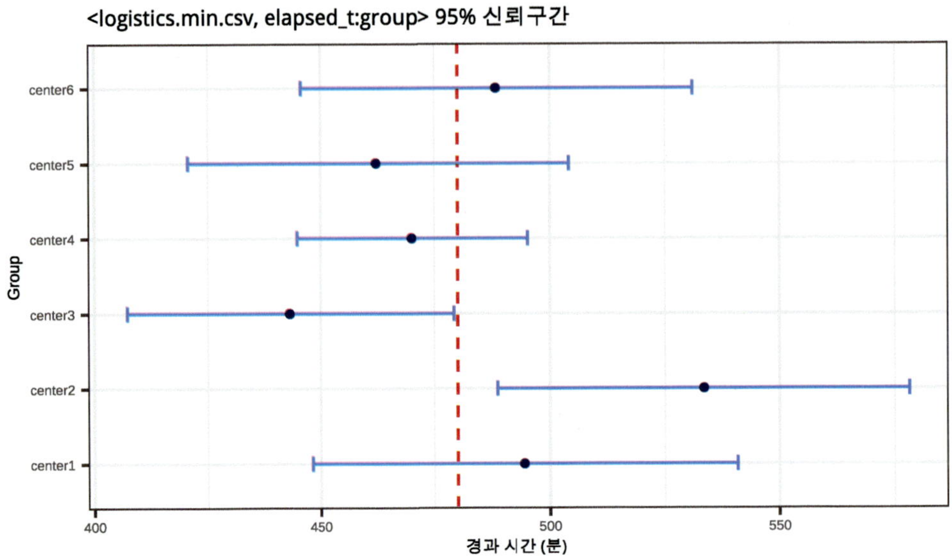

그림 4.30: <logistics.min.csv, elapsed_t:group> group별 95% 신뢰구간

[그림 4.30]은 각 center별 95% 신뢰구간을 비교한 것이다. center3의 최대 평균 분류 시간은 기준 분류 시간(480 min.s)보다 짧고, center2의 최소 평균 분류 시간은 기준 분류 시간 보다 길다. 따라서, 기존 클레임 발생이 center2에서 발생했을 가능성이 높으며, 이를 줄이기 위해서는 center2의 분류 절차를 우선적으로 점검하고 개선할 필요가 있다. 이때 center3는 내부 벤치마킹 대상이 될 수 있다. □

[그림 4.31]에서 (A)는 모평균은 동일하지만, 모분산이 서로 다른 경우이다. 모평균이 동일하다고 해서 두 모집단의 분포가 동일하다고 할 수 없음을 확인할 수 있다. (B)는 모분산과 모평균이 모두 다른 경우이다. (A)와 (B)의 경우에는 모평균의 비교로 모집단의 비교를 대신할 수 없다. 하지만, (C)는 모분산이 동일하고 모평균이 서로 다른 경우이므로 모평균의 비교로 모집단의 비교를 대신할 수 있다. 따라서, 두 모평균의 올바른 비교를 위해서는 모분산이 동일하다는 가정이 필요하다. 이를 확인하는 검정 방법을 등분산 검정(Test for Equal Variances)라고 한다[50].

[50]등분산 검정을 **동질성 검정**(Test of Homogeneity)라고도 부른다. 일반적으로 두 집단의 모분산 비교는 Test for Equal Variances라고 부르고, 두 개 이상의 모분산의 등분산성을 검정하는 경우에는 Test of Homogeneity라고 부른다. 여기서 Homogeneity는 고려한 여러 개의 그룹들이 분산 측면에서 균등한지를 평가한다는 의미를 담고 있다.

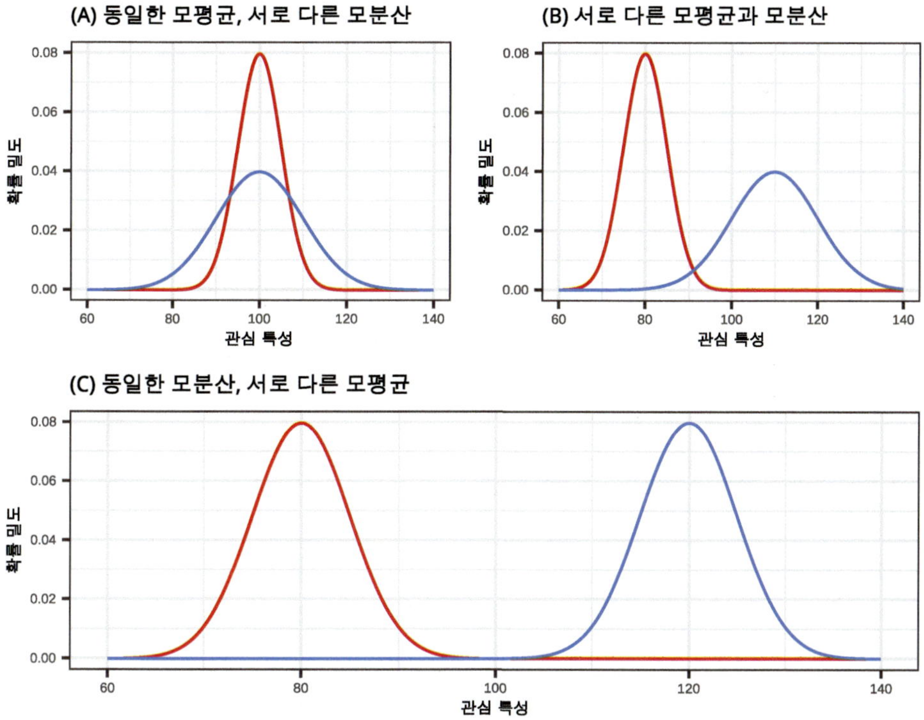

그림 4.31: 두 모집단의 모평균과 모분산

등분산 검정(Test for Equal Variances)[51]

- [목적] 상호 독립인 두 집단의 모분산 비교
- 가설

  (1) 단측 가설
$$H_0 : \frac{\sigma_2^2}{\sigma_1^2} \le 1 \quad \text{vs.} \quad H_1 : \frac{\sigma_2^2}{\sigma_1^2} > 1$$
  또는
$$H_0 : \frac{\sigma_2^2}{\sigma_1^2} \ge 1 \quad \text{vs.} \quad H_1 : \frac{\sigma_2^2}{\sigma_1^2} < 1$$
  (2) 양측가설
$$H_0 : \frac{\sigma_2^2}{\sigma_1^2} = 1 \quad \text{vs.} \quad H_1 : \frac{\sigma_2^2}{\sigma_1^2} \ne 1$$
- 의사 결정
$$p-value < \alpha \text{ 이면, } H_0 \text{ 기각}$$

`var.test(y1, y2, ratio, alternative)` 또는

[51] `var.test()`는 F-test라고도 부르며, 정규 분포를 만족할 때 두 집단의 분산이 동일한지를 검정하는데 사용된다. 만일 세 개 이상의 모집단에 대한 분산 동질성 검정에서는 반드시 formula 형식(예: y ~ group)으로 지정해야 하며, 정규성을 만족하는 경우, `bartlett.test()` 그리고 그렇지 않은 경우, `car::leveneTest()`를 사용한다.

var.test(y   group, ratio, alternative)

- [wide form] y1와 y2 / [long form] y ~ group으로 지정한다.
- ratio에 검정하고자 하는 값을 지정한다. 기본값은 1이다.
- alternative = {"two.sided", "less", "greater"}를 이용하여 단측 또는 양측 가설을 지정한다.
- conf.level = 0.95를 가정하며, 원하는 다른 값을 지정할 수 있다.

두 모평균의 비교(2-sample t, Welch's t-test)

- [목적] 상호 독립인 두 집단의 모평균 비교
- 가설

(1) 단측 가설

$$H_0 : \mu_1 - \mu_2 \leq \Delta_0 \quad \text{vs.} \quad H_1 : \mu_1 - \mu_2 > \Delta_0$$

또는

$$H_0 : \mu_1 - \mu_2 \geq \Delta_0 \quad \text{vs.} \quad H_1 : \mu_1 - \mu_2 < \Delta_0$$

(2) 양측 가설

$$H_0 : \mu_1 - \mu_2 = \Delta_0 \quad \text{vs.} \quad H_1 : \mu_1 - \mu_2 \neq \Delta_0$$

- 의사 결정

$$p-value < \alpha \text{ 이면, } H_0 \text{ 기각}$$

✿ t.test(y1, y2, delta, alternative, var.equal) 또는
t.test(y ~ group, delta, alternative, var.equal)

- [wide form] y1와 y2 / [long form] y ~ group으로 지정한다.
- delta에 검정하고자 하는 비교값을 지정한다. 기본값은 0이다.
- alternative = "two.sided", "less", "greater"를 이용하여 단측 또는 양측 가설을 지정한다.
- var.equal = TRUE/FALSE로 분산 동일성 여부를 지정한다. 기본값은 FALSE이다. FALSE인 경우, Welch's t-test를 적용한다.
- conf.level = 0.95를 가정하며, 원하는 다른 값을 지정할 수 있다.

올바른 비교를 위하여 가능한 한 두 집단의 표본 크기는 비슷해야 하며[52], 두 집단의 등 분산성이 위배되는 경우에는 (4.4)의 Welch's t-test를 적용한다[53].

$$T_0 = \frac{\bar{y}_1 - \bar{y}_2 - \Delta_0}{\sqrt{\frac{s_1^2}{n_1} + \frac{s_2^2}{n_2}}} \quad \sim \quad t(df^*), \quad \text{여기서 } df^* = \frac{\left(\frac{s_1^2}{n_1} + \frac{s_2^2}{n_2}\right)^2}{\frac{\left(\frac{s_1^2}{n_1}\right)^2}{n_1-1} + \frac{\left(\frac{s_2^2}{n_2}\right)^2}{n_2-1}} \tag{4.4}$$

실습 18. 공기 청정기 소음 개선 검증 <noise.db.csv>

공기 청정기는 정상 운영시 소음(noise)은 크지 않지만, 오염 물질이 유입되면 이의 신속한 제거를 위하여 모터의 출력이 높아지면서 소음이 증가한다. 이러한 소음 개선을 위하여 다양한 소음 저감 기술을 적용한 후 개선 정도를 확인하고자 한다. 대상이 되는 공기 청정기는 현재 판매되고 있는 제품 중에서 임의 추출하였고 동일한 실험실에서 동일한 오염 물질 농도 하에서 실험되었다. 실험에서는 기존 제품 60대 그리고 개선 부품을 교체한 공기 청정기 60대를 사용하였으며, 관심 특성은 공기 청정기가 작동하기 시작하고 t-초간 소음의 평균값으로 정의하였다. 또한 실험 진행 과정에서 오염 물질 농도 등의 조절이 올바로 되지 않은 일부 관찰값들은 status에 Not_OK로 구분하여 기록하였다. 개선 전(old)/후(new)를 비교하여 개선 여부와 개선 정도를 확인하시오.

데이터 로딩

```
noise <- read.csv(paste0(data_path, "noise.db.csv"))
str(noise)
```

```
# 'data.frame': 120 obs. of  3 variables:
#  $ db    : num  7.56 17.84 18.69 18.76 24.23 ...
#  $ group : chr  "new" "new" "new" "new" ...
#  $ status: chr  "ok" "ok" "ok" "ok" ...
```

$n = 120$개의 db는 old/new로 구분된 group 변수로 기록되었고, 실험 환경 조정에서 오류 가능성이 있는 관찰값들을 status에 ok/notok로 기록 되었다. 먼저 notok인 데이터를 확인해 보면 다음과 같다.

- dplyr::group_by(var)는 (1개 이상의) var 기준으로 그룹화한다.
- dplyr::filter(conditions)는 conditions에 적합한 행을 선택하여 반환한다.

[52]두 집단의 표본 크기가 비슷할 때, t-test의 검정력(power)이 높아지고, 모평균과 모분산 추정값의 편의(bias)가 최소화된다. 만일 표본 크기가 크게 다르다면, 부트스트랩 등과 같은 대안적 통계 분석 방법을 고려해야 한다.

[53]welch's t-test는 상호 독립이며 정규성을 만족하는 두 집단을 비교하고자 할 때, 등분산이 위배되는 경우 satterthwaite 근사 자유도를 적용한다. R에서는 근사 자유도를 정수로 버림하지 않고 계산된 실수를 직접 사용한다. 이는 보다 정확한 $p-value$과 신뢰 구간을 제공한다.

✿ dplyr::summarize()는 데이터의 요약 통계를 계산하여 반환한다.

- group_by()와 함께 사용하면, 그룹별 요약 통계 계산에 유용하다.

```
noise %>%
  filter(status == "notok") %>%
  group_by(group) %>%
  summarize(count = n())
```

```
# # A tibble: 2 x 2
#   group count
#   <chr> <int>
# 1 new      10
# 2 old       4
```

new가 적용된 공기 청정기 중에서 10대 그리고 old가 적용된 공기 청정기 중에서 4대가 문제가 발생하였다. 이는 새로운 개선 부품의 문제인지 아니면 단순히 실험 환경 운영 미숙의 결과인지를 추후 확인해 볼 필요가 있다. notok 값의 특징을 확인하기 위하여 박스(box-whisker) 그림과 점 그림을 그려보면 [그림 4.32]과 같다.

```
ggplot(noise, aes(x = group, y = db, color = status)) +
  geom_boxplot(alpha = 0.5) +
  geom_jitter(position = position_jitter(width = 0.3), size = 1) +
  labs(title = "<noise.db.csv> ok와 not_ok로 구분된 점도표와 박스 그림",
       x = "Group", y = "소음(DB)") +
  theme_bw() + theme(legend.position = c(0.1, 0.70))
```

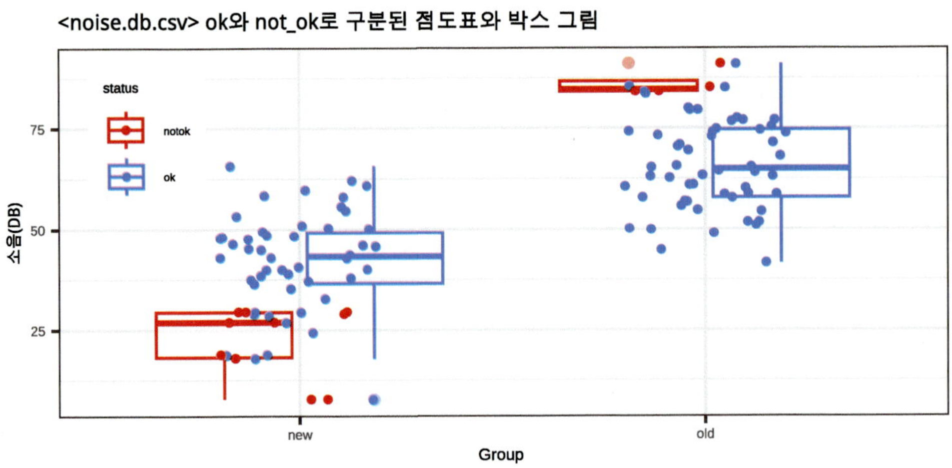

그림 4.32: <noise.db.csv> old와 new의 점 그림과 박스 그림

new의 경우에는 주로 작은 값에 그리고 old인 경우에는 큰 값에서 notok가 분포하고 있다. 이는 new와 old의 기술적 특징에서 그 원인을 찾아볼 수 있지만, 현재 데이터에서는 추가적인 데이터 레쥬메가 기록되지 않았으므로 추가적인 고찰을 할 수 없다. 따라서, 특이 사항이 있는 데이터를 제외하고 추가 분석을 해야 한다. □

notok 관찰값을 제외하고 데이터를 새롭게 정의하고 new와 old에 따른 요약 값을 정리하면 다음과 같다.

```
noise_ok <- noise %>%
  filter(status == "ok")
str(noise_ok)
```

```
# 'data.frame': 106 obs. of  3 variables:
#  $ db    : num  7.56 17.84 18.69 18.76 24.23 ...
#  $ group : chr  "new" "new" "new" "new" ...
#  $ status: chr  "ok" "ok" "ok" "ok" ...
```

```
noise_ok_summary <- noise_ok %>%
  group_by(group) %>%
  dplyr::summarize(
    count = n(),
    mean = mean(db),
    sd = sd(db),
    min = min(db),
    max = max(db)
  )
noise_ok_summary
```

```
# # A tibble: 2 x 6
#   group count  mean    sd   min   max
#   <chr> <int> <dbl> <dbl> <dbl> <dbl>
# 1 new      50  42.0  12.4  7.56  65.6
# 2 old      56  66.1  11.4 41.6   91.0
```

new와 old는 표준 편차는 비슷한 값을 갖고, 평균은 일정한 차이를 갖는다. 특히, 최대 소음은 old가 91.0(DB)로 new의 65.6(DB)와 비교할 때 매우 크게 발생했음을 확인할 수 있다. 데이터의 수는 각각 50과 56으로 큰 차이가 없다. □

히스토그램, 확률도 그리고 정규성 검정

```
# 히스토그램
q1 <- ggplot(noise_ok, aes(x = db, y = after_stat(density), fill = group)) +
  geom_histogram(alpha = 0.7, position = 'identity') +
  labs(title = "(A) <db by group> 히스토그램",
       x = "소음(DB)", y = "확률 밀도") +
  theme_bw()
# 확률도
ggplot(noise_ok, aes(sample = db, color = group)) +
  stat_qq() +
  stat_qq_line() +
  labs(title = "(B) <db by group> 확률도",
       x = "(표준) 정규 분포", y = "소음(DB)") +
  theme_bw()
```

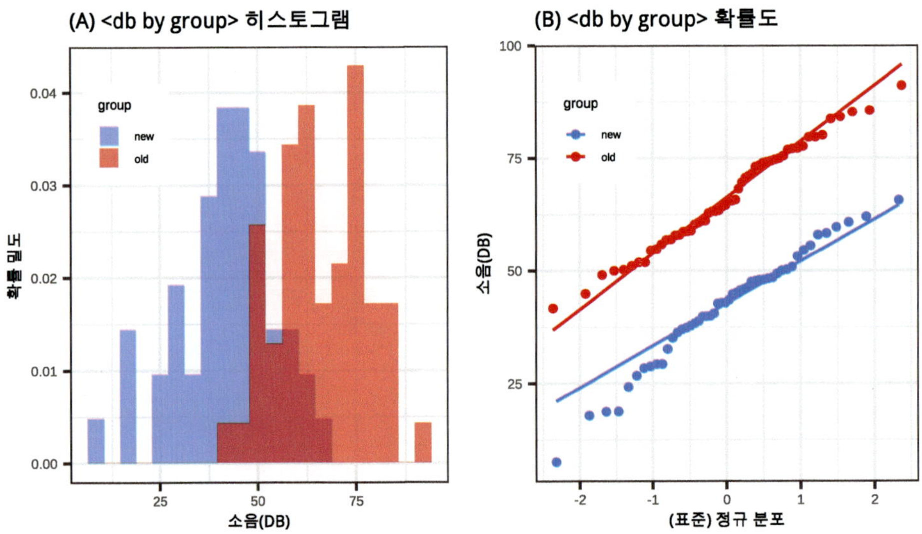

그림 **4.33:** <noise.db.csv; db by group> 히스토그램과 확률도

[그림 4.36]의 (A)는 그룹 별 히스토그램을 함께 도시한 것으로 new와 old 모두 좌우 대칭과 종형의 형태를 갖는다. (B)의 확률도 역시 이론 분포와 관찰 분포간의 직선 관계가 밀접하지만, new의 경우 작은 값 쪽에서 직선 아래로 이탈되는 패턴을 보인다. 이는 관찰 분포가 기대 분포보다 작은 값을 갖는 것을 의미한다. 좀 더 명확한 진단을 위하여 그룹 별 정규성 검정을 적용한다[pp.234 참조].

```
grouped_normality_tests(noise_ok, db, group)
```

	group	Shapiro_Wilk	Anderson_Darling	Lilliefors_KS	Pearson_Chi_Square
new	new	0.347	0.296	0.508	0.494
old	old	0.685	0.502	0.405	0.430

모든 정규성 검정에서 new와 old는 $p-value > \alpha = 0.05$ 이므로 H_0 : 데이터가 정규 분포를 따른다. 를 기각하지 못한다. □

등분산성 검정

그룹 별 정규성을 만족함을 확인하였으므로, var.test()를 이용하여 두 모분산의 동일성을 확인할 수 있다. 동일성은 양측 검정이며 비교값은 기준값인 1이 된다. 따라서, 인수는 다음과 같이 간단히 지정할 수 있다[54].

```
var.test(db ~ group, data = noise_ok)
```

```
#
#   F test to compare two variances
#
# data:  db by group
# F = 1, num df = 49, denom df = 55, p-value = 0.6
# alternative hypothesis: true ratio of variances is not equal to 1
# 95 percent confidence interval:
#  0.683 2.053
# sample estimates:
# ratio of variances
#               1.18
```

관찰된 표본 분산 비($\frac{new}{old}$)는 1.18이며, $p-value = 0.6 > \alpha = 0.05$ 이므로 H_0 : 두 모분산은 동일하다. 를 기각하지 못한다. □

두 모평균의 비교

$$H_0 : \mu_{new} - \mu_{old} \geq 0 \text{ vs. } H_1 : \mu_{new} - \mu_{old} < 0$$

```
t.test(db ~ group, data = noise_ok, alternative = "less", var.equal = TRUE)
```

```
#
```

[54] var.test() 함수에서 포뮬러 방식(db ~ group)을 사용하면, 분산 비의 분자와 분모는 알파벳 순서에 따라 결정된다. 즉, 그룹 이름이 알파벳 순으로 앞서는 그룹이 분자 그리고 뒤에 오는 그룹이 분모에 할당된다. 만일 벡터 방식(old, new)으로 정의되면, 첫번째 변수가 분자 그리고 두번째 변수가 분모로 할당된다. 벡터 방식을 적용하기 위해서는 old_data <- noise_ok %>% filter(group == "old") %>% pull(db), new_data <- noise_ok %>% filter(group == "new") %>% pull(db)를 적용하여 데이터를 추출한 후 var(new, old, data = noise_ok)로 실행 할 수 있다.

```
#   Two Sample t-test
#
# data:  db by group
# t = -10, df = 104, p-value <0.0000000000000002
# alternative hypothesis: true difference in means between group new and group old is less than 0
# 95 percent confidence interval:
#   -Inf -20.3
# sample estimates:
# mean in group new mean in group old
#              42.0              66.1
```

관찰된 표본 평균은 new = 42.0(DB) 그리고 old = 66.1(DB)로 비교적 큰 차이를 보인다. 주어진 가설에 대하여 $p-value = 0.000 < \alpha = 0.05$ 이므로 $H_0 : \mu_{new} - \mu_{old} \geq 0$를 기각한다. 따라서, 새로운 소음 저감 대책인 new는 기존의 소음 old보다 개선되었다고 할 수 있다. 또한 95% 신뢰 구간을 참조했을 때 new는 old와 비교할 때 최대 약 20.3(DB)의 소음을 감소시킬 수 있음을 예상할 수 있다. 분석 과정에서 발견된 notok 데이터에 대한 기술적 고찰 또는 재현 실험을 통하여 추가 개선 또는 소음 저감 기능의 안정성을 향상시킬 수 있다. □

상호 독립과 쌍체

- 상호 독립(Mutually Independent)
  - 랜덤하게 선택된 서로 다른 대상으로 부터 측정
  - 일반적으로 두 데이터 간 무 상관(no correlation) 가정
  - 두 모집단 비교를 위하여 등분산성 검정 필요
  - 두 모분산의 차이

$$\mathrm{Var}\,(Y_1 - Y_2) = \mathrm{Var}\,(Y_1) + \mathrm{Var}\,(Y_2)$$

- 쌍체(Paired)
  - 동일 대상으로 부터 반복 측정
  - 일반적으로 양(+)의 상관 관계 존재
  - 두 모분산의 차이

$$\mathrm{Var}\,(Y_1 - Y_2) = \mathrm{Var}\,(Y_1) + \mathrm{Var}\,(Y_2) - 2\,\mathrm{Cov}\,(Y_1, Y_2)$$

  - 표본(sampling unit) 대상 간 차이를 제거하여 보다 정확한 차이 검증 가능

상호 독립(Mutually Independent)이란 각 집단이 서로 어떤 영향도 없이 각각 독립적으로 데이터가 수집됨을 의미한다. 이 경우는 정규성과 등분산의 가정하에 두 모평균의 비교로 모집단의 비교를 대신할

수 있다. 하지만, 데이터가 상호 연계(Mutually Dependent)되어 수집될 수 있다. 예를 들면, 특정 개인의 운동 전과 후의 체중, 동일 토양에 처리(예: 비료) 전과 후의 수확량 등과 같이 동일 대상으로부터 반복 측정되는 경우이다. 이를 쌍체(paired) 데이터라고 한다. [그림 4.34]는 쌍체 데이터의 대표적인 예인 운동 전과 후를 비교한 데이터이다. 일반적으로 반복 측정되는 두 개의 값은 일정한 관계를 갖는다.

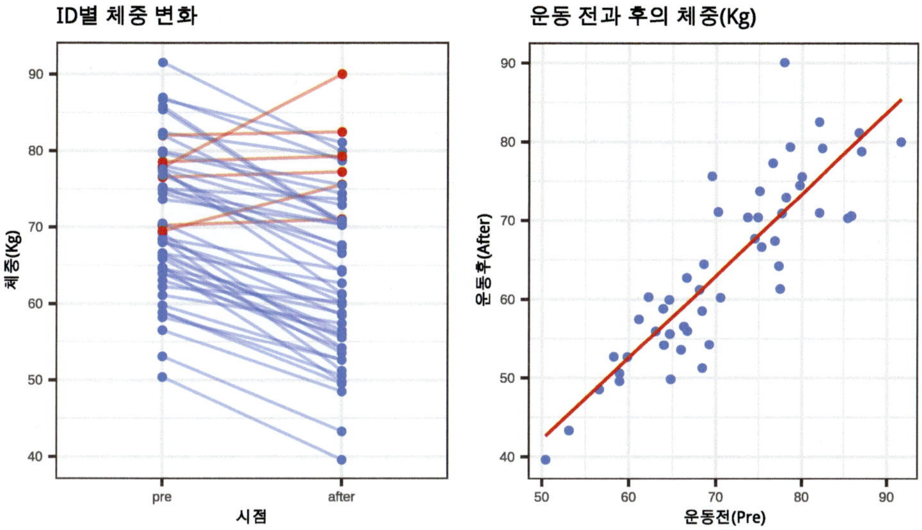

그림 4.34: [예] 특정 다이어트 프로그램의 12개월 운동 전과 후의 체중(Kg)

쌍체 데이터의 경우에는 앞서 설명한 두 모평균의 비교 방법 대신에 다음의 쌍체 비교(paired comparisons)를 적용해야 한다. 이는 두 개의 관찰값의 차이를 계산하여 단일 모집단의 모평균 비교 방법을 적용한다. 단, 데이터는 구별 가능한 id를 포함하여 쌍별로 측정되어야 하며, 두 집단의 표본 크기는 항상 동일해야 한다.

쌍체 모평균 비교(paired t-test)[55]

- [목적] 쌍체 차이(difference; μ_D)를 이용하여 두 모평균의 비교
- 가설

(1) 단측 가설

$$H_0 : \mu_D \leq \Delta_0 \quad \text{vs.} \quad H_1 : \mu_D > \Delta_0$$

[55] paired t-test는 동일한 대상에서 반복 측정값의 차이를 이용하므로, 개체 간 변동(inter-subject variability)을 제거하고, 개체 내 변동(intra-subject variability)만을 고려하여 더 정밀한 검정을 가능하게 한다. 이는 두 변수 간 상관성이 높은 경우에 더욱 유용하다. 두 변수 간 상관성이 낮은 경우에도 쌍체 설계의 장점인 개체 간 변동을 제거하므로, 여전히 2-sample t-test보다는 효율적이지만, 그 장점과 유용성은 현격히 줄어들 수 있다.

또는

$$H_0 : \mu_D \geq \Delta_0 \quad \text{vs.} \quad H_1 : \mu_D < \Delta_0$$

(2) 양측 가설

$$H_0 : \mu_D = \Delta_0 \quad \text{vs.} \quad H_1 : \mu_D \neq \Delta_0$$

- 의사 결정

$$p - value \ < \ \alpha \text{ 이면, } H_0 \text{ 기각}$$

✿ `t.test(paired = TRUE)`

- `t.test()`의 나머지 매개 변수는 동일한 형식으로 지정한다.

실습 19. 쌍체 데이터의 차이의 모평균 비교 `exposure.con.csv`

특정 제품의 마감재는 노출 시간에 따라 집적도(concentration; $\frac{C}{mm^2}$)가 결정된다. 하지만 노출 시간은 표본의 특성에 민감하게 반응하여 서로 다른 표본을 사용하는 경우, 표본 변동과 노출 시간의 효과를 명확히 분리할 수 없다. 이에 연구자는 먼저 일정 수의 표본을 랜덤하게 선택한 후 각 표본에 노출 시간 1 min.을 적용하여 집적도를 측정하고, 동일한 표본에 2 min.s추가로 적용하여 (총 3 min.s) 집적도를 재측정하였다. 노출 시간이 집적도에 2.0($\frac{C}{mm^2}$)이상 영향을 주는지를 확인하시오.

데이터 로딩

```
con <- read.csv(paste0(data_path, "exposure.con.csv"))
str(con)
```

```
# 'data.frame': 55 obs. of  3 variables:
#  $ id : int  1 2 3 4 5 6 7 8 9 10 ...
#  $ x1m: num  12.78 13.12 14.12 7.31 14.67 ...
#  $ x3m: num  15.23 16.54 15.87 8.73 23.6 ...
```

$n = 55$개의 x1m과 x3m이 쌍별로 측정되어 id와 함께 벡터 형식(넓은 형식)으로 저장되었다.

결측값(missing values)의 검토

✿ `is.na()`는 결측 여부를 TRUE/FALSE로 반환한다.

```r
sapply(con, function(x) sum(is.na(x)))
```

```
#  id x1m x3m
#   0   0   0
```

로딩된 데이터의 두 변수에는 결측값이 없다. 만일 존재한다면, 다음을 이용하여 각 열별 결측값 비율과 위치를 확인할 수 있다.

```r
# 각 열별 결측값 비율
sapply(con, function(x) mean(is.na(x)))
# 결측값 위치
which(is.na(con), arr.ind = TRUE)
```

두 변수간 상관성 확인[56]

- pivot_longer()는 여러 개의 열을 긴 형식(longer form)으로 변환한다.
  - cols는 긴 형식으로 변환될 열들을 벡터로 지정한다.
  - names_to는 변환될 열 이름을 저장할 이름을 지정한다.
  - values_to는 기존 열의 값이 저장될 이름을 지정한다.
- arrange()는 데이터의 순서를 정렬하여 시각화와 분석을 용이하게 한다.

```r
# wide form에서 long form으로 변환
con_long <- con %>%
  pivot_longer(cols = c(x1m, x3m),
               names_to = "time",
               values_to = "value"
               ) %>%
  arrange(id, time)
```

각 케이스 별 선 연결 그림(line plot)의 구현은 긴 형식이 편리하고, 산점도(scatter plot)의 구현은 넓은 형식이 편리하다. 다음 [그림 4.35]는 각각을 구현한 것이다.

```r
# 선 연결 그림
ggplot(con_long, aes(x = time, y = value, group = id)) +
  geom_line(aes(color = factor(id)), show.legend = FALSE) +
  geom_point(aes(color = factor(id)), show.legend = FALSE) +
  scale_color_identity() +
```

[56] 두 개 이상의 변수는 넓은 형식(wide form)과 긴 형식(long form)으로 저장할 수 있다. 현재 데이터와 같이 각 열 별로 변수가 저장된 형태를 넓은 형식이라고 하고, 변수 이름과 값으로 저장되는 형태를 긴 형식이라고 한다. 시각화 또는 분석을 위해서는 두 가지 형식을 자유롭게 전환할 수 있어야 한다.

```
  labs(title = "(A) <exposure.con.csv> 각 표본 별 선 그림",
       x = "시점",
       y = "집적도") +
  theme_bw()
# 산점도
ggplot(con, aes(x = x1m, y = x3m)) +
  geom_point() +
  geom_smooth(method = "lm", se = FALSE, color = "blue") +
  labs(title = "(B) <exposure.con.csv> x1m과 x3m의 산점도와 관계 추정",
       x = "x1m",
       y = "x3m") +
  theme_bw()
```

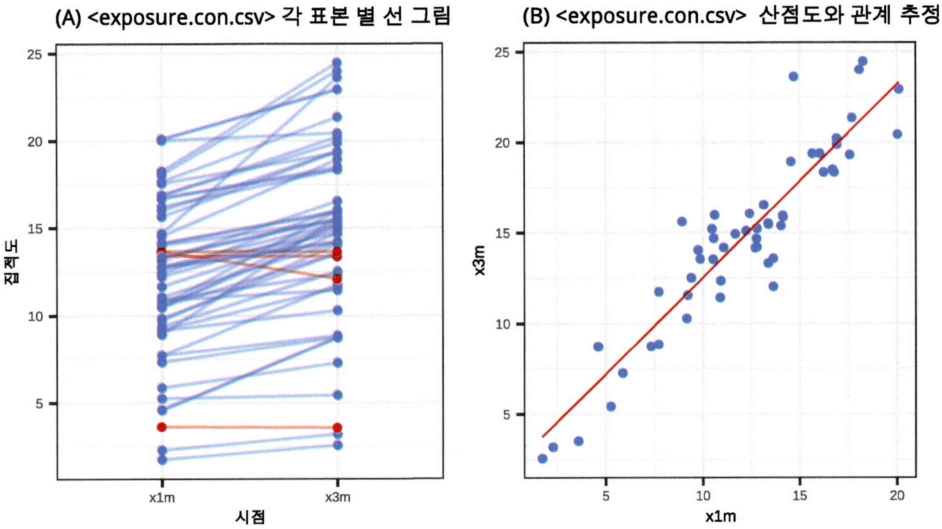

그림 4.35: <exposure.con.csv> 쌍체 데이터의 개별 선 그림과 산점도

✿ cov()와 cor()은 각각 공분산과 상관계수를 반환한다.

```
c(cov(con$x1m, con$x3m), cor(con$x1m, con$x3m))
```

```
# [1] 21.512  0.931
```

[그림 4.35]의 (A)는 쌍체 데이터의 개별 변화를 나타내는 선 그림이다. x1m보다 x3m에서 대부분의 값이 증가하였고, 일부 표본의 경우에는 감소하였다. (B)는 두 변수간의 산점도이다. 직선의 성향이 뚜렷하고, 강한 양(+)의 상관 관계를 갖는다. 상관성을 수량화한 공분산은 21.51로 양의 값이며, 상관 계수는 0.93으로 강한 양(+)의 상관을 가짐을 확인할 수 있다. 따라서, 두 개의 노출 시간 x1m과 x3m은 쌍체 검정을 이용하여 더 정밀한 차이를 확인할 수 있다. □

분포의 검토를 위하여 쌍체 차이를 먼저 계산한다.

```
con$diff = con$x3m - con$x1m
```

히스토그램, 확률도 그리고 정규성 검정

```
# 히스토그램
ggplot(con, aes(x = diff, y = after_stat(density))) +
  geom_histogram(alpha = 0.7, position = 'identity') +
  labs(title = "(A)  x3m -x1m의 히스토그램",
       x = "쌍체 차이(x3m-x1m)", y = "확률 밀도") +
  theme_bw()
# 확률도
ggplot(con, aes(sample = diff)) +
  stat_qq() +
  stat_qq_line() +
  labs(title = "(B) x3m -x1m의 확률도 ",
       x = "(표준) 정규 분포", y = "쌍체 차이(x3m-x1m)") +
  theme_bw()
```

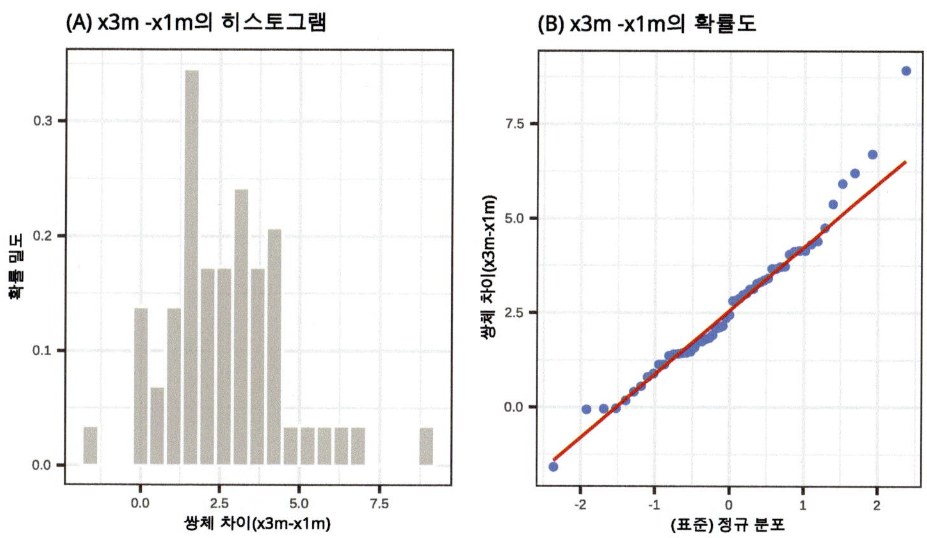

그림 4.36: <exposure.con.csv> 히스토그램과 확률도

[그림 4.36]의 (A)는 쌍체 차이(diff)에 대한 히스토그램이다. 좌우 대칭과 종형의 형태를 갖는다. (B)의 쌍체 차이(diff)의 확률도 역시 이론 분포와 관찰 분포간의 직선 관계가 밀접하지만, diff가 큰 값에서

직선 위로 이탈되는 패턴을 보인다. 이는 관찰 분포가 기대 분포보다 큰 값을 갖는 것을 의미한다. 좀 더 명확한 진단을 위하여 그룹 별 정규성 검정을 적용한다[p.234 참조]}.

```
normality_tests(con, diff)
```

```
#              검정_종류 p_value
# 1         Shapiro-Wilk   0.147
# 2       Lilliefors_K_S   0.603
# 3     Anderson-Darling   0.257
# 4 Pearson Chi-Square   0.294
```

고려한 모든 정규성 검정에서 $p-value > \alpha = 0.05$로 H_0 : diff 변수가 정규 분포를 따른다.를 기각하지 못한다. □

쌍체 검정

$$H_0 : \mu_D \geq 2.0 \quad \text{vs.} \quad H_1 : \mu_D < 2.0$$

```
t.test(con$x3m, con$x1m, 2.0, alternative = "greater", paired = TRUE)
```

```
#
#   Paired t-test
#
# data:  con$x3m and con$x1m
# t = 3, df = 54, p-value = 0.007
# alternative hypothesis: true mean difference is greater than 2
# 95 percent confidence interval:
#   2.23  Inf
# sample estimates:
# mean difference
#            2.65
```

관찰된 쌍체 차이의 표본 평균은 $2.65(C/mm^2)$이며 가설 검정 결과에서 $p-value = 0.007 < \alpha = 0.05$이므로 H_0를 기각한다. 95% 신뢰 구간의 하한이 2.23으로 x3m은 x1m보다 최소 평균 2.23(C/mm^2) 이상의 집적도를 향상하는 것으로 나타났다. □

2-sample t를 적용하는 경우

만일 데이터 수집 환경을 올바로 이해하지 않고, 동일한 데이터를 paired t-test가 아닌 상호 독립을 가정한 2-sample t-test를 적용한다면 그 결과는 다음과 같다.

```
t.test(con$x3m, con$x1m, 2.0, alternative = "greater")
```

```
#
#   Welch Two Sample t-test
#
# data:  con$x3m and con$x1m
# t = 0.7, df = 106, p-value = 0.2
# alternative hypothesis: true difference in means is greater than 2
# 95 percent confidence interval:
#  1.13  Inf
# sample estimates:
# mean of x mean of y
#      14.8      12.1
```

이 경우, $p - value = 0.2 > \alpha = 0.05$ 이므로 H_0 기각하지 못한다. 즉, x3m이 x1m과 비교할 때, 평균 2.0(C/mm^2) 이상 개선한다고 할 수 없다는 결론을 얻는다. 따라서 , 분석 방법을 적용하기 전에 반드시 데이터 수집 환경을 검토하고 올바른 방법을 선택할 수 있어야 한다. □

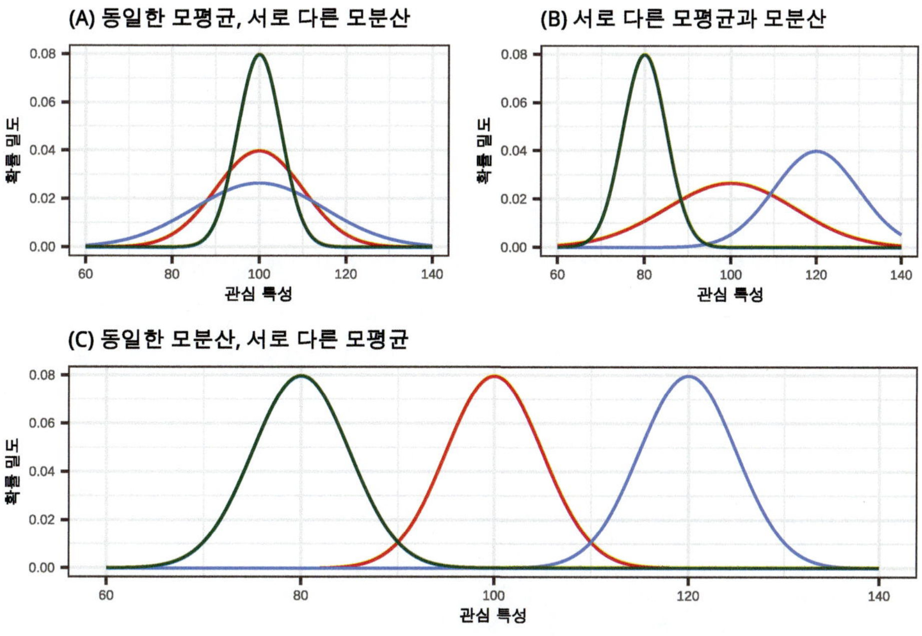

그림 4.37: 세 모집단의 모평균과 모분산

[그림 4.37]의 (A)는 모평균은 서로 동일하지만 모분산이 서로 다른 경우이고, (B)는 모분산과 모평균이 모두 다른 경우이다. 이들 경우는 모평균의 비교만으로 모집단을 비교할 수 없다. 하지만 (C)와 같이 모분산이 동일하다면, 두 집단 이상에서도 모평균의 비교를 통하여 모집단을 비교할 수 있다.

4.2.4 분산 분석 Analysis of Variance(ANOVA)

분산 분석(Analysis of Variance; ANOVA)은 지금까지 고려된 차이(difference)가 아닌 변동(variation)을 기초로 두 개 이상의 모평균을 비교하는 방법이다. 이는 주로 단일 연속형 변수가 여러 그룹에서 차이가 있는지 여부를 평가하기 위하여 적용된다. 이때, 연속형 변수를 반응 변수(response) 그리고 집단을 구별하는 그룹 변수를 인자(factor) 또는 요인 그리고 그룹 변수의 두 개 이상의 범주를 수준(levels) 또는 처리(treatment)이라고 한다[57].

$y_{ij},\ i=1,2,\dots,k,\ j=1,2,\dots,n_i$를 i번째 수준(그룹 범주)에서의 j번째 관찰값이라고 할 때, 이는 (4.5)의 통계적 모형(model)으로 표현할 수 있다[58,59].

$$
\begin{aligned}
y_{ij} &= \mu_i + \epsilon_{ij},\ i=1,2,\dots,k,\ j=1,2,\dots,n_i \\
&= \mu + \tau_i + \epsilon_{ij} \\
&\quad \text{여기서} \\
&\qquad \mu = \frac{\sum_{i=1}^{k}\mu_i}{k}\text{는 전체 평균,} \\
&\qquad \mu_i\text{는 } i\text{번째 수준의 평균,} \\
&\qquad \tau_i = \mu_i - \mu\text{로 } i\text{번째 수준의 효과, 그리고} \\
&\qquad \epsilon_{ij}\text{는 오차로 } \epsilon_{ij} \sim iid\ N\left(0,\sigma^2\right)\text{를 만족한다.}
\end{aligned}
\tag{4.5}
$$

여기서 $\tau_i,\ i=1,2,\dots,k$는 고려한 수준의 효과(effects)라고 부르고 분산 분석에서는 이를 이용하여 수준 간의 모평균을 비교한다. [그림 4.38]은 $k=3$일 때, 수준의 효과를 보여준다. 녹색의 수평선은 전체 평균을 나타내고, 붉은색 점과 녹색선의 차이는 효과 τ_i의 추정값이다.(A)는 고려된 수준(그룹)간 평균의 차이가 적은 경우이고, (B)는 고려된 그룹(수준)간 평균의 차이가 큰 경우이다. 각 수준을 동일한 조건에서 반복 가능할 때, $\tau_i,\ i=1,2,\dots,k$는 (4.6)을 만족한다[60].

---

[57] forcats::는 factor형에 대한 다양한 함수를 제공한다.

[58] τ는 그리스 알파벳의 19번째 소문자이며, 타우라고 읽는다.

[59] 여기서 선형(linear)이란 모형의 회귀 계수들이 선형 조합(linear combination)으로 정의됨을 의미하며, iid는 independently identically distributed의 약자이다.

[60] 선택된 수준들의 각 수준이 동일한 조건으로 반복 가능한 경우를 고정(fixed) 모형, 각 수준이 일정 범위에서 랜덤하게 선택되어, 각 수준이 동일한 조건에서 반복 가능하지 않은 경우를 랜덤(random) 모형이라고 한다. 랜덤 모형인 경우에는 $\tau_i \sim iidN(0,\sigma_A^2)$을 가정한다.

$$\sum_{i=1}^{k} \tau_i = 0 \tag{4.6}$$

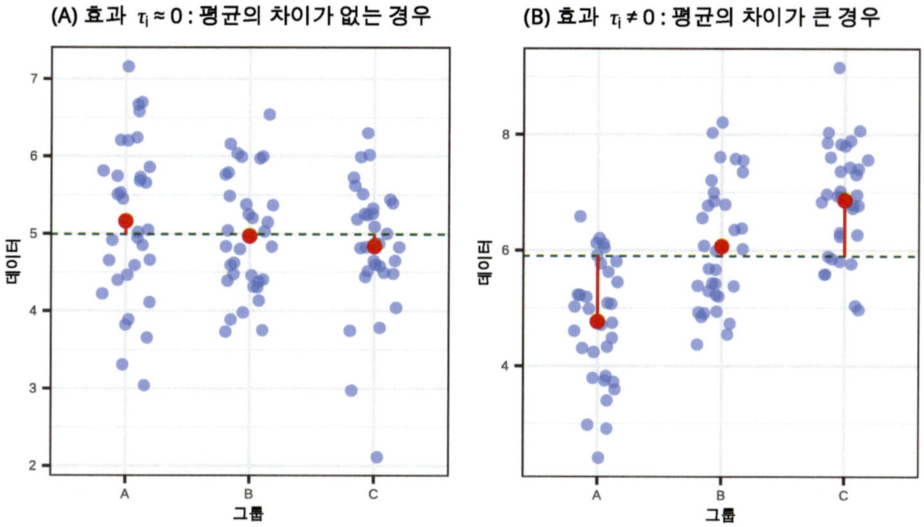

그림 4.38: [예] 세개의 그룹(수준)에서의 효과(tau)

분산 분석(Analysis of Variance)

- [목적] 변동(분산)을 기초로 2개 이상의 모평균을 비교
- 통계적 가정: $\epsilon_{ij} \sim iid\ N(0, \sigma^2)$
  - 독립성(Independence) : 각 오차들은 상호 독립이다.
  - 정규성(Normality) : 오차는 정규분포를 따르며 모평균은 0 이다.
  - 등분산성(Homogeneity of Variance) : 각 수준별 오차들은 σ^2 으로 등분산성을 갖는다.
- 가설

$$H_0 : \text{모든 } \tau_i = 0 \quad \text{vs.} \quad H_1 : \text{적어도 하나의 } \tau_i \text{ 가 0이 아니다.}$$

- 의사 결정

$$p - value\ <\ \alpha \text{ 이면, } H_0 \text{ 기각}$$

`aov(formula, data)` (또는 `lm(formula, data)`)

- `formula`에 `y ~ x`와 같은 형식으로 반응 변수와 인자를 지정한다.

분산 분석의 기본 개념은 수준 간(between)의 변동이 수준 내(within)의 변동보다 의미있게 큰 지를 확인한다. 이를 위하여 (4.7)와 같이 총변동(Sum of Squared Total; SST)을 인자 변동(Sum of Squared Factor A; SSA)와 오차 변동(Sum of Squared Error; SSE)으로 분해한다. 이를 변동의 직교 분해(Orthogonal Decomposition)라고 한다.

$$\begin{aligned}
\text{SST} &= \sum_{i=1}^{k}\sum_{j=1}^{n_i}\left(y_{ij}-\bar{y}\right)^2 \\
&= \sum_{i=1}^{k}\sum_{j=1}^{n_i}\left(y_{ij}-\bar{y}_i+\bar{y}_i-\bar{y}\right)^2 \\
&= \sum_{i=1}^{k}\sum_{j=1}^{n_i}\left[\left(y_{ij}-\bar{y}_i\right)^2+2\left(y_{ij}-\bar{y}_i\right)\left(\bar{y}_i-\bar{y}\right)+\left(\bar{y}_i-\bar{y}\right)^2\right] \\
&= \sum_{i=1}^{k}\sum_{j=1}^{n_i}\left(y_{ij}-\bar{y}_i\right)^2+\sum_{i=1}^{k}\sum_{j=1}^{n_i}\left(\bar{y}_i-\bar{y}\right)^2 \quad \left(\because \sum_{j=1}^{n_i}\left(y_{ij}-\bar{y}_i\right)=0\right) \\
&= \sum_{i=1}^{k}\sum_{j=1}^{n_i}\left(y_{ij}-\bar{y}_i\right)^2+\sum_{i=1}^{k}n_i\left(\bar{y}_i-\bar{y}\right)^2 \\
&= \text{SSE}+\text{SSA}
\end{aligned} \tag{4.7}$$

분해된 변동들은 다음과 같이 분산 분석 표(ANOVA Table)로 정리되고 분산 비(ratio)의 표본 분포인 F-분포를 이용하여 모평균의 차이를 검정한다.

분산 분석 표(ANOVA Table)

원인	제곱합 SS	자유도 df	평균 제곱 MS	F_0
인자	$SS_A=\sum_{i=1}^{k}n_i\left(\bar{y}_{i.}-\bar{y}_{..}\right)^2$	$k-1$	MSA	$F_0=\frac{MS_A}{MS_E}$
오차	$SSE=SST-SSA$	$n-k$	MSE	
총계	$SST=\sum_{i=1}^{k}\sum_{j=1}^{n_i}\left(y_{ij}-\bar{y}_{..}\right)^2$	$n-1$		

$$F_0=\frac{\text{수준 간 평균 변동(MSA)}}{\text{수준 내 평균 변동(MSE)}}=\frac{\text{그룹 간 평균 변동(MS Between)}}{\text{그룹 내 평균 변동(MS Within)}}$$

분산 분석 표의 F_0 값은 인자의 수준 평균 간의 차이에 의하여 발생하는 평균 변동과 동일 수준 내에서 개별 관측값들과 수준 평균과의 차이에 의하여 발생하는 평균 변동의 비이다. H_0 하에서 $F_0 \sim F_{(k-1,n-k)}$

이고, F_0 값이 클수록 수준 간 평균 변동이 수준 내 평균 변동보다 크다는 것이므로, 모든 처리 효과가 0 이라는 H_0를 기각할 가능성이 높아진다. 따라서, $p-value$는 (4.8)과 같이 계산된다.

$$p - value = \Pr(F > F_0) \tag{4.8}$$

분산 분석은 상호 독립인 두 모평균의 비교와 같이 독립성, 정규성 그리고 등분산성의 가정을 갖고 이를 통계적 가정 $\epsilon_{ij} \sim iid\ N\left(0, \sigma^2\right)$으로 반영한다. 여기서, ϵ_{ij}의 추정값인 e_{ij}를 잔차(residuals) 그리고 이를 표준화한 r_{ij}를 표준화 잔차(standardized residuals)라고 하며, (4.9)와 같이 계산된다.

$$\begin{aligned} e_{ij} &= y_{ij} - \bar{y}_{i.},\ i = 1, 2, \ldots, k,\ j = 1, 2, \ldots, n_i \\ r_{ij} &= \frac{e_{ij} - 0}{\hat{\sigma}},\ i = 1, 2, \ldots, k,\ j = 1, 2, \ldots, n_i \end{aligned} \tag{4.9}$$

통계적 가정은 잔차 또는 표준화 잔차를 이용하여 [표 4.5]와 같이 검토되며, 이를 잔차 진단(residuals diagnostics)이라고 한다. [그림 4.39]는 모든 가정을 만족하는 예시이다.

표 4.5: 잔차 진단: 분산분석의 오차의 가정 검토

가정	진단 도구	진단 기준	추가 검정
정규성	히스토그램, 확률도	좌우대칭/종형, 직선선	다양한 정규성 검정
등분산성	잔차 vs. 추정값	잔차의 산포가 일정	Bartlett's Test
			Levene's Test
독립성	잔차 vs. 순서	랜덤 패턴	Durbin-Watson Test

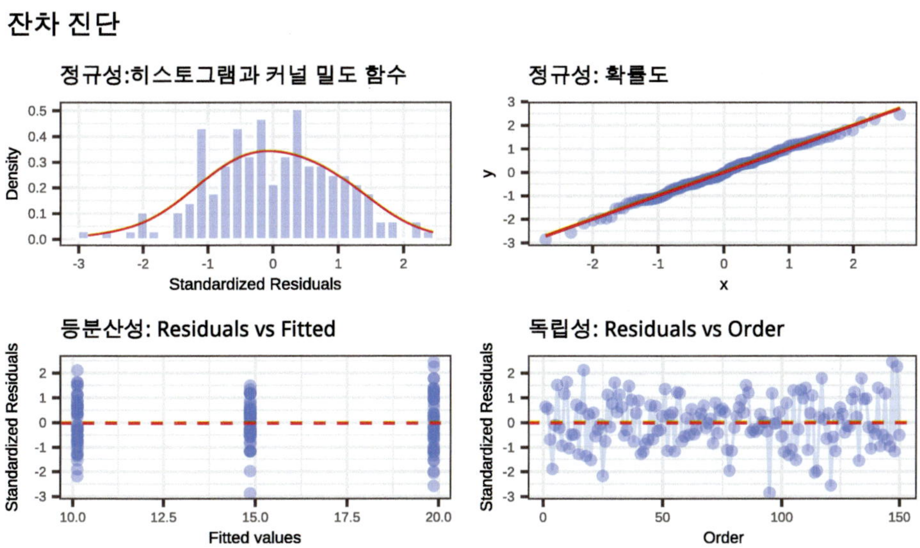

그림 4.39: 잔차 진단의 예

만일 데이터가 정규 분포를 따르지 않거나 등분산성을 만족하지 못한다면, 분산 분석(ANOVA)은 정확한 검정을 제공하지 못한다. 이러한 경우에는 (1) 실무적으로 데이터를 재측정 (2) 필요한 경우 통계적 변환을 고려 또는 (3) 대안적 방법인 비모수적 방법(예: Kruskal-Wallis test)을 적용해야 한다.

분산분석의 결과가 유의하지 않다면, 고려된 수준 간의 모평균들은 차이가 있다고 할 수 없으므로 추가 분석은 고려되지 않는다. 하지만 그 결과가 유의하다면, 어떤 수준(그룹)간의 차이가 있는가를 추가로 검토해야 한다. 이를 **사후 분석(post hoc Analysis)**이라고 하며, 다양한 다중 비교(Multiple Comparisons) 방법과 대비(contrasts)를 적용하여 원하는 정보를 도출할 수 있다[61]. 다중 비교 방법에는 TukeyHSD, Bonferroni's 그리고 Dunnett 방법 등이 있으며, 대비는 특정 수준들의 선형 조합으로 가설을 설정하고 이를 검정하는 방법이다.

실습 20. 데이터 처리 능력 비교 <process.comparison.csv>

다음은 새로운 데이터 처리 프로세스에 대한 파일럿 테스트의 결과이다. 고려된 처리 프로세스는 현재 운용 중인 처리 프로세스(current), A사의 2가지 방법(A1, A2) 그리고 B사의 2가지 방법(B1, B2)로 총 5개의 그룹이 고려되었고, 반응값은 다양한 업무에서 특정 시간 동안의 처리 용량(Volume)을 측정한 것으로 그 값이 클수록 바람직하다. 프로세스 운영 비용은 B사가 A사보다 1.5배 높다.

데이터 로딩

```
data <- read.csv(paste0(data_path, "process.comparison.csv"))
str(data)
```

```
# 'data.frame': 250 obs. of  3 variables:
#  $ id    : int  1 2 3 4 5 6 7 8 9 10 ...
#  $ group : chr  "A1" "A1" "A1" "A1" ...
#  $ volume: num  64.5 64 56.8 49.9 60.2 ...
```

$n = 250$개의 volume이 기록되었고, 테스트가 실시된 group 변수에 총 5개의 프로세스 이름이 함께 기록되었다. 고려한 그룹(수준)을 확인하는 방법은 다음과 같다.

[61] post hoc은 라틴어로 after this 또는 after the event를 의미한다. 여기서는 분산 분석 후에 수행되는 추가적인 분석을 의미한다. 이는 분산 분석에서 유의한 결과가 나왔을 때, 어떤 수준 간의 차이가 유의한지를 구체적으로 조사하는 방법들을 의미한다.

```
unique(data$group)
```

```
# [1] "A1"      "A2"      "B1"      "B2"      "current"
```

- 결측값(missing values)의 검토
  - is.na()는 결측 여부를 TRUE/FALSE로 반환한다.

```
sapply(data, function(x) sum(is.na(x)))
```

```
#     id  group volume
#      0      0      0
```

로딩된 데이터의 변수에는 결측값이 없다. 만일 존재한다면, 다음을 이용하여 각 열별 결측값 비율과 위치를 확인할 수 있다.

```
# 각 열별 결측값 비율
sapply(data, function(x) mean(is.na(x)))
# 결측값 위치
which(is.na(data), arr.ind = TRUE)
```

- 데이터 검토
  - 박스 그림(Box Plot)은 데이터의 수를 반영하지 못하므로 항상 점도표와 함께 도시한다.
  - geom_jitter()는 무작위 잡음(noise)를 추가하여 데이터가 중복되지 않도록 표현한다.
    - 동일한 값이 여러 번 반복되는 경우, 데이터 구조를 보다 명확하게 시각화 한다.
  - geom_violin()은 데이터가 집중된 구간을 구별하여 표현한다.
    - 박스 그림과 커널 밀도 추정을 결합한 것으로 구간 별 데이터 밀집도를 확인할 수 있다.

```
data %>%
 ggplot(aes(x = group, y = volume)) +
 geom_boxplot() +
 geom_jitter(color = "blue") +
 labs(title = "(A) 박스 그림과 점 도표") +
 theme_bw()

data %>%
 ggplot(aes(x = group, y = volume)) +
 geom_violin() +
 geom_jitter(color = "red") +
```

```
labs(title = "(B) 바이올린 그림과 점 도표") +
theme_bw()
```

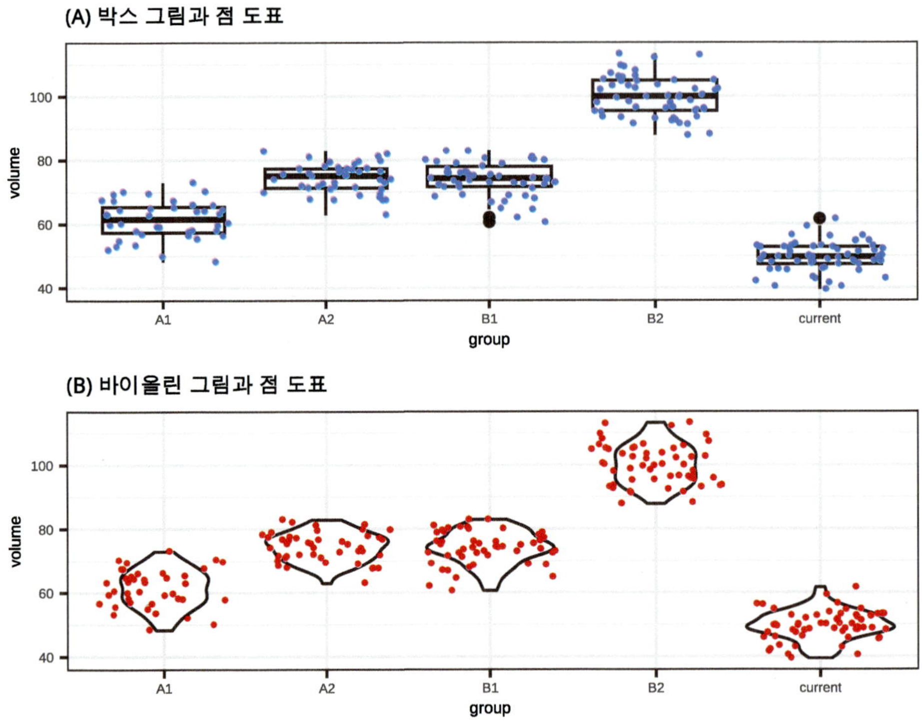

그림 4.40: <process.comparison.csv> 박스 그림과 바이올린 그림

[그림 4.40]은 group 변수의 범주별 분포를 확인하기 위한 그림이다. (A)는 박스 그림과 지터(jitter)된 점도표를 함께 도시한 것이다. 박스의 형태로 볼 때 모든 범주가 좌우 대칭의 형태를 갖는 것으로 보이며, 점 도표의 형태로 볼 때 군집(clusters)은 존재하지 않으며, B2를 제외하고는 거의 비슷한 산포를 가지고 있다. (B)는 박스 그림의 응용 방법인 바이올린 그림과 지터된 점도표를 함께 도시한 것이다. 박스 그림과 비슷한 정보를 얻을 수 있으며, 가로의 넓이가 크면 데이터가 밀집된 구간이다 A2와 current는 중심부에 데이터가 밀집되어 있음을 확인할 수 있고, A1과 B2는 양쪽 꼬리가 거의 대칭이다. 정규성과 등분산성은 큰 문제가 없어 보이며, 독립성은 현재 그림으로 판단할 수 없다. □

분산 분석

- `aov(formula, data)`[62]
  - 분산 분석의 결과를 제공하고, 관련된 다양한 통계량을 객체로 제공한다.
- `summary(model_object)`는 분산 분석 결과를 요약하여 제공한다.

[62]분산 분석에서는 주로 `aov(formula, data)`를 사용하지만, `lm(formula, data)` 역시 동일한 결과를 제공한다.

```r
model <- aov(volume ~ group, data = data)
summary(model)
```

```
#              Df Sum Sq Mean Sq F value              Pr(>F)
# group         4  78373   19593     688 <0.0000000000000002 ***
# Residuals   245   6974      28
# ---
# Signif. codes:  0 '***' 0.001 '**' 0.01 '*' 0.05 '.' 0.1 ' ' 1
```

분산 분석의 결과, H_0 하에서 $F_0 = 469$로 각 그룹(수준) 내 평균 변동보다 그룹(수준) 간 평균 변동이 훨씬 큰 값을 갖는다는 것을 알 수 있다. $p - value = 0.000 < \alpha = 0.05$이므로 $H_0 : \tau_i = 0, \ \forall i$를 기각하므로 고려된 처리 방법들의 모평균은 서로 동일하다고 할 수 없다. □

분산 분석의 결과가 유의하므로, 각 수준 별 평균과 효과의 추정값을 요약해 보면 다음과 같다.

수준 별 요약

- model.tables(model_object, type, se)은 model에서 정의된 수준 별 요약값을 반환한다.
  - type에는 효과(effects) 또는 평균(means)을 지정할 수 있다.
  - se = TRUE/FALSE를 지정하여 표준 오차를 확인할 수 있다. 기본값은 FALSE이다[63].

```r
model.tables(model, type = "effects")
```

```
# Tables of effects
#
#  group
#          A1     A2     B1    B2 current
#      -10.62  2.387  2.092 28.16  -22.27
# rep  40.00 45.000 50.000 55.00   60.00
```

효과(effects)의 경우 A2와 B1은 2에 가깝다. B2는 가장 큰 양(+)의 값을 갖고 current는 가장 작은 음(-)의 값을 갖는다. 따라서 B2와 current가 가장 큰 차이를 보임을 알 수 있다. 결과에서 rep는 해당 수준의 데이터의 수를 나타낸다. 이러한 경향은 평균(means) 요약값에서도 동일하게 파악된다. 하지만, 효과를 통한 해석이 보다 용이하다.

[63] 각 수준 별 반복 수가 동일하지 않은 경우(unbalanced case), 표준 오차(`standard error`)는 각 수준 별로 분할하여 계산한다. 하지만, 이는 비교에서 큰 의미가 없으므로, 최소 2 수준의 비교가 반영되는 대비(contrasts)에 대한 표준 오차를 계산하여 반영한다. 이를 위해 car::se.contrast()를 이용한다.

```
model.tables(model, type = "means")
```

```
# Tables of means
# Grand mean
#
# 71.9
#
#  group
#         A1    A2    B1  B2 current
#      61.26 74.27 73.97 100   49.61
# rep 40.00 45.00 50.00  55   60.00
```

□

분산 분석의 결과에 대한 타당성과 신뢰성은 통계적 가정의 만족 여부에 따라 달라진다. 다음은 잔차 진단을 위한 그래프이다.

잔차 진단

- resid(model_object)는 잔차(residuals)를 반환한다.
- rstandard(model_object)는 표준화 잔차(standardized residuals)를 반환한다.
- fitted.values(model_object)는 각 수준 별 추정값을 반환한다[64].

사용자 정의 함수 resid_diagnostics(model_object)
- 정규성, 등분산성 그리고 독립성을 검토할 수 있는 그래프를 반환한다.

```
# 사용자 정의 함수
resid_diagnostics <- function(model) {

  # 필요한 패키지 설치 및 로드
  if (!requireNamespace("ggplot2", quietly = TRUE)) {
    install.packages("ggplot2")
  }
  if (!requireNamespace("dplyr", quietly = TRUE)) {
    install.packages("dplyr")
  }
  if (!requireNamespace("patchwork", quietly = TRUE)) {
    install.packages("patchwork")
  }
```

[64] fit은 적합이라고 해석한다. 이는 가정된 모형(model) 하에서 모수 추정을 통해 계산된 추정값을 의미한다.

```r
library(ggplot2)
library(dplyr)
library(patchwork)

# 데이터 프레임 생성 및 표준화 잔차 계산
residuals_data <- data.frame(
  fitted = fitted.values(model),
  residuals = resid(model),
  standardized_residuals = rstandard(model),
  order = 1:length(resid(model))
)

# 히스토그램과 커널 밀도 함수
p1 <- ggplot(residuals_data, aes(x = standardized_residuals)) +
  geom_histogram(aes(y = after_stat(density)),
                 fill = "blue", color = "white") +
  geom_density(color = "red", adjust = 1.5, size = 1) +
  ggtitle("정규성: 히스토그램과 커널 밀도 함수") +
  xlab("Standardized Residuals") +
  ylab("Density") +
  theme_bw()
# 정규성 검토 - 확률도t
p2 <- ggplot(residuals_data, aes(sample = standardized_residuals)) +
  stat_qq(color = "blue") +
  stat_qq_line(color = "red") +
  ggtitle("정규성: 확률도") +
  theme_bw()
# 등분산성 - Residuals vs Fitted
p3 <- ggplot(residuals_data, aes(x = fitted, y = standardized_residuals)) +
  geom_point(color = "blue") +
  geom_hline(yintercept = 0, linetype = "dashed", color = "red") +
  ggtitle("등분산성: Residuals vs Fitted") +
  xlab("Fitted values") +
  ylab("Standardized Residuals") +
  theme_bw()
# 독립성 - Residuals vs Order
p4 <- ggplot(residuals_data, aes(x = order, y = standardized_residuals)) +
  geom_point(color="blue") +
  geom_line(color="blue", alpha = 0.5) +
  geom_hline(yintercept = 0, linetype = "dashed", color = "red") +
  ggtitle("독립성: Residuals vs Order") +
  xlab("Order") +
  ylab("Standardized Residuals") +
```

```
    theme_bw()
    # 플롯 배치
  com_plot <- (p1 | p2) / (p3 | p4) + plot_annotation(
    title = "잔차 진단",
    theme = theme(plot.title = element_text(size = 14))
  )
  com_plot
}
```

```
# 진단 플롯 생성
model <- aov(volume ~ group, data = data)
resid_diagnostics(model)
```

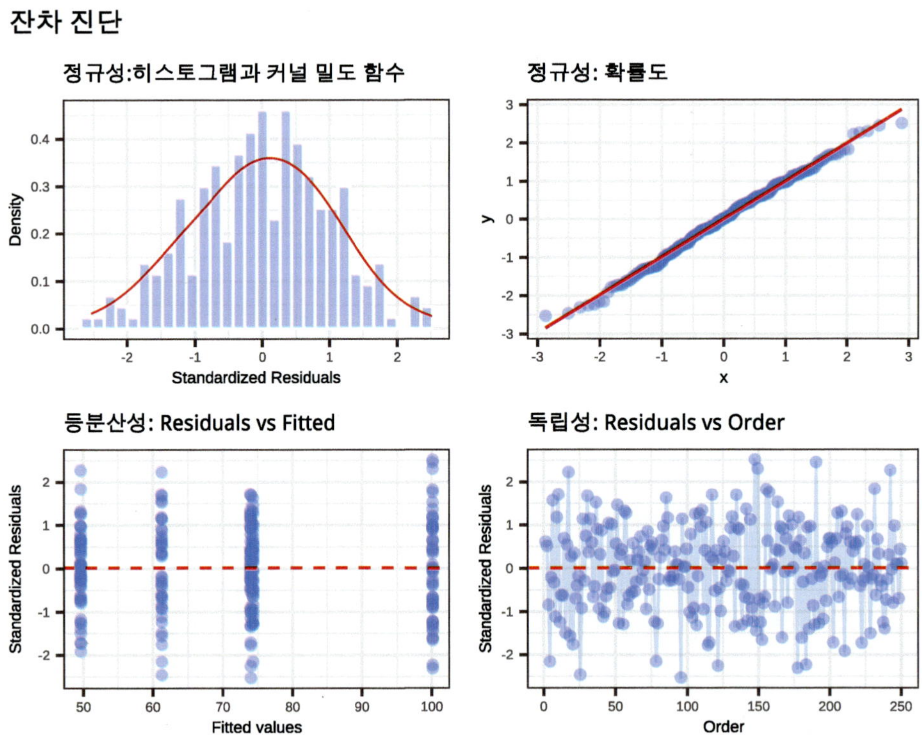

잔차 진단을 위한 그래프에서 정규성과 독립성은 만족하는 것으로 보이고, 등분산성에서는 세 번째 수준의 분산이 다른 수준과 비교할 때 산포가 좀 작은 것으로 보이지만 등분산을 위배할 정도는 아닐 것으로 판단된다. 각 가정에 대한 구체적인 검정 방법은 다음과 같다.

통계적 오차에 대한 추가 검정

```
residuals_data <- data.frame(
  order = 1:length(residuals(model)),
  group = data$group,
  fitted = fitted(model),
  residuals = residuals(model),
  standardized_residuals = rstandard(model)
)
head(residuals_data)
```

```
#   order group fitted residuals standardized_residuals
# 1     1    A1   61.3      3.23                  0.614
# 2     2    A1   61.3      2.72                  0.516
# 3     3    A1   61.3     -4.44                 -0.843
# 4     4    A1   61.3    -11.37                 -2.159
# 5     5    A1   61.3     -1.10                 -0.208
# 6     6    A1   61.3      8.26                  1.569
```

정규성 검정: normality_test() [p.231 참조]

```
normality_tests(residuals_data, standardized_residuals)
```

```
#              검정_종류 p_value
# 1       Shapiro-Wilk   0.573
# 2     Lilliefors_K_S   0.554
# 3   Anderson-Darling   0.604
# 4 Pearson Chi-Square   0.829
```

모든 정규성 검정에서 $p - value > \alpha = 0.05$ 이므로 H_0 : 표준화 잔차가 정규 분포를 따른다. 를 기각하지 못한다. □

등분산성 검정: 정규성 만족 여부에 따라 bartlett.test() 또는 car::leveneTest()[65]

```
library(car)
# 정규성을 만족하는 경우, 표준화 잔차의 등분산성 검정
bartlett.test(standardized_residuals ~ group, data = residuals_data)
```

```
#
#   Bartlett test of homogeneity of variances
```

[65] 정규성 여부에 따라 등분산성 검정 결과가 달라 질 수 있다. 현재 데이터의 경우, leveneTest()의 결과는 $p - value = 0.015 < \alpha = 0.05$ 이다.

```
#
# data:  standardized_residuals by group
# Bartlett's K-squared = 9, df = 4, p-value = 0.06
```

```
# 각 수준의 등분산성 검정
# bartlett.test(volume ~ group, data = data)
```

각 수준 별 표준화 잔차의 분산 동질성 검정에서의 $p - value = 0.06 > \alpha = 0.05$ 이므로 H_0 를 기각하지 못한다. 즉, 수준 별 표준화 잔차는 등분산성을 만족한다. 모형이 적절한 경우, 이는 각 수준의 분산 동질성 검정과 동일한 결과를 제공한다[66]. □

독립성 검정: `lmtest::dwtest()`

더빈-왓슨 검정(Durbin-Watson Test)는 일정한 순서로 주어진 데이터의 1 차 자기 상관(auto correlation)의 존재 여부를 검정하는 것으로 다음의 가설을 검정한다. 여기서 e_t 는 시점 t 에서의 잔차를 나타낸다[67].

$$H_0 : \text{Cov}\left(e_t, e_{t-1}\right) = 0 \quad \text{vs.} \quad H_1 : \text{Cov}\left(e_t, e_{t-1}\right) \neq 0$$

```
library(lmtest)
dwtest(model, alternative = "two.sided")
```

```
#
#   Durbin-Watson test
#
# data:  model
# DW = 2, p-value = 0.4
# alternative hypothesis: true autocorrelation is not 0
```

검정 결과를 보면, $p - value = 0.4 > \alpha = 0.05$ 이므로 H_0 를 기각하지 못한다. 따라서 잔차의 순서에서 1 차 자기 상관이 존재한다고 할 수 없다. □

잔차 진단 그림과 추가적인 통계적 검정 결과에서 오차의 통계적 가정은 위배되지 않았으며, 분산 분석에서는 유의한 결과가 도출되었다. 따라서 고려한 5개의 수준들은 서로 동일하지 않다고 판단되고, 어떤 수준간의 차이가 있는지 여부를 확인하기 위하여 사후 분석을 실시해야 한다.

[66] 모형이 올바로 적합된 경우, 표준화 잔차에 대한 수준 별 등분산 검정과 반응값에 대한 수준 별 등분산 검정은 동일한 결과를 제공한다. 잔차의 분산 패턴이 원래 데이터의 분산 패턴을 반영하기 때문이다. 하지만, 모형이 잘 맞지 않거나 데이터가 비정상적일 경우에는 이들 검정 간 차이가 발생할 수 있다.

[67] Durbin-Watson Test에서 H_0 를 기각하지 못하는 것으로 완전한 독립성을 주장할 수는 없다. 이는 1차 자기 상관만을 확인하기 때문이다. 따라서, 이는 그래프 진단의 보조 검정으로 활용해야 한다.

4.2.5 다중 비교 Multiple Comparisons

다중 비교(Multiple Comparisons)는 여러 수준 간의 모평균을 비교하는 방법이다. 이는 독립적으로 사용되기도 하지만, 주로 3개 수준 이상의 모평균 차이 여부를 검정하는 분산 분석(ANOVA)의 결과가 유의할 때, 사후(post hoc) 분석의 방법으로 어떤 수준 간의 차이가 존재하는지를 확인하기 위하여 적용된다. 이는 동일한 데이터에서 여러 번의 검정을 수행하게 되므로 각 검정에서 제 I 종의 오류를 통제 또는 보정해야 한다. 이때, 각 비교에서의 제 I 종의 오류율을 개별 검정 오류율(Comparison-Wise Error Rate; CWER) 그리고 모든 비교에서의 제 I 종의 오류율을 다중 검정 오류율(Family-Wise Error Rate; FWER)이라고 한다.

다중 검정 오류율(FWER; α_F)과 개별 검정 오류율(CWER, α_C)

다중 비교에서 귀무 가설 $H_{01}, H_{02}, \ldots, H_{0m}$ 을 고려할 때

- 다중 검정 오류율 α_F
  - 고려한 m 개의 가설 중에서 하나 이상의 제 I 종의 오류가 발생할 확률

$$\alpha_F = \Pr(\text{적어도 하나의 } H_{0i} \text{ 를 잘못 기각})$$

- 개별 검정 오류율 α_C
  - 고려한 m 개의 가설 검정에서 각 개별 검정의 유의 수준

$$\alpha_C = \max \Pr(H_{0i}\text{하에서 } H_{0i} \text{ 를 기각할 오류})$$

$k \geq 3$의 수준에서 모든 쌍별 수준을 비교한다면, $m = \binom{k}{2} = \frac{k(k-1)}{2}$ 번의 비교를 하게 된다. 각 비교 검정의 유의 수준이 α_C 이고, $m \geq 2$ 번의 독립적인 검정을 수행한다면, 모든 검정에서 귀무가설을 기각하지 않을 확률은 $(1-\alpha_C)^m$ 이 된다. 따라서, 모든 검정 중에서 적어도 하나의 검정에서 귀무가설을 기각할 확률인 α_F 는 (4.10)이 된다.

$$\alpha_F = \Pr(\text{적어도 하나의 검정에서 } H_0 \text{ 기각}) = 1-(1-\alpha_C)^m \tag{4.10}$$

예를 들어, $\alpha_C = 0.05$ 이고, $k = 3$에서 모든 쌍별 수준인 $m = 3$번의 검정을 수행한다면 다중 검정 오류율인 α_F는 다음과 같이 약 14.3% 로 증가한다.

$$\alpha_F = 1-(1-0.05)^3 = 1-0.857 = 0.143$$

[그림 4.41]은 검정 회수에 따른 다중 검정 오류율 α_F와 개별 검정 오류율 α_C의 관계를 보여준다. 다중 검정 오류율 $\alpha_F = 0.05$(빨간 점선)를 만족하기 위해서는 검정 횟수가 많아질수록 개별 검정 오류율 α_C 가

더 작게 조정되어야 함을 알 수 있다. 다중 비교는 다중 검정 오류율을 만족하기 위하여 개별 검정 오류율을 통제 또는 조정을 목적으로 한다.

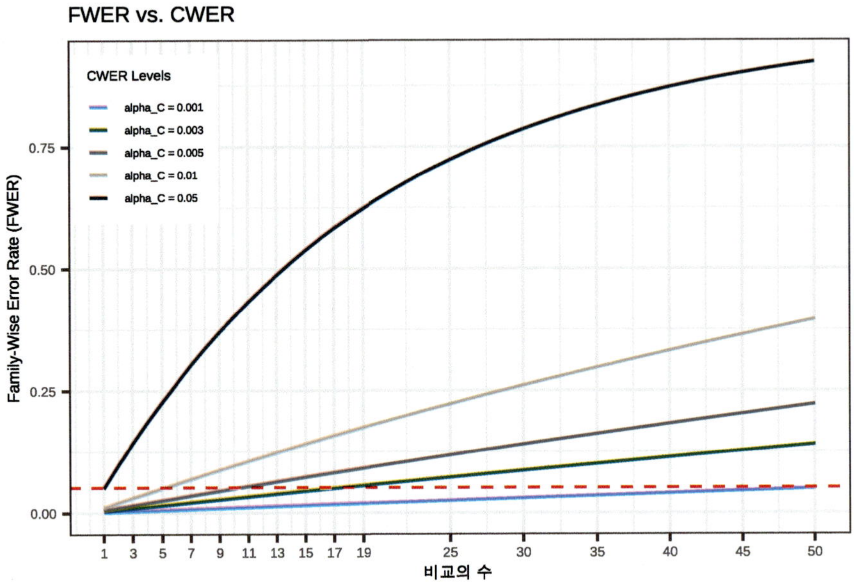

그림 4.41: 다중 검정 오류율(FWER)과 개별 검정 오류율(CWER)

개별 검정 오류율의 조정은 데이터의 수집 환경과 비교 횟수에 의하여 결정된다. [표 4.6]은 $k \geq 3$의 수준의 데이터에서 분산 분석의 결과가 유의할 때, 고려할 수 있는 비교 종류와 횟수 그리고 대표적인 실행 방법이다.

표 4.6: 개별 검정의 종류와 상황 그리고 비교 횟수

종류	비교 횟수	대표적 방법
모든 쌍별 비교	$\binom{k}{2}$	Tukey's HSD, Bonferroni
기준과의 비교	$k-1$	Dunnett
특정 수준들의 비교	1 이상	대비(contrasts), 직교 대비

여기서 대비(Contrasts)란 여러 수준 간의 차이를 비교하기 위하여 적용되는 모평균들의 선형 조합(linear combinations)을 말한다. 이는 실무적으로 사전 정의된 특정 수준들의 조합만을 비교할 수 있어서 다른 다중 비교 방법과 비교할 때 효과적이면서도 효율적이다. 또한 여러 개의 대비를 직교 대비(Orthogonal Contrasts)로 정의할 수 있다면, 각 대비의 효과를 개별적으로 평가할 수 있다. 직교 대비는 서로 독립적인 비교를 가능하게 하고 통계적 검정의 효율성을 높이며, 일반적인 다중 비교 방법에서 흔히 발생하는 다중 검정 오류율(FWER)의 증가를 효과적으로 통제할 수 있다.

○○ 대비(contrasts)와 직교 대비(othogonal contrasts)[68]

$k \geq 3$ 수준을 고려할 때

- 대비(contrast)

$$l = \sum_{i=1}^{k} c_i \mu_i, \text{ 여기서 } \sum_{i=1}^{k} c_i = 0$$

(예) $l = \mu_1 - \mu_2$ 또는 $l = \mu_1 - \frac{1}{2}\mu_2 - \frac{1}{2}\mu_3$ 등

- 직교 대비(orthogonal contrasts)

두 개의 대비 $l_j = \sum_{i=1}^{k} c_j i \mu_i$ 와 $l_k = \sum_{i=1}^{k} c_k i \mu_i$ 에서

$$\sum_{i=1}^{k} c_{ji} c_{ki} = 0 \quad \text{모든} \quad j \neq k$$

(예) $l_1 = \mu_1 - \mu_2$ 과 $l_2 = \frac{1}{2}\mu_1 + \frac{1}{2}\mu_2 - \mu_3$ 등

○○ 대비와 직교 대비의 가설 검정[69]

- 대비 검정의 가설

$$H_0 : l = 0 \quad \text{vs.} \quad H_1 : l \neq 0$$

- 직교 대비 검정의 가설

$$H_0 : l_i = 0 \quad \text{vs.} \quad H_1 : l_i \neq 0, \quad i = 1, 2, \ldots, k-1$$

- 의사 결정

$$p - value \; < \; \alpha \text{ 이면, } H_0 \text{ 기각}$$

실습 21. 데이터 처리 능력 비교: 직교 대비의 정의 <procss.comparison.csv>

[실습 20]에서 분산 분석의 결과가 유의하므로 A1, A2, B1, B2, Current 의 모평균을 이용하여 다음 선형 조합간의 차이를 검토하고자 한다.

(1) A와 B의 차이 (2) 나머지와 current의 차이 (3) A2와 B2와의 차이 (4) A1과 B1과의 차이

---

[68] 대비와 직교 대비에 대한 가설 검정은 양측 검정을 사용한다.

[69] 수준 수가 $k \geq 3$ 일 때, 가능한 직교 대비의 수는 $k-1$ 이다. 이는 각 수준 간의 차이를 독립적으로 비교하기 위한 최대 개수를 의미한다.

고려한 4가지 선형 조합의 대비 조건과 직교 대비 여부 확인

A_1, A_2, B_1, B_2, C를 각 수준의 모평균이라 하고, $c_i,\ i = 1, 2, \ldots, 5$를 각각의 대비 계수라고 할 때, 고려한 각 선형 조합은 대비의 조건을 만족한다.

(1) A와 B의 차이

$$l_1 = \frac{1}{2}A_1 + \frac{1}{2}A_2 - \frac{1}{2}B_1 - \frac{1}{2}B_2 + 0 \cdot C, \quad \sum_{i=1}^{5} c_i = 0$$

(2) 나머지와 C의 차이

$$l_2 = \left(\frac{A_1 + A_2 + B_1 + B_2}{4}\right) - C = \frac{1}{4}A_1 + \frac{1}{4}A_2 + \frac{1}{4}B_1 + \frac{1}{4}B_2 - 1 \cdot C, \quad \sum_{i=1}^{5} c_i = 0$$

(3) A_2와 B_2의 차이

$$l_3 = A_2 - B_2 = 0 \cdot A_1 + 1 \cdot A_2 + 0 \cdot B_1 - 1 \cdot B_2 + 0 \cdot C, \quad \sum_{i=1}^{5} c_i = 0$$

(4) A_1와 B_1의 차이

$$l_4 = A_1 - B_1 = 1 \cdot A_1 + 0 \cdot A_2 - 1 \cdot B_1 + 0 \cdot B_2 + 0 \cdot C, \quad \sum_{i=1}^{5} c_i = 0$$

□

또한 고려된 4개의 대비 $l_k,\ k = 1, 2, 3, 4$의 직교 대비 여부를 확인해 보면 다음과 같다.

(1) l_1 vs. l_2

$$\left(\frac{1}{2}\right) \cdot \left(-\frac{1}{4}\right) + \left(\frac{1}{2}\right) \cdot \left(-\frac{1}{4}\right) + \left(-\frac{1}{2}\right) \cdot \left(-\frac{1}{4}\right) + \left(-\frac{1}{2}\right) \cdot \left(-\frac{1}{4}\right) + 0 \cdot 1 = 0$$

(2) l_1 vs. l_3

$$\left(\frac{1}{2}\right) \cdot 0 + \left(\frac{1}{2}\right) \cdot 1 + \left(-\frac{1}{2}\right) \cdot 0 + \left(-\frac{1}{2}\right) \cdot (-1) + 0 \cdot 0 = 0$$

(3) l_1 vs. l_4

$$\left(\frac{1}{2}\right) \cdot 1 + \left(\frac{1}{2}\right) \cdot 0 + \left(-\frac{1}{2}\right) \cdot (-1) + \left(-\frac{1}{2}\right) \cdot 0 + 0 \cdot 0 = 0$$

(4) l_2 vs. l_3

$$\left(-\frac{1}{4}\right) \cdot 0 + \left(-\frac{1}{4}\right) \cdot 1 + \left(-\frac{1}{4}\right) \cdot 0 + \left(-\frac{1}{4}\right) \cdot (-1) + 1 \cdot 0 = 0$$

(5) l_2 vs. l_4

$$\left(-\frac{1}{4}\right)\cdot 1+\left(-\frac{1}{4}\right)\cdot 0+\left(-\frac{1}{4}\right)\cdot(-1)+\left(-\frac{1}{4}\right)\cdot 0+1\cdot 0=0$$

(6) l_3 vs. l_4

$$0\cdot 1+1\cdot 0+0\cdot(-1)+(-1)\cdot 0+0\cdot 0=0$$

따라서 고려된 4개의 대비는 직교 대비임을 확인할 수 있다.

□

대비 검정에서 수준은 factor 형으로 정의되어야 한다.

- as.factor()는 문자 또는 숫자형을 factor 형으로 변환한다[70].

```
data <- read.csv(paste0(data_path, "process.comparison.csv"))
data$group <- as.factor(data$group)
```

multicomp::glht()는 aov() 객체를 이용하여 다양한 다중 비교 검정을 실행한다(Bretz, 2016)[71,72].

- linfct = mcp(group)에 정의된 대비 행렬을 지정한다.

```
library(multcomp)
# 직교 대비 정의
orthogonal_cont <- rbind(
  "A_vs_B" = c( 1/2,  1/2, -1/2, -1/2,  0),
  "Others_vs_Current" = c(1/4, 1/4, 1/4, 1/4, -1),
  "A2_vs_B2" = c( 0, 1, 0, -1, 0),
  "A1_vs_B1" = c( 1, 0, -1, 0, 0)
)
```

```
# ANOVA 수행
anova_result <- aov(volume ~ group, data = data)
```

```
# 정의된 직교 대비를 적용한 다중 비교
orthogonal_result <- glht(anova_result, linfct = mcp(group = orthogonal_cont))
summary(orthogonal_result)
```

[70] factor 형은 범주형 데이터를 처리하는데 적합하며, R에서 제공하는 통계 분석에서 그룹 변수는 factor 형을 가정하는 경우가 대부분이다. 따라서, 분석에 적용되는 범주형 그룹 변수가 factor 형인지 여부를 먼저 확인하고, 필요하다면 변환한다.

[71] Bretz, F., Hothorn, T., & Westfall, P. (2016). Multiple comparisons using R. Chapman and Hall/CRC.

[72] glht는 General Linear Hypotheses Test의 약자로 일반 선형 가설 검정을 위한 함수이다.

```
#
#    Simultaneous Tests for General Linear Hypotheses
#
# Multiple Comparisons of Means: User-defined Contrasts
#
#
# Fit: aov(formula = volume ~ group, data = data)
#
# Linear Hypotheses:
#                        Estimate Std. Error t value             Pr(>|t|)
# A_vs_B == 0             -19.243      0.780   -24.7 <0.0000000000000002
# Others_vs_Current == 0   27.778      0.791    35.1 <0.0000000000000002
# A2_vs_B2 == 0           -25.777      1.072   -24.0 <0.0000000000000002
# A1_vs_B1 == 0           -12.709      1.132   -11.2 <0.0000000000000002
#
# A_vs_B == 0            ***
# Others_vs_Current == 0 ***
# A2_vs_B2 == 0          ***
# A1_vs_B1 == 0          ***
# ---
# Signif. codes:  0 '***' 0.001 '**' 0.01 '*' 0.05 '.' 0.1 ' ' 1
# (Adjusted p values reported -- single-step method)
```

고려한 모든 대비는 $p - vaule = 0.000 < \alpha = 0.05$이므로, 모든 경우 $H_0 : l_i = 0$을 기각한다. 즉, 고려한 모든 모평균의 선형 조합은 일정한 차이가 있다고 할 수 있다.

□

대비를 적용하기 위해서는 고려하는 인자 수준들에 대한 실무적 이해가 전제되고, 대비에 대한 검정 결과는 실무적으로 유용한 해석의 기준이 된다. 하지만, 고려하는 인자 수준들에 대한 정보가 부족한 경우에는 표준이 되는 수준과 비교하거나 모든 수준들 간의 쌍별 비교(pair-wise comparisons)를 고려해야 한다. 이러한 다중 비교 방법의 선택은 실무적 목적과 함께 데이터 수집 환경과 가능한 비교 횟수 등을 복합적으로 고려하여 선택해야 한다. 다중 비교 방법의 개별 검정 오류율(CWER)을 어떤 방법으로 통제하는가에 따라 개별 비교에서의 유의성이 결정된다.이 때, 개별 비교의 귀무 가설 H_0를 잘 기각하지 않는 경향이 강한 방법을 보수적(conservative)이라고 표현한다. 일반적으로 관찰 연구와 같이 다른 환경의 영향을 받을 가능성이 있는 데이터에는 보수적인 방법을 적용하고, 환경 통제에 의한 정교한 실험 데이터인 경우에는 덜 보수적인 방법을 적용한다. 또한, 많은 비교가 이루어 지는 복잡한 상황에서는 보수적인 방법을 사용하는 것이 바람직하며, 비교의 수가 많지 않거나 특정 기준 그룹과의 비교가 필요한 경우 덜 보수적(less conservative)이거나 자유로운(permissive) 방법을 선택하는 것이 바람직하다. [표 4.7]

은 자주 사용되는 다중 비교 방법에 대한 설명과 보수성 수준(Level of Conservativeness)을 간략히 정리한 것이다[73].

표 4.7: 자주 사용되는 다중 비교 방법과 보수성 수준

방법	설명	보수성 수준
Scheffé	모든 가능한 선형 조합에 대해 유의 수준을 조정	가장 높음
	- 복잡한 다중 비교 상황에서 사용	
Bonferroni	각 비교의 유의 수준을 전체 유의 수준으로 나누어 보정	매우 높음
	- 개별 검정의 수가 많지 않을 때 사용	
Holm	$p - value$의 순위에 따라 단계적으로 유의 수준을 조정	높음
	- Bonferroni보다 덜 보수적	
Dunnett	하나의 기준 그룹을 나머지 다른 그룹과 비교	보통
	- 표준 또는 기준 그룹이 존재할 때 사용	
Tukey's HSD	모든 쌍별 비교에 대해 동일한 유의 수준을 적용	보통
	- 대부분의 경우 사용 가능	
Fisher's LSD	개별 쌍별 비교에 대해 별도의 보정 없이 적용	낮음
	- 반드시 ANOVA의 결과가 유의할 때 사용	
	- 비교의 수가 많은 경우, 다중 검정 오류율 증가	

실습 22. 데이터 처리 능력 비교: 대표적인 다중 비교 방법 <procss.comparison.csv

[실습 20]에서 분산 분석의 결과가 유의하므로 다음의 다중 비교 방법을 적용하여 적용할 수 있다.

(1) 쌍별 비교: Tukey's HSD

(2) 쌍별 비교: Bonferoni's

(3) current와 나머지 수준과의 비교: Dunnett

[73] 보수적인 방법은 FWER을 엄격히 통제하여 개별 검정에서 검정력이 낮아 실제 존재하는 작은 차이를 발견할 수 없을 수 있다. 반면, 자유로운 방법은 FWER을 덜 엄격하게 통제하므로 개별 검정에서 실제 존재하는 작은 차이를 잘 발견한다. 하지만 자유로운 방법은 개별 검정에서 제1종 오류의 발생 확률이 상대적으로 높다.

데이터 로딩

```
data <- read.csv(paste0(data_path, "process.comparison.csv"))
str(data)
```

```
# 'data.frame': 250 obs. of  3 variables:
#  $ id    : int  1 2 3 4 5 6 7 8 9 10 ...
#  $ group : chr  "A1" "A1" "A1" "A1" ...
#  $ volume: num  64.5 64 56.8 49.9 60.2 ...
```

```
unique(data$group)
```

```
# [1] "A1"      "A2"      "B1"      "B2"      "current"
```

통계 모형과 다중 비교에서 수준은 factor 형으로 정의되는 경우가 많다.

- as.factor()는 문자 또는 숫자형을 factor 형으로 변환한다[74].

```
data$group <- as.factor(data$group)
str(data)
```

```
# 'data.frame': 250 obs. of  3 variables:
#  $ id    : int  1 2 3 4 5 6 7 8 9 10 ...
#  $ group : Factor w/ 5 levels "A1","A2","B1",..: 1 1 1 1 1 1 1 1 1 1 ...
#  $ volume: num  64.5 64 56.8 49.9 60.2 ...
```

group 변수가 chr(문자형)에서 Factor w/ 5 levels로 전환되었다.

Tukey's HSD(Tukey, 1949)[75,76]

stats::TukeyHSD(anova_object)는 aov() 결과 객체를 이용하여 모든 쌍별 조합에 대한 튜키의 HSD 검정 결과를 반환한다.

- plot(HSD_object)은 HSD 결과 객체를 이용하여 쌍별 비교 결과를 시각화한다.

aov() 객체 생성

[74] factor 형은 범주형 데이터를 처리하는데 적합하며, R에서 제공하는 통계 분석에서 그룹 변수는 factor 형을 가정하는 경우가 대부분이다. 따라서, 분석에 적용되는 범주형 그룹 변수가 factor 형인지 여부를 먼저 확인하고, 필요하다면 변환한다.

[75] Tukey, J. W. (1949). Comparing individual means in the analysis of variance. Biometrics, 99-114.

[76] Tukey의 HSD는 Honest Significant Difference의 약자로, 다중 비교 문제에서 모든 가능한 쌍별 비교를 수행하면서 FWER을 효과적으로 관리한다. 예를 들어, FWER $= \alpha$ 이고, m번의 개별 검정을 실행할 때, Tukey의 Studentized Range 분포(q-분포)를 사용하여 임계값(critical value) - H_0의 기각 여부를 결정하는 한계 - 을 설정하여 모든 m번의 비교에서 동일하게 적용한다.

```r
model <- aov(volume ~ group, data = data)
```

TukeyHSD() 객체 생성

```r
tukey_result <- TukeyHSD(model)
tukey_result
```

```
#   Tukey multiple comparisons of means
#     95% family-wise confidence level
#
# Fit: aov(formula = volume ~ group, data = data)
#
# $group
#                diff    lwr    upr p adj
# A2-A1        13.005   9.82  16.19 0.000
# B1-A1        12.709   9.60  15.82 0.000
# B2-A1        38.782  35.73  41.83 0.000
# current-A1 -11.654 -14.65  -8.66 0.000
# B1-A2        -0.296  -3.31   2.72 0.999
# B2-A2        25.777  22.83  28.72 0.000
# current-A2 -24.659 -27.55 -21.77 0.000
# B2-B1        26.072  23.21  28.94 0.000
# current-B1 -24.363 -27.17 -21.56 0.000
# current-B2 -50.436 -53.17 -47.70 0.000
```

모든 범주의 쌍별 비교 $\binom{5}{2} = 10$개 중에서 B1-A2는 유의하지 않고, 나머지 모든 쌍별 조합은 모두 유의하다. 가장 큰 차이는 current-B2로 B2의 평균이 current의 평균 보다 약 50.4 정도 크다. 여기서, 주어진 다중 검정 오류율 $\alpha_F = 0.05$하에서 계산된 쌍별 신뢰구간 (lwr, upr)을 95% 동시 신뢰 구간(Simultaneous Confidence Intervals)라고 부른다[77]. 이는 전체적으로 다중 검정 오류율(FWER)을 5%로 유지하면서 각 쌍별 비교에서 계산된 신뢰 구간을 의미한다. 이를 시각화하면 다음과 같다.

[77] lwr은 lower, upr은 upper의 약자이며, 각각 신뢰 하한과 신뢰 상한을 의미한다.

```
plot(tukey_result)
```

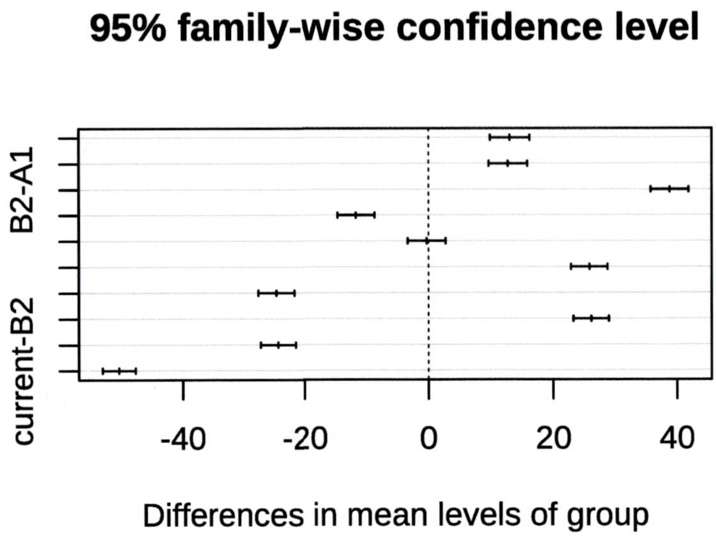

더 나은 시각화 결과가 필요하거나 각 비교의 신뢰 한계를 구체적으로 해석하고자 한다면, 검정 결과에서 각 비교 별 신뢰 한계를 추출하여 사용할 수 있다.

TukeyHSD 결과의 추출

```
tukey_df <- as.data.frame(tukey_result$group)
colnames(tukey_df) <- c("Difference", "Lower", "Upper", "Adjusted_P")
# 데이터 프레임 정리
 tukey_df <- tukey_df %>%
  rownames_to_column(var = "Comparison")
tukey_df
```

```
#    Comparison Difference  Lower  Upper         Adjusted_P
# 1       A2-A1     13.005   9.82  16.19 0.0000000000000177
# 2       B1-A1     12.709   9.60  15.82 0.0000000000000174
# 3       B2-A1     38.782  35.73  41.83 0.0000000000000000
# 4  current-A1    -11.654 -14.65  -8.66 0.0000000000000349
# 5       B1-A2     -0.296  -3.31   2.72 0.9988342771271320
# 6       B2-A2     25.777  22.83  28.72 0.0000000000000000
# 7  current-A2    -24.659 -27.55 -21.77 0.0000000000000000
# 8       B2-B1     26.072  23.21  28.94 0.0000000000000000
# 9  current-B1    -24.363 -27.17 -21.56 0.0000000000000000
# 10 current-B2    -50.436 -53.17 -47.70 0.0000000000000000
```

TukeyHSD 동시 신뢰 구간의 시각화

```
ggplot(tukey_df, aes(y = Comparison, x = Difference)) +
  geom_point(size = 2, color = "blue") +
  geom_errorbarh(aes(xmin = Lower, xmax = Upper), height = 0.2, color = "red") +
  geom_vline(xintercept = 0, lty  = "dashed", colr = "gray") +
  theme_bw() +
  labs(title = "Tukey's HSD: 쌍별 동시 신뢰구간",
       x = "평균 차이",
       y = "쌍별 비교") +
  theme(axis.text.y = element_text(angle = 0, hjust = 1))
```

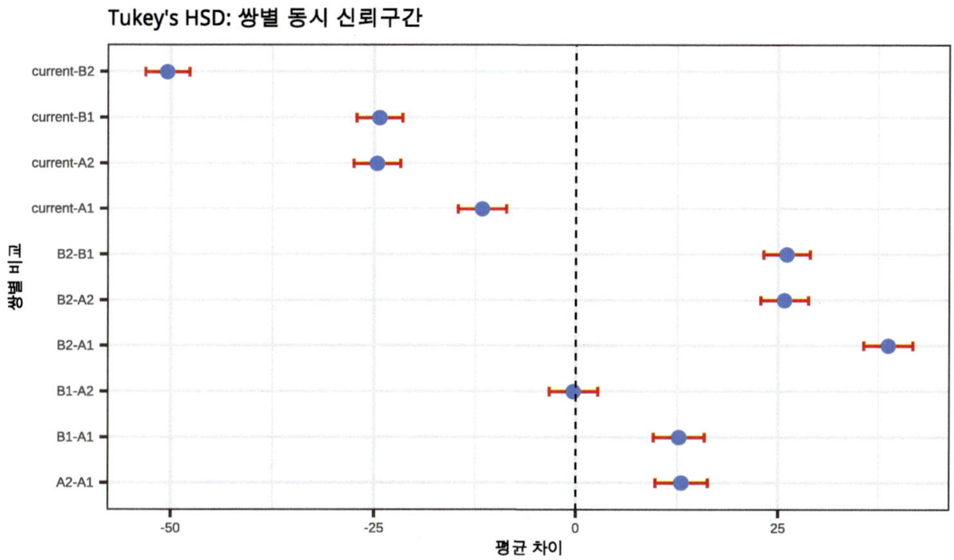

□

multicomp 패키지는 다양한 대비 행렬의 생성과 이를 이용한 다양한 다중 비교 방법을 제공한다[78].

- multicomp::glht()는 aov() 객체를 이용하여 디양한 다중 비교 검정을 실행한다[79].
  - linfct = mcp(group)에는 쌍별 비교("Tukey"), 기준과의 비교("Dunnett") 등을 지정한다.
  - summary(glht_object)에서 test = adjust()를 이용하여 다양한 개별 검정 오류율의 보정 방법을 적용할 수 있다[80].

[78] Bretz, F., Hothorn, T., & Westfall, P. (2016). Multiple comparisons using R. Chapman and Hall/CRC.
[79] glht는 General Linear Hypotheses Test의 약자로 일반 선형 가설 검정을 위한 함수이다.
[80] none, free, Holm, Bonferroni 등의 다양한 보정 방법을 문자열로 지정할 수 있다. <https://cran.r-project.org/web/packages/multcomp/index.html>

Bonferroni의 방법(Dunn, 1961)[81,82]

```r
# mcp(group = "Tukey")는 쌍별 비교를 의미
bonferroni_result <- glht(model, linfct = mcp(group = "Tukey"))
# 본페로니의 쌍별 검정
summary_bonferroni <- summary(bonferroni_result, test = adjusted("bonferroni"))
summary_bonferroni
```

```
#
#    Simultaneous Tests for General Linear Hypotheses
#
# Multiple Comparisons of Means: Tukey Contrasts
#
#
# Fit: aov(formula = volume ~ group, data = data)
#
# Linear Hypotheses:
#                    Estimate Std. Error t value             Pr(>|t|)
# A2 - A1 == 0         13.005      1.159   11.22 <0.0000000000000002 ***
# B1 - A1 == 0         12.709      1.132   11.23 <0.0000000000000002 ***
# B2 - A1 == 0         38.782      1.109   34.98 <0.0000000000000002 ***
# current - A1 == 0  -11.654      1.089  -10.70 <0.0000000000000002 ***
# B1 - A2 == 0         -0.296      1.096   -0.27                    1
# B2 - A2 == 0         25.777      1.072   24.04 <0.0000000000000002 ***
# current - A2 == 0  -24.659      1.052  -23.44 <0.0000000000000002 ***
# B2 - B1 == 0         26.072      1.043   25.01 <0.0000000000000002 ***
# current - B1 == 0  -24.363      1.022  -23.85 <0.0000000000000002 ***
# current - B2 == 0  -50.436      0.996  -50.64 <0.0000000000000002 ***
# ---
# Signif. codes:  0 '***' 0.001 '**' 0.01 '*' 0.05 '.' 0.1 ' ' 1
# (Adjusted p values reported -- bonferroni method)
```

Bonferroni 방법의 결과 역시 TukeyHSD와 동일하게 B1-A2를 제외하고 모두 유의하게 판단되었다. 그 결과를 시각화하면 다음과 같다.

```r
plot(summary_bonferroni, main = "Bonferroni's multiple comparisions")
```

[81] Dunn, O. J. (1961). Multiple comparisons among means. Journal of the American statistical association, 56(293), 52-64.

[82] Bonferroni 방법은 매우 보수적인 다중 비교 방법으로, CWER을 엄격하게 조정하여 FWER을 효과적으로 관리한다. 예를 들어 FWER = α 이고, m번의 개별 검정을 실행한다면, CWER = $\frac{\alpha}{m}$을 동일하게 적용한다.

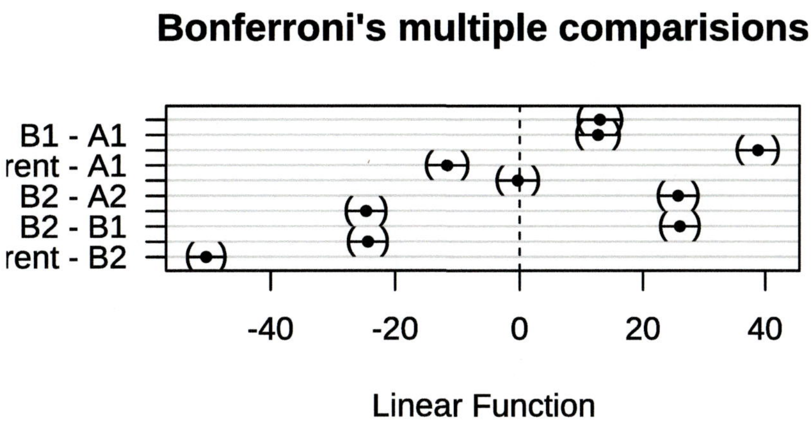

이 경우도 역시 더 나은 시각화 결과가 필요하거나 각 비교의 신뢰 한계를 구체적으로 해석하고자 한다면, 검정 결과에서 각 비교 별 신뢰 한계를 추출하여 사용할 수 있다.

- Bonferroni 다중 비교 결과의 추출
  - confint(glht_object)는 구간 추정 결과를 반환한다.

```
# Bonferroni 보정 결과에서 신뢰 구간 추출
confint_bonferroni <- confint(bonferroni_result)
bonferroni_df <- as.data.frame(confint_bonferroni$confint)
colnames(bonferroni_df) <- c("Difference","Lower",  "Upper")
# 데이터 프레임 정리
 bonferroni_df <- bonferroni_df %>%
  rownames_to_column(var = "Comparison")
# 결과 확인
 bonferroni_df
```

```
#      Comparison Difference  Lower  Upper
# 1       A2 - A1     13.005   9.82  16.19
# 2       B1 - A1     12.709   9.60  15.82
# 3       B2 - A1     38.782  35.74  41.83
# 4  current - A1    -11.654 -14.65  -8.66
# 5       B1 - A2     -0.296  -3.31   2.72
# 6       B2 - A2     25.777  22.83  28.72
# 7  current - A2    -24.659 -27.55 -21.77
# 8       B2 - B1     26.072  23.21  28.94
# 9  current - B1    -24.363 -27.17 -21.56
# 10 current - B2    -50.436 -53.17 -47.70
```

- Bonferroni의 95% 동시 신뢰 구간의 시각화

```r
# Tukey의 HSD 신뢰 구간 시각화
ggplot(bonferroni_df, aes(y = Comparison, x = Difference)) +
  geom_point(size = 2, color = "blue") +
  geom_errorbarh(aes(xmin = Lower, xmax = Upper), height = 0.2, color = "red") +
  geom_vline(xintercept = 0, lty  = "dashed", colr = "gray") +
  theme_bw() +
  labs(title = "Bonferroni's 쌍별 동시 신뢰구간",
       x = "평균의 차이",
       y = "쌍별 비교") +
  theme(axis.text.y = element_text(angle = 0, hjust = 1))
```

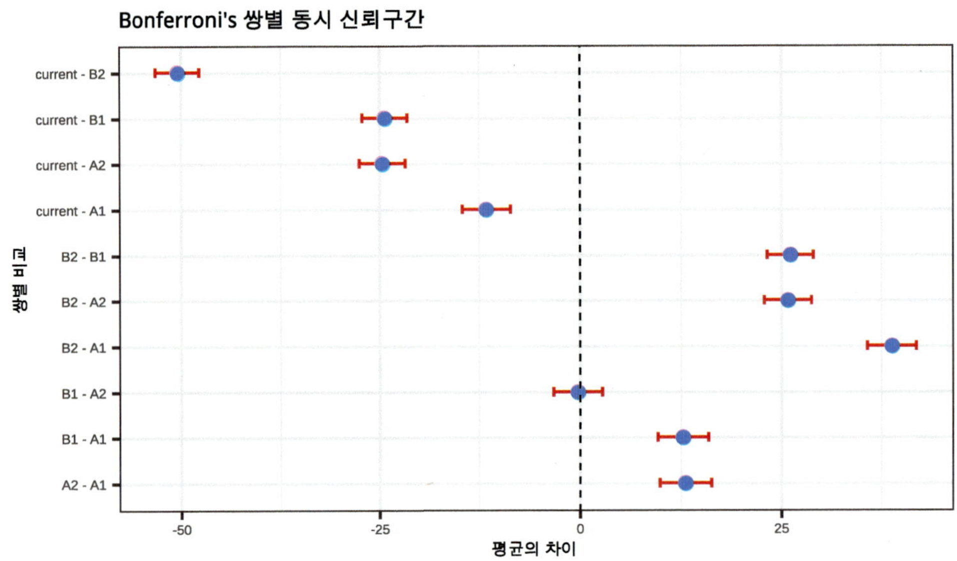

□

Dunnett의 방법(Dunnett, 1955)[83,84]

Dunnett 방법의 경우, 기준 그룹과의 비교이므로 기준 그룹을 사전 지정해야 한다. 이는 반드시 factor형 정수로 base에 지정되어야 한다.

factor형의 정수 인덱스 확인

[83]Dunnett, C. W. (1955). A multiple comparison procedure for comparing several treatments with a control. Journal of the American Statistical Association, 50(272), 1096-1121.

[84]Dunnett's Test는 다중 비교 문제에서 여러 수준을 하나의 기준 수준과 비교할 때 사용되는 방법이다. 이 방법은 FWER을 효과적으로 관리한다. 예를 들어, FWER = α 이고, m 개의 수준을 기준 수준과 비교할 때, Dunnett의 분포(1955)를 사용하여 임계값(critical value) - H_0 의 기각 여부를 결정하는 한계 - 을 설정하여 모든 m 개의 비교에서 동일하게 적용한다.

```
levels_no <- data.frame(
  Level = levels(data$group),
  Number = as.numeric(factor(levels(data$group), levels = levels(data$group)))
)
levels_no
```

```
#     Level Number
# 1      A1      1
# 2      A2      2
# 3      B1      3
# 4      B2      4
# 5 current      5
```

current 범주는 factor형 정수가 5이므로 base = 5를 적용하여 대비 행렬을 생성한다.

> ✿ multcomp::contrMat()은 대비 행렬을 생성한다.

```
contrast_m <- contrMat(table(data$group), "Dunnett", base = 5)
contrast_m
```

```
#
#    Multiple Comparisons of Means: Dunnett Contrasts
#
#                A1 A2 B1 B2 current
# A1 - current  1  0  0  0      -1
# A2 - current  0  1  0  0      -1
# B1 - current  0  0  1  0      -1
# B2 - current  0  0  0  1      -1
```

생성된 대비 행렬 contrast_m을 반영하여 Dunnett's 다중 비교를 실행하고 결과를 확인한다.

```
dunnett_result <- glht(anova_result, linfct = mcp(group = contrast_m))
summary_dunnett <- summary(dunnett_result)
summary_dunnett
```

```
#
#    Simultaneous Tests for General Linear Hypotheses
#
# Multiple Comparisons of Means: User-defined Contrasts
#
#
# Fit: aov(formula = volume ~ group, data = data)
#
```

```
# Linear Hypotheses:
#                       Estimate Std. Error t value             Pr(>|t|)
# A1 - current == 0    11.654      1.089     10.7 <0.0000000000000002 ***
# A2 - current == 0    24.659      1.052     23.4 <0.0000000000000002 ***
# B1 - current == 0    24.363      1.022     23.9 <0.0000000000000002 ***
# B2 - current == 0    50.436      0.996     50.6 <0.0000000000000002 ***
# ---
# Signif. codes:  0 '***' 0.001 '**' 0.01 '*' 0.05 '.' 0.1 ' ' 1
# (Adjusted p values reported -- single-step method)
```

모든 경우 current와의 차이가 유의하다. 하지만, 최대 평균 차이는 B2-current로 약 50.4이고, 최소 평균 차이는 A1-current로 약 11.7이다. 추가 해석을 위하여 결과를 시각화하면 다음과 같다.

```
plot(summary_dunnett, main = "Dunnett's Multiple Comparisons")
```

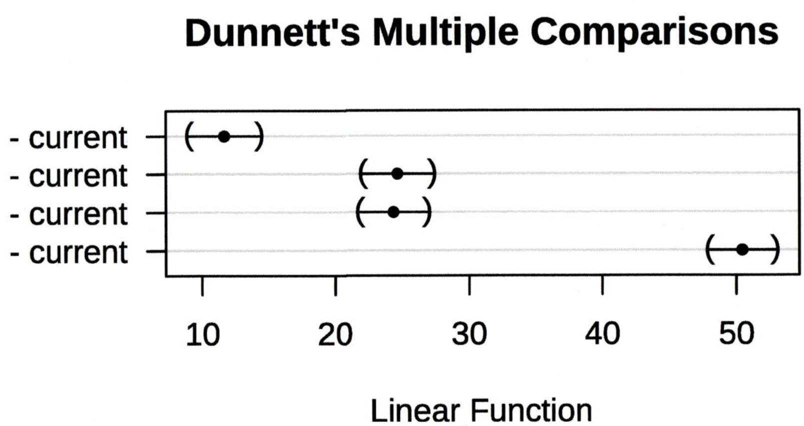

더 나은 시각화 결과가 필요하거나 각 비교의 신뢰 한계를 구체적으로 해석하고자 한다면, 검정 결과에서 각 비교 별 신뢰 한계를 추출하여 사용할 수 있다.

- Dunnett 다중 비교 결과의 추출
  - `confint(glht_object)`는 구간 추정 결과를 반환한다.

```
# Bonferroni 보정 결과에서 신뢰 구간 추출
confint_dunnett <- confint(dunnett_result)
dunnett_df <- as.data.frame(confint_dunnett$confint)
colnames(dunnett_df) <- c("Difference","Lower",  "Upper")
# 데이터 프레임 정리
dunnett_df <- dunnett_df %>%
  rownames_to_column(var = "Comparison")
```

```
# 결과 확인
dunnett_df
```

```
#      Comparison Difference Lower Upper
# 1 A1 - current       11.7  8.96  14.3
# 2 A2 - current       24.7 22.06  27.3
# 3 B1 - current       24.4 21.84  26.9
# 4 B2 - current       50.4 47.98  52.9
```

현재 운영 중인 current와 비교할 때, A사와 B사의 모든 방법의 데이터 처리 volume이 최소 약 9.0이상 개선되는 것으로 확인되었고, B2가 가장 높은 48.0 정도의 최소 개선 정도를 보인다. A2와 B1은 거의 차이가 없으며, B사의 운영 비용이 A사의 운영 비용의 1.5배이므로, 실무적 이유로 B2가 아닌 B1을 선택해야 한다면, A2를 동시에 고려해 볼 필요가 있다. 이 결과를 시각화하면 다음과 같다.

Dunnett의 95% 동시 신뢰 구간의 시각화

```
ggplot(dunnett_df, aes(y = Comparison, x = Difference)) +
  geom_point(size = 2, color = "blue") +
  geom_errorbarh(aes(xmin = Lower, xmax = Upper), height = 0.2, color = "red") +
  geom_vline(xintercept = 0, lty  = "dashed", colr = "gray") +
  theme_bw() +
  labs(title = "Dunnett 쌍별 동시 신뢰구간",
       x = "평균의 차이",
       y = "기준 current와의 비교") +
  theme(axis.text.y = element_text(angle = 0, hjust = 1))
```

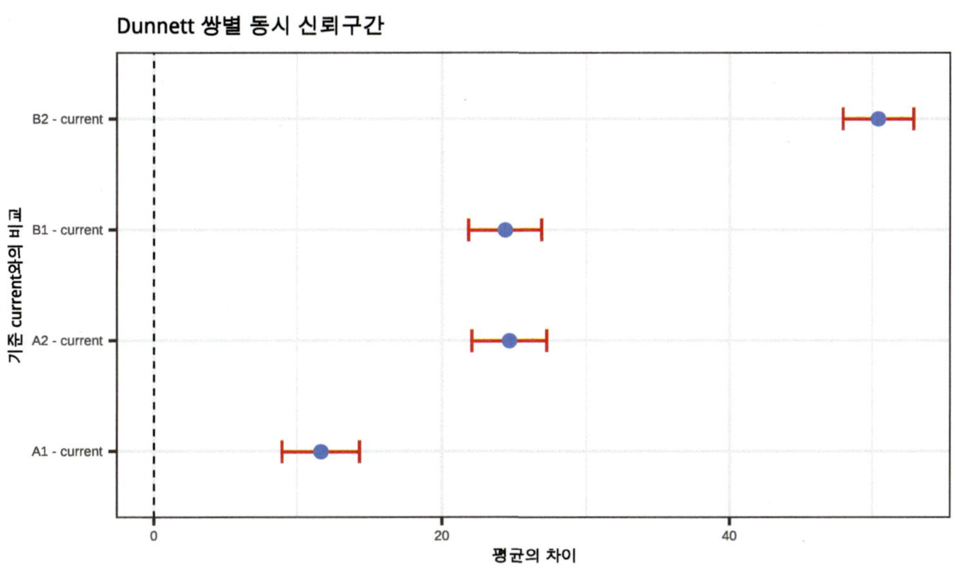

지금까지 소개한 TukeyHDS, Bonferroni 그리고 Dunnett 방법 이외에도 다양한 다중 비교 방법이 존재한다. 이들 역시 유사한 절차로 적용할 수 있고 동일한 기준으로 해석할 수 있다. 일반적으로 다중 비교는 분산 분석의 결과가 유의할 때 적용하는 **사후 분석(post hoc Analysis)**으로, 데이터 수집 환경과 명확한 실무적 목적 하에서 신중하게 적용되어야 한다. 주의할 점은 각 방법이 주어진 **다중 검정 오류율(FWER)** 하에서 **개별 검정 오류율(CWER)**을 서로 다르게 조정한다는 점이다. 따라서, 적절한 방법을 선택하는 것이 중요하고, 연구 주제에 따라 일관성 있게 방법을 적용하는 것도 필요하다. 또한 결과를 해석할 때 결과의 통계적 유의성을 과도하게 해석하지 말아야 한다. 통계적 유의성은 해석의 기준임을 상기하고 실무적인 관점에서 합리적으로 판단할 수 있어야 한다.

5 관계 Statistical Relationships

귀납적 추론은 새로운 지식이 세상에 들어오는 유일한 과정이다. - G. E. Box

관계(Relationships)에 대한 통계 분석은 여러 변수들 간의 연관성 또는 상관성을 파악하고, 이를 근거로 모형화(modeling)하는 방법이다. 이는 변수들의 어떤 연관성(association) 또는 상관성(correlation)의 존재 여부를 수량화 및 검증하여 의미 있는 결론을 도출하고, 복잡한 현상을 중요 특성으로 단순화하는데 사용 된다. 범주형 변수들 간의 연관성을 파악하는 방법으로는 앞서 소개한 교차 분석(Cross-tabulation)과 카이제곱 검정(Chi-square Test)을 기초로 다차원 빈도 분포를 분석하는 로그 선형 모형(Log-linear models)(Berk, 2008)[1]과 범주형 변수의 범주들 간의 관계를 유추하는 연관도(Association Rules)(Bishop and Fienberg, 1975)[2] 등의 응용 방법이 있다. 연속형 변수의 경우에는 상관 분석(Correlation Analysis)(Agrawal, 1993)[3]과 회귀 분석(Regression Analysis)(Pearson, 1895b)[4]이 대표적이며, 이는 다양한 영역으로 응용되어 최근 널리 사용되는 기계 학습(Machine Learning)의 도구와 방법의 기초가 된다(Galton, 1886)[5]. 이 장에서는 연속형 변수를 중심으로 관계 분석의 방법을 소개한다.

5.1 상관 분석 Correlation Analysis

상관 분석은 연속형 데이터 간의 관계를 이해하기 위한 가장 기초적인 통계적 방법으로, 두 연속형 변수 간의 선형 관계 유무 그리고 밀접도를 수량화하여 제공한다. 이때 사용되는 상관 계수(correlation coefficient; ρ)는 (5.1)의 이변량 정규 분포(Bivariate Normal Distribution)의 모수 중의 하나이며, 이는 두 변수 간의 선형 관계를 결정한다.

[1]Bishop, Y. M., Fienberg, S. E., & Holland, P. W. (1975, 2007). Discrete multivariate analysis: Theory and practice. Springer Science & Business Media.

[2]Agrawal, R., Imieliński, T., & Swami, A. (1993, June). Mining association rules between sets of items in large databases. In Proceedings of the 1993 ACM SIGMOD international conference on Management of data (pp. 207-216).

[3]Pearson, K. (1895). VII. Note on regression and inheritance in the case of two parents. proceedings of the royal society of London, 58(347-352), 240-242.

[4]Galton, F. (1886). Regression towards mediocrity in hereditary stature. The Journal of the Anthropological Institute of Great Britain and Ireland, 15, 246-263.

[5]Berk, R. A. (2008). Statistical learning from a regression perspective (Vol. 14). New York: Springer.

$$f(x,y)=\frac{1}{2\pi\sigma_X\sigma_Y\sqrt{1-\rho^2}}\exp\left(-\frac{1}{2(1-\rho^2)}\left[\left(\frac{x-\mu_X}{\sigma_X}\right)^2+\left(\frac{y-\mu_Y}{\sigma_Y}\right)^2-\frac{2\rho(x-\mu_X)(y-\mu_Y)}{\sigma_X\sigma_Y}\right]\right) \tag{5.1}$$

[그림 5.1]은 (5.1)의 ρ = 1, 0.8, 0, -0.5, -0.8, -1에 따른 이변량 정규분포의 등고선 그림(contour plot)이다. ρ의 부호와 등고선의 방향은 일치하고 $|\rho|$의 값이 클수록 등고선들이 밀접하며, $|\rho| = 1$인 경우에는 직선이 된다.

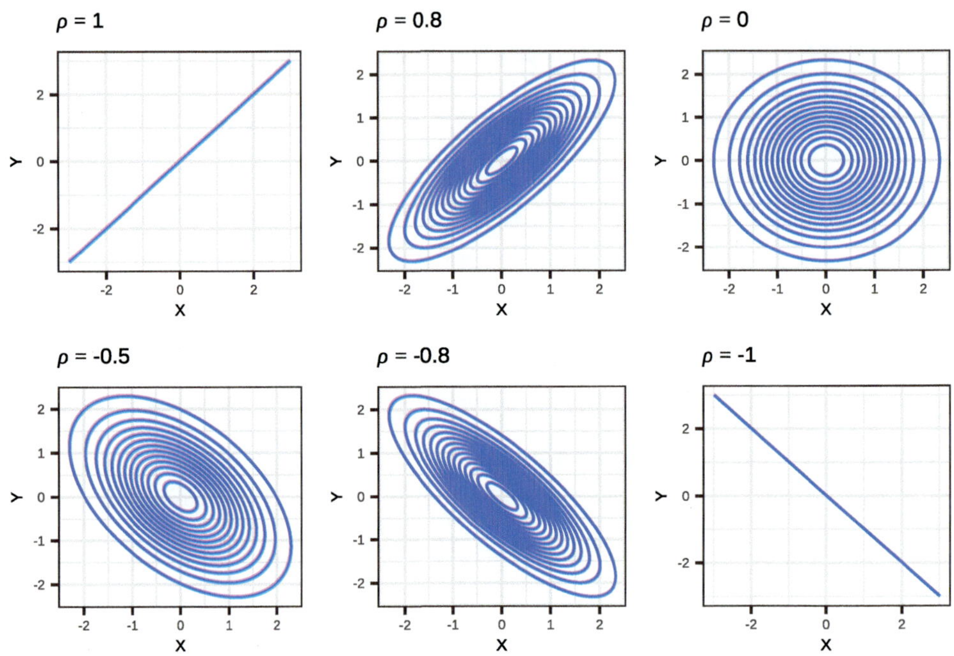

그림 5.1: 상관 계수 ρ에 따른 이변량 정규분포의 등고선 형태

5.1.1 피어슨과 스피어만 상관 계수 Correlation Coefficients

피어슨(Pearson)의 상관계수(r)는 상관계수(ρ)의 추정값으로 정규성을 만족하는 두 개의 연속형 데이터의 선형 관계를 수량화할 때 사용한다.

피어슨의 상관 계수(Pearson's Correlation Coefficients)

- 피어슨의 상관 계수, r

$$r(x,y)=\frac{\sum(x_i-\bar{x})(y_i-\bar{y})}{\sqrt{\sum(x_i-\bar{x})^2\sum(y_i-\bar{y})^2}},\quad -1\le r\le 1$$

여기서 x_i 와 y_i 는 각 변수의 측정 값, $\bar{x}$ 와 $\bar{y}$ 는 각 변수의 평균 값이다.

- [해석 기준]

  - $r = 1$: 완전 양(+) 상관 관계

  두 변수는 완벽한 선형 관계이며, 기울기가 양의 값을 갖는다.

  - $0 < r < 1$: 양(+) 상관 관계

  한 변수가 증가할 때 다른 변수도 증가하는 경향을 갖고, r이 클수록 경향이 뚜렷하다.

  - $r = 0$: 무상관 관계

  두 변수 간에 선형 관계는 존재하지 않는다.

  - $-1 < r < 0$: 음(-) 상관 관계

  한 변수가 증가할 때 다른 변수는 감소하는 경향이고, r이 작을 수록 그 경향이 뚜렷하다.

  - $r = -1$: 완전 음(-) 상관 관계

  두 변수는 완벽한 선형 관계이며, 기울기가 음의 값을 갖는다.

```
cor(var1, var2, method = "pearson")
```

피어슨 상관 계수의 특징

- 두 변수 모두 정규 분포를 따를 때 가장 유용하며, 이상점의 영향을 많이 받는다.
- 두 변수 간의 선형 관계만을 수량화한다. 비 선형 관계는 올바로 반영하지 못한다.
- 선형 변환(linear transformation)된 변수에서도 상관 계수의 절대값은 변하지 않는다.

$$r(ax+b, cy+d) = sign(ac) \cdot r(x,y), \ \text{여기서} \ sign(ac) = \begin{cases} 1 & \text{if } ac > 0, \\ -1 & \text{if } ac < 0 \end{cases}$$

- 상관 관계가 인과 관계(causality)를 의미하지 않는다.

만일 이상점이 존재하거나 비선형 관계에서는 피어슨 상관 계수는 관계를 올바로 수량화하지 못한다. 이러한 경우에는 순위(rank)를 사용한 스피어만(Spearman)의 순위 상관 계수를 고려할 수 있다. 이는 데이터의 값 대신에 순위를 사용하므로 이상점의 영향을 적게 받고, 단조(monotonic) 관계를 갖는 비선형 관계의 밀접도를 올바로 진단할 수 있다.

∞ 스피어만의 순위 상관 계수(Rank Correlation Coefficients)

- 스피어만의 상관 계수, r_s

$$r_s(x,y) = 1 - \frac{6\sum d_i^2}{n\,(n^2-1)},\ \text{여기서 } n\text{은 데이터의 수 그리고}$$

$$d_i = R(x_i) - R(y_i),\ R(\cdot)\text{은 데이터의 순위}$$

```
cor(var1, var2, method = "spearman")
```

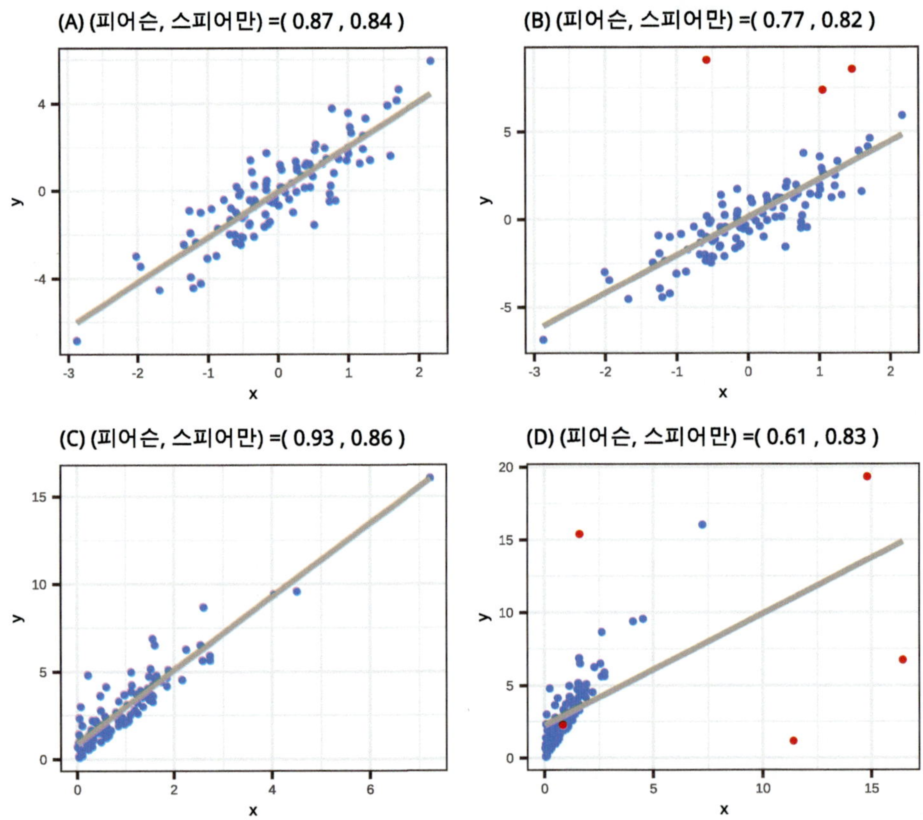

그림 5.2: 정규성 여부와 이상점 유무에 따른 피어슨과 스피어만 상관 계수

[그림 5.2]의 (A)와 (B)는 정규성을 만족하는 경우이다[6]. (A)는 특별한 이상점이 없는 경우로 피어슨의 상관 계수 $r = 0.87$ 그리고 스피어만의 상관 계수는 $r_s = 0.84$로 비슷한 값을 갖는다. 하지만, 동일한

[6]산점도의 데이터 구름(data cloud)이 [그림 5.1]과 같이 타원에 가까우면 두 변수가 정규성을 만족한다고 판단한다. 그렇지 않은 경우 - 예를 들어, 한쪽 경계가 있거나 데이터의 형태가 일정한 입도(discreteness)를 갖는 다면, 두 변수가 정규성에 위배될 가능성이 높다.

데이터에 일부 이상점(빨간색)을 포함된 (B)의 경우에서는 $r = 0.77$로 영향을 크게 받지만 $r_s = 0.82$로 큰 영향을 받지 않는 것을 확인할 수 있다. (C)와 (D)는 정규성을 만족하지 않는 경우이다. 특별한 이상점이 없는 경우인 (C)에서는 $r = 0.93$ 그리고 $r_s = 0.86$이지만, 동일한 데이터에 일부 이상점(빨간색)을 포함한 (D)의 경우에는 $r = 0.61$ 그리고 $r_s = 0.83$으로 피어슨의 상관 계수가 더 많은 영향을 받는 것을 확인할 수 있다.

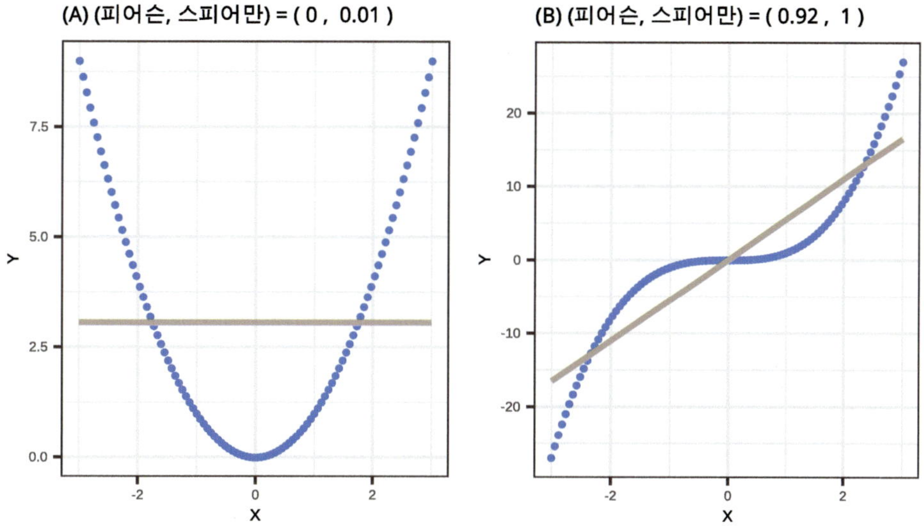

그림 5.3: 비선형 관계에서의 피어슨과 스피어만 상관 계수(예)

일반적으로 피어슨의 상관 계수 r은 선형 관계의 밀접도를 수량화하는데 유용하지만, 비선형 관계는 올바로 진단하지 못한다. [그림 5.3]의 (A)는 완벽한 2차 관계($y = x^2$)를 갖지만, 계산된 피어슨과 스피어만 상관 계수는 $(r, r_s) = (0.00, 0.01)$으로 두 상관 계수 모두 2차 관계의 밀접도를 진단하지 못했다. (B)는 완벽한 3차 관계($y = x^3$)이다. $(r, r_s) = (0.92, 1.00)$로 피어슨의 상관 계수는 올바로 진단하지 못했고, 스피어만 상관 계수는 3차 관계를 올바로 진단하였다.

이와 같이 스피어만 상관 계수 r_s는 비선형 관계를 진단하기도 하고 그렇지 못하기도 한다. 이는 데이터의 비선형적 특성과 변동 정도 그리고 데이터의 순위(rank) 분포의 영향을 받는다. 예를 들어, 비선형 관계가 순위 변환 후에도 명확하게 유지될 경우 스피어만 상관 계수는 이를 잘 진단하지만, 순위 변환 후 관계가 유지되지 않으면, 올바로 진단하지 못한다. 일반적으로 스피어만 상관 계수는 두 변수가 단조(monotonic) 증가 또는 감소 관계일때 유용하다[7].

스피어만 상관 계수 r_s는 특정 상황 - 비선형 관계 또는 이상점의 영향 최소화 등 - 에서 유용하지만, 원 데이터의 값 대신에 순위(rank)만을 사용하므로 데이터 개별 값의 차이가 중요한 경우에는 적합하지

[7]단조 증가(increasing) 관계란 $x_1 < x_2 \implies f(x_1) \leq f(x_2)$를 만족하는 경우이고, 단조 감소(decreasing) 관계란 $x_1 < x_2 \implies f(x_1) \geq f(x_2)$를 만족하는 관계이다.

못할 수 있다. 이는 소규모 데이터에서는 그 값이 불안정하고 대규모 데이터에서는 계산 과정이 복잡하여 효율적이지 못하다. 또한 순위가 같은(tie) 데이터가 많은 경우에는 동점을 처리하는 방법에 따라 그 결과가 달라질 수 있다. 이러한 이유로 일반적으로 스피어만 상관 계수 r_s보다 피어슨의 상관 계수 r을 더 많이 사용한다. 그 이유는 (1) 계산이 간단하여 대규모 데이터에서도 쉽고 빠르게 계산할 수 있고, (2) 데이터가 정규 분포를 따르고 관계가 선형이라면 r은 직관적으로 방향과 밀접도를 수량화해주며, (3) 다양한 분야에서 표준으로 사용되고 있기 때문이다. 또한 피어슨의 상관계수 r은 공분산(covariance)을 표준화한 값으로 다양한 통계 방법과 연동되어 사용할 수 있다.

5.1.2 상관 계수의 통계적 추론 Statistical Inference of r

r은 데이터로 부터 계산되는 통계량이며, 이는 표본 선택에 따라 다른 값을 갖는다. [그림 5.4]는 모집단 상관 계수 $\rho = 0.8$을 갖는 이변량 정규 분포로 부터의 확률 난수를 추출하고, 이로 부터 r을 계산하여 그린 히스토그램이다. 이는 피어슨 상관 계수에 대한 경험적 표본 분포를 보여준다. 이를 통해 다음을 확인할 수 있다.

(1) r은 각 표본에서 서로 다른 값을 갖는다.
(2) 표본의 크기가 충분히 큰 경우, r의 표본 분포는 정규 분포에 근사한다.
(3) 표본 크기가 크면 r의 표본 분포는 ρ를 더 정밀하게 추정한다.

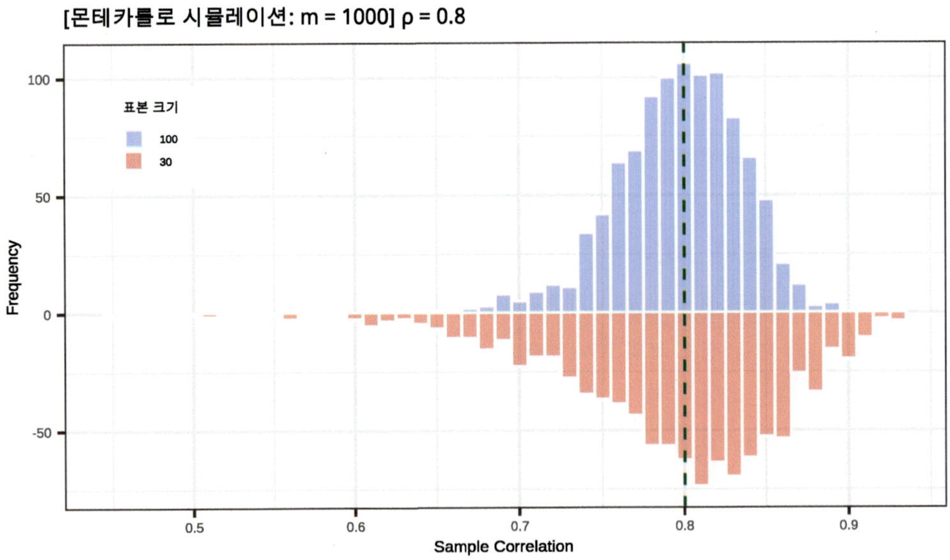

그림 5.4: 상관 계수 $\rho = 0.8$을 갖는 다변량 정규분포로 부터의 시뮬레이션(n = 30, 100)

이를 이용하여 상관 계수 r에 대한 통계적 추론 - 가설 검정과 구간 추정 - 을 적용할 수 있다.

모 상관 계수의 가설 검정 I[8]

- [목적] 모상관계수(ρ)가 0인지 여부를 검정하여 두 변수 간의 선형 관계 존재 유무를 판단
- 가설

  (1) 단측 가설

$$H_0 : \rho \leq 0 \quad \text{vs.} \quad H_1 : \rho > 0$$

$$H_0 : \rho \geq 0 \quad \text{vs.} \quad H_1 : \rho < 0$$

  (2) 양측가설

$$H_0 : \rho = 0 \quad \text{vs.} \quad H_1 : \rho \neq 0$$

- 의사 결정

$$p - value \ < \ \alpha \text{ 이면, } H_0 \text{ 기각}$$

```
cor.test(var1, var2, method = "pearson", alternative)
```

- method에 "pearson" 또는 "spearman"을 지정하여 상관계수를 검정한다.
- alternative = "two.sided", "less", "greater"를 이용하여 단측 또는 양측 가설을 지정한다.

모 상관 계수의 가설 검정 II[9]

- [목적] 모상관계수(ρ)가 특정 값(ρ_0) 와 차이가 있는지 여부를 검정

  (1) 단측 가설

$$H_0 : \rho \leq \rho_0 \quad \text{vs.} \quad H_1 : \rho > \rho_0$$

$$H_0 : \rho \geq \rho_0 \quad \text{vs.} \quad H_1 : \rho < \rho_0$$

  (2) 양측가설

$$H_0 : \rho = \rho_0 \quad \text{vs.} \quad H_1 : \rho \neq \rho_0$$

- 의사 결정

$$p - value \ < \ \alpha \text{ 이면, } H_0 \text{ 기각}$$

```
test_correlation(x, y, rho_0, alternative)
```

- rho_0에 검정하고자 하는 기준값 ρ_0 값을 지정한다.

---

[8] 피어슨의 상관 계수 r의 검정 통계량은 $t = \frac{r\sqrt{n-2}}{\sqrt{1-r^2}} \sim t(n-2)$을 이용한다.

[9] 특정값 ρ_0 가 가정된 상관 계수는 Fisher의 z-변환에 의하여 $z = \frac{1}{2}\ln\left(\frac{1+r}{1-r}\right) \sim N\left(\mu_z = \frac{1}{2}\ln\left(\frac{1+\rho_0}{1-\rho_0}\right),\ \sigma_z^2 = \frac{1}{n-3}\right)$를 따르고, 검정 통계량 $t = \frac{z-\mu_z}{\sigma_z}$ 를 이용한다.

- alternative = "two.sided", "less", "greater"를 이용하여 단측 또는 양측 가설을 지정한다.

practice tools 연습 11. 상관 계수의 계산과 가설 검정 <r_practice.csv>

다음은 100명의 연봉(salary)과 년간 소비액(expense)를 조사한 데이터이다. 과거 연구에 따르면, 두 변수간의 상관 계수는 약 0.8 정도로 매우 밀접하게 나타났다. 현재 데이터에서 (1) 상관 계수가 0이 아닌가를 먼저 검정하고 (2) 만일 0이 아니라면, 과거 보다 상관 관계가 높아졌는가의 여부를 확인하시오.

데이터 로딩

```
data <- read.csv(paste0(data_path, "r_practice.csv"))
str(data)
```

```
# 'data.frame': 100 obs. of  2 variables:
#  $ salary : num  3334 3129 2983 2632 2902 ...
#  $ expense: num  1031 1083 905 803 1038 ...
```

$n = 100$개의 연봉(salary)와 년간 소비액(expense)가 조사되었다.

결측값(missing values)의 검토

- is.na()는 결측 여부를 TRUE/FALSE로 반환한다.

```
sapply(data, function(x) sum(is.na(x)))
```

```
#  salary expense
#       0       0
```

로딩된 데이터의 두 변수에는 결측값이 없다. 만일 존재한다면, 다음을 이용하여 각 열별 결측값 비율과 위치를 확인할 수 있다.

```
# 각 열별 결측값 비율
sapply(data, function(x) mean(is.na(x)))
# 결측값 위치
which(is.na(data), arr.ind = TRUE)
```

기본 요약값 확인

```
summary(data)
```

```
#      salary          expense
#  Min.   :2285   Min.    : 692
#  1st Qu.:2851   1st Qu.: 941
#  Median :3013   Median : 999
#  Mean   :3005   Mean    : 997
#  3rd Qu.:3184   3rd Qu.:1051
#  Max.   :3604   Max.    :1256
```

조사된 연봉은 2285 ~ 3604(만원)이며, 년간 소비액은 692 ~ 1256(만원)이다.

상관 계수의 계산

- cor(var1, var2, method , alternative)는 상관 계수를 반환한다.
  - method = { "pearson", "spearman" } 을 선택할 수 있다.

```
pearson_r <- cor(data$salary, data$expense, method = "pearson")
spearman_rs <- cor(data$salary, data$expense, method = "spearman")
c(pearson_r, spearman_rs)
```

```
# [1] 0.738 0.735
```

계산된 피어슨과 스피어만 상관 계수는 $(r, r_s) = (0.738, 0.734)$로 거의 비슷하다. 정규성 여부와 이상점 존재 여부를 확인하기 위하여 산점도를 그려 보면 다음과 같다.

산점도 검토

```
ggplot(data, aes(x = salary, y = expense)) +
  geom_point(color = "blue") +
  geom_smooth(method = "lm", se = FALSE, color = "gray") +
  labs(title = paste0("(P, S) = (",
                      round(pearson_r, 2),
                      ",",
                      round(spearman_rs, 2),
                      ")")
       ) +
  theme_bw()
```

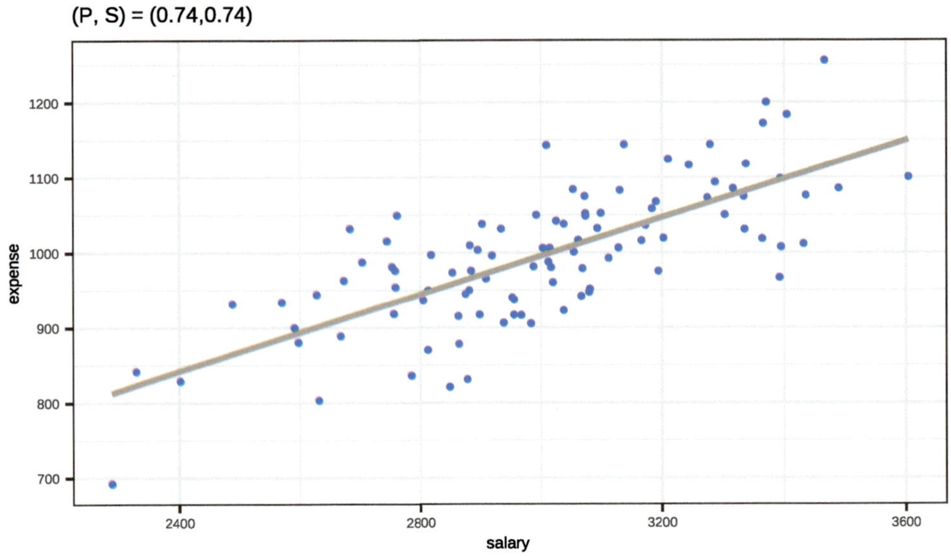

데이터의 자료 구름이 타원의 형태이고, 직선의 성향이 뚜렷하다. 특별한 이상점이 존재하지 않아 피어슨의 상관 계수는 적절하게 데이터의 선형 관계를 수량화한다.

□

상관 계수의 가설 검정 I: $\rho = 0$

```
cor.test(data$salary, data$expense, alternative = "two.sided")
```

```
#
#   Pearson's product-moment correlation
#
# data:  data$salary and data$expense
# t = 11, df = 98, p-value <0.0000000000000002
# alternative hypothesis: true correlation is not equal to 0
# 95 percent confidence interval:
#  0.633 0.816
# sample estimates:
#   cor
# 0.738
```

피어슨의 상관 계수 $r = 0.738$ 이며, $p - value = 0.000 < \alpha = 0.05$ 이므로 $H_0 : \rho = 0$을 기각한다. 95 신뢰 구간의 한계를 보면, 표본 오차를 고려했을 때, 최소 상관 계수는 0.633 그리고 최대 상관 계수는 0.816이다.

□

상관 계수의 가설 검정 II: $H_0 : \rho \leq 0.8$ vs. $H_1 : \rho > 0.8$

사용자 정의 함수 test_correlation(x, y, rho_0, alternative)

- rho_0에 검정하고자 하는 기준값을 지정하고, 가설 종류를 alternative에 지정한다.

```
# 사용자 정의 함수: 상관 계수 값의 검정
test_correlation <- function(x, y, rho_0, alternative = "two.sided") {
  pearson_test <- cor.test(x, y, alternative = "two.sided")
  z <- 0.5 * log((1 + pearson_test$estimate) / (1 - pearson_test$estimate))
  mu_z <- 0.5 * log((1 + rho_0) / (1 - rho_0))
  sigma_z <- 1 / sqrt(pearson_test$parameter + 3)
  t <- (z - mu_z) / sigma_z

  if (alternative == "greater") {
    p_value <- 1 - pnorm(t)
  } else if (alternative == "less") {
    p_value <- pnorm(t)
  } else if (alternative == "two.sided") {
    p_value <- 2 * (1 - pnorm(abs(t)))
  } else {
    stop("Invalid value for 'alternative'. Use 'greater', 'less', or 'two.sided'.")
  }

  return(data.frame(
    Test = alternative,
    Pearson_r = round(pearson_test$estimate, 4),
    t_value = round(t, 4),
    p_value = round(p_value, 4)
  ))
}
```

```
rho_0 <- 0.8
test_correlation(data$salary, data$expense, rho_0, alternative = "greater")
```

```
#         Test Pearson_r t_value p_value
# cor greater     0.738   -1.53   0.938
```

가설 검정의 결과 $p-value = 0.938 > \alpha = 0.05$ 이므로 $H_0 : \rho \leq 0.8$를 기각할 수 없다. 즉, 예전 조사와 비교할 때, 두 변수의 관계가 더 밀접하다고 할 수 없다.

□

practice tools 연습 12. 쌍별 상관 계수의 히트맵 시각화 <r_practice2.csv>

실무적으로 여러 변수들의 쌍별 상관 계수를 동시에 고려해야 하는 경우가 있다. 이는 쌍별로 구분하여 분석하는 것 보다 쌍별 상관 계수를 모두 계산하여 Heatmap에 시각적으로 표현할 수 있다.

데이터 로딩

```
data <- read.csv(paste0(data_path, "r_practice2.csv"))
str(data)
```

```
# 'data.frame': 100 obs. of  20 variables:
#  $ V1 : num  0.833 -1.563 1.09 1.247 -0.848 ...
#  $ V2 : num  0.0455 -0.2205 -1.0992 0.7589 -1.0239 ...
#  $ V3 : num  -1.271 1.826 1.046 -0.338 -0.216 ...
#  $ V4 : num  1.717 -0.531 1.795 0.113 -0.93 ...
#  $ V5 : num  0.126 -0.964 3.081 1.388 -1.673 ...
#  $ V6 : num  0.829 -0.649 -0.01 1.421 1.911 ...
#  $ V7 : num  -0.7688 -0.6287 1.5742 0.0176 1.5102 ...
#  $ V8 : num  0.2526 1.0192 1.3323 -0.0566 -0.536 ...
#  $ V9 : num  -1.4088 0.6394 0.6814 0.4395 0.0285 ...
#  $ V10: num  -0.5283 1.5338 0.5146 0.0467 -2.3867 ...
#  $ V11: num  -1.093 -1.863 0.636 1.32 0.938 ...
#  $ V12: num  -1.3245 -0.0161 1.4233 0.7581 0.7187 ...
#  $ V13: num  0.404 -1.343 0.652 2.672 -0.746 ...
#  $ V14: num  -0.263 -0.253 -0.527 1.233 -0.566 ...
#  $ V15: num  1.1277 0.2068 -0.0819 -0.2076 1.2841 ...
#  $ V16: num  -0.689 0.539 -0.37 0.716 -1.286 ...
#  $ V17: num  -0.218 1.078 -0.29 -1.608 -1.408 ...
#  $ V18: num  1.7949 -0.105 0.9269 -0.0886 0.1395 ...
#  $ V19: num  0.643 1.474 0.471 0.719 -1.58 ...
#  $ V20: num  0.156 -1.236 1.137 1.62 -2.859 ...
```

20개의 변수가 모두 연속형이고 변수 별로 n = 100개의 케이스가 조사되었으며, 결측값(NA)은 없다.

상관 계수 계산

```
cor_matrix <- cor(data)
cor_df <- as.data.frame(as.table(cor_matrix)) # ggplot()을 위해 데이터프레임 전환
```

히트맵 시각화

- geom_tile()은 히트맵을 생성한다.
- coord_fixed()는 각 데이터 셀(cell)의 비율을 동일하게 유지한다.
  - 상관 행렬의 각 셀의 크기를 동일하게 지정한다.
- scale_fill_gradient2()는 midpoint를 기준으로 두 색상의 그라데이션을 설정한다.
  - low, high, mid를 이용하여 색상을 지정하고, midpoint로 중심 값을 설정한다.
  - limit=c(a, b)로 그라데이션의 최소값과 최대값을 지정한다.

```
ggplot(cor_df, aes(x = Var1, y = Var2, fill = Freq)) +
  geom_tile() +
  coord_fixed() +
  labs(title = "상관 행렬의 히트맵(예)", x = "", y = "") +
  geom_text(aes(label = round(Freq, 2)), color = "black", size = 3) +
  scale_fill_gradient2(low = "blue", high = "red", mid = "white",
                       midpoint = 0, limit = c(-1, 1),
                       name="피어슨\n상관계수") +
  theme_bw()
```

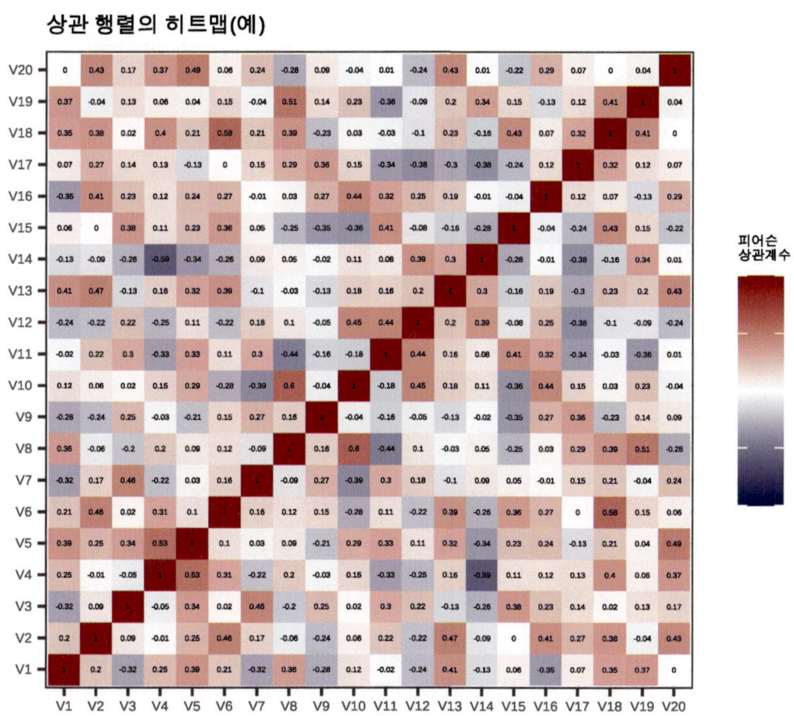

5.1.3 편 상관 계수 Partial Correlation Coefficients

상관 계수는 두 개의 변수에서만 계산할 수 있다. 만일 세 개 이상의 변수를 고려한다면, 쌍별 상관 계수를 계산하여 데이터의 특징을 확인해야 한다. 편 상관 계수(Partial Correlation)는 세 개 이상의 변수의 상관 관계를 고려할 때, 나머지 변수들의 영향을 제거한 쌍별 상관 계수를 계산하여 고려한 두 변수만의 순수한 상관 관계를 수량화한 값이다. 이는 다른 변수들의 영향을 배제하고 두 변수 간의 직접적인 관계에 대한 상관성에 관심이 있을 때 유용하며, 많은 변수들을 동시에 고려할 때 단순 상관 계수와 비교하여 다른 변수들의 영향도 여부를 확인할 수 있다.

편 상관 계수(partial correlation), $r_{ij|S}$

변수 $X_1, X_2, \ldots, X_p$, $p \geq 3$ 일 때

- X_i 와 X_j 간의 표본 편 상관 계수

$$r_{ij|S} = \frac{r_{ij} - \sum_{k \in S} r_{ik} r_{jk}}{\sqrt{\left(1 - \sum_{k \in S} r_{ik}^2\right)\left(1 - \sum_{k \in S} r_{jk}^2\right)}}, \quad -1 \leq r_{ij|k} \leq 1,$$

$$i, j = 1, 2, \ldots, p, \ i \neq j, \quad S = \{1, 2, \ldots, p\} \backslash \{i, j\}$$

여기서 r_{ij} 는 X_i 와 X_j 의 단순 상관 계수이고, S 는 나머지 변수들의 집합

세 변수 X_1, X_2, X_3 의 표본 편 상관 계수

$$r_{ij|k} = \frac{r_{ij} - r_{ik} r_{jk}}{\sqrt{\left(1 - r_{ik}^2\right)\left(1 - r_{jk}^2\right)}}, \quad -1 \leq r_{ij|k} \leq 1,$$

$$i, j = 1, 2, 3, \ i \neq j, \quad k = \{1, 2, 3\} \backslash \{i, j\}$$

```
ppcor::pcor(data)
```

만일 단순 상관 계수 r_{ij} 가 높고 편 상관 계수 $r_{ij|k}$ 가 낮다면, 이는 제거된 변수 X_k 가 X_i 와 X_j 변수 간의 관계를 왜곡시키는 것으로, 이때, 변수 X_k 를 교란 변수(confounding variable)라 하고, 이때의 X_i 와 X_j 변수 간의 관계를 의사적 관계(spurious relationship)라고 한다. 이는 두 변수 (X_i, X_j) 간의 상관 관계가 실제로 존재 하지 않지만, 제 3의 변수 X_k 에 의하여 상관 관계가 있는 것으로 나타나는 경우를 말한다. 그 역도 성립한다. 즉, 단순 상관 계수 r_{ij} 가 낮고 편 상관 계수 $r_{ij|k}$ 가 높다면, 이는 제거된 변수 X_k 가 X_i 와 X_j 변수 간의 실제 관계를 억제하거나 숨기는 역할을 한다는 것을 의미한다. 이를 억제

변수(suppressor variable)라 하고, X_k 를 제거한 후 나타난 X_i 와 X_j 변수 간의 관계가 실제 존재하는 상관 관계이다[10].

예를 들어, 선수들의 훈련 시간과 성취 기록 간의 관계를 고려할 때, 선수들의 스트레스 수준이 교란 변수로 작용할 수 있다. 스트레스 수준이 높으면 훈련 시간과 성취 기록 간의 단순 상관 계수가 낮게 나타날 수 있지만, 스트레스 수준의 영향을 제거하면 훈련 시간과 성취 기록 간의 실제 상관 관계가 높아질 수 있다. 이 경우, 스트레스는 교란 변수이고, 낮게 나타난 단순 상관 관계는 의사적 관계이다. 또한 학생들의 집중력의 정도가 억제 변수로 작용할 수 있다. 집중력이 낮은 학생으로 인하여 학습 시간과 시험 성적 간의 상관 관계가 낮게 나타날 수 있다. 그러나 집중력의 영향을 제거하면 학습 시간과 시험 성적 간의 실제 상관 관계가 높아질 수 있다.

[그림 5.5]는 3개의 변수를 고려했을때, 두 변수의 단순 상관 계수와 나머지 변수를 제거했을 때의 편 상관 계수의 예를 보여 준다. (A-1)의 (X, Y)의 단순 상관 계수는 0.69이지만, (A-2)의 (X|Z, Y|Z)에서 편 상관 계수는 0.02로 상관성이 거의 없다. 이는 변수 Z가 교란 변수이기 때문이다. 또한 (B-1)의 (X, Y)의 단순 상관 계수는 0.08로 상관성이 거의 없지만, (A-2)의 (X|W, Y|W)인 편 상관 계수는 -0.81로 상관성이 높다. 이는 변수 W가 억제 변수이기 때문이다.

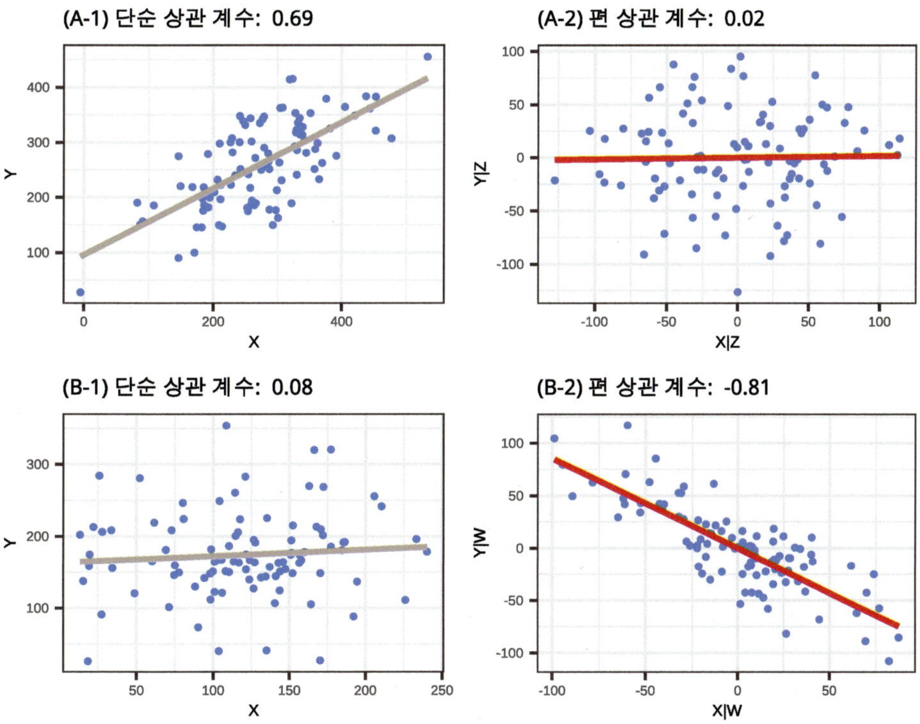

그림 5.5: 3 개의 변수에서 상관 계수와 편 상관 계수(예)

[10] 교란 변수를 Third Variable, Suspious Variable 또는 Lurking Variable 등으로도 표현하며, 억제 변수를 Unmasking Variable, Enhancing Variable 또는 Clarifying Variable 등으로도 표현한다.

상관 계수가 직관적이고 간단하여 실무적으로 널리 사용되지만, 교란 변수와 억제 변수 등을 올바로 반영하지 못하는 경우, 상관 계수가 왜곡될 수 있으므로 해석에 주의해야 한다. 이러한 오류는 반복이 어려운 사회 현상에 대한 관찰 연구에서 자주 발생한다.

practice tools 연습 13. 편 상관 계수의 계산 및 해석 <r_practice3.csv>

다음은 가상 데이터로 3개의 연속형 변수 X, Y, Z로 구성되었고, 데이터의 수는 n =300이다. 결측값(NA)은 존재하지 않는다.

데이터 로딩

```
data <- read.csv(paste0(data_path, "r_practice3.csv"))
str(data)
```

```
# 'data.frame': 300 obs. of  3 variables:
#  $ X: num  490 494 411 303 360 ...
#  $ Y: num  65 67.1 43.5 35.4 66.6 ...
#  $ Z: num  375 366 247 132 303 ...
```

단순 상관 계수 계산

- cor()은 데이터 프레임의 모든 연속형 변수에 대한 쌍별 상관 행렬을 반환한다.

```
cor(data)
```

```
#       X     Y     Z
# X 1.000 0.616 0.822
# Y 0.616 1.000 0.789
# Z 0.822 0.789 1.000
```

$r_{XY} = 0.616$이며, $r_{XZ} = 0.822$ 그리고 $r_{YZ} = 0.789$로 쌍별 단순 상관 계수는 r_{XZ}가 가장 높고 r_{XY}가 가장 낮다.

□

편 상관 계수의 계산

- ppcor::pcor()는 쌍별 편 상관 계수 행렬을 반환한다.
  - estimate는 쌍별 편 상관 계수 $r_{ij|S}$를 제공한다.
  - p-value는 $H_0 : r_{ij|S} = 0$에 대한 가설에 대한 검정 결과를 제공한다.

```r
library(ppcor)
pcor(data)$estimate
```

```
#          X       Y     Z
# X  1.0000 -0.0936 0.694
# Y -0.0936  1.0000 0.630
# Z  0.6944  0.6304 1.000
```

$\mathrm{r_{XY|Z}} = -0.094$이며, $\mathrm{r_{XZ|Y}} = 0.694$ 그리고 $\mathrm{r_{YZ|X}} = 0.630$이다. 이를 쌍별 단순 상관 계수와 비교해 보면, $\mathrm{r_{XY}} - \mathrm{r_{XY|Z}} = 0.616 - (-0.094) = 0.710$로 Z는 교란 변수임을 확인할 수 있다. 하지만, $\mathrm{r_{XZ}} - \mathrm{r_{XZ|Y}} = 0.822 - 0.694 = 0.128$ 그리고 $\mathrm{r_{YZ}} - \mathrm{r_{YZ|X}} = 0.789 - 0.630 = 0.159$로 X와 Y는 나머지 변수간의 상관 계수에 큰 영향을 주지 않는 것으로 나타났다.

□

각 편 상관 계수도 유의성 검정의 결과를 확인할 수 있다.

```r
round(pcor(data)$p.value, 3)
```

```
#       X     Y Z
# X 0.000 0.106 0
# Y 0.106 0.000 0
# Z 0.000 0.000 0
```

위의 p-value 행렬에서 (i,j) 위치의 값은 변수 i와 변수 j 간의 편 상관 계수에 대한 p.value[i,j]를 의미한다. [i,i]는 동일한 변수이므로 항상 0이다. 예를 들어, p.value[X,Y] = 0.106이며, 이는 (X, Y)의 편 상관 계수에 대한 가설 검정에서 $p - value = 0.106 > \alpha = 0.05$이므로 $H_0 : r_{XY|Z} = 0$를 기각할 수 없음을 의미한다. 나머지 편 상관 계수도 동일한 방법으로 해석한다.

□

practice tools 연습 14. 교란 변수와 억제 변수 선택을 위한 시각화 <r_practice2.csv>

[연습 12]를 이용하여 단순 상관 계수와 편 상관 계수를 비교하여 교란 변수와 억제 변수를 선택할 수 있다. 교란/억제의 분류 기준은 연구 목적과 실무적 상황에 따라 결정된다. 여기서는 (5.2)을 기준으로 예시를 제공한다.

$$\text{분류} = \begin{cases} \text{교란 변수} & \text{if } |r_{ij}| > 0.5 \text{ and } |r_{ij|S}| < 0.5 \\ \text{억제 변수} & \text{if } |r_{ij}| < 0.5 \text{ and } |r_{ij|S}| > 0.5 \\ \text{보통 변수} & \text{otherwise} \end{cases} \tag{5.2}$$

데이터 로딩

```
data <- read.csv(paste0(data_path, "r_practice2.csv"))
```

단순 상관 계수와 편 상관 계수 계산

- dplyr::case_when()은 조건을 평가하여 TRUE일 때 반환할 값을 지정한다.
  - condition1 ~ value1의 형식으로 조건과 값을 지정한다.

```
# 단순/편 상관 계수 계산
cor_matrix <- cor(data)
pcor_matrix <- ppcor::pcor(data)$estimate

# 데이터 프레임으로 변환
diff_df <- as.data.frame(as.table(cor_matrix))
diff_df$pcor_value <- as.vector(pcor_matrix)
diff_df$variable <- paste(diff_df$Var1, diff_df$Var2, sep = "-")
#
# 교란 변수와 억제 변수 분류
diff_df <- diff_df %>%
  filter(Var1 != Var2) %>%
  mutate(diff_value = Freq - pcor_value) %>%
  mutate(Type = case_when(
    abs(Freq) > 0.5 & abs(pcor_value) < 0.5 ~ "교란 변수",
    abs(Freq) < 0.5 & abs(pcor_value) > 0.5 ~ "억제 변수",
    TRUE ~ "보통 변수"
  ))
```

단순/편 상관 계수의 산점도

```
ggplot(diff_df, aes(x = Freq, y = pcor_value, label = variable, color = Type)) +
  geom_point() +
  geom_text(vjust = -0.5, hjust = -0.5, size = 2, show.legend = FALSE) +
  labs(title = "단순-편 상관 계수의 산점도",
       x = "단순 상관 계수",
       y = "편 상관 계수",
       color = "분류") +
  scale_color_manual(
    values = c("교란 변수" = "red",
               "억제 변수" = "blue",
               "보통 변수" = "black")) +
  geom_abline(slope = 1, intercept = 0, color = "blue") +
  xlim(-1, 1) + ylim(-1, 1) +
  coord_fixed() + theme_bw()
```

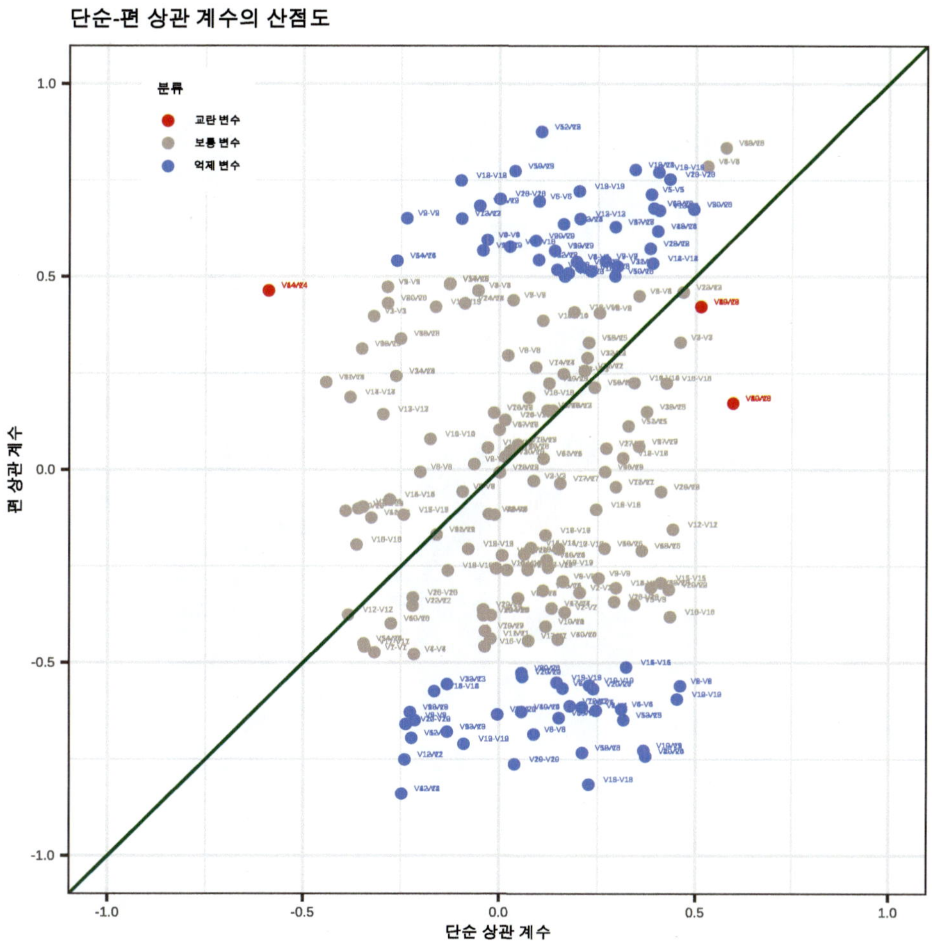

선택된 교란/억제 변수의 히트맵 시각화

```
# 히트맵 데이터 프레임
heatmap_df <- diff_df %>%
  select(Var1, Var2, Type, diff_value)
#
ggplot(heatmap_df, aes(x = Var1, y = Var2, fill = Type)) +
  geom_tile(color = "white") +
  geom_text(aes(label = round(diff_value, 2)), color = "white", size = 3) +
  scale_fill_manual(values = c("교란 변수" = "red", "억제 변수" = "blue",
                               "보통 변수" = "white")) +
  labs(title = "교락/억제 변수", x = "", y = "") +
  coord_fixed() +
  theme_bw()
```

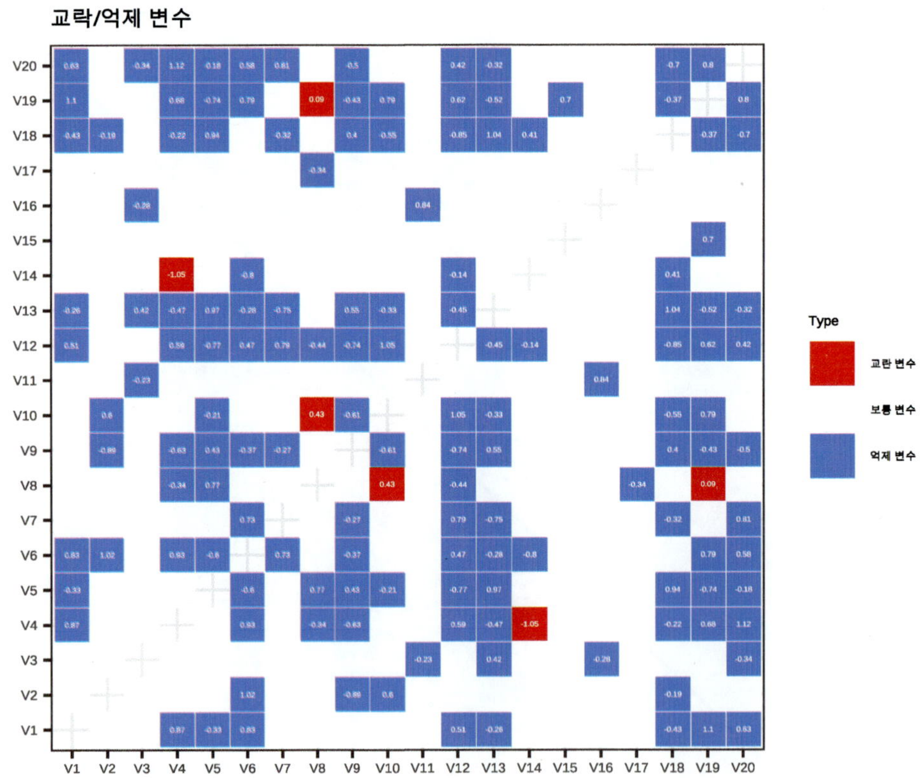

결과에서 (V1, V20)은 단순 상관 계수와 편 상관 계수의 차이가 0.63이다. 이는 V1과 V20 간의 상관 관계 ($r_{ij} = 0.0, r_{ij|S} = -0.63$)에서 나머지 다른 변수들이 억제 변수로 작용하고 있음을 의미한다. 또한 (V8, V10)은 차이가 0.43이다. 이는 V8과 V10 간의 상관 관계($r_{ij} = 0.6, r_{ij|S} = 0.17$)가 교란 변수인 나머지 변수들에 의하여 왜곡된 의사적 관계를 표현하고 있음을 의미한다. 나머지 변수들 간의 관계도 동일한 방식으로 해석할 수 있다. 단, 교란 변수와 억제 변수의 판단 기준은 연구 목적과 실무적 연구 대상에 따라 서로 다르게 정의될 수 있으므로, 이를 사전에 확인해야 한다.

상관 분석은 기초 분석으로 상관 계수만으로는 데이터를 충분히 이해하기는 어렵다. 만일 상관 분석을 변수 선택을 위하여 고려한다면, 상관 계수의 크기, 다중 공선성 문제, 변수의 의미와 해석을 종합적으로 고려해야 한다. 변수들이 명확히 구분되는 경우, 일반적으로 교란 변수는 분석에서 배제하거나 통제 변수로 활용하고, 억제 변수는 분석에 포함하는 것이 바람직하다. 하지만 각 변수의 포함 여부는 분석 목적과 데이터의 특성을 고려하여 실무적으로 결정해야 한다.

상관 분석은 다양한 상관 계수들의 비교를 통하여 연속형 변수들 간의 상호 관계를 이해하는 데 유용하지만, 변수들 간의 관계를 명확히 하기 위해서는 회귀 분석(Regression Analysis) 또는 회귀 분석을 기초로 하는 구조 방정식 모델링(Structural Equation Modeling; SEM) 등과 같은 추가적인 분석을 필요로 한다[11].

[11] SEM은 변수들 간의 복잡한 관계를 분석하고 가설을 검정하며 이론 모델을 평가하기 위해 사용되는 통계적 기법이다. 이는 회귀 분석, 요인 분석, 경로 분석 등을 통합한 것으로 다변량 데이터 분석에 매우 유용한 도구이다.

상관 행렬, 편 상관 행렬, 교란/억제 변수 행렬의 시각화

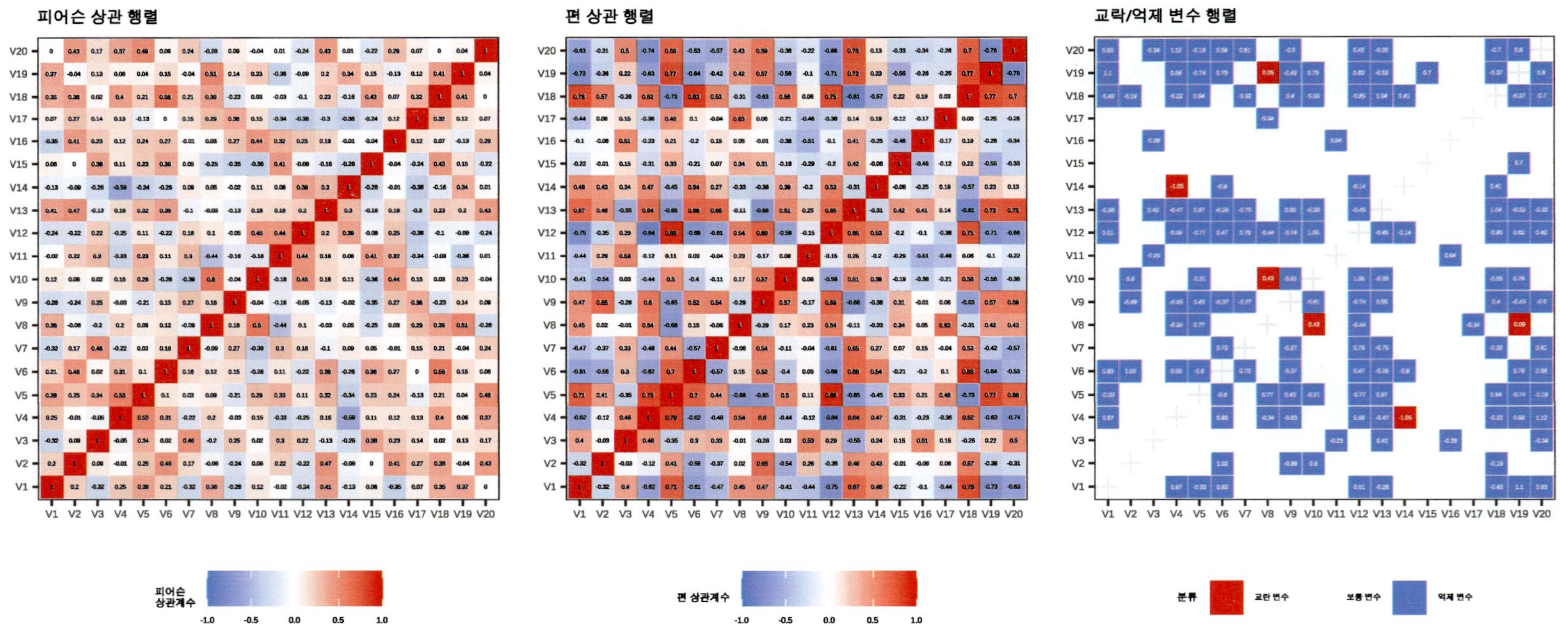

그림 5.6: 연속형 다변량 변수의 상관 분석(예)

[Guidance]

광고비와 매출 간의 직접적인 관계를 수량화할 때는 단순 상관 계수를 사용한다. 광고비와 매출 간의 관계에서 경쟁사의 활동과 경제 지표 등의 외부 요인의 영향을 제거하고 순수한 광고 효과를 평가하고자 할 때는 편 상관 계수가 적절하다. 또한, 광고비와 매출 간의 관계가 밀접해 보였으나 시장 규모를 반영한 후 관계가 사라진 경우라면, 시장 규모가 교란 변수이다. 반대로, 광고비와 매출 간의 관계가 약해 보였으나 보급형 제품의 매출을 반영한 후 관계가 밀접해진 경우라면, 보급현 제품의 매출이 억제 변수이다.

5.2 회귀 분석 Regression Analysis

회귀 분석(Regression Analysis)이란 단일 연속형 반응 변수(y)와 하나 이상의 설명 변수($x's$)간의 관계를 모형화(modeling)하는 통계적 방법이다. 여기서, 모형화란 실무적인 시스템, 프로세스 또는 현상을 수학적, 물리적 또는 논리적으로 추상화하여 나타내는 과정을 말하며, 이는 복잡한 현상의 이해, 설명 그리고 예측을 목적으로 한다. 모형화는 크게 과학적 모형 설정(Scientific Model Building; SMB)과 경험적 모형 설정(Empirical Model Building; EMB)로 구분된다. SMB는 현상에 대한 이론적 지식과 과학적 원리에 기반하여 모형을 구축하고, 이를 실험 또는 관찰된 데이터와 비교하여 그 적합성을 검증을 목적으로 한다. 반면, EMB는 데이터에 기반하여 관찰된 패턴과 관계를 이용하여 새로운 모형을 개발한다. 이는 해석 가능하고 일반적인 근사적 관계(approximated relationships)를 규명하는 것을 목적으로 한다. SMB와 EMB는 상호 보완적이며, 순환적으로 현상의 이해를 돕는다.

[그림 5.7]에서 (A)는 기존의 이론적 모형인 f(x)가 알려져 있고, 관찰된 데이터를 이용하여 이의 적합성으로 검증하는 SMB 접근 방법이다. 이는 이론적 모형과 측정된 데이터들이 충분히 밀접한가를 평가한다. (B)는 이론적 모형 f(x)가 알려지지 않을 때, 데이터들로 부터 근사적이고 해석 가능한 새로운 f(x)를 정의하는 EMB 접근 방법이다. 이는 현상에 대한 올바른 데이터의 선택, 충분한 데이터의 수집 그리고 다양한 통계적 요소들을 고려해야 한다.

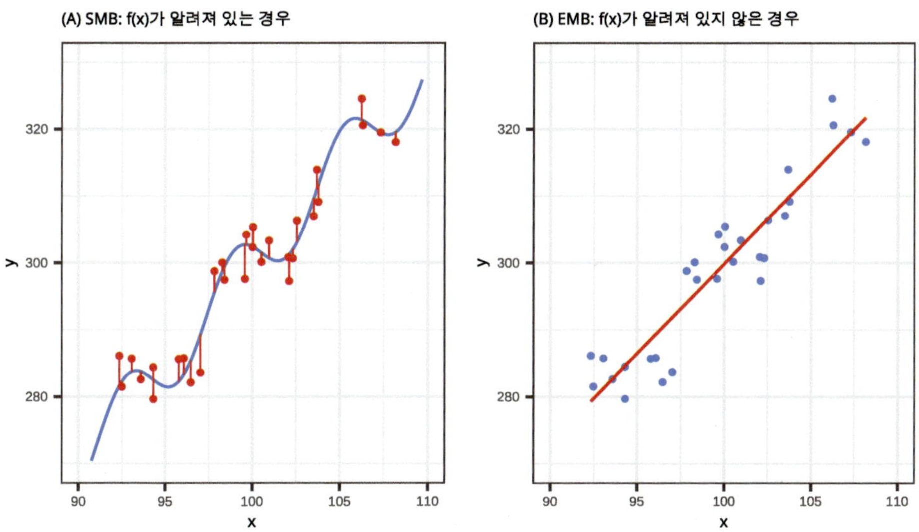

그림 5.7: 과학적 모형 설정(SMB)과 경험적 모형 설정(EMB)

EMB의 핵심적인 도구인 회귀 분석은 관찰된 데이터로 부터 변수들간의 관계를 해석 가능한 함수로 추정을 목적으로 한다. 이는 상관 분석과 달리 반응 변수(y)와 설명 변수(x)를 명확히 구분해야 하며[12], 설명 변수의 수에 따라 단순 회귀(Simple Regression; x)와 다중 회귀(Multiple Regression; $x_1, x_2, \ldots, x_k$)으로 구분되고, 데이터의 유형과 정의되는 관계의 형태에 따라 다양하게 확장된다. [그림 5.8]는 다양한 회귀 분석의 종류이다. 각각의 방법은 상호 조합되어 적용될 수 있다.

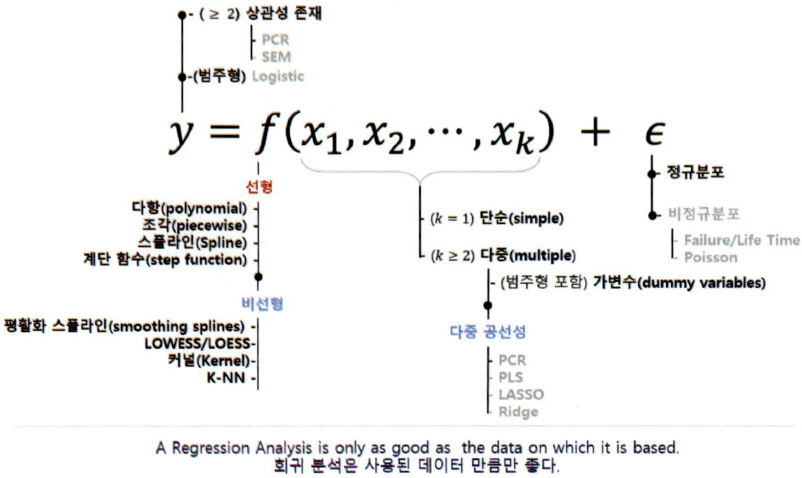

그림 5.8: 회귀 분석의 종류

이 장에서는 가장 기본이 되는 단순 선형 회귀 분석(Simple Linear Regression Analysis)을 중심으로 소개한다. 이의 분석 절차는 대부분의 회귀 분석 방법들에서 공통적으로 적용되며, 각 방법들은 이를 기초로 고유의 분석과 진단 방법을 추가한다[13].

단순 선형 회귀 분석은 반응 변수(response variable)와 단일 설명 변수(predictor)간의 관계를 선형(linear)으로 가정한 모형에 대한 분석 방법이다.

단순 선형 회귀 모형(Simple Linear Regression models)[14]

$$y_i = \beta_0 + \beta_1 x_i + \epsilon_i, \quad i = 1, 2, \ldots, n, \quad \text{여기서} \quad \epsilon_i \sim iid\, N(0, \sigma^2) \tag{5.3}$$

- y는 연속형 반응 변수
- x는 오차 없이 측정되는 (연속형) 변수
- β_1와 β_1는 모수인 회귀 계수
- $\epsilon_i \sim iid\, N(0, \sigma^2)$

[12] 설명 변수를 예측자(predictor) 또는 회귀자(regressor)라고 부른다.

[13] 고승곤(2024). R을 활용한 회귀 분석과 진단, 교우사

[14] 여기서 선형(linear)이란 모형의 회귀 계수들이 선형 조합(linear combination)으로 정의됨을 의미하며, iid는 independently identically distributed의 약자이다.

- 독립성: 오차는 상호 독립이며
- 정규성: 평균은 0인 동일한 정규 분포(normal distribution)를 따르고
- 등분산성: 알려지지 않은 동일한 분산 σ^2을 갖는다.

5.2.1 회귀 계수의 추정 Estimation of Regression Coefficients

단순 회귀 분석은 (5.3)의 모형하에서 데이터로 부터 선형 관계의 회귀 계수 β_0, β_1 그리고 알려지지 않은 분산 σ^2을 추정하고, 다음의 추정된 회귀선(estimated regression equation)을 도출한다.

추정된 회귀선(estimated regression equation)과 잔차(residuals)[15]

- 추정된 회귀선, $\widehat{y}$

$$\widehat{y} = \widehat{\beta}_0 + \widehat{\beta}_1 x, \quad x \in [x_{\min}, x_{\max}]$$

여기서
$$\widehat{\beta}_0 = \bar{y} - \widehat{\beta}_1 \bar{x} \text{ 그리고 } \widehat{\beta}_1 = \frac{S_{xy}}{S_{xx}},$$
$$S_{xx} = \sum_{i=1}^{n} (x_i - \bar{x})^2, \quad S_{xy} = \sum_{i=1}^{n} (y_i - \bar{y})(x_i - \bar{x})$$

- [해석]
  - 데이터의 범위 내에서 주어진 설명 변수 값에 대한 반응 변수의 평균 반응량(mean response)
- 잔차, e_i, $i = 1, 2, \dots, n$
  - 모든 관찰값에서 y_i와 추정된 회귀선 $\widehat{y}_i$의 차이

$$e_i = y_i - \widehat{y}_i = y_i - \left(\widehat{\beta}_0 + \widehat{\beta}_1 x_i\right), \; i = 1, 2, \dots, n$$

- 추정된 오차 분산, $\widehat{\sigma}^2$

$$\widehat{\sigma}^2 \equiv s_e^2 = MSE = \frac{SSE}{n-2}, \quad \text{여기서 } SSE = \sum_{i=1}^{n} e_i^2$$

[15] 추정된 회귀 계수는 $\arg\min_{\beta_0, \beta_1} \sum_{i=1}^{n} (y_i - \beta_0 - \beta_1 x_i)^2$의 해로 주어지고, 이를 최소제곱 추정량(least squared estimater; LSE)이라고 한다.

추정된 회귀선은 가정된 모형하에서 데이터를 이용하여 회귀선과 오차 분산을 추정한다. 추정된 회귀선이 데이터가 수집된 현상을 올바로 대표하기 위해서는 다양한 요소들을 고려해야 한다. 통계적으로 고려해야 할 중요 사항은 다음과 같다.

- 추정된 회귀 계수는 표본 통계량이다.
  - 표본 오차를 반영하여 모집단 회귀 계수에 대한 의미 있는 결론을 도출해야 한다.
- 데이터는 추정된 회귀선과 잔차로 분해된다.
  - 올바른 회귀선을 보장하기 위해서는 잔차가 오차의 가정을 만족해야 한다.
- 동일한 회귀선이라도 데이터의 변동을 설명하는 정도가 서로 다를 수 있다.
  - 회귀선이 주어진 데이터를 얼마나 잘 설명할 수 있는가를 확인해야 한다.

따라서, 다음의 절차를 체계적으로 반영할 때 올바른 회귀 분석의 결과를 도출할 수 있다.

올바른 회귀 분석과 및 검증 절차

[1] 반응 변수와 설명 변수의 선택

[2] 표본의 선택 방법과 데이터의 수 결정

[3] 데이터의 타당성 검토

[4] 회귀 계수(Regression Coefficients)의 추정

[5] 회귀 계수의 유의성 검정(significant tests)

[6] 잔차 진단(Residual Diagnostics)

  [6-1] 오차의 가정 검토

  [6-2] 이상점(outliers)과 영향점(influential points)의 분류 및 검토

[7] 결정 계수(Coefficient of Determination) 검토

[8] 최종 회귀선의 해석

[1] ~ [3]은 실무적인 검토 사항이다. 연속형 반응 변수와 이를 잘 설명할 수 있는 변수의 선택은 회귀 분석에서 가장 중요한 전제 조건이다. 또한, 대표성 있는 표본의 선택과 충분한 수의 데이터 확보는 회귀 분석의 유용성을 높이는 중요한 조건이다. 분석 대상이 되는 데이터의 타당성을 검토하는 것은 모든 데이터 분석의 필수 조건이다. [4] ~ [7]은 통계적인 검토 사항이다. 이들은 상호 보완적이며, 반복적인 절차이다. 예를 들어, 잔차 진단의 결과가 만족스럽지 못하면 데이터를 변환 또는 수정/제거한 후 회귀 계수를 다시 추정하고 회귀 계수의 유의성 검정을 재확인해야 한다. 또한, [4] ~ [7] 중 일부 사항이 만족한다고 해서 올바른 회귀선이라고 주장할 수 없다. 올바른 회귀선은 모든 조건을 충분히 만족해야

한다. 마지막으로 [8]에서는 다양한 연산 결과를 이용하여 데이터가 수집된 현상에 대해 해석한다. 이때, 회귀선의 구간 추정 결과는 실무적으로 유용한 기준이 된다.

5.2.2 유의성 검정 Significant Tests

추정된 회귀 계수들은 **표본 통계량**(sample statistic)으로 고유의 표본 분포를 갖는다. [그림 5.9]는 $y = 3x + 5 + N(0, 10^2)$의 함수 관계를 갖는 모집단으로 부터 10,000번의 확률 난수 시뮬레이션에서 추정된 회귀 계수 β_0와 β_1의 **히스토그램**이다. 두 경우 모두 좌우 대칭과 종형을 갖는 분포의 형태를 보여 준다. 만일 이러한 시도를 무한번 실행한다면 다음의 표본 분포를 얻을 수 있다.

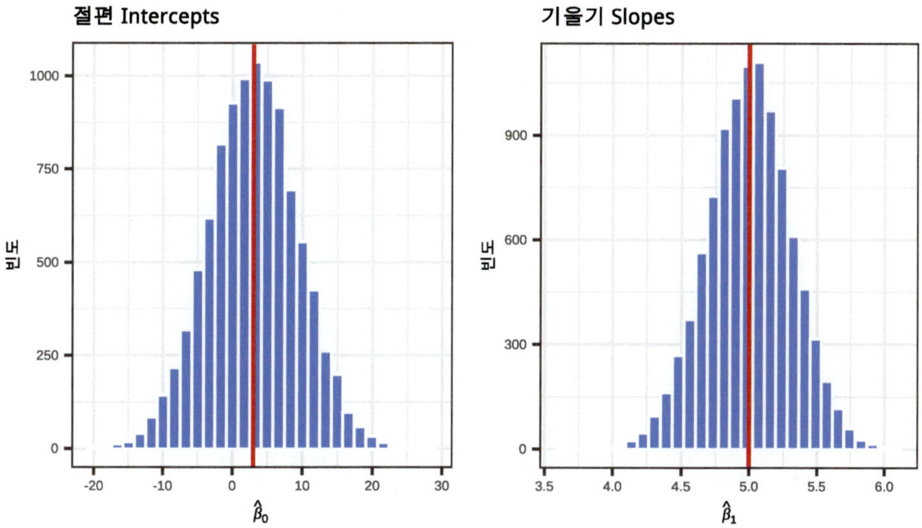

그림 5.9: 10,000번 반복된 임의 표본에서의 회귀 계수(들)

회귀 계수의 표본 분포

$$\frac{\hat{\beta}_0 - \beta_0}{\mathrm{SE}\left(\hat{\beta}_0\right)} \sim t_{(n-2)} \quad \text{그리고} \quad \frac{\hat{\beta}_1 - \beta_1}{\mathrm{SE}\left(\hat{\beta}_1\right)} \sim t_{(n-2)}$$

여기서

$$\mathrm{SE}\left(\hat{\beta}_0\right) = s_e\sqrt{\frac{1}{n} + \frac{\bar{x}^2}{S_{xx}}} \quad \text{그리고} \quad \mathrm{SE}\left(\hat{\beta}_1\right) = \frac{s_e}{\sqrt{S_{xx}}}$$

$\mathrm{SE}(\cdot)$는 표준 오차(standard error)를 의미한다.

회귀 계수의 표본 분포에서 표준 오차(standard error; SE)는 (1) 선택된 표본의 분산의 추정값이 작고, (2) 설명 변수의 범위가 충분히 크며, (3)표본 크기가 큰 경우에 작아진다. 유의성 검정에서 표준 오차가 작을수록 더 정밀한 검정 결과를 얻을 수 있다. 이를 이용한 회귀 모형과 회귀 계수의 유의성 검정(significant test)의 절차는 다음과 같다[16].

회귀 모형과 회귀 계수의 유의성 검정

[1]　모형에 대한 가설

$$H_0 : \beta_0 = \beta_1 = 0 \quad \text{vs} \quad H_1 : H_0\text{가 아니다}$$

[2-1]　회귀 계수 β_0에 대한 가설

$$H_0 : \beta_0 = 0 \quad \text{vs} \quad H_1 : \beta_0 \neq 0$$

[2-2]　회귀 계수 β_1에 대한 가설

$$H_0 : \beta_1 = 0 \quad \text{vs} \quad H_1 : \beta_1 \neq 0$$

- 의사 결정

$$p - value < \alpha \text{ 이면, } H_0 \text{ 기각}$$

회귀 모형에 대한 가설 검정인 [1]은 현재 모형을 고려해도 되는가 여부를 검정하고, [2-1]과 [2-2]는 절편과 설명 변수가 종속변수의 변동을 설명하는데 도움이 되는가 여부를 검정한다. 만일 모형에 대한 검정 [1]에서 유의하지 않은 결과를 얻었다면, 개별 회귀 계수의 검정은 의미가 없다. 일반적으로 [2-1]의 β_0가 유의하지 않더라도, 이를 모형에서 제거하지 않는다. 이는 만일 유의성을 반영한다면, [그림 5.10]의 (A)와 같이 관심 범위의 데이터를 올바로 반영하지 못할 수 있기 때문이다. 유의하지 않은 β_0를 모형에서 제거하지 않는다면,(B)와 같이 관심 범위의 데이터를 올바로 반영할 수 있다. 단, 이때 절편은 의미가 없으므로 해석하지 않는다. 이러한 현상이 발생하는 이유는 (C)와 같이 설명 변수의 범위가 0과 충분한 거리가 있는 경우, 관심 범위 밖에서의 관계를 무시하고 관심 범위 내의 데이터에 대한 올바른 관계 추정을 위한 조치이다. 만일 x = 0일 때 y = 0임과 동시에 x = 0일때의 반응값이 실무적으로 의미가 있다면, 이때는 유의성 결과를 반영한다[17].

[16] 회귀 모형에 대한 가설 검정은 변동 분해에 의한 F-검정을 적용하고 개별 회귀 계수에 대한 가설 검정은 표본 분포에 의한 t-검정을 적용한다.

[17] 이러한 경우에는 원점을 통과하는 회귀 모형을 고려한다.

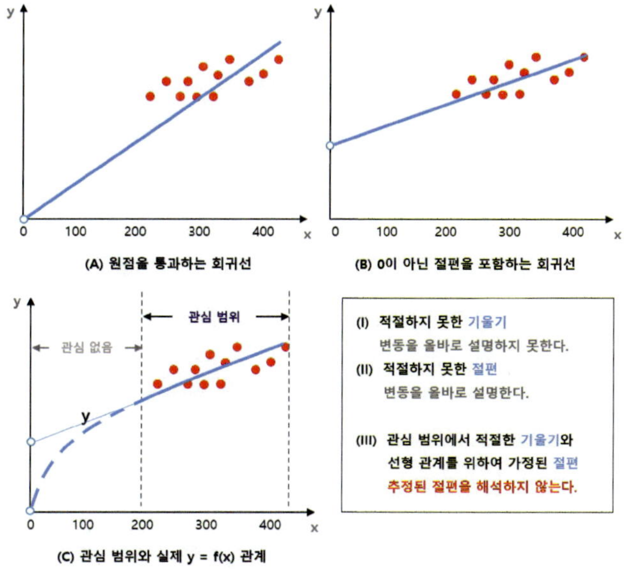

그림 5.10: 단순 회귀 모형의 절편에 대한 해석

회귀 계수 β_1 의 유의성 검정 결과의 타당성은 가정된 모형의 타당성에 종속된다. [그림 5.11]의 (A-1)과 (A-2)에서와 같이 설명 변수와 반응 변수의 관계가 선형인 경우에는 유의성 검정 결과는 데이터에 대한 올바른 정보를 제공한다. 하지만, (B-1)과 (B-2)와 같이 모형이 적절하지 않은 경우에는 β_1 의 유의성 검정 결과는 올바른 정보를 제공하지 못한다.

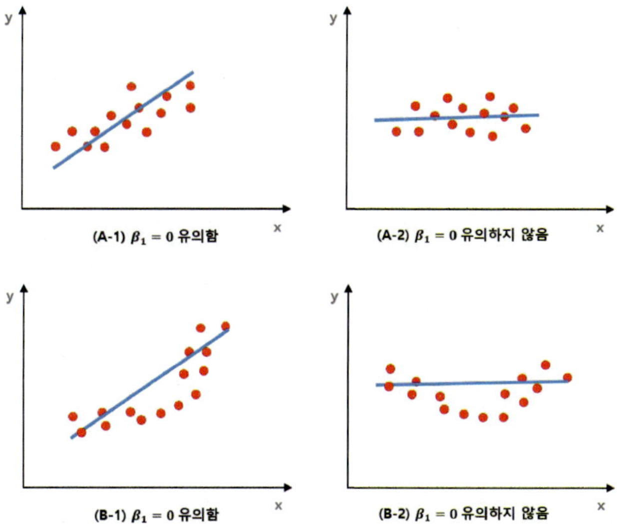

그림 5.11: 모형의 타당성에 따른 기울기의 유의성 검정 결과

5.2.3 잔차 진단 Residuals, Standardized Residuals, Studentized Residuals

단순 회귀 분석은 주어진 데이터를 회귀 추정값인 적합치(fitted values)와 잔차(residuals)로 구분하여 표현하며, 이때, 추정된 회귀값은 주어진 x_i 에서의 y_i 의 평균 반응량 그리고 잔차는 그 나머지 정보를 포함한다.

$$
\begin{array}{ccccc}
\text{데이터} & = & \text{적합치} & + & \text{잔차} \\
y_i & = & \hat{y}_i & + & (y_i - \hat{y}_i) \qquad i = 1, 2, \ldots, n
\end{array}
$$

[그림 5.12]의 (A)는 주어진 데이터로 부터 추정된 회귀선과 개별 잔차들을 표현한다. (B)는 잔차의 형태를 확인할 수 있는 잔차 그림(residual plots) 중의 하나로 주 요약인 적합치(회귀 추정값)와 잔차와의 관계를 표현한다. 이는 (A)의 추정된 회귀선이 데이터의 전 범위에서 대표성 있는 관계를 추정하였는지를 확인하는 기준이 된다. 만일 (A)의 추정된 회귀선이 데이터의 전 범위에서 대표성있게 추정하였다면, 잔차 그림 (B)에는 어떠한 패턴도 남아 있지 않은 랜덤 산점의 형태이어야 한다.

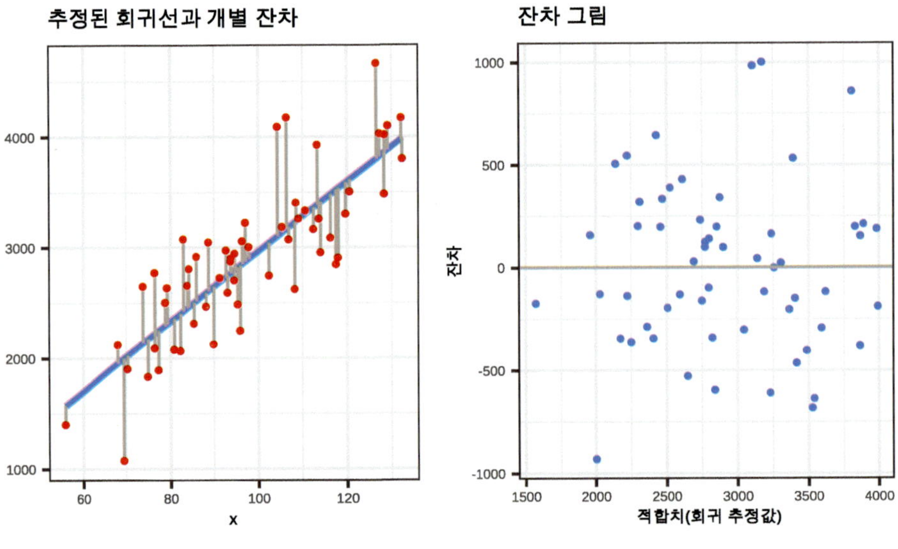

그림 5.12: 추정된 회귀선과 잔차 그림

잔차는 $(y_i - \hat{y}_i)$로 계산되므로 연속형 변수 y의 측정 단위에 영향을 받는다. 따라서, 잔차의 값으로는 개별 잔차들의 상대적인 크기만을 확인할 수 있다. 실제 잔차의 크기를 객관적으로 확인하기 위하여 표준화(standardization)를 이용한 표준화(standardized) 잔차 또는 스튜던트화(studentized) 잔차를 고려한다.

표준화(standardized) 잔차와 스튜던트화(studentized) 잔차[18]

만일 n 이 충분히 크다면,

- 표준화 잔차 $$r_i = \frac{e_i}{s_e\sqrt{1-h_{ii}}} \approx N(0,1)$$

여기서

$$e_i = y_i - \hat{y}_i \quad \text{그리고} \quad h_{ii} = \frac{1}{n} + \frac{(x_i - \bar{x})^2}{S_{xx}}, \quad i = 1, 2, \ldots, n$$

- 스튜던트화 잔차 $$d_i = \frac{e_i}{s_{e_{(i)}}\sqrt{1-h_{ii}}} \sim t_{(n-3)}$$

여기서

$$s^2_{e_{(i)}} = s_e \frac{(n-2) - r_i^2}{n-3}$$

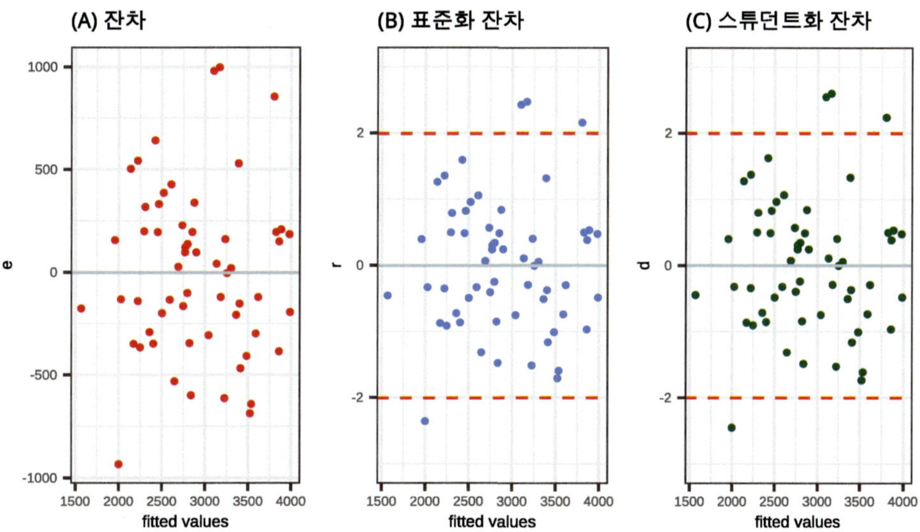

그림 5.13: 잔차, 표준화 잔차, 스튜던트화 잔차

[그림 5.13]은 잔차, 표준화 잔차, 스튜던트화 잔차를 비교한 것이다. (A)의 잔차 그림에서는 상대적인 크기만을 비교할 수 있고, (B)의 표준화 잔차와 (C)의 스튜던트화 잔차 그림에서는 표준 정규 분포 또는 t-분포의 확률을 이용하여 전체 중에서 일정 비율(예; 5%)로 패턴을 벗어나는 값들을 객관적으로 구별해 낼

[18] 스튜던트화(studentized) 잔차는 표준화 잔차에서 각 관찰값 y_i 가 분자 e_i 와 분모의 s_e 에 동시에 사용되어 잔차의 크기를 상쇄시킬 수 있다는 단점을 보완한 것이다. 이는 i^{th} 관찰값을 제외하고 추정한 회귀 모형으로 부터 계산된 $s_{e_{(i)}}$ 를 이용하여 표준화 잔차를 계산한다. 이는 절대값이 큰 잔차들을 명확히 나타내며, deleted residuals, cross-validatory residuals 라고도 부른다.

수 있다. (B)와 (C)는 $[-2, 2]$ 내에서는 그 값이 차이가 크지 않지만, 이를 벗어나는 경우 (C)의 스튜던트화 잔차가 더 크게 또는 작게 표현됨을 확인할 수 있다.

회귀선을 올바로 추정하였다면, 잔차는 **오차의 추정값**이다. 따라서 잔차를 이용하여 오차에 대한 통계적 가정을 진단할 수 있다. 이를 잔차 진단(diagnostics)이라 하고, 표준화 잔차 또는 스튜던트화 잔차를 이용하여 [표 5.1]과 같이 진단한다[19]. 만일 잔차 진단의 결과가 만족스럽지 못하다면 (1) 모형의 재설정 (2) 변수 또는 데이터 재선택 (3) 각 조건 별 교정 - 정규성 교정 또는 분산 안정화 변환 등을 고려할 수 있다.

잔차 진단

표 5.1: 잔차를 이용한 오차의 가정의 진단

오차의 가정	진단 방법	결과 검토
정규성	잔차의 히스토그램	좌우 대칭과 종형 형태
	잔차의 확률 그림	기준 직선과 비슷한 형태
등분산성	(회귀 추정값, 잔차)의 산점도	랜덤 산점의 형태
독립성	(데이터 수집 순서, 잔차)의 선그림	랜덤 산점의 형태

이상점(outliers)이란 주된 패턴을 벗어난 소수의 관찰값으로, 평균 반응값으로 추정되는 회귀선에 영향을 주는 값이다. 이는 가정된 모형에 따라 달리 정의되므로, 선택한 최종 모형의 표준화잔차 또는 스튜던트화 잔차로 판단한다.

이상점(outliers)의 탐지

- 다음의 관찰값들은 이상점 여부에 대한 검토 대상이다.

$$|r_i| > 2 \quad \text{또는} \quad |d_i| > 3$$

Tips

- 데이터의 수가 많다면, 판단 기준인 2 또는 3 보다 더 큰 값을 고려할 필요가 있다.
- 이상점으로 분류된 관찰값은 데이터 레쥬메(Data Resume) 또는 측정 환경에 대한 검토를 통하여 제거 또는 수정 보완한다.
- $|r_i|$ 또는 $|d_i|$가 극단적으로 큰 값을 갖지 않는다면, 실무적 근거 없이 통계적 이유만으로 제거하는 것은 바람직하지 않다.

[19] 이는 ANOVA의 통계적 가정에 대한 진단 방법과 동일하다.

영향점(influential points)은 관찰 값 중에서 회귀 모형 적합에 영향을 크게 주는 관찰값을 말한다. 일반적으로 데이터 구름의 중심에서 멀리 떨어져 있거나 해당 관찰값을 포함한 경우와 해당 관찰값을 제외한 경우의 추정값의 차이가 크다면 영향점에 해당한다.

영향점(influential points)의 탐지[20]

- 다음의 관찰값들은 영향점 여부에 대한 검토 대상이다.

$$|\text{DFFITS}_i| = \left|\frac{\hat{y}_i - \hat{y}_{(-i)}}{s_{(-i)}\sqrt{h_i}}\right| > 2\sqrt{\frac{3}{n}}$$

여기서 $(-i)$는 관측값 i를 제외하고 계산 그리고 h_i는 지렛값(leverage value)를 의미한다.

Tips

- 데이터의 수가 많거나 복잡한 모형에서는 $2\sqrt{\frac{3}{n}}$ 보다 더 큰 값을 고려할 필요가 있다.
- 영향점으로 분류된 관찰값은 데이터 레쥬메(Data Resume) 또는 측정 환경에 대한 검토를 통하여 제거 또는 수정 보완한다.
- $|\text{DFFITS}_i|$가 극단적으로 큰 값을 갖지 않는다면, 실무적 근거 없이 통계적 이유만으로 제거하는 것은 바람직하지 않다.

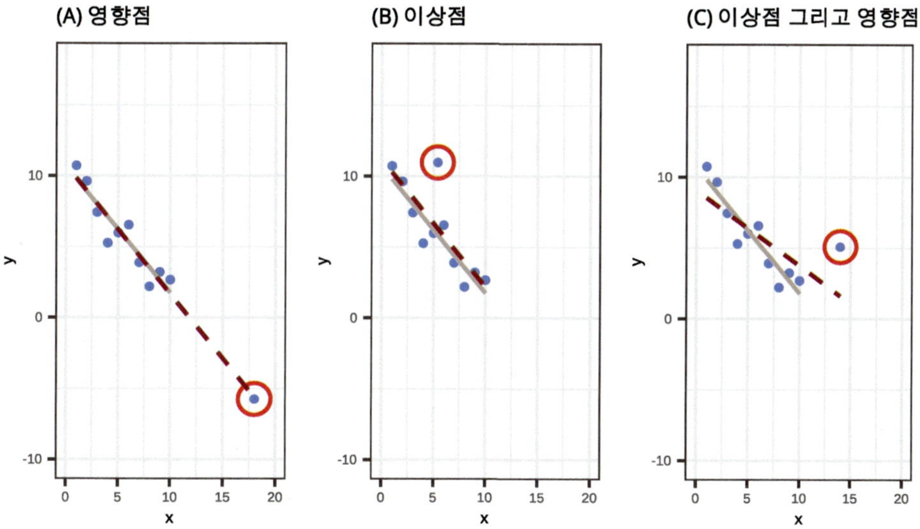

그림 5.14: 추정된 회귀선에 대한 영향점과 이상점의 영향(예)

[20] 영향점 진단 통계량은 Hi, Cook's Distance, DFBetas 등 다양하지만, 단순 회귀에서는 모형이 단순하고 개별 관찰값이 추정값에 미치는 영향을 직접적으로 표현하므로 DFFITS가 가장 직관적이다. 하지만, 모형이 복잡한 다른 회귀 모형에서는 다양한 영향점 진단 통계량을 동시에 적용하여 종합적으로 판단해야 한다.

특정 관찰값이 동시에 이상점과 영향점으로 판단될 수 있다. [그림 5.14]은 영향점과 이상점이 추정된 회귀선에 미치는 영향을 예시한 것이다. (A)의 경우에는 추정된 회귀선이 거의 영향을 받지 않지만, 데이터의 중심에서 멀리 떨어져 있고, (B)의 경우에는 회귀선의 절편에 영향을 준다. (C)의 경우에는 회귀선의 절편과 기울기가 모두 영향을 크게 받아서 기존 회귀선과 큰 차이를 보인다. 이 경우에는 해당 점(원안의 점)은 동시에 이상점과 영향점으로 분류된다.

이상점과 영향점의 탐지와 대책은 모든 데이터 분석에서 중요한 부분이다. 이의 탐지는 최종 모형을 기준으로 적용해야 하며, 입력 오류이거나 분석 목적과 관계가 없는 값인 경우 제거하거나 수정할 수 있다. 만일 이를 결정할 수 없는 경우에는 (1) 이상점의 영향에 둔감한 강건(Robust) 회귀를 적용하거나 (2) 영향점의 가중치를 낮추는 가중(Weighted) 회귀를 적용해 볼 수 있다. 또한 (3) 모형의 기준 함수를 변경(예: 선형에서 비선형)함으로써 이상점 또는 영향점이 추정된 회귀선에 미치는 영향을 줄일 수 있다.

5.2.4 결정 계수 Coefficients of Determination

결정 계수(Coefficients of Determination)는 데이터의 변동 중 회귀 모형에 의해 설명되는 비율로써, 주어진 회귀 모형의 설명력을 [0, 1] 또는 [0, 100]%로 수량화한 값이다. 이는 데이터의 총 변동(Sum of Squared Total; SST)을 추정된 회귀선에 의한 변동(Sum of squared Regression; SSR)과 오차에 의한 변동(Sum of Squared Error; SSE)으로 직교 분해(orthogonal decomposition)하여 계산한다. 직교 분해는 각각의 변동을 독립적으로 측정할 수 있게 한다. [그림 5.15]는 변동을 기초로 SST, SSR, SSE를 계산하는 방법에 대한 예시이다.

총 변동의 직교 분해

$$\text{SST} = \text{SSE} + \text{SSR}$$

여기서

$$\text{SST} \equiv \sum_{i=1}^{n} (y_i - \bar{y})^2, \quad \text{SSR} \equiv \sum_{i=1}^{n} (\hat{y}_i - \bar{y})^2 \quad \text{그리고} \quad \text{SSE} \equiv \sum_{i=1}^{n} (y_i - \hat{y}_i)^2$$

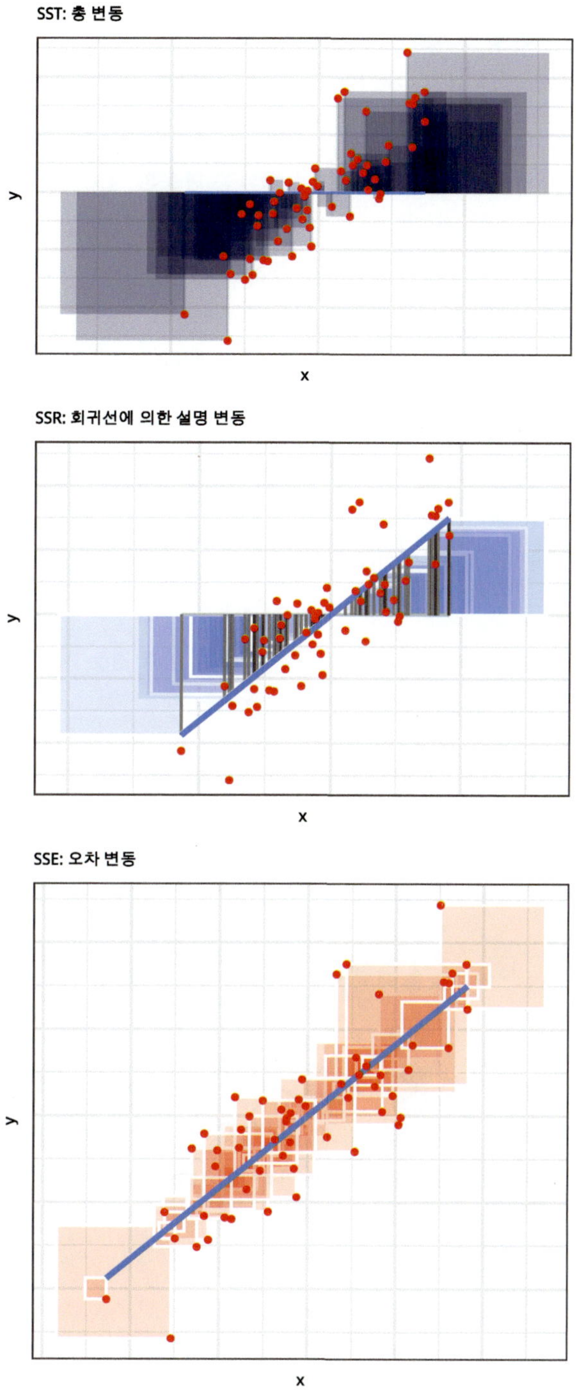

그림 5.15: (예시) 변동의 분해: SST = SSR + SSE

결정 계수, R^2

$$R^2 = \frac{\text{SSR}}{\text{SST}} = \frac{\text{SST} - \text{SSE}}{\text{SST}} = 1 - \frac{\text{SSE}}{\text{SST}}, \quad 0 \le R^2 \le 1$$

- [해석]
  - 총 변동 중에서 추정된 회귀식에 의하여 설명되는 변동의 정도를 나타낸다.
  - $R^2 \rightarrow 1$에 가까울 수록 추정된 회귀식이 데이터를 더 잘 설명한다.
  - 모형의 **설명력** 또는 회귀선의 **적합도**로 해석할 수 있다.

R^2 해석 시 주의 사항

- 모형에 포함되는 설명 변수가 많을수록 R^2 값은 커지는 경향을 갖는다.
- 1개 이상의 x_i에서 **반복**이 있고, 이의 y_i의 값이 서로 다른 경우, $R^2 = 1$이 될 수 없다.
- R^2 값이 크다고 해서 $|\beta_1|$이 크다고 할 수 없고, 추정된 회귀식이 적절하다고 단정할 수 없다.
- 충분한 R^2를 결정하는 통계적 기준값(예: 0.64 이상)은 없다.

또한 R^2와 함께 추정된 회귀식의 예측력을 판단하기 위한 예측 결정 계수 R^2_{pred}를 고려하기도 한다. 이는 R^2를 응용한 것으로 R^2와 동일한 해석 기준을 적용한다.

예측 결정 계수(Predicted Coefficent of Determination)

$$R^2_{pred} = 1 - \frac{PRESS}{SST}, \quad PRESS = \sum_{i=1}^{n} \left(y_i - \hat{y}_{(i)} \right)^2$$

여기서 $\hat{y}_{(i)}$ 는 i^{th} 반응값을 제외하고 추정한 평균 반응량

[그림 5.16]은 이상점 유무에 따른 R^2와 R^2_{pred} 그리고 SSE와 PRESS를 보여준다. (A-1)과 (A-2)는 이상점이 존재하지 않는 경우이다. $(R^2, R^2_{pred}) = (0.92, 0.91)$로 거의 비슷하며, 모든 관찰값의 PRESS가 SSE보다 약간 큰 값을 갖는다. (B-1)과 (B-2)는 동일한 데이터에 하나의 이상점(31)이 포함된 경우이다.

$(R^2, R^2_{pred}) = (0.36, 0.03)$로 감소하고, 특히 R^2_{pred}가 크게 감소한다. 이때, 이상점에 대한 PRESS값이 SSE 값보다 더 큰 영향을 받는 것을 확인할 수 있다.

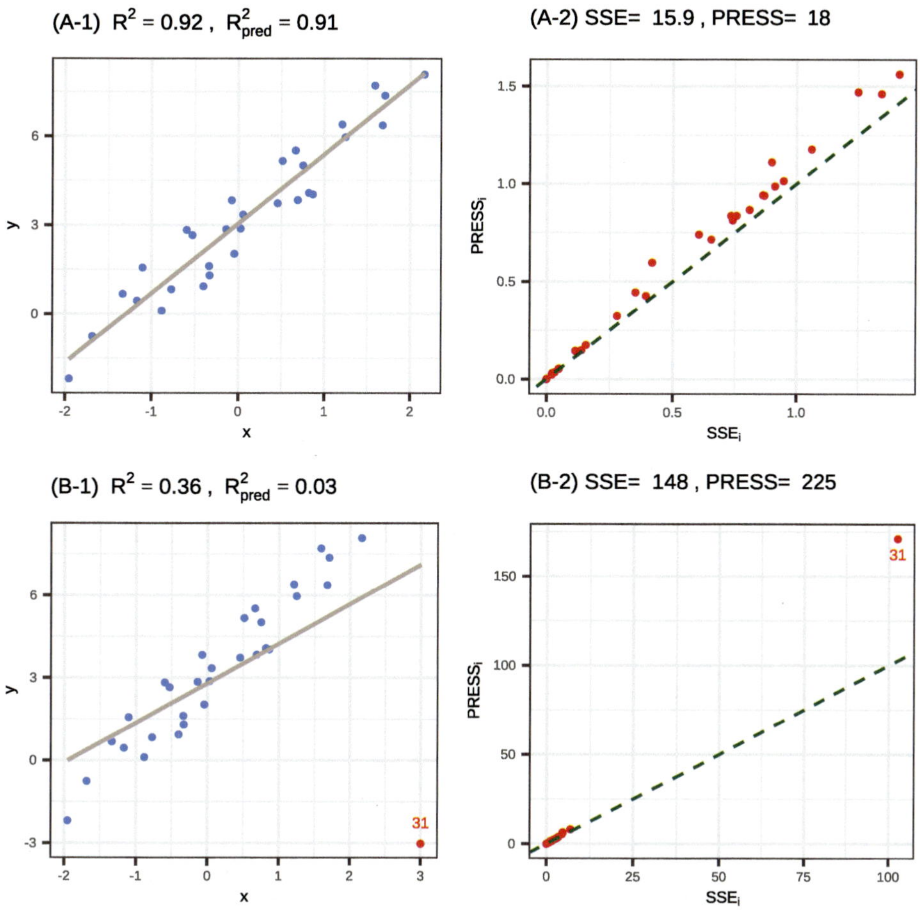

그림 5.16: 이상점 유무에 따른 (R^2, R^2_{pred}) 그리고 $(SSE_i, PRESS_i)$

[그림 5.17]은 anscombe가 제시한 4 가지 상황에 대하여 추정된 회귀식과 R^2이다(Anscombe, 1973)[21]. 4가지 경우 모두 동일한 회귀식 $\hat{y} = 3.0 + 0.5x$ 그리고 $R^2 = 0.667$을 갖지만, [Case I]을 제외하고는 올바른 회귀식이라고 할 수 없다. [Case II]는 가정된 선형 모형 대신에 다른 모형(예: 다항 모형)을 적용하는 경우, [Case III]은 단일 이상점을 제거하는 경우, 올바른 회귀선과 더 높은 R^2 값을 기대할 수 있다. [Case IV]는 설명 변수의 수준이 단 2개만 존재하므로 단순 회귀 모형을 적용하는 것이 타당하지 않다.

[21]Anscombe, F. J. (1973). Graphs in statistical analysis. The american statistician, 27(1), 17-21.

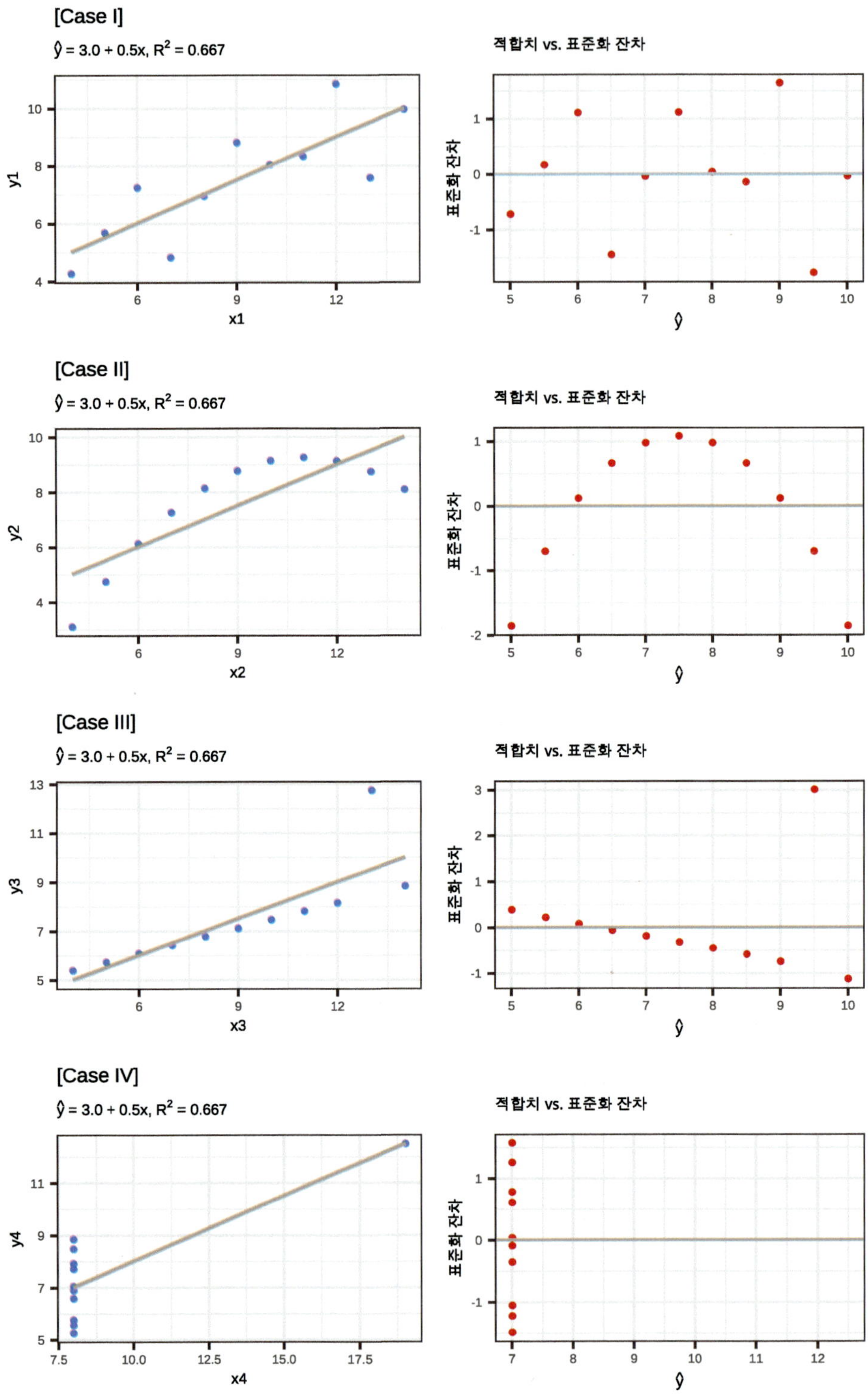

그림 5.17: (예시) 동일한 회귀식과 R^2를 갖는 4 가지 경우(anscombe, 1973)

R^2는 계산이 간단하고 해석이 직관적이어서 실무적 활용도가 높다. 하지만, 단순히 R^2 값이 일정 값 이상 크다고 해서 올바른 회귀식이라고 주장할 수 없다. 올바른 회귀선의 추정을 위해서는 회귀 계수의 추정과 함께 (1) 유의성 검정, (2) 잔차 진단 그리고 (3) 이상점 선별 및 교정을 중심으로 반복적인 적합 절차를 필요로 한다. 그리고 결정 계수 R^2를 이용하여 최종 결정된 회귀선이 데이터를 얼마나 잘 설명하는가를 판단하는 것이 가장 효율적인 절차이다.

실습 23. 배송 화물의 중량과 부피 <small.cargo.csv>

> 무게에 의하여 운송 요금을 결정하는 소형 화물들 중에서 임의로 선택된 58개의 무게(x; weight)와 부피(y; volume)를 조사하였다. 이를 이용하여 중량과 부피간의 관계를 결정하여 새로운 차량 화물 적재 기준을 제시하고자 한다.

데이터 로딩

```
cargo <- read.csv(paste0(data_path, "small.cargo.csv"))
str(cargo)
```

```
# 'data.frame': 58 obs. of  2 variables:
#  $ x: num  80.9 84.2 127.2 78.9 95.5 ...
#  $ y: num  2070 2799 4021 2496 2478 ...
```

n = 58개의 데이터에서 x(무게)와 y(부피)가 기록되어 있다.

결측값(missing values)의 검토

- is.na()는 결측 여부를 TRUE/FALSE로 반환한다.

```
sapply(cargo, function(x) sum(is.na(x)))
```

```
# x y
# 0 0
```

로딩된 데이터의 두 변수에는 결측값이 없다. 만일 존재한다면, 다음을 이용하여 각 열별 결측값 비율과 위치를 확인할 수 있다.

```r
# 각 열별 결측값 비율
sapply(cargo, function(x) mean(is.na(x)))
# 결측값 위치
which(is.na(cargo), arr.ind = TRUE)
```

데이터의 선형성 검토

```r
cargo %>% ggplot(aes(x, y)) +
 geom_point(color = "blue", size  = 1) +
 labs(title = "무게와 부피의 산점도", x = "무게", y = "부피") +
 theme_bw()
```

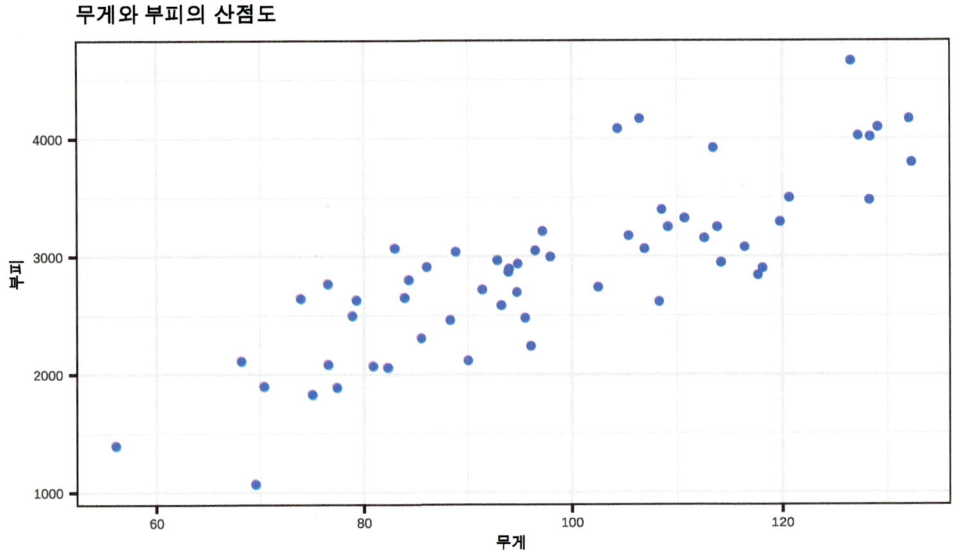

무게와 부피는 선형 관계를 갖는다. 따라서 단순 회귀 분석을 적용해 볼 수 있다.

기초 분석

- stats::lm()은 다양한 회귀 분석 결과를 제공한다.
  - 모형은 formula로 지정한다.
- names(objects)는 객체에 포함된 리스트의 이름을 반환한다.
  - coeff(), fitted(), resid()를 이용하여 추정된 회귀 계수, 적합치 그리고 잔차를 추출할 수 있다.

```r
cargo_fit <- lm(y ~ x, data = cargo)
names(cargo_fit)
```

```
#  [1] "coefficients"  "residuals"     "effects"       "rank"
#  [5] "fitted.values" "assign"        "qr"            "df.residual"
#  [9] "xlevels"       "call"          "terms"         "model"
```

회귀 계수(coefficients), 잔차(residuals) 그리고 회귀 추정값(적합치, fitted.values) 등이 저장되어 있다.

✿ summary(objects)는 분석 결과를 요약된 형태로 반환한다.

```
summary(cargo_fit)
```

```
#
# Call:
# lm(formula = y ~ x, data = cargo)
#
# Residuals:
#    Min     1Q Median     3Q    Max
# -930.9 -293.1   10.2  200.2 1000.0
#
# Coefficients:
#             Estimate Std. Error t value          Pr(>|t|)
# (Intercept)   -204.1      289.9    -0.7              0.48
# x               31.7        2.9    10.9 0.0000000000000016 ***
# ---
# Signif. codes:  0 '***' 0.001 '**' 0.01 '*' 0.05 '.' 0.1 ' ' 1
#
# Residual standard error: 409 on 56 degrees of freedom
# Multiple R-squared:  0.681,	Adjusted R-squared:  0.675
# F-statistic:  120 on 1 and 56 DF,  p-value: 0.00000000000000162
```

제공된 분석 결과로 부터 다음을 확인할 수 있다.

- 회귀 모형의 유의성 검정 결과(F-statistic's p-value)는 $p - value = 0.000 < \alpha = 0.05$ 이므로 $H_0 : \beta_0 = \beta_1 = 0$을 기각한다.
- 회귀 계수 $H_0 : \beta_0 = 0$의 유의성 검정 결과((Intercept)의 Pr(>|t|))는 $p - value = 0.48 > \alpha = 0.05$ 이므로 $H_0 : \beta_0 = 0$를 기각하지 못한다. 따라서 추정된 회귀 계수 $\hat{\beta_0}$는 해석하지 않는다.
- 회귀 계수 $H_1 : \beta_1 = 0$의 유의성 검정 결과(x의 Pr(>|t|))는 $p - value = 0.000 < \alpha = 0.05$ 이므로 $H_0 : \beta_1 = 0$를 기각하고, 추정된 회귀 계수는 $\hat{\beta_1} = 31.7$이다.
- 결정 계수는 $R^2 = 0.681$이다. 현재 모형이 타당하다면, 현재 추정된 회귀선은 반응 변수의 전체 변동 중에서 68.1(%)를 설명한다.

표준화 잔차와 스튜던트화 잔차의 계산

- `rstandard()`와 `rstudent()`로 계산할 수 있다.

```
rsd_cargo <- rstandard(cargo_fit)
head(rsd_cargo)
```

```
#      1      2      3      4      5      6
# -0.717  0.830  0.497  0.501 -0.844 -0.487
```

```
rst_cargo <- rstudent(cargo_fit)
head(rst_cargo)
```

```
#      1      2      3      4      5      6
# -0.713  0.828  0.494  0.498 -0.841 -0.484
```

잔차 진단

- 사용자 정의 함수 `reg_residuals(model, data, type)`

  -`type = c("rstandard", "rstudent")`을 통하여 잔차의 종류를 지정한다.

```
# 사용자 정의 함수
reg_residuals <- function(model, data, type = c("rstandard", "rstudent")) {
  if (!requireNamespace("ggpubr", quietly = TRUE)) {
    install.packages("ggpubr")
  }
  library(ggpubr)
  if (!requireNamespace("nortest", quietly = TRUE)) {
  install.packages("nortest")
  }
  #
  type <- match.arg(type)

  if (type == "rstandard") {
    rsd <- rstandard(model)
    residual_label <- "Standardized Residuals"
  } else if (type == "rstudent") {
    rsd <- rstudent(model)
    residual_label <- "Studentized Residuals"
  }

  fit <- fitted.values(model)
  data_after <- cbind(data, rsd, fit)
```

```
# 정규성 검정: Anderson-Darling Test
ad_test <- ad.test(rsd)
ad_p_value <- round(ad_test$p.value,3)

# 스타일 조정정
style_m <- theme_bw() +
  theme(axis.text.x = element_text(size = 10),
        axis.title.x = element_text(size = 8),
        axis.title.y = element_text(size = 8)
        )

# 확률도
r1 <- data_after %>%
  ggplot(aes(sample = rsd))  +
  stat_qq(color = "blue") +
  stat_qq_line(color = "red") +
  labs(title = "(A-1) 정규성",x = residual_label,
       y = "Standard Normal Probability"
       ) + style_m +
  annotate("text", x = -Inf, y = Inf,
           label = paste("AD Test p-value:", ad_p_value),
           hjust = -0.1, vjust = 1.5, size = 3, color = "black")

# 잔차 vs 적합값
r2 <- data_after %>%
  ggplot(aes(x = fit, y = rsd))  +
  geom_point(color = "blue") +
  geom_hline(yintercept = 0, color = "red") +
  geom_hline(yintercept = c(-2, 2), color = "red", lty = "dashed") +
  labs(title = "(B) 등분산성",x = "Fitted Values",
       y = residual_label
       ) + style_m

# 잔차 히스토그램
r3 <- data_after %>%
  ggplot(aes(x = rsd))  +
  geom_histogram(fill = "blue", color = "gray") +
  geom_vline(xintercept = 0, color = "red") +
  labs(title = "(A-2) 정규성",
       x = residual_label,
       y = "Frequency"
       ) + style_m
```

```
  # 잔차 순서도
  r4 <- data_after %>%
    ggplot(aes(x = as.numeric(row.names(data)), y = rsd))  +
    geom_point(color = "blue") +
    geom_line(color = "blue", alpha = 0.5 ) +
    geom_hline(yintercept = 0, color = "red") +
    labs(title = "(C) 독립성", x = "Order",
         y = residual_label
         ) + style_m

  #
  mtb <- ggpubr::ggarrange(r1, r2, r3, r4,
                           ncol = 2, nrow = 2)
  # 제목 추가
  annotated_mtb <- ggpubr::annotate_figure(mtb,
                          top = text_grob("잔차 진단",
                                          color = "blue",
                                          face = "bold",
                                          size = 12
                                          )
                          )

  return(annotated_mtb)
}
```

✿ 사용자 정의 함수를 이용한 잔차 진단

- 표준화 잔차 적용

```
reg_residuals(cargo_fit, cargo, type = "rstandard")
```

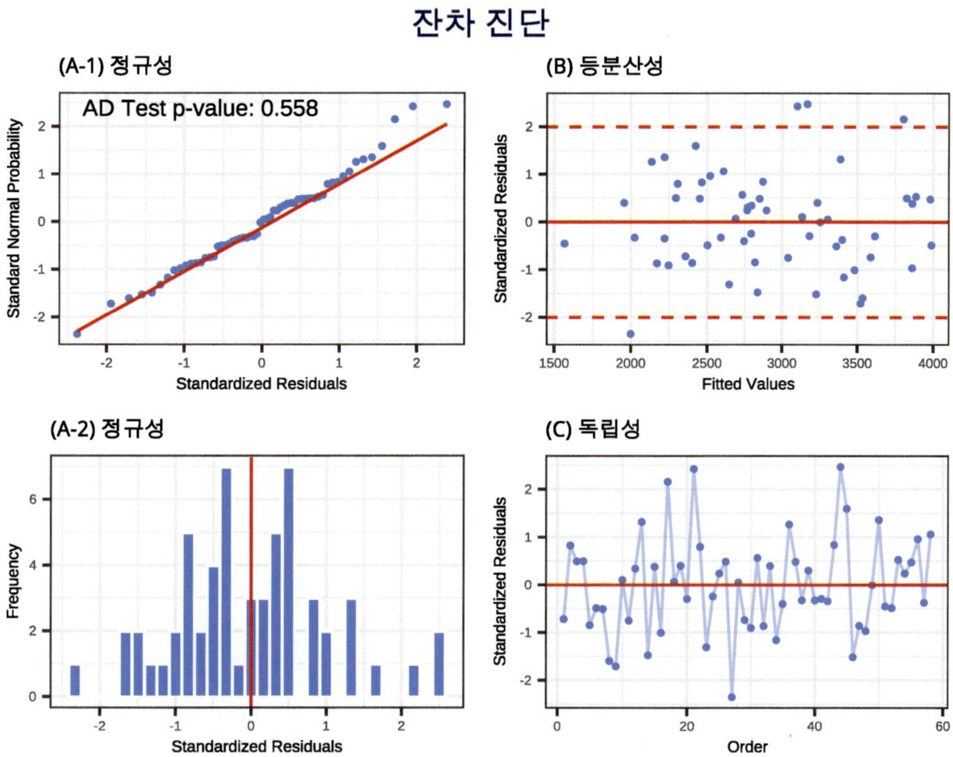

오차의 가정을 검증하기 위한 잔차 진단에서 (1) (A-1)의 확률도와 (A-2)의 히스토그램에서 크게 위배되지 않고, $p-value = 0.558 > \alpha = 0.05$ 이므로 잔차는 정규성을 만족한다. (2) (B)에서 랜덤 산점 형태이므로 등분산성이 위배된다고 할 수 없다 (3) (C)에서 데이터 수집 순서에 따라 일정한 추세가 존재하지 않으므로 독립성에 위배된다고 할 수 없다.

이상점과 영향점의 진단

- 사용자 정의 함수 `outliers_influential(model, data, type)`
  -`type = c("rstandard", "rstudent")`을 통하여 잔차의 종류를 지정한다.

```
# 사용자 정의 함수
outliers_influential <- function(model, data, type = c("rstandard", "rstudent")) {

  type <- match.arg(type)

  if (type == "rstandard") {
    residuals <- rstandard(model)
    residual_label <- "Standardized Residuals"
    outlier_threshold <- 2
  } else if (type == "rstudent") {
```

```r
    residuals <- rstudent(model)
    residual_label <- "Studentized Residuals"
    outlier_threshold <- 3
  }

  # DFFITS 임계값
  dffits_threshold <- 2 * sqrt(3 / nrow(data))

  dffits_values <- dffits(model)
  data_after <- cbind(data, residuals, dffits_values)

  # 이상점 진단
  outliers <- data_after %>%
    filter(abs(residuals) > outlier_threshold)

  # 영향점 진단
  influential_points <- data_after %>%
    filter(abs(dffits_values) > dffits_threshold) %>%
    mutate(dffits_diff = abs(dffits_values) - dffits_threshold)

  # 결과 출력
  list(
    outliers = outliers,
    influential = influential_points
  )
}
```

```r
rsd_oi <- outliers_influential(cargo_fit, cargo, type = "rstandard")
names(rsd_oi)
```

```
# [1] "outliers"    "influential"
```

주어진 사용자 정의 함수 outlier_influential() 는 outliers와 influential을 리스트로 제공한다. 이를 이용하여 이상점과 영향점을 진단하면 다음과 같다.

```r
rsd_oi$outliers
```

```
#        x    y residuals dffits_values
# 17 126.5 4659      2.16         0.550
# 21 104.3 4083      2.43         0.354
# 27  69.6 1069     -2.35        -0.613
# 44 106.4 4167      2.47         0.376
```

```
rsd_oi$influential
```

```
#        x    y residuals dffits_values dffits_diff
# 17 126.5 4659      2.16         0.550      0.0948
# 27  69.6 1069     -2.35        -0.613      0.1582
```

데이터의 (17, 21, 27, 44) 번째 값은 표준화 잔차가 [-2, 2]를 벗어난다. 따라서 이는 표준화 잔차 기준으로 이상점일 가능성이 있다. 또한 (17, 27) 번째 값은 각각 DFFIT 기준을 0.10, 0.16 초과하여 영향점일 가능성도 존재한다. 필요한 경우, 스튜던트화 잔차 기준으로 이상점을 진단 할 수 있다.

```
rst_oi <- outliers_influential(cargo_fit, cargo, type = "rstudent")
rst_oi$outliers
```

```
# [1] x             y             residuals     dffits_values
# <0 rows> (or 0-length row.names)
```

스튜던트화 잔차를 기준($|d_i| > 3$)으로 이상점은 존재하지 않는다. 이상점은 극단적인 값이 아닌 경우, 실무적인 해석을 통하여 수정 또는 제거되어야 한다. 여기서는 제거하는 방법을 소개하기로 한다.

이상점의 제거 및 재적합

- anti_join()은 두 데이터프레임 간의 일치 하지 않는 행만을 반환한다.
  - 첫번째 df에는 존재하지만, 두번째 df에는 존재하지 않는 행을 반환한다.
  - 특정 조건의 행을 원래 데이터 프레임에서 제거할 때 유용하하다.

```
cleaned_cargo <- cargo %>%
  anti_join(rsd_oi$outliers, by = c("x", "y"))
str(cleaned_cargo)
```

```
# 'data.frame': 54 obs. of  2 variables:
#  $ x: num  80.9 84.2 127.2 78.9 95.5 ...
#  $ y: num  2070 2799 4021 2496 2478 ...
```

이상점을 제거한 후, 새로 정의된 cleaned_cargo를 이용하여 재적합하고 잔차 진단 및 이상점/영향점 탐지를 재적용한다.

```
cleaned_cargo_fit <- lm(y ~ x, data = cleaned_cargo)
summary(cleaned_cargo_fit)
```

```
#
# Call:
```

```
# lm(formula = y ~ x, data = cleaned_cargo)
#
# Residuals:
#    Min     1Q Median     3Q    Max
# -578.4 -248.5   18.7  244.1  624.8
#
# Coefficients:
#             Estimate Std. Error t value           Pr(>|t|)
# (Intercept)   113.18     240.32    0.47               0.64
# x              28.08       2.41   11.66 0.0000000000000004 ***
# ---
# Signif. codes:  0 '***' 0.001 '**' 0.01 '*' 0.05 '.' 0.1 ' ' 1
#
# Residual standard error: 325 on 52 degrees of freedom
# Multiple R-squared:  0.723,	Adjusted R-squared:  0.718
# F-statistic:  136 on 1 and 52 DF,  p-value: 0.000000000000000397
```

이상점을 제거한 후의 적합에서 회귀 모형과 회귀 계수에 대한 유의성 검정 결과는 동일하며, R^2는 68.1%에서 72.3%로 높아졌다. 이상점을 제거 한 후 잔차 진단과 이상점/영향점 탐지 결과는 다음과 같다.

```
reg_residuals(cleaned_cargo_fit, cleaned_cargo, type = "rstandard")
```

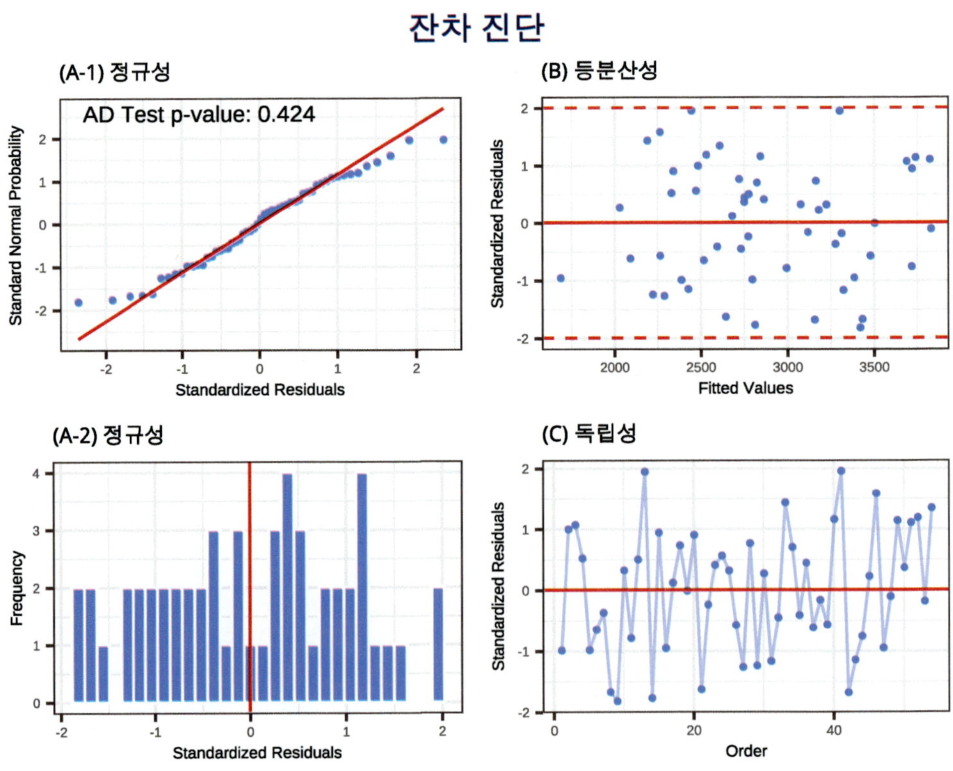

```
rst_oi <- outliers_influential(cleaned_cargo_fit, cleaned_cargo, type = "rstudent")
rst_oi$outliers
```

```
# [1] x             y             residuals     dffits_values
# <0 rows> (or 0-length row.names)
```

```
rst_oi$influential
```

```
# [1] x             y             residuals     dffits_values
# [5] dffits_diff
# <0 rows> (or 0-length row.names)
```

모든 경우에 잔차의 패턴이 향상되었고, 추가적인 이상점과 영향점은 존재하지 않는다.

□

분석 결과의 시각화

다음의 사용자 정의 함수를 적용하여 최종 결과를 시각화할 수 있다. 단, 지금까지 설명된 다양한 회귀 진단 방법을 적용하여 문제가 없는 cleaned_data에 적용해야한다. 이는 원 데이터, 추정된 회귀선과 결정 계수 그리고 95% 신뢰대(confidence bands)와 95% 예측대(prediction bands)를 하나의 그림에 제공한다.

- 사용자 정의 함수 simple_reg(data, x, y, theme)
  - 다음의 theme를 지정할 수 있다.

    "economist", "solarized", "minimal", "classic", "light"
- ggthemes::는 다양한 사전 정의된 그래프 형식을 제공한다.

```
# 사용자 정의 함수
simple_reg <- function(data, x, y, theme = "economist") {

  if (!requireNamespace("ggthemes", quietly = TRUE)) {
  install.packages("ggthemes")
  }
  library(ggthemes)

  formula <- as.formula(paste(y, "~", x))
  model <- lm(formula, data = data)
  model_summary <- summary(model)

  grid <- seq(min(data[[x]]), max(data[[x]]), by = 0.01)
```

```r
# 신뢰 구간 및 예측 구간 계산
c_band <- predict(model, newdata = data.frame(x = grid),
                  interval = "confidence", level = 0.95)
p_band <- predict(model, newdata = data.frame(x = grid),
                  interval = "prediction", level = 0.95)

c_band <- as.data.frame(c_band)
p_band <- as.data.frame(p_band)
c_band$x <- grid
p_band$x <- grid

mean_x <- mean(data[[x]], na.rm = TRUE)
mean_y <- mean(data[[y]], na.rm = TRUE)

theme_selected <- switch(theme,
                         "economist" = theme_economist(),
                         "solarized" = theme_solarized(),
                         "minimal" = theme_minimal(),
                         "classic" = theme_classic(),
                         "light" = theme_light(),
                         theme_gray())  # 기본 테마

# 결과 시각화
ggplot(data, aes(x = .data[[x]], y = .data[[y]])) +
  geom_point(color = "blue") +
  geom_smooth(method = "lm", se = TRUE) +
  annotate("point", x = mean_x, y = mean_y,
           color = "gold", size = 3) +
  geom_line(data = c_band, aes(x = x, y = lwr),
            color = "red", linetype = "dashed") +
  geom_line(data = c_band, aes(x = x, y = upr),
            color = "red", linetype = "dashed") +
  geom_line(data = p_band, aes(x = x, y = lwr),
            color = "darkgray", linetype = "dashed") +
  geom_line(data = p_band, aes(x = x, y = upr),
            color = "darkgray", linetype = "dashed") +
  labs(title = "추정된 회귀선과 신뢰대/예측대",
       subtitle = paste(y, "=", round(model$coefficients[1], 2),
                        "+",
                        round(model$coefficients[2], 2),
                        "*",
                        x,
```

```
                                  ", R^2 =", round(model_summary$r.squared, 2)
                                  )
          ) +
    theme_selected +
    scale_color_economist()
}
```

```
simple_reg(cleaned_cargo, "x", "y")
```

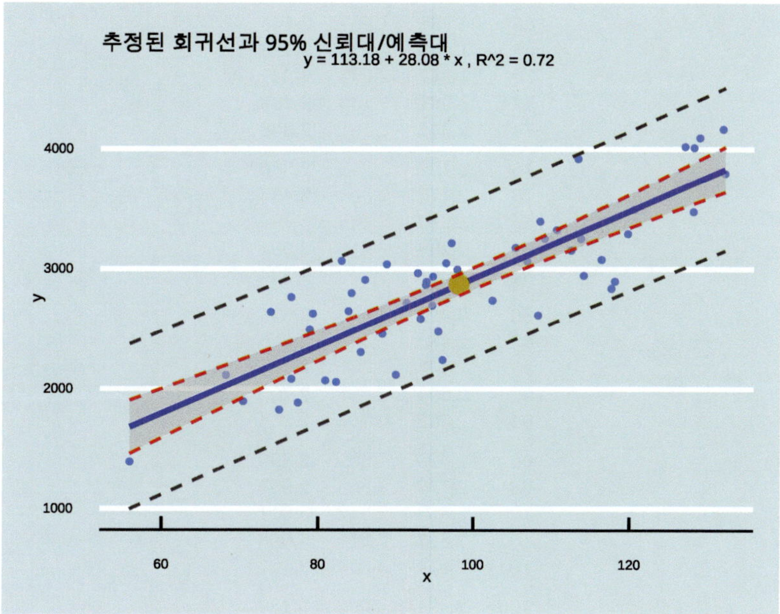

회귀선의 95% 신뢰대(빨간색 점선)는 주어진 x에서 모평균을 포함할 구간을 연결한 것이며, 95% 예측대(회색 점선)는 주어진 x에서 개별값을 포함할 구간을 연결한 것으로 모집단의 모평균과 개별 예측값에 대한 정보를 제공한다.

[CHALLENGE] 회귀 분석 결과를 반영한 실무 지침(Guidance)

최종 추정된 회귀 모형을 이용하여 실무자들이 쉽게 참조할 수 있는 표를 만들어 제공할 수 있다.

[OO 유통] 무게 기준 표준 부피 GUIDANCE(2024년 1월 현재)

무게	최소	평균	최대
56	1,464	1,686	1,908
58	1,529	1,742	1,955
60	1,594	1,798	2,003
62	1,659	1,854	2,050
64	1,724	1,911	2,098
66	1,788	1,967	2,145
68	1,853	2,023	2,193
70	1,917	2,079	2,241
72	1,981	2,135	2,289
74	2,045	2,191	2,338
76	2,109	2,248	2,386
78	2,172	2,304	2,435
80	2,235	2,360	2,484
82	2,298	2,416	2,534
84	2,361	2,472	2,584
86	2,422	2,528	2,635
88	2,483	2,585	2,686
90	2,544	2,641	2,738
92	2,604	2,697	2,790
94	2,662	2,753	2,844
96	2,720	2,809	2,899
98	2,777	2,865	2,954
100	2,833	2,922	3,011
102	2,887	2,978	3,068
104	2,941	3,034	3,127
106	2,994	3,090	3,187
108	3,046	3,146	3,247
110	3,097	3,203	3,308
112	3,147	3,259	3,370
114	3,197	3,315	3,432
116	3,247	3,371	3,495
118	3,296	3,427	3,558
120	3,345	3,483	3,621
122	3,394	3,540	3,685
124	3,442	3,596	3,749
126	3,490	3,652	3,813
128	3,538	3,708	3,878
130	3,586	3,764	3,942
132	3,634	3,820	4,007

부록 Appendix

A R 시스템

R은 통계 계산(statistical computing)과 그래프(graphs) 생성을 위한 무료 소프트웨어 환경이다.

R은 1980년대 초 Becker와 Chambers에 의하여 개발된 통계 프로그래밍 언어 S와 상용 제품인 S-PLUS에 기초를 두고 있다(Becker, 1984)[1]. 이는 교육 목적으로 S의 축약형을 정리하고자 했던 뉴질랜드 오클랜드 대학교의 Ross Ihaka와 Robert Gentleman에 의하여 개발 되었고, 1995년 GPL하에서 소스 코드(source code)가 처음 공개되었다(Ihaka and Gentleman, 1996)[2][3]. [그림 A.1]의 CRAN(The Comprehensive R Archive Network)에서 Microsoft Windows XP 이상, Apple Macintosh OS X 그리고 다양한 Unix 및 Linux 플랫폼용을 제공하고 있다.

그림 **A.1:** The R Project Homepage: <https://www.r-project.org/>

[1] Becker, R.A.and Chambers, J.M. (1984). S: An Interactive Environment for Data Analysis and Graphics. Pacific Grove, CA, USA: Wadsworth & Brooks/Cole

[2] Ross Ihaka & Robert Gentleman (1996) R: A Language for Data Analysis and Graphics, Journal of Computational and Graphical Statistics, 5:3, 299-314

[3] GPL이란 사용자에게 소프트웨어를 실행, 연구, 공유 및 수정할 수 있는 자유를 보장하는 일련의 무료 소프트웨어 라이선스를 말한다, <https://en.wikipedia.org/wiki/GNU_General_Public_License>

A.1 R의 설치

R은 [그림 A.2]의 (A) 단계를 거쳐서 설치할 수 있고, 정상적으로 설치된 경우 (B)의 초기 화면을 만날 수 있다. R을 처음 설치하는 경우, install R for the first time 옵션을 선택하여 설치한다. 이는 R의 기본 시스템과 기본 패키지들을 동시에 설치한다. 기존 사용자가 최신 버전의 R을 설치하거나 재설치할 때는 base 설치 파일만을 설치하면 된다. 만일 R패키지의 컴파일을 필요로 하거나 패키지를 개발한다면, Rtools도 함께 설치한다.

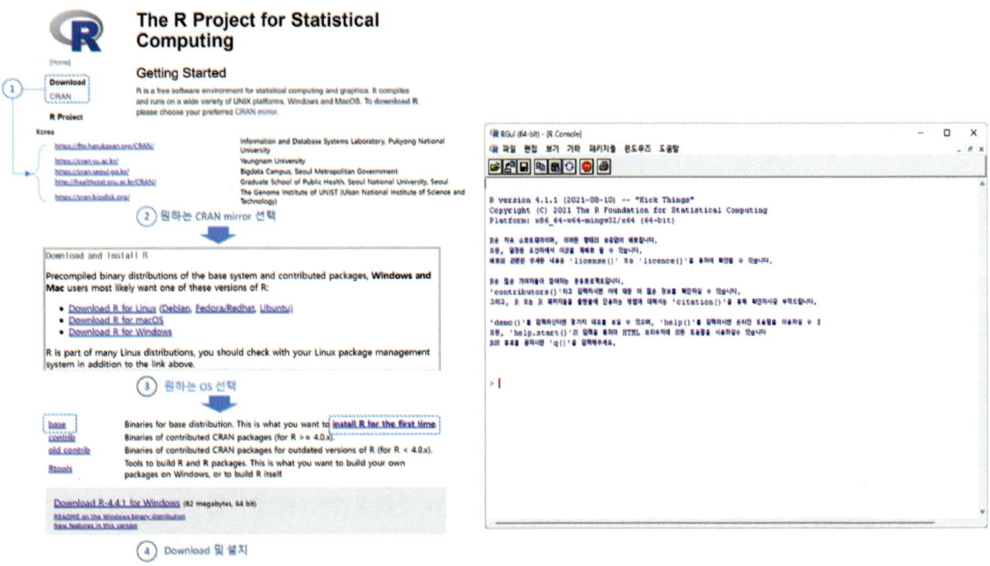

(A) R의 설치 방법

(B) R의 초기 화면

그림 A.2: R의 설치 방법과 초기 화면 <https://www.r-project.org/>

R에서 제공하는 콘솔(console)은 작동에는 문제가 없지만, 코드 편집과 실행이 분리되어 있어 불편하고, 그래프 결과를 실시간으로 제공하는 플롯 창과 데이터 뷰어가 별도로 제공되지 않는다. 따라서 대부분의 경우, 다양한 프로그래밍 도구들을 제공하는 통합 개발 환경인 RStudio를 사용한다.

A.2 RStudio 설치

RStudio는 R을 위한 통합 개발 환경(Integrated Development Environment; IDE)으로 **콘솔**(console), 구문 강조 **에디터**(editor), **그림**(plotting) 도구, **명령 히스토리**(history), **디버깅**(debugging) 그리고 **워크플레이스**(workspace) 관리 등을 위한 다양한 도구를 제공한다. 이는 오픈 소스와 상용 버전으로 구분되며, Desktop용(Windows, Mac 그리고 Linux), RStudio Server 또는 RStudio에 연결된 workbench에서 실행이 가능하다[4]. Dasktop의 windows용 RStudio는 [그림 A.3]의 (A)에서 다운로드 할 수 있고, 화면 안내에 따라 쉽게 설치할 수 있다. 설치가 완료되고 RStudio 아이콘을 실행하면 (B)의 초기 화면을 만날 수 있다. RStudio는 기본적으로 4 개의 창으로 분할되며, 각 창은 사용자의 편의를 돕기 위한 다양한 실행과 분석 관련 정보를 제공한다.

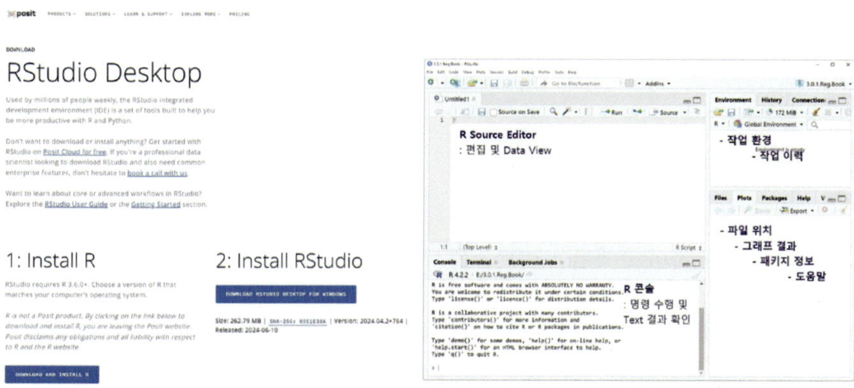

(A) RStudio의 설치 (B) RStudio의 초기 화면

그림 A.3: RStudio의 다운로드 페이지 <https://posit.co/download/rstudio-desktop/>

A.3 Add-on Package의 선택과 설치

패키지(package)는 한번만 설치하면 된다.

R을 설치하면 [표 A.1]의 패키지(package)들이 기본적으로 설치된다. 이는 데이터 분석에 필요한 다양한 기능과 함수 그리고 실습을 위한 데이터 세트(data set)를 포함하고 있다[5]. 이들 기본 패키지(base::)들은 R을 구동하면 자동으로 실행 준비 상태가 된다. 여기서 패키지(package)란 사용하기 편한 번들(bundle) 형태로 제공되는 함수와 데이터의 모음을 말한다.

표 A.1: R의 기본 패키지

base	compiler	datasets	graphics	grDevices	grid	methods
parallel	splines	stats	stats4	tcltk	tools	utils

[4]RStudio는 2022년 open-source data analysis의 효율성을 위하여 R뿐만 아니라 Python 등과 같은 다양한 언어도 함께 작업할 수 있는 all-in-one solution을 제공한다는 목표하에 사명을 posit으로 변경하였다.

[5]특별히 구분할 필요가 없는 경우, 데이터 세트는 간단히 데이터로 표현한다.

기본 패키지(base::)에서 제공하지 않는 기능과 함수들은 install.packages() 함수를 이용하여 추가적으로 설치할 수 있다[6]. 이때 package 명 앞뒤에 반드시 따옴표(" 또는 ')를 추가해야 한다. 예를 들어, tidyverse라는 패키지를 추가로 설치하고자 한다면, 다음의 명령을 실행한다.

```
install.packages("tidyverse")
```

사용자가 설치한 패키지는 컴퓨터 내의 특정 폴더에 저장된다. 이는 library() 함수를 이용하여 현재의 실행 환경에 추가한다.

```
library(tidyverse)
```

library()를 이용하여 추가된 패키지들은 R을 종료하면 함께 종료된다.

이러한 환경 설정 방법은 R을 실행할 때 마다 필요한 패키지들을 매번 library()를 통하여 실행 환경에 불러들여야 한다는 불편함이 있지만, 개별 분석에서 필요한 패키지만을 선택적으로 사용할 수 있다는 장점을 제공한다. 다음 함수를 이용하면 현재 자신의 컴퓨터에 설치된 패키지를 확인할 수 있다. [그림 A.4]는 그 결과 중 일부이다.

```
library()
```

```
다음은 라이브러리 에 있는 'C:/Users      AppData/Local/R/win-
library/4.2' 패키지들입니다:

abind           Combine Multidimensional Arrays
akoini          What the Package Does (Title Case)
ape             Analyses of Phylogenetics and
                Evolution
aplpack         Another Plot Package: 'Bagplots',
                'Iconplots', 'Summaryplots', Slider
                Functions and Others
arm             Data Analysis Using Regression and
                Multilevel/Hierarchical Models
askpass         Safe Password Entry for R, Git, and
                SSH
assertthat      Easy Pre and Post Assertions
backports       Reimplementations of Functions
                Introduced Since R-3.0.0
base64enc       Tools for base64 encoding
bit             Classes and Methods for Fast
                Memory-Efficient Boolean Selections
bit64           A S3 Class for Vectors of 64bit
                Integers
```

그림 **A.4:** library() 실행 결과 중 일부

[6] 설치된 package를 삭제하고자 하는 경우에는 remove.packages("package_name") 그리고 갱신(update)하고자 할때는 update.packages("package_name")를 실행한다.

R의 장점은 다양한 패키지를 쉽게 활용할 수 있다는 것이다. 2024년 7월 현재 CRAN의 package 저장소는 다양한 분야에 기여하는 약 21,000개의 패키지를 제공한다.[7].

특정 package 내의 function을 지정하고자 하는 경우, pakage.name::function.name의 형식으로 명령을 입력한다.

추가 패키지 사용에서 주의할 점은 서로 다른 기능을 제공하지만 동일한 function.name으로 정의될 수 있다는 것이다. 이를 피하기 위해서는 function과 data 앞에 다음과 같이 package 이름을 명시적으로 지정하면 된다. 다음은 dplyr:: 패키지 내에 있는 mutate() 함수를 적용하는 명령이다.

```
dplyr::mutate(new = 2*old)
```

A.4 R의 작업 환경

R프로그래밍 과정과 연관된 용어와 함수명 등은 영문 용어를 그대로 사용한다.
- 국문 번역이 도움이 된다고 판단된 용어들에 대해서는 국문 용어를 첨부한다.

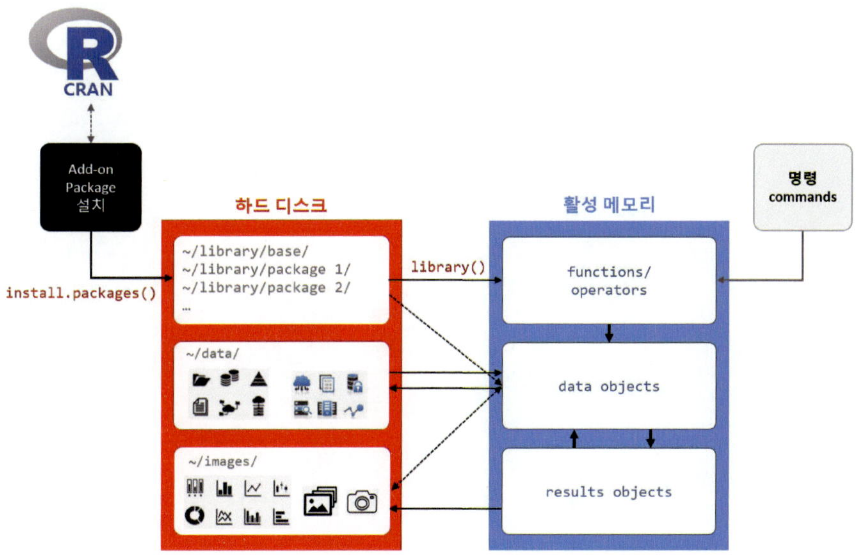

그림 A.5: R의 실행 구조

[7]<https://cran.r-project.org/web/packages/>

R의 실행 구조를 간단히 표현하면 [그림 A.5]와 같다. R은 모든 data, variables(변수), functions(함수), results(결과) 등의 대상을 명명된 객체(named object)로 활성 메모리에 저장한다[8]. 사용자는 이들 object에 operators(연산자)와 function(함수)을 적용하여 원하는 작업을 실행할 수 있다. 사용 가능한 함수들은 C:/Program Files/R/R_Home/library/에 위치하고, 추가로 설치한 패키지는 동일 이름의 폴더에 저장된다(Ripley, 2021).

실행 환경에 함수를 적재하는 방식에서 명령의 실행 속도는 컴퓨터의 RAM(Random Access Memory) 크기에 영향을 받는다[9]. 최근의 컴퓨터 성능을 고려해 볼때, 규모가 크지 않은 데이터를 이용한 분석에서는 문제가 되지 않지만, 대용량의 데이터를 정제 또는 분석하고자 하는 경우에는 문제가 발생할 수 있다. 이러한 경우에는 다양한 하드웨어/소프트웨어적 해결책을 고려할 수 있지만, 개인 사용자인 경우에는 다음의 명령을 이용하여 메모리 사용량을 관리할 수 있다[10].

- 메모리(memory)의 확인
  - memory.limit()는 사용 가능한 메모리의 양을 반환한다.
  - memory.size()는 현재 사용 중인 메모리 양을 반환한다.

작업 환경의 구조화는 효율적인 데이터 분석을 위한 필요 작업이다. 특히 codes, data, images 등을 동시에 고려한다면, Project 별로 [그림 A.6]과 같이 working dir을 생성하고 하위 dir에 codes, data, images 등의 결과물을 구분하여 관리하는 것이 바람직하다[11]. 이때, 디렉토리 구분자는 다음을 사용해야 한다.

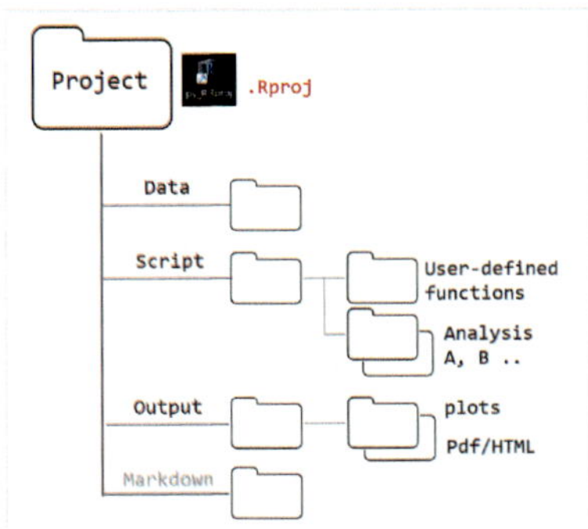

그림 A.6: RProject 정의 및 구성(예)

---

[8] R의 메모리 사용량은 운영 체제에 의하여 결정되며, 32bit 버전인 경우에는 최대 4GB 그리고 64bit 윈도우즈에서 최대 8TB까지 지원한다. <https://www.r-project.org/>

[9] 컴퓨터의 CPU가 처리할 프로그램이나 데이터가 임시로 저장되는 곳을 말하며, 전원이 꺼지면 저장된 내용이 모두 지워진다.

[10] gc(reset=TRUE)는 불필요한 메모리를 제거한다. 하지만, 최근의 R은 메모리를 자동으로 관리한다. 즉, 필요할 때 자동으로 gc() 명령을 수행한다. 따라서, 사용자가 이를 명시적으로 호출할 필요는 없다. 하지만, 대용량 객체를 제거하거나 서로 다른 프로그램의 성능을 비교할 때는 이 명령을 사용할 수 있다.

[11] RStudio를 이용하면, 특정 디렉토리를 지정하는 .RProj를 생성하고, 해당 프로젝트를 선택하면, .RProj가 존재하는 위치로 자동 변경된다. working directory를 확인할때는 getwd() 그리고 변경하고자 할때는 setwd() 함수를 사용한다.

- directory separateor(디렉토리 구분자)[12]
  - backslash(\)는 Window system에서 사전 지정된 특수 문자이다.
  - R에서는 이를 double backslash(\\) 또는 forward slash(/)로 지정해야 한다.
  (예) C:\temp\를 C:\\temp\\ 또는 C:/temp/로 지정한다.

프로그래밍 작업에서 영어만을 사용한다면 큰 문제가 없지만, 만일 한글 또는 기타 언어를 함께 이용한다면, 사전에 코드 구성 요소의 문자 인코딩(text/character encoding) 표준을 지정해야 한다[13]. [표 A.2]는 중요 운영체계의 대표적인 인코딩 표준이다. [그림 A.7]과 같이 인코딩 방법은 RStudio의 Tools > Global Options...의 Code에서 현재의 Defalt text encoding을 확인하고 변경할 수 있다.

표 A.2: OS별 기본 인코딩 방법

OS	인코딩(encoding) 방법
Linux	UTF-8
MS Windows	CP949(한글), CP1251(영문), UTF-16
Mac OS X	UTF-16LE

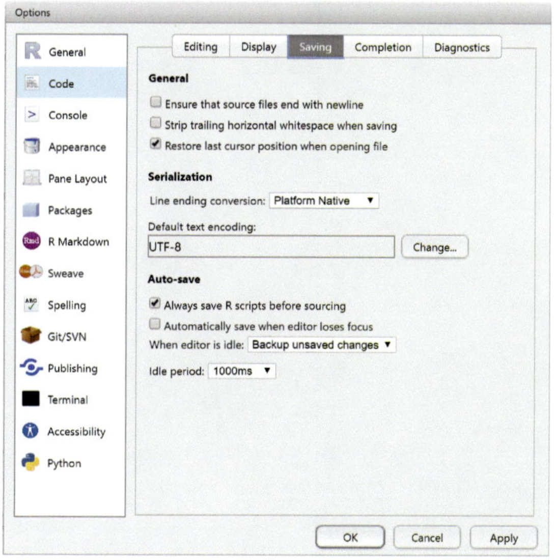

그림 A.7: R의 Code Text Encoding의 확인과 변경

[12] Windows 시스템에서 디렉토리 경로를 표시하는 \는 R과 python 등의 프로그래밍 언어에서는 특수 문자(이스케이프)로 인식한다. 따라서, 이를 문자열로 사용하기 위해서는 \\ 또는 Unix 기반 스타일인 /을 사용한다.

[13] 웹(web)에서는 80 %이상이 UTF-8을 사용한다. R의 character vector는 각 element마다 별도의 Encoding 방법을 적용할 수 있다.

B R 언어의 특징
R Programming Language

- R에서 모든 것은 object(객체)이다.
- R에서 모든 것은 function calls(함수 호출)이다.

R은 실행 환경에서 object(객체)에 name(이름)을 부여하여 구별한다. 이를 할당(assignment)이라고 하고, 할당 연산자(operator)「<-」를 사용한다[1]. R에서는 다음의 연산자를 구별해서 사용해야 한다.

명령	의미
x <- y	x는 object(객체) y를 얻는다.
x = y	x는 y로 정의된다. - 주로 function의 인수 정의에서 사용한다.
x == y	x와 y의 일치 여부를 TRUE/FALSE로 반환한다. - 주로 조건식에서 사용한다.

R은 object 할당에서 다음의 규칙을 따른다.

R의 name(이름) 규칙

- name은 대소문자의 구별한다(case-sensitive). (예) xt ≠ Xt
- 숫자 또는 기호로 name을 시작할 수 없다. (예) 1x, -x 등
- name 중간에 빈칸(blank space)을 사용할 수 없다. (예) study stat 등

R은 코드 입력에서 특정 형식의 들여쓰기 형식(indentation style)을 요구하지 않는다. 하지만, 코드의 가독성을 높이고 코드의 수정/관리의 용이성을 위해서는 tidyverse R style 등을 참조하여 표준 형식으로 입력하는 것을 추천한다[2].

[1]「=」역시 사용 가능하다. 기호 사용은 일관성이 중요하며, 협업의 경우, 사용 기호를 사전에 명시하고 모든 구성원들이 공통적으로 사용해야 한다.

[2]<https://style.tidyverse.org/> The tidyverse style guide

B.1 기초 연산 Basic Calculations

기초 연산에 자주 사용되는 연산자(operators)와 내장 함수(built-in functions)는 [표 B.2]와 같다(Crawley, 2012)[3,4].

R에서는 자연 로그 함수인 ln() 기호가 없고, log()가 자연 로그 함수를 의미한다.

표 B.2: R의 기본 연산자와 함수들

연산	수학 기호	R 명령	결과
덧셈 addition	$1+2$	`1 + 2`	3
뺄셈 subtraction	2 - 1	`2 - 1`	1
곱셈 multiplication	2×2	`2*2`	4
나눗셈 division	$2 \div 2$	`2/2`	1
정수 나눗셈, integer division	$\lfloor 5 \div 2 \rfloor$	`5 %/% 2`	2
나머지 연산, MOD	5 mod 2	`5 %% 2`	1
지수 exponent	3^2	`3^2`	9
	$3^{(-2)}$	`3^(-2)`	0.11
	$4^{1/2}$	`4^(1/2)`	2
제곱근 squre root	$\sqrt{4}$	`sqrt(4)`	2
로그 logarithm	$ln(e)$	`log(exp(1))`	1
	$log_{10}(100)$	`log10(100)`	2
	$log_2(4)$	`log2(4)`	2
	$log_k(4)$	`log(4, base = k)`	$\log(4, 4) = 1$
삼각함수	$sin(\pi/2)$	`sin(pi/2)`	1
trigonometry	$cos(90)$	`cos(pi/2)`	0
파이 상수 pi constant	π	`pi`	3.14159
자연 상수 e constant	e	`exp(1)`	2.71828

특정 함수(또는 명령)에 대한 정보와 설명이 필요한 경우, 해당 함수 앞에「?」를 추가하여 실행하면, RStudio의 Files/Plots ...창은 참조할 R Documentation를 보여 준다.

[3] Crawley, M. J. (2012). The R book. John Wiley & Sons.

[4] 연산은 BODMAS - Bracket, Other(powers/indices or roots), Division, Multiplication, Addition, Subtraction - 의 순서로 실행한다.

```
?log
```

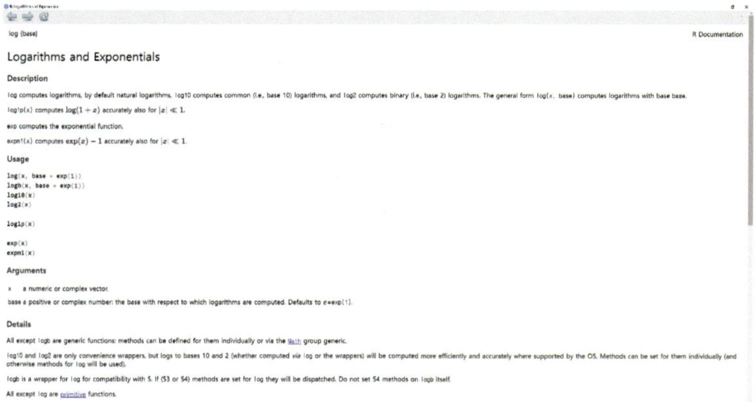

log (base) R Documentation

Logarithms and Exponentials

Description

log computes logarithms, by default natural logarithms, log10 computes common (i.e., base 10) logarithms, and log2 computes binary (i.e., base 2) logarithms. The general form log(x, base) computes logarithms with base base.

log1p(x) computes $\log(1+x)$ accurately also for $|x| \ll 1$.

exp computes the exponential function.

expm1(x) computes $\exp(x)-1$ accurately also for $|x| \ll 1$.

Usage

```
log(x, base = exp(1))
logb(x, base = exp(1))
log10(x)
log2(x)

log1p(x)

exp(x)
expm1(x)
```

Arguments

x a numeric or complex vector.

base a positive or complex number: the base with respect to which logarithms are computed. Defaults to e=exp(1).

Details

All except logb are generic functions: methods can be defined for them individually or via the Math group generic.

log10 and log2 are only convenience wrappers, but logs to bases 10 and 2 (whether computed *via* log or the wrappers) will be computed more efficiently and accurately where supported by the OS. Methods can be set for them individually (and otherwise methods for log will be used).

logb is a wrapper for log for compatibility with S. If (S3 or S4) methods are set for log they will be dispatched. Do not set S4 methods on logb itself.

All except log are primitive functions.

그림 **B.1:** ?log의 결과

올바른 데이터 분석을 위해서는 (1) variable(변수)별 데이터 유형(data type) (2) 변수들의 상호 통합 결과인 데이터 구조(data structure) 그리고 (3) 분석 목적을 달성할 수 있는 다양한 데이터 처리(data manipulation) 방법을 이해해야 한다.

B.2 데이터 유형 Data Type

모든 입력은 vector(벡터)로 가정한다.

원시 데이터의 데이터 유형은 [표 *B*.3]과 같이, 숫자형, 정수형 , 문자형, 논리형으로 정의되고[5], typeof()로 확인한다.

표 **B.3:** 데이터의 유형

구분	예시	설명
숫자형 double	2.5, 15e-3	실수
정수형 integer	2L, 15L	정수, 숫자 뒤에 L 추가
문자형 character	"study", "u00b5"	'또는 "로 정의
논리형 logical	TRUE, FALSE	반드시 대문자 입력
		- TRUE = 1, FALSE = 0을 가정

[5] 이외에도 complex(복소수형)와 raw(원시형)가 있지만, complex는 통계 분석에서 거의 사용되지 않고, raw는 binary(이진) 데이터를 다룰때 필요한 특수한 유형이다. 이 역시 자주 사용되지 않는다.

```
typeof(1.5 + 2.5)
#> [1] "double"
typeof(1L+2L)
#> [1] "integer"
typeof("study")
#> [1] "character"
typeof(TRUE)
#> [1] "logical"
typeof(True)                          # TRUE/FALSE는 반드시 대문자로 입력
#> Error
```

R은 모든 데이터를 vector 기반으로 정의된다. vector는 모든 구성 원소가 동일한 유형을 갖는 원자 벡터(atomic vector)와 서로 다른 유형으로 구성된 리스트(리스트)로 구분된다. NULL은 벡터는 아니지만 길이가 0(zero) 인 벡터로 가정한다.

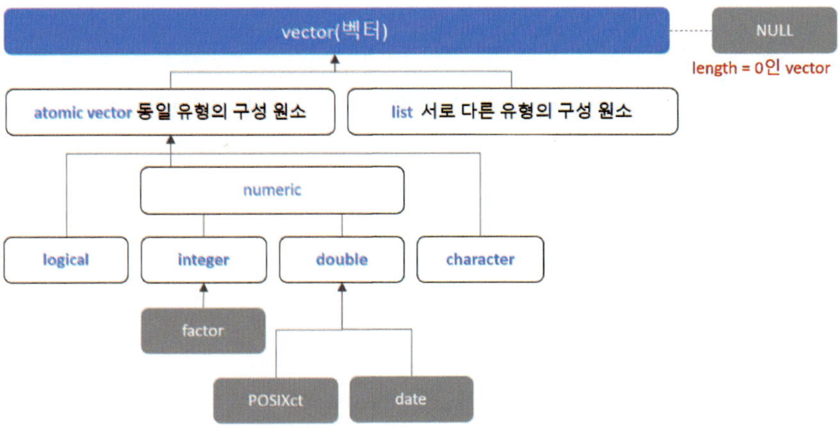

그림 B.2: object(객체)의 데이터 유형

factor형은 사전에 정의된 제한된 수의 정수 값을 갖는다.

[그림 B.2]에서 factor형는 범주형(categorical) 데이터를 정의하기 위한 것으로 사전에 정의된 일정한 수의 제한된 정수 값만을 사용한다. 이때, 사전 정의된 값들은 levels()를 이용하여 확인할 수 있다. 이는 범주형 데이터의 범주 별 분석에서 유용하게 사용된다. 만일 factor형으로 정의된 값들을 문자열(character)로 처리하고자 한다면, as.character()를 이용하여 문자형 vector로 전환한 후 적용한다[6].

[6]forcats::는 factor형에 대한 다양한 함수를 제공한다.

```
x <- factor(c("A1", "A2", "A3"))
levels(x)
#> [1] "A1" "A2" "A3"
x[3] <- "A4"
#> Warning in `[<-.factor`(`*tmp*`, 3, value = "A4") :
#> 요인의 수준(factor level)이 올바르지 않아 NA가 생성되었습니다.
x
#> [1] A1   A2   <NA>
#> Levels: A1 A2 A3
is.character(x)
#>[1] FALSE
```

만일 명목형(nominal) 이 아닌 순서형(ordinal) 척도를 정의하고자 한다면 factor를 ordered()를 이용하여 정의한다. 또한 순서를 역순으로 하기 위해서는 lebels를 정의할 때 rev()를 적용한다.

```
degree <- ordered(c("low", "medium", "medium", "high"),
                  levels = c("low", "medium", "high")
                  )
degree
#> [1] low    medium medium high
#> Levels: low < medium < high
#
degree_rev <- ordered(c("low", "medium", "medium", "high"),
                  levels = rev(c("low", "medium", "high"))
                  )
degree_rev
#> [1] low    medium medium high
#> Levels: high < medium < low
#
degree_un <- factor(c("low", "medium", "medium", "high"),
                    levels = c("low", "medium", "high")
                    )
degree_un
#> [1] low    medium medium high
#> Levels: low medium high
```

Date는 1970-01-01로 부터의 시간(초)의 수로 정의된다.[7].

```
today <- Sys.Date()
today
#> [1] "2022-04-06"
typeof(today)
#> [1] "double"
```

date-time 정보는 calendar time을 나타내는 POSIXct와 local time을 나타내는 POSIXlt로 표현한다[8]. POSIXct는 double형 vector로 구축되고, 그 값은 1970-01-01 이후의 시간(초)를 나타낸다[9]. tz = 는 date-time 정보의 형식만을 제공하며, 자정(midnight)인 경우 시간을 인쇄하지 않는다[10].

```
now_ct <- as.POSIXct("2022-07-01 15:00", tz = "UTC")
now_ct
#> [1] "2022-07-01 15:00:00 UTC"
typeof(now_ct)
#> [1] "double"
local_ct <- as.POSIXct("2022-07-01 15:00")
local_ct
#> [1] "2022-07-01 15:00:00 KST"
```

모든 object는 attributes(속성)를 갖는다.

모든 객체는 일종의 메타데이터(metadata)인 attributes(속성))를 갖는다[11]. 대부분의 속성은 object가 수정될 때 상실되지만, name(이름), dimension(차원) 그리고 class(클래스)는 제거되지 않는다[12].

- attr()을 이용하여 속성을 부여한다.
- attributes()를 이용하여 속성을 확인한다.
- str()를 이용하여 object의 유형, 구조 그리고 속성을 확인한다.

[7]1970-01-01은 Unix Epoch라고 알려진 특정 시간이다.

[8]POSIX는 Portable Operating System Interface의 약자로 플랫폼간 표준 중의 하나이다.

[9]lubridate::는 date-time과 관련된 유용한 함수를 제공한다.

[10]협정 표준시(Universal Time Coordinated; UTC)는 그리니치 평균시(Greenwich Mean Time; GMT)에 기반한 국제 표준 시간이다. 한국은 UTC+9 시간대에 속한다.

[11]메타데이터(metadata)란 데이터에 관한 구조화된 데이터로써 다른 데이터를 설명해 주는 데이터를 말하며 속성 정보라고도 한다.

[12]차원(dimension)은 vector의 확장인 matrix/array와 dataframe을 결정하고, class()는 S3 형식의 factor, date and times, data frames 그리고 tibble 등의 객체 시스템과 연결시켜 준다.

```
x <- 1:10
attr(x, "x_attr") <- "길이 10인 벡터"
attributes(x)
#> $x_attr
# [1] "길이 10인 벡터"
str(x)
#>  int [1:10] 1 10 6 9 4 3 10 2 1 3
#> - attr(*, "x_attr")= chr "길이 10인 벡터"
```

R에서 상수(constants)는 다음과 같이 표현한다.

R에서 상수(scalar)는 1×1 원자 벡터로 가정한다. 하지만 다음의 경우에는 상수(constant) 형태의 값을 정의한다.

- 논리형은 TRUE/FALSE 또는 T/F로 정의한다.
- 실수형은 십진형(12.3), 공학형(1.23e1), 16진형(0x176b3)의 형식으로 지정이 가능하며, 부동소수점 표준에 의하여 3 개의 특별한 값 - -Inf, Inf , NaN(not a number) - 을 포함한다.
- 정수형은 실수형과 비슷하게 정의되지만 반드시 L을 숫자 끝에 추가해야 한다. 예를 들면, 12L, 12e1L, 0x176b3과 같다.
- 문자열(strings)은 "(쌍 따옴표) 또는 '(외 따옴표)로 감싸야 하며, 특수 문자는 (back slash)를 앞에 추가해야 한다. 이를 escape character라고 한다[13].

결측값은 반드시 NA로 입력되어야 한다.

결측값(missing values) 또는 알려지지 않은 값들은 Not Available의 약자인 NA를 사용한다. 이는 길이가 1 인 논리형 vector이며, NA가 포함된 연산의 결과는 항상 NA로 반환한다.

```
NA > 1
#> [1] NA
10 * NA
#> [1] NA
!NA
#> [1] NA
```

만일 NA를 벡터에서 사용하면 적절한 형태로 강제 변환(coercion)되며, NA_* 형태로 저장된다.

[13] 특별한 용도를 갖는 문자를 지정하는 것을 말하며, /n(start new line), /t(tab)등의 escape seqence에 적용된다.

```
x <- c(1L, NA, 2L)
x[2]
#> [1] NA
typeof(x[2])
#> [1] "integer"
x <- c(NA, 1, NA, "Sun")
x == NA
#> [1] NA NA NA NA
typeof(x[1])
#> [1] "character"
```

하지만 다음과 같은 특수한 경우가 존재한다.

```
NA ^ 0
#> [1] 1
NA | TRUE
#> [1] TRUE
NA & FALSE
#> [1] FALSE
```

결측값은 `is.na()`로 확인하고, 결측값을 모두 0으로 할당하고자 한다면 `x[is.na(x)] <- 0`로 지정한다.

```
x <- c(1, 2, NA, 4, 5)
is.na(x)
#> [1] FALSE FALSE  TRUE FALSE FALSE
x[is.na(x)] <- 0
x
#> [1] 1 2 0 4 5
```

B.3 데이터 구조 Data Structure

개별 변수(variable)는 동일한 데이터 유형의 값들로 구성되어야 한다. 하지만 이들의 상호 통합 구조에서는 서로 다른 변수가 더로 다른 데이터 유형을 가질 수 있다. 대표적인 데이터 구조는 [그림 B.3]과 같고, 이를 차원(dimension)에 따라 구분하면 [표 B.4]와 같다.

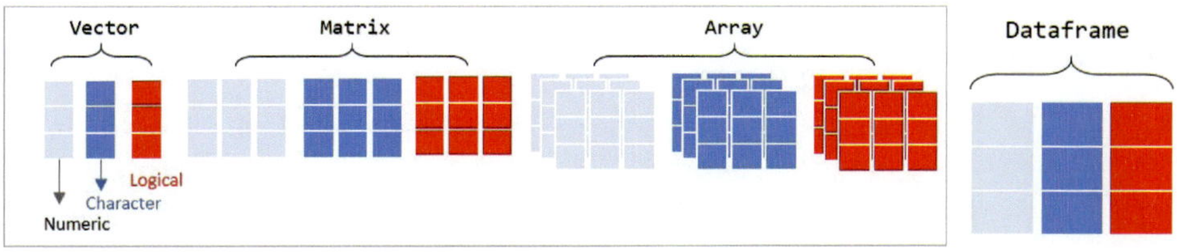

그림 B.3: R의 대표적인 데이터 구조

표 B.4: 차원과 유형별 R의 데이터 구조

차원	동일 유형 통합	다른 유형 통합
1	vector	list
2	matrix	dataframe
≥ 3	array	-

B.3.1 벡터 Vectors

- vector의 유연성은 character > double > integer > logical의 순서로 높다.
  - 2개 이상의 원소로 구성된 vector는 반드시 c()을 사용한다[14].

```
mean(2, 100, -4, 3, 230, 5)
#> [1] 2
mean(c(2, 100, -4, 3, 230, 5))
#> [1] 56
```

vector를 구성하는 원소(elements)의 수 $k \geq 1$를 vector의 차원(dimensionality)이라고 하며, 나열된 형태에 따라 row/column vector로 구분한다. 만일 row/column 여부를 명확히 명시하지 않은 경우에는 표현 방식과 관계없이 column vector로 가정한다. vector의 표현 형식은 (...) 또는 [...]을 사용한다. vector는 다음 함수를 이용하여 생성할 수 있다.

[14] c()는 combine 또는 concatenate를 의미한다.

$$\mathbf{a} = \begin{pmatrix} a_1 & a_2 & \cdots & a_k \end{pmatrix} \quad \text{또는} \quad \mathbf{b} = \begin{pmatrix} b_1 \\ b_2 \\ \vdots \\ b_k \end{pmatrix}$$

벡터 생성 함수

- c(a, b, c, ...)는 여러 값을 결합한다.
- start:end/k는 정수로 정의되는 [start, end]에서 k 간격의 정수 시퀀스를 생성한다.
- seq(from = start, to = end, by = kr)는 [start, end]에서 kr씩 증가하며 일정 간격으로 시퀀스를 생성한다.
  - kr은 정수와 실수 모두 가능하다.
- rep(V, time =n)은 V(단일값 또는 벡터)를 n번 반복하여 생성한다.

```
c(1, 2, 3, 4, 5)
#> [1] 1 2 3 4 5
```

일련의 숫자를 나열해야 하는 경우 : 연산자를 사용하면, 정수값들 사이의 모든 정수값을 나열할 수 있다. 생성된 vector의 인덱스(index)는 1부터 시작하고[15], 결과에서 [1]은 첫번째 원소임을 의미한다. 차원이 큰 vector의 경우에는 [m]으로 시작하여 추가 행으로 표시한다. 여기서 m는 해당 행의 첫번째 원소의 index를 의미한다.

```
c(1:30)
#> [1]  1  2  3  4  5  6  7  8  9 10 11 12 13 14 15 16 17 18 19 20 21 22 23 24
#>[25] 25 26 27 28 29 30
```

만일 정수가 아닌 증가분을 갖는 vector를 원한다면 seq() 함수를 적용한다. 이때, 각 인수의 입력 순서를 준수한다면 다음과 같이 간단히 생성할 수 있다[16].

```
seq(1, 2, 0.1)
#> [1] 1.0 1.1 1.2 1.3 1.4 1.5 1.6 1.7 1.8 1.9 2.0
```

[15] python의 경우에는 0부터 시작한다.

[16] R에서 함수의 인수는 (1)name (2) 순서 (3) name의 부분 매칭으로 지정할 수 있다. 따라서, 순서를 준수하는 경우, 인수의 name을 지정하지 않아도 된다.

동일한 값을 반복하는 vector의 경우, rep(V, times = n)을 이용할 수 있다. 이는 vector의 반복에서도 동일하게 적용할 수 있다.

```
rep("K", 10)
#> [1] "K" "K" "K" "K" "K" "K" "K" "K" "K" "K"
x <- c(1, 2, 3, 4, 5)
rep(x, 3)
#> [1] 1 2 3 4 5 1 2 3 4 5 1 2 3 4 5
```

지금까지 설명된 vector의 생성 함수와 연산자들은 모두 함께 사용될 수 있다.

```
vec <- c(x, rep(1:3, 2), c(10, 20, 30), rep(seq(1, 5, 2), 2), 17)
vec
#> [1]  1  2  3  4  5  1  2  3  1  2  3 10 20 30  1  3  5  1  3  5 17
```

생성된 vector는 names()를 통하여 개별 원소에 이름을 부여할 수 있고, length( )와 str( ) 함수로 확인할 수 있다.

```
names(vec) <- LETTERS[1:21]
vec
#>  A  B  C  D  E  F  G  H  I  J  K  L  M  N  O  P  Q  R  S  T  U
#>  1  2  3  4  5  1  2  3  1  2  3 10 20 30  1  3  5  1  3  5 17
attr(vec, "vec") <- "이름이 부여된 벡터"
length(vec)
#> [1] 21
str(vec)
#> Named num [1:21] 1 2 3 4 5 1 2 3 1 2 ...
#>  - attr(*, "names")= chr [1:21] "A" "B" "C" "D" ...
#>  - attr(*, "vec")= chr "이름이 부여된 벡터"
```

만일 서로 다른 데이터 유형을 갖는 값들을 vector로 통합하는 경우, 가장 유연성이 높은 유형으로 전환된다. 이를 강제 전환(coercion)이라고 한다.

```
c(1, 2, 3, "study", TRUE)
#> [1] "1"     "2"     "3"     "study" "TRUE"
```

vector는 dim()을 이용하여 matrix와 array로 확장할 수 있다.

dim()를 이용하여 matrix 또는 array로 전환되는 경우, vector에 적용되었던 함수 names()와 length()는 [표 $B.5$]와 같이 일반화된다.

표 B.5: 벡터 속성의 확장과 관련 함수들

	벡터 vector	행렬 matrix	배열 array
이름	names()	rownames(), colnames()	dimnames()
길이	length()	nrow(), ncol()	dim()
확장	c()	rbind(), cbind()	abind()
전치	--	t()	aperm()
확인	is.null(dim())[17]	is.matrix()	is.array()

B.3.2 행렬 Matrices

matrix(행렬)는 [행의 수, 열의 수]로 정의된다.

- matrix()를 이용하여 생성하거나 사전 정의된 vector를 대상으로 cbind( ), rbind( )를 적용하여 생성한다.

$$A_{n \times p} = \begin{pmatrix} a_{11} & a_{12} & \cdots & a_{1p} \\ a_{21} & a_{22} & \cdots & a_{2p} \\ \vdots & \vdots & \ddots & \vdots \\ a_{n1} & a_{n2} & \cdots & a_{np} \end{pmatrix}$$

```
values <- seq(1, 12, by = 2)
mat <- matrix(values, nrow = 2, ncol = 3)
mat
```

```
#      [,1] [,2] [,3]
# [1,]    1    5    9
# [2,]    3    7   11
```

[17] dim 속성이 없는 vector는 1 차원으로 가정되지만, 실제로는 NULL dimension을 갖는다.

```
x <- c(1, 5, 9)
y <- c(3, 7, 11)
mat_2 <- rbind(x, y)
mat_2
```

```
#   [,1] [,2] [,3]
# x    1    5    9
# y    3    7   11
```

```
mat_3 <- cbind(x,y)
mat_3
```

```
#       x  y
# [1,] 1  3
# [2,] 5  7
# [3,] 9 11
```

transposed matrix(전치 행렬)는 t( )을 이용하여 정의한다.

```
t(mat)
```

```
#      [,1] [,2]
# [1,]    1    3
# [2,]    5    7
# [3,]    9   11
```

colnames(), rownames()를 이용하여 열과 행의 이름을 지정할 수 있다.

```
colnames(mat) <- c("X", "Y", "Z")
rownames(mat) <- c("A", "B")
mat
```

```
#   X Y  Z
# A 1 5  9
# B 3 7 11
```

nrow( )와 ncol( )을 이용하여 행과 열의 수를 확인하고, length( )를 이용하여 matrix의 모든 원소의 수를 확인할 수 있다.

```
ncol(mat)
#> [1] 3
nrow(mat)
#> [1] 2
length(mat)
#> [1] 6
```

object가 matrix인지 여부는 is.matrix( )를 이용하여 확인한다.

```
is.matrix(mat)
#> [1] TRUE
is.matrix(mat_2)
#> [1] TRUE
```

다른 데이터 구조를 matrix로 변환하기 위해서는 as.matrix( )를 하고[18], 유형이 서로 다른 경우에는 가장 유연성이 높은 유형으로 **강제 전환**한다.

```
mat_3 <- cbind(c(1, 2), c("a", "b"))
as.matrix(mat_3)
```

```
#      [,1] [,2]
# [1,] "1"  "a"
# [2,] "2"  "b"
```

B.3.3 배열 Arrays

배열(array)이란「1개 이상의 배열 index로 구별 가능한 원소들로 구성된 데이터 구조」를 말한다.

- array는 array( ) 또는 dim( )을 이용하여 생성할 수 있다.
  - 차원은 **(행, 열, 층)**의 순서로 정의된다.

```
arr_1 <- seq(1, 18, by = 1)
arr_1
```

```
#  [1]  1  2  3  4  5  6  7  8  9 10 11 12 13 14 15 16 17 18
```

[18] 이러한 object간의 변환은 Built-in 그리고/또는 package내의 function이 특정 형식을 요구하는 경우 유용하다. 분석자의 의도와는 달리 vector가 matrix 또는 array의 형태로 저장될 수 있기 때문이다.

```r
dim(arr_1) <- c(2, 3, 3)          # 차원 지정(행, 열, 층)
arr_1
```

```
# , , 1
#
#      [,1] [,2] [,3]
# [1,]    1    3    5
# [2,]    2    4    6
#
# , , 2
#
#      [,1] [,2] [,3]
# [1,]    7    9   11
# [2,]    8   10   12
#
# , , 3
#
#      [,1] [,2] [,3]
# [1,]   13   15   17
# [2,]   14   16   18
```

```r
dim(arr_1) <- c(3, 3, 2)
arr_1
```

```
# , , 1
#
#      [,1] [,2] [,3]
# [1,]    1    4    7
# [2,]    2    5    8
# [3,]    3    6    9
#
# , , 2
#
#      [,1] [,2] [,3]
# [1,]   10   13   16
# [2,]   11   14   17
# [3,]   12   15   18
```

각 차원별 이름은 list를 생성하여 dimnames( )으로 지정한다.

```r
arr_3 <- array(1:48, dim=c(3, 8, 2)) # 3차원 배열(행, 열, 층)
dimnames(arr_3) <- list(
        c("id1", "id2", "id3"),
        c("A", "B", "C", "D", "E", "F", "G", "H"),
        c("L1", "L2")
        )
arr_3
```

```
# , , L1
#
#     A B C  D  E  F  G  H
# id1 1 4 7 10 13 16 19 22
# id2 2 5 8 11 14 17 20 23
# id3 3 6 9 12 15 18 21 24
#
# , , L2
#
#      A  B  C  D  E  F  G  H
# id1 25 28 31 34 37 40 43 46
# id2 26 29 32 35 38 41 44 47
# id3 27 30 33 36 39 42 45 48
```

생성된 array의 transpose(전치)는 `aperm( , c(1,2,3 ...))`로 실행한다.

```r
dim(arr_3)
#> [1] 3 8 2
aperm(arr_3)
dim(aperm(arr_3))
#> [1] 2 8 3
arr_4 <- aperm(arr_3, c(2, 1, 3))
dim(arr_4)
#> [1] 8 3 2
```

B.3.4 리스트 Lists

- list는 서로 다른 유형의 데이터로 구성될 수 있고 1차원 `key-value 구조`를 갖는다.
  - key내에서는 반드시 동일한 data type을 유지해야 한다.
  - list는 list내에 list를 포함할 수 있는 **계층적 구조**가 가능하다.
  - list 선택 결과는 항상 list로 반환된다.

- list는 `list()`로 생성할 수 있다.

```
lst_a <- list(c(1,2), "study", TRUE)
lst_b <- list(
 a = c(3,"check"),
 b = "study",
 c = TRUE
 )
```

unlist() 를 통하여 list 구조를 해체하고, 그 결과는 가장 유연성 높은 유형의 vector로 강제 전환된다.

```
unlist(lst_a)
#> [1] "1"     "2"     "study" "TRUE"
```

B.3.5 데이터프레임 Dataframe

- matrix와 동일한 [행, 열] 구조를 갖는다.
  - 각 열(column)은 서로 다른 데이터 유형으로 정의될 수 있다.

- data.frame( )은 새로운 데이터프레임을 생성한다.
  - 입력되는 벡터는 반드시 **동일한 길이**를 가져야 하고, 각 벡터는 열에 할당된다.
- as.data.frame()은 기존의 다른 데이터 구조를 데이터프레임을 강제 전환한다.
  - 리스트, 행렬, 벡터 등 다양한 데이터 구조를 반영할 수 있다.
  - 서로 다른 길이를 통합할 수 있고, 짧은 열의 나머지 요소들은 NA로 입력된다.

```
students <- c("Kim", "Park", "Ko", "Lee")
test.results <- c(76, 82, 84, 67)
test.grade <- c("B", "A", "A", "C")
#
class.df <- data.frame(students, test.results, test.grade)
head(class.df)
```

```
#   students test.results test.grade
# 1      Kim           76          B
# 2     Park           82          A
# 3       Ko           84          A
# 4      Lee           67          C
```

```
student_ID <- c("2016012571", "2018056280", "2021096493", "2020032567")
class.df <- cbind(student_ID, class.df )
class.df
```

```
#   student_ID students test.results test.grade
# 1 2016012571      Kim           76          B
# 2 2018056280     Park           82          A
# 3 2021096493       Ko           84          A
# 4 2020032567      Lee           67          C
```

cbind()로 vector들을 통합하는 경우, vector들은 가장 유용성이 높은 데이터 유형으로 강제 전환되고 결과는 matrix로 저장된다.

```
class.df2 <- cbind(students, test.results, test.grade, student_ID)
class.df2
```

```
#      students test.results test.grade student_ID
# [1,] "Kim"    "76"         "B"        "2016012571"
# [2,] "Park"   "82"         "A"        "2018056280"
# [3,] "Ko"     "84"         "A"        "2021096493"
# [4,] "Lee"    "67"         "C"        "2020032567"
```

```
str(class.df2)  #[1] 'character matrix'
```

```
#  chr [1:4, 1:4] "Kim" "Park" "Ko" "Lee" "76" "82" "84" "67" "B" "A" ...
#  - attr(*, "dimnames")=List of 2
#   ..$ : NULL
#   ..$ : chr [1:4] "students" "test.results" "test.grade" "student_ID"
```

결합하고자 하는 대상들 중에서 1개 이상의 dataframe이 존재하면, cbind( ) 결과도 dataframe으로 반환된다.

```
student_ID <- as.data.frame(student_ID)
class.df3 <- cbind(students, test.results, test.grade, student_ID)
str(class.df3)
```

```
# 'data.frame': 4 obs. of  4 variables:
#  $ students    : chr  "Kim" "Park" "Ko" "Lee"
#  $ test.results: num  76 82 84 67
#  $ test.grade  : chr  "B" "A" "A" "C"
#  $ student_ID  : chr  "2016012571" "2018056280" "2021096493" "2020032567"
```

B.4 object의 부분 선택 Subsetting an object

- R은 [, [[그리고 $의 부분 선택 연산자를 갖는다.
  - [는 모든 object에 적용이 가능하다.
  - 부분 선택 결과는 vector, list, matrix, dataframe 그리고 factor에서 서로 다를 수 있다.

R의 가장 기본적인 부분 선택 연산자(subsetting operator)는 모든 object에 적용 가능한 "["이다. 이는 object의 일부를 선택할 수 있고, 할당 연산자 <-와 함께 새로운 object를 생성할 수 있다. 가장 기본은 x[i] <- value의 형태이다. 이때, value의 길이는 반드시 x[i]의 길이와 동일해야 하며, i는 유일해야 한다. 그렇지 않은 경우, R은 재활용 원칙에 따라 의미 없는 값을 반복 할당할 수 있다. [[은 단일 원소만을 반환하고 list로 부터 일부 요소를 선택할 수 있다. $ 선택 연산자는 문자와 결합된 [[의 축약형이다. 예를 들어, x[["var"]]은 x$var와 동일한 결과를 제공한다.

B.4.1 벡터 Subsetting a Vector

- [는 총 5가지 방법으로 적용할 수 있다(Wickham, 2019)[19].

1. 양의 정수를 이용한 특정 위치의 원소를 선택한다. 이때, 중복된 index는 반복된 값을 반환한다.

```
x <- c(2.1 , 4.2 , 3.3 , 5.4)  # 소수점 이하 값은 순서를 의미
x[c(1, 3)]
#> [1] 2.1 3.3
x[c(2,2)]
#> [1] 4.2 4.2
```

2. 음의 정수를 이용한 특정 위치의 원소를 배제한다. 단, 양/음의 정수를 동시에 사용할 수 없다.

```
x[-c(1, 3)]
#> [1] 4.2 5.4
x[c(-3, 1)]
#> Error in x[c(-3, 1)] : only 0's may be mixed with negative subscripts
```

3. 논리형 vector에서 TRUE인 위치의 원소를 선택한다. 길이가 짧은 경우에는 재사용되고 NA는 결과에서도 NA로 반환된다.

```
x[c(TRUE, FALSE, TRUE, FALSE)]
#> [1] 2.1 3.3
```

[19] Wickham, H. (2019). Advanced R. 2nd Edition, CRC press. <https://adv-r.hadley.nz/>

```
x[c(TRUE, FALSE)]
#> [1] 2.1 3.3
x[c(TRUE, FALSE, TRUE, NA)]
#> [1] 2.1 3.3  NA
```

4. 문자형 vector와 일치하는 name의 원소를 선택한다. 이때, 반드시 정확한 name을 지정해야 한다.

```
y <- setNames(x, c("a", "b", "c", "d"))
y[c("a", "b")]
#>   a   b
#> 2.1 4.2
y[c("a", "a", "a")]
#>   a   a   a
#> 2.1 2.1 2.1
z <- c(abc = 1, def = 2)
z[c("a", "d")]
#> <NA> <NA>
#>   NA   NA
```

5. 공백([ ])을 이용하여 원 vector 전체를 선택할 수 있고, [0]를 이용하여 길이가 0인 vector를 정의할 수 있다.

```
x[]
#> [1] 2.1 4.2 3.3 5.4
x[0]
#> numeric(0)
```

factor형의 경우, levels()에서 정의된 문자열이 아니라 factor를 정의한 정수형 vector를 이용하여 선택한다.

```
x <- factor(c("A1", "A2", "A3"))
levels(x)
x["A1"]
#> [1] <NA>
x[1]
#> [1] A1
```

B.4.2 행렬/배열 Subsetting a Matrix/Array

- dim()은 row(행), column(열), layer(층)의 순서로 정의된다.

matrix와 array는 dim()에 의하여vector로 부터 정의된 object이다. 따라서 쉼표(,)로 구분된 각 차원의 index를 통하여 부분 선택할 수 있다. 만일 특정 차원을 지정하지 않으면, 원래의 **행**, **열**, **층**의 모든 원소를 반환한다.

```
mat_4 <- matrix(1:9 , nrow = 3)
colnames(mat_4) <- c("A" , "B" , "C")
mat_4[1:2, ]                                   # 행을 선택
#> A B C
#> [1 ,] 1 4 7
#> [2 ,] 2 5 8
mat_4[c(TRUE , FALSE , TRUE), c("B" , "A")]    # (1, 3)행과 ("B", "A) 열을 선택
#> B A
#> [1 ,] 4 1
#> [2 ,] 6 3
mat_4[0 , -1]                                  # 행 원소 없이 "A"열 제외
#> B C
```

B.4.3 리스트 Subsetting a list

- vector와 동일한 방법으로 부분 선택할 수 있다,
  - 결과는 항상 list로 반환한다.
  - list' 내의 개별 원소를 선택하기 위해서는 반드시 [[연산자를 적용해야 한다.

만일 list에서 [를 사용하면 list의 개별 구성 원소를 반환할 수 없다. list의 구성 원소를 부분 선택할 때는 반드시 [[를 사용해야 한다. [[는 하나의 값을 반환하며, 양의 정수 또는 문자열 중 하나로 지정할 수 있다[20].

```
lst_a <- list(c(1,2), "study", TRUE)
lst_b <- list(
 a = c(3,"check"),
 b = "study",
 c = TRUE
 )
```

[20] 만일 vector에서 [[를 사용하는 경우에는 재귀적으로 적용된다. 즉, x[[c(1, 2)]]는 x[[1]][[2]]와 동일한 결과를 제공한다.

```
lst_a[1]
#> [[1]]
#> [1] 1 2
str(lst_a[1])            # list_a의 첫번째 원소: list
#> List of 1
#> $ : num [1:2] 1 2
str(lst_a[[1]])          # list_a의 첫번째 원소의 구성 요소들: numeric
#> num [1:2] 1 2
lst_a[[1]][2]            # list_a의 첫번째 원소의 구성 요소의 2번째 값: numeric
#> [1] 2
lst_b$a                  # lst_b["a"] 역시 동일한 결과 제공
#> [1] "3"      "check"
lst_b[["a"]][1]
#> [1] "3"
```

다음의 계층적 구조를 갖는 list에서의 구성 원소의 선택과 반환된 결과는 [그림 B.4]와 같다.

```
lst_c <- list(1, list(2, list(3)), lst_a)
lst_c[1:2]
lst_c[3]
lst_c[[3]]
lst_c[[3]][2]
lst_c[[3]][[2]]
```

list에서 구성 원소를 제거하기 위해서는 `x[[i]] <- NULL`을 사용하고, NULL로 대체하기 위해서는 `x[i] <- list(NULL)`을 사용한다.

```
x <- list(a = 1, b = 2)
x[["b"]] <- NULL
str(x)
#> List of 1
#> #> $ a: num 1
y <- list(a = 1, b = 2)
y["b"] <- list(NULL)
str(y)
#> List of 2
#> $ a: num 1
#> $ b: NULL
```

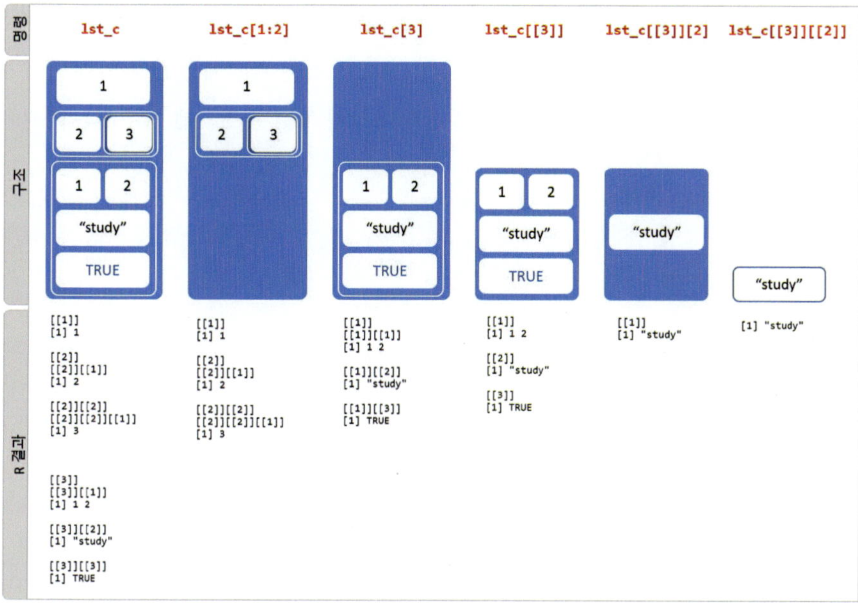

그림 B.4: list의 구성 원소 선택 방법(예)

B.4.4 데이터프레임 Subsetting a dataframe

- dataframe은 list와 matrix의 특성을 공유한다.
  - dataframe은 열로 구성된 list이므로 list와 동일한 방법을 적용할 수 있다.

```
df <- data.frame (x = 1:3 , y = 3:1 , z=letters[1:3])
# 행의 선택
df[df$x == 2, ]
#>   x y z
#> 2 2 2 b
#
df[c(1, 3), ]
#>   x y z
#> 1 1 3 a
#> 3 3 1 c
# 열의 선택
df[c("x", "z")]
#>   x z
#> 1 1 a
#> 2 2 b
#> 3 3 c
df[, c("x", "z")]    # 결과 동일
```

dataframe으로 부터 1개의 열을 선택하는 경우에는 그 방법에 따라 차이를 보인다. 기본적으로 [는 가능한 한 간단한 차원으로 반환한다. 단일 index로 부분 선택을 하는 경우에는 list와 동일하게 적용되며 column(열) 중심으로 반환된다. 만일 matrix 부분 선택과 같이 차원이 정의된 경우에는 차원을 단순화하여 결과를 반환한다.

```
df <- data.frame (x = 1:3 , y = 3:1 , z=letters[1:3])
str(df["x"])
#>'data.frame': 3 obs. of  1 variable:
#> $ x: int  1 2 3
str(df[,"x"])
#>  int [1:3] 1 2 3
```

- x$y는 x[["y"]]와 동일한 결과를 반환한다.

이는 변수명을 알고 있는 경우, 특정 변수를 지정하고자 할때 유용하다. $는 왼쪽으로 부터의 부분 일치 (partial matching) 방법으로 변수를 선택할 수 있다[21].

```
x <- list(abc = 1)
x$a
#> [1] 1
x[["a"]]
#> NULL
options(warnPartialMatchDollar = TRUE)
x$a
#> 경고: partial match of 'a' to 'abc'[1] 1
```

변수명을 문자열로 저장하고 이를 사용하여 데이터프레임의 열을 참조할 때는 반드시 x[[var]]를 사용해야 한다. 이때, $는 명시적으로 지정된 열 이름을 탐색한다. 따라서 새로 저장된 문자열 변수를 인식하지 못한다.

```
var <- "cyl"
mtcars$var
#> NULL
mtcars[[var]]
#> [1] 6 6 4 6 8 6 8 4 4 6 6 8 8 8 8 8 8 4 4 4 4 8 8 8 8 4 4 4 8 6 8 4
```

[21] 이 경우, global option에서 options(warnPartialMatchDollar = TRUE)를 설정하면, 부분 일치가 적용될 때마다 warnning message을 제공한다.

B.4.5 논리연산자와 함수의 활용 Subsetting with Logical Operators and Functions

논리 연산자가 적용된 결과는 원소별 논리값을 갖는 논리형 vector로 반환한다.

vector의 원소들 중에서 특정 조건을 만족하는 구성 원소들을 선별하거나 서로 다른 vector들을 비교하고자 할 때 [표 B.6]의 논리 연산자(logical operators)를 적용할 수 있다[22].

표 B.6: 논리 연산자

연산자	설명	수학 기호	R 명령	결과
$a < b$	less than	$1 < 2$	`1 < 2`	TRUE
$a > b$	greater than	$1 > 2$	`1 > 2`	FALSE
$a \leq b$	less than or equal to	$1 \leq 2$	`1 <= 2`	TRUE
$a \geq b$	greater than or equal to	$1 \geq 2$	`1 >= 2`	FALSE
$a = b$	equal to	$1 = 2$	`1 == 2`	FALSE
$a \neq b$	not equal to	$1 \neq 2$	`1 != 2`	TRUE
$\sim a$	not	$\sim (1 > 2)$	`!(1 > 2)`	TRUE
$a \vee b$	or	$(1 > 2) \vee (3 < 4)$	`(1 > 2)|(3 < 4)`	TRUE
$a \wedge b$	and	$(1 > 2) \wedge (3 < 4)$	`(1 > 2) & (3 < 4)`	FALSE

논리 연산자를 대신하여 isTRUE() 함수를 사용할 수 있고 논리값으로 구성된 결과는 as.numeric() 함수를 이용하여 numeric vector로 전환할 수 있다.

```
x <- c(10, 20, 30, 40, 50)
x == 30
#> [1] FALSE FALSE  TRUE FALSE FALSE
!(x == 30)
#> [1]  TRUE  TRUE FALSE  TRUE  TRUE
(x == 30)|(x != 30)
#> [1] TRUE TRUE TRUE TRUE TRUE
(x == 30)&(x != 30)
#> [1] FALSE FALSE FALSE FALSE FALSE
x > 30
#> [1] FALSE FALSE FALSE  TRUE  TRUE
as.numeric(x > 30)
```

[22] and(&)와 or(|)는 vector형 불(boolean) 연산자이며, 상수형인 경우, &&와 ||을 사용한다. 이는 if-else에서 사용된다.

```
#> [1] 0 0 0 1 1
sum(x > 30)
#> [1] 2
isTRUE(sum(x > 30) > 3)
#> [1] FALSE
```

논리 연산자는 부분 선택 연산자([)와 함께 사용하여 특정 원소들을 선택할 수 있다. 이때 index 확인을 위하여 which() 그리고 다양한 내장 함수들을 함께 사용할 수 있다(Crawley, 2012) [23].

```
x[x > 30]
#> [1] 40 50
which(x > 30)
#> [1] 4 5
max(x)
#> [1] 50
which(x == max(x))
#> [1] 5
which.max(x)
#> [1] 5
x[which(x > 30)]
#> [1] 40 50
sum(x[which(x > 30)])
#> [1] 90
```

B.5 함수 Functions

DRY - Do not Repeat Yourself!

function은 동일 작업의 반복을 줄이거나 프로그램의 복잡도를 줄이고자 할 때 사용된다. 반복해야 할 명령들은 중괄호(curly brackets) {...}내에 포함한다. 이때, 포함되는 명령의 수에는 제한이 없다. R에서의 모든 함수는 다음의 구조를 갖는다. 여기서, body는 반드시 1개 이상의 명령을 포함해야 하고 arguments(인수) 그리고/또는 결과값(return values)은 포함되지 않을 수도 있다.

```
f <- function (arg1, arg2, ...) {
    # body
    return(...)
}
```

[23]Crawley, M. J. (2012). The R book. John Wiley & Sons.

다음은 2개의 숫자를 더하는 함수이다. 여기서, x + y는 body이고, x와 y는 arguments이다. return을 명시적으로 지정하지 않으면, 연산된 마지막 값을 반환한다.

```
fun_sum <- function(x, y) {
  x + y
}
fun_sum(1,2)
#> [1] 3
```

B.5.1 내장 함수 Built-In Functions

R의 내장(built-in) function은 value(값) 또는 position(위치)을 이용하여 arguments를 결정한다. function의 구조는 간단히 이름을 입력하여 확인할 수 있다. 예를 들어, base::에서 제공하는 내장 함수 sd의 구조는 다음과 같다.

```
sd
```

```
# function (x, na.rm = FALSE)
# sqrt(var(if (is.vector(x) || is.factor(x)) x else as.double(x),
#     na.rm = na.rm))
# <bytecode: 0x000002582267bf88>
# <environment: namespace:stats>
```

내장 함수의 종류

- general - cbind(), rbind(), sort(), order() 등
- numeric(mathematical) - abs(), log(), exp(), sqrt() 등
- statistical - mean(), var(), quantile(), summary() 등

B.5.2 사용자 정의 함수 User-defined Functions

function name은 내장(built-in) 함수의 name과 동일하지 않아야 한다.

사용자 정의(user-defined) function 역시 name(이름)-arguments(인수)-body(본체)로 구성된다. 정의된 function은 어느 곳에서나 사용할 수 있고 필요한 경우 rm( )을 이용하여 제거할 수 있다.

```
function_name <- function(argument1, argument2, ...)
{
    # 명령 1
    # 명령 2
    # ...
}
```

다음은 단일 argument[24]인 n의 제곱(square)을 구하는 function이다. 이때 변수 n 의 유형을 제한하지 않았으므로 integer, vector 또는 matrix를 모두 사용할 수 있다.

```
square<- function(n)
{
  n^2
}

square(4)
#> [1] 16
square(matrix(1:9, 3, 3))
#>      [,1] [,2] [,3]
#> [1,]    1   16   49
#> [2,]    4   25   64
#> [3,]    9   36   81
```

arguments가 2 개 이상인 경우에는 반드시 순서(order)를 고려해야 한다.

```
div <- function(x,y) {
  x/y
}
# 순서 중요
div(2,4)
```

[1] 0.5

```
#> [1] 0.5
div(4,2)
```

[1] 2

[24] 실행 인자인 argument(인수)는 직접 입력되는 값(value)을 의미하고, parameter(파라미터)는 매개 변수로서 임의의 값을 말한다.

```
#> [1] 2
```

실습 24. 사용자 정의 함수의 생성

다음의 함수를 고려해 보자.

$$z = \frac{x - \bar{x}}{sd(x)}$$

먼저 간단한 data를 생성하여 저장하면 다음과 같다. 여기서 rnorm()은 정규 확률 난수를 생성하는 함수이다.

```
# Create a data frame
set.seed(311)
c1 <- rnorm(50, 5, 1.5)
c2 <- rnorm(50, 3, 1.5)
c3 <- rnorm(50, 2, 1.5)
df_s <- data.frame(c1, c2, c3)
```

주어진 데이터에 적용될 함수 생성을 위하여 다음을 고려해야 한다.

- 함수 생성시 고려 사항
  - function name의 결정: std()
  - argument의 수 검토: 변수 지정을 위한 1개의 argument 필요
  - function body: 결과를 제공받고자 하는 연산식
  - 결과 제공 형태: 새로운 object 또는 화면 출력(print)

1. 분자(nominator)의 정의 : sdev <- sd(x)
2. 분모(denominator)의 정의: center <- x - mean(x)
3. 분모와 분자를 이용한 최종 연산식: std <- center/sdev
4. function call에 의하여 반환될 return() 지정: return(std)
5. 모든 단계와 절차를 bracket({ })내에 포함

```
std <- function(x){
  sdev <- sd(x)
  center <- x - mean(x)
```

```
  std <- center/sdev
  return(std)
}
```

6. 결과 확인

```
std_1 <- std(df_s$c1)
head(std_1, 3)
#> [1] 0.1809524 0.4101656 0.6556025
```

B.6 흐름 제어 Control Flows

흐름 제어(control flow)는 [표 B.7]과 같이 선택(choice)과 반복(loop)으로 구분된다.

표 **B.7:** control flow를 위한 함수들

방법	기본 조	비고
choice 선택	1. if (condition) true_action else false_action	else 생략 가능
	2. ifelse(condition, true_action, false_action)	vectorized if
	3. switch(expression, list)	
loop 반복	1. for(item in vector) perform_action - next: 현재 실행 종료 - break: for-loop 종료	
	2.repeat(action)	

B.6.1 조건별 action 선택 if-else, ifelse, switch

- if - else는 단일 조건을 평가하고, 결과에 따라 특정 코드(블록)을 실행한다.
  - else 조건을 생략할 수 있으며, 이 경우, FALSE를 만나도 아무 실행을 하지 않는다.
- ifelse()는 벡터화된 조건 평가를 수행하고, 각 요소에 대한 조건 평가 결과를 반환한다.
  - 이를 vectorized if라고도 부른다.

- vector 입력이 가능하므로, 대규모 데이터 처리가 가능한다.

```
grade <- function(x) {
  if (x >= 90) {
    "A"
  } else if (x >= 80) {
    "B"
  } else if (x >= 70) {
    "C"
  } else if (x >= 60) {
    "D"
  } else {
    "F"
  }
}
#
grade_2 <- function(x) {
  if (x >= 60) {
    "Pass"
  }
}
grade_3 <- function(x) {
  ifelse(x >= 60, "Pass", "Fail")
}
```

```
score <- c(30, 60, 100, 90, 70)
#
grade(score)
#> Error in if (x >= 90) { : the condition has length > 1
grade(83)
#> [1] "B"
grade(50)
#> [1] "F"
grade_2(95)
#> [1] "Pass"
grade_2(55)
#> NULL
grade_3(score)
#> [1] "Fail" "Pass" "Pass" "Pass" "Pass"
```

switch()는 특정 문자열들의 모임 중 하나를 선택해야 할 때 유용하다.

```r
books <- function(x) {
  switch(x,
    "1학년" = 2,
    "2학년" = 6,
    "3학년" = 10,
    "4학년" = 15,
    stop("Unknown input")
  )
}
books("1학년")
#> [1] 2
books("대학생")
#> Error in books("대학생") : Unknown input
```

B.6.2 반복 실행 for, while, repeat

반복(loop)의 유연성은 for < while < repeat의 순서로 높다.

- 반복되는 원소의 수를 알고 있는 경우에는 for가 유용하다.

for는 반복되는 원소의 수를 알고 있는 경우에 vector의 각 원소별로 반복적인 작업을 수행한다. 이는 정의된 vector의 각 원소에 따라 제시된 명령(perform_action)을 수행하고 자동으로 다음 원소를 선택한다. 만일 모든 원소를 고려하기 전에 종료를 원할 경우, next 또는 break 명령을 사용하여 인위적으로 for의 실행을 종료할 수 있다.

```r
for (i in 1:10) {
  if (i < 3) next
  else
   print(i)
  if (i >= 5) break
}
#> [1] 3
#> [1] 4
#> [1] 5
```

사전에 반복되는 원소의 수를 알수 없다면, while 또는 repeat를 사용한다.

```r
set.seed(311)
test <- function(n) {
        sample(x = c(1:10), n, replace = T, prob = rep(0.1, 10))
```

```
}

x <- test(10)
#
i <- 1
while(x[i] < 8) {
 print(x[i])
 i <- i + 1
}
#
i <- 1
repeat{
  print(x[i])
  i <- i + 1
  if(x[i] >= 8) {
  break
  }
}
```

```
# [1] 9
```

B.7 범함수 Functional Operators

- 범함수(functional)란 입력된 function의 출력을 vector를 반환하는 함수를 말한다.
- R의 apply-계열 함수들의 핵심 기능은 loop-hiding 이다.

가장 널리 사용하는 범함수는 apply-계열 함수로, 이는 for-loop의 대안으로 사용된다. apply-계열 함수는 분할-적용-결합(split-apply-combine)과 같이 공통적인 데이터 조작 작업을 **캡슐화**(encapsulation)하여 다양한 연산을 수행할 때 유용하다[25]. 내부적으로 for-looping을 사용하므로 실제 실행 시간은 (올바르게 작성된) for-loop과 큰 차이는 없다. 그러나, **apply-계열 함수**는 그 목적이 명확하여 for-loop의 기본 구조를 검증할 필요가 없어 실제 프로그래밍 작성과 검증에서 효과적이다. 또한, 함수 실행 결과가 list이고 일부 구성 요소가 NULL 인 경우 for-loop은 문제가 될 수 있지만, **apply-계열 함수**는 올바른 결과를 도출한다.

lapply()는 dataframe의 구성 원소에 반복적인 작업을 할 수 있는 함수이다. 이는 list인 x와 function f를 이용하여 lapply(x, f, ...)의 형식을 갖는다. 다음과 같이 for-loop와 동일한 기능을 수행한다.

[25] 캡슐화는 다른 모든 object에서 사용할 수 있는 인터페이스에서 작업 및 상태 구현을 숨김으로써 외부에서 object를 확인하는 것과 내부에서의 object의 구조를 명확히 분리되도록 한다.

```
lapply_r <- function(x, f, ...) {
 result <- vector("list", length(x))
 for(i in seq_along(x)) {
  result[[i]] <- f(x[[i]], ...)
 }
 result
}
```

예를 들어, dataframe에 -99로 입력된 결측값을 NA로 전환하는 방법을 function으로 작성하면 다음과 같다.

```
df <- list(c(1, 2, 3, -99), c(2, 3, 4, -99))
#
fix_missing <- function(x, na.value) {
x[x == na.value] <- NA
x
}
#
fix_missing(df, "-99")
```

```
# [[1]]
# [1]   1   2   3 -99
#
# [[2]]
# [1]   2   3   4 -99
```

앞서 정의된 fix_missing()을 이용하여 lapply()를 적용하면 다음과 같다.

```
df[] <- lapply(df, fix_missing, na.value = -99)
df
```

```
# [[1]]
# [1]  1  2  3 NA
#
# [[2]]
# [1]  2  3  4 NA
```

또한 다양한 함수들의 리스트를 작성할 수 있다. 다음은 lapply()에 적용하여 통계적 요약값을 계산하는 함수이다. 이때, lapply()의 결과는 list이므로, vector로 변환하기 위해서는 unlist()를 적용한다.

```r
data <- list(c(1, 2, 3, 4), c(2, 3, 4, 5))
# 함수 1
my_summary <- function(x) {
c(mean(x , na.rm = TRUE),
  median(x , na.rm = TRUE),
  sd(x, na.rm = TRUE),
  mad(x , na.rm = TRUE),
  IQR(x , na.rm = TRUE)
  )
}
#
unlist(lapply(data, my_summary)[1])
```

```
# [1] 2.50 2.50 1.29 1.48 1.50
```

```r
unlist(lapply(data, my_summary)[2])
```

```
# [1] 3.50 3.50 1.29 1.48 1.50
```

기본적인 apply-계열 함수의 특징을을 정리하면 [표 B.8]과 같다.

표 B.8: apply-계열 함수의 특징

함수	특징
lapply()	다양한 데이터 구조에 적용하여 요소 별 함수 적용
	- list로 반환
sapply()	lapply()와 유사, 간단한 출력 제공
	- 반환값들이 단일값이면, vector 반환
	- 반환값들이 동일 길이의 벡터이면, matrix 반환
	- 길이가 다르거나 벡터 변환 불가하면, list 반환
vapply()	sapply()와 유사, 출력 형식 지정하여 오류 방지
	- 대규모 데이터 처리 시 안정성 높음

다음은 R내장 데이터인 mtcars에서 각 변수들이 숫자형(is.numeric()) 여부를 확인하기 위하여 각 함수들을 적용한 결과이다. 모두 동일한 결과를 제공한다.

```r
data(mtcars)
result <- lapply(mtcars, is.numeric)
unlist(result)
```

```
#  mpg  cyl disp   hp drat   wt qsec   vs   am gear carb
# TRUE TRUE TRUE TRUE TRUE TRUE TRUE TRUE TRUE TRUE TRUE
```

lapply()는 각 열에 대해 is.numeric 함수를 적용하고, 결과를 list로 반환한다. unlist()를 사용하여 list를 벡터로 반환한 결과를 제공한다.

```r
sapply(mtcars, is.numeric)
```

```
#  mpg  cyl disp   hp drat   wt qsec   vs   am gear carb
# TRUE TRUE TRUE TRUE TRUE TRUE TRUE TRUE TRUE TRUE TRUE
```

sapply()는 lapply()와 유사하지만, 결과를 가능한 한 간단한 형태로 반환한다. 여기서는 반환값이 모두 단일값이므로 벡터로 반환하였다.

```r
vapply(mtcars, is.numeric, logical(1))
```

```
#  mpg  cyl disp   hp drat   wt qsec   vs   am gear carb
# TRUE TRUE TRUE TRUE TRUE TRUE TRUE TRUE TRUE TRUE TRUE
```

vapply()는 sapply()와 유사하지만, 결과 형식을 명시적으로 지정한다. 여기서는 logical(1) - 논리값 1개(TRUE 또는 FALSE) - 을 지정하여, 각 열에 대한 is.numeric() 적용 결과를 논리값 벡터로 반환되도록 지정하였다. 이러한 명시적 정의는 예상치 못한 형식 오류를 방지할 수 있다. 다음은 이들을 이용한 데이터 요약 방법의 예이다.

```r
# 함수의 리스트 작성
summary_func <- list(
  mean = function(x) mean(x, na.rm = TRUE),
  median = function(x) median(x, na.rm = TRUE),
  sd = function(x) sd(x, na.rm = TRUE),
  mad = function(x) mad(x, na.rm = TRUE),
  IQR = function(x) IQR(x, na.rm = TRUE)
)
# apply 적용 함수
apply_summary_func <- function(df) {
  lapply(df, function(column) {                    # 각 열을 순회(열별 벡터를 리스트로 통합)
```

```r
    sapply(summary_func, function(f) f(column)) # 각 열별 요약 통계 계산(벡터로 반환)
  })
}

apply_summary_func(mtcars)
```

```
# $mpg
#   mean median     sd    mad    IQR
#  20.09  19.20   6.03   5.41   7.38
#
# $cyl
#   mean median     sd    mad    IQR
#   6.19   6.00   1.79   2.97   4.00
#
# $disp
#   mean median     sd    mad    IQR
#    231    196    124    140    205
#
# $hp
#   mean median     sd    mad    IQR
#  146.7  123.0   68.6   77.1   83.5
#
# $drat
#   mean median     sd    mad    IQR
#  3.597  3.695  0.535  0.704  0.840
#
# $wt
#   mean median     sd    mad    IQR
#  3.217  3.325  0.978  0.767  1.029
#
# $qsec
#   mean median     sd    mad    IQR
#  17.85  17.71   1.79   1.42   2.01
#
# $vs
#   mean median     sd    mad    IQR
#  0.438  0.000  0.504  0.000  1.000
#
# $am
#   mean median     sd    mad    IQR
#  0.406  0.000  0.499  0.000  1.000
#
# $gear
```

```
#    mean median     sd    mad    IQR
#  3.688  4.000  0.738  1.483  1.000
#
# $carb
#    mean median     sd    mad    IQR
#    2.81   2.00   1.62   1.48   2.00
```

B.8 Tidyverse 통합 패키지 tidyverse::

- tidyverse::는 Data Analysis Workflow 구현을 위한 통합 package 이다(Wickham, 2022).

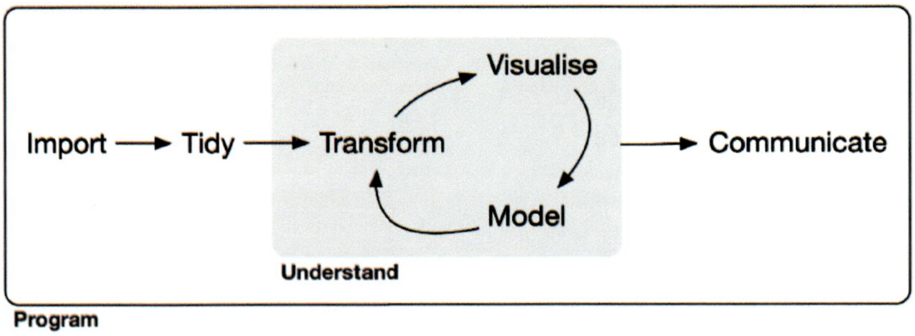

그림 **B.5:** Data Analysis Workflow <https://CRAN.R-project.org/package=dplyr>

Data Analysis Workflow의 기본 실행 단계는 [그림 B.5]와 같다. tidyverse::는 이를 구현하기 위하여 개발된 통합 package로 18개의 Core package와 이들에 종속된 다양한 dependencies로 구성된다 (Wickham et al., 2022b).

```
install.packages("tidyverse")
```

```
library(tidyverse)

Registered S3 methods overwritten by 'dbplyr':
-- Attaching packages --------------------------------- tidyverse 1.3.0 --
□□ ggplot2 3.3.2     □□ purrr   0.3.4
□□ tibble  3.0.3     □□ dplyr   1.0.2
□□ tidyr   1.1.1     □□ stringr 1.4.0
□□ readr   1.3.1     □□ forcats 0.5.0
-- Conflicts ------------------------------------ tidyverse_conflicts() --
x dplyr::filter() masks stats::filter()
x dplyr::lag()    masks stats::lag()
```

tidyverse::를 설치하고 library()를 실행하면, [표 B.9]에서의 8개 기본 package들이 사용 가능 상태가 된다(붉은색). 나머지 10개의 package(파란색)는 필요에 따라 library()로 추가하여 사용할 수 있다.

표 B.9: tidyverse 패키지의 구성

단계	이름	용도
Import	readr	text, csv 등의 입력
	readxl	MS Exel(.xls, .xlsx) 입력
	haven	Statistical SW data 입력
Tidy	tibble	Upgraded data.frame
	tidyr	Tidy data formats
Transform	dplyr	Data Manipulation
	forcats	Factor Handling
	stringr	Characters Handling (with regex)
	lubridate	Date Handling
	hms	Time Handling
Visualize	ggplot2	Graphics and Models
Model	modelr	Bootstrapping/Cross Validation Extract predicted/Residuals
	broom	Access model quality
Program	purrr	Iterations
Commnicate	Rmarkdown	R + latex/html/pdf
	Shiny	

이중에서 데이터 처리에서 자주 사용하는 dplyr::의 중요 function 들에 대하여 확인해 보기로 한다. 먼저 다음을 만족하는 data set을 tidy data라고 한다(Wickham, 2014).

타이디(Tidy) 데이터

- 모든 column(열)은 variable(변수)이다. 변수는 1개의 column(열)에 저장된다.
- 모든 row(행)은 case(관찰값)이다. 관찰값은 고유의 단일 행에 저장된다.
- 모든 cell(셀)에는 오직 1 개의 값만 갖는다.

dplyr::은 tidy한 dataframe의 처리에 유용한 함수들을 제공하는 패키지이다. 이 함수들은 row-wise(관찰값 중심)와 column-wise(변수 중심)으로 구분할 수 있으며, 여러 함수들을 순차적으로 적용할 수 있는 `pipe operator %>%`를 포함한다. 또한 `group_by()`와 `summarize()`를 통하여 다양한 데이터 요약 결과를 쉽게 도출할 수 있다. forward pipe 연산자는 다양한 함수들을 연속적으로 적용할 수 있어서 데이터 처리 과정을 직관적으로 적용할 수 있다[26].

파이프 연산자(pipe operator), %>%

- h(g(f(x)))는 x %>% f%>% g %>% h와 동일하다.
  - x %>% f는 f(x)와 동일하다.
  - x %>% f(y)는 f(x, y)와 동일하다.
  - x %>% f(y, .)는 f(y, x)와 동일하다.

R내장 data sets 중의 하나인 mtcars를 이용하여 dplyr::의 중요 함수들을 확인해 보도록 하자. 고려된 변수들은 [표 B.10]과 같다.

> mtcars는 R에 내장된 데이터로 1974년도 미국의 Motor Trend US Magazine에 수록된 1973~1974년 출시 자동차의 다양한 특징들이 기록되어 있다.

고려된 변수들과 데이터의 유형은 [표 B.10]와 같다.

표 **B.10:** mtcars의 변수와 범주 그리고 데이터 유형

변수 명	설명	데이터 유형
mpg	Miles/Gallon, 연비	연속형
cyl	No. of Cylinders, 엔진의 기통수	이산형
disp	배기량($inch^3$)	연속형
hp	Gross Horsepower, 마력	연속형
drat	Rear axle ratio, 뒤차축비	연속형
wt	Weight(1000lbs), 무게	연속형
qsec	1/4 Mile time, 402m 도달 시간	연속형
vs	V or Straight Engine, 엔진형태	범주형
am	0 = auto, 1 = manual, 변속기어 종류	범주형

[26] 이는 migrittr::에서 제공하는 것으로 library(migrittr)을 실행하면 %T>%(T-pipe), %<>%(forward-backward pipe), %$%(no-argument pipe) 등을 사용할 수 있다.

변수 명	설명	데이터 유형
gear	No. of Forward Gears, 전진 기어 단계의 수	이산형
carb	No. of Carburetors, 기화기의 수	이산형

```
data(mtcars)          # R Datasets에 기본 저장되어 있는 데이터
str(mtcars)
```

```
# 'data.frame': 32 obs. of  11 variables:
#  $ mpg : num  21 21 22.8 21.4 18.7 18.1 14.3 24.4 22.8 19.2 ...
#  $ cyl : num  6 6 4 6 8 6 8 4 4 6 ...
#  $ disp: num  160 160 108 258 360 ...
#  $ hp  : num  110 110 93 110 175 105 245 62 95 123 ...
#  $ drat: num  3.9 3.9 3.85 3.08 3.15 2.76 3.21 3.69 3.92 3.92 ...
#  $ wt  : num  2.62 2.88 2.32 3.21 3.44 ...
#  $ qsec: num  16.5 17 18.6 19.4 17 ...
#  $ vs  : num  0 0 1 1 0 1 0 1 1 1 ...
#  $ am  : num  1 1 1 0 0 0 0 0 0 0 ...
#  $ gear: num  4 4 4 3 3 3 3 4 4 4 ...
#  $ carb: num  4 4 1 1 2 1 4 2 2 4 ...
```

```
dim(mtcars)
#> [1] 32 11
```

B.9 행 중심 함수 Row-wise Functions

- filter()는 row(행) 기준의 부분 집합을 추출할 때 사용한다[27].

```
cyl_4 <- mtcars %>% filter(cyl == 4)
dim(cyl_4)
#> [1] 11 11
cyl_4_am <- mtcars  %>% filter(cyl == 4 & am == 1)
dim(cyl_4_am)
#> [1]  8 11
```

- arrange()는 특정 변수에서 row(행)들의 순서(order)를 재정렬할 때 사용한다.

[27] row의 범위에 따른 모든 변수들을 지정하고자 할 때는 dpylr::slice()가 유용한다.

```
cyl_4_mpg <- mtcars  %>% arrange(mpg)          # mpg 변수의 오름차순 정렬
head(cyl_4_mpg, 3)
```

```
#                      mpg cyl disp  hp drat   wt qsec vs am gear carb
# Cadillac Fleetwood  10.4   8  472 205 2.93 5.25 18.0  0  0    3    4
# Lincoln Continental 10.4   8  460 215 3.00 5.42 17.8  0  0    3    4
# Camaro Z28          13.3   8  350 245 3.73 3.84 15.4  0  0    3    4
```

```
cyl_4_rmpg <- mtcars  %>% arrange(desc(mpg)) # mpg 변수의 내림차순 정렬
head(cyl_4_rmpg, 3)
```

```
#                 mpg cyl disp hp drat   wt qsec vs am gear carb
# Toyota Corolla 33.9   4 71.1 65 4.22 1.83 19.9  1  1    4    1
# Fiat 128       32.4   4 78.7 66 4.08 2.20 19.5  1  1    4    1
# Honda Civic    30.4   4 75.7 52 4.93 1.61 18.5  1  1    4    2
```

B.10 열 중심 함수 Column-wise Functions

- select()는 variable name만으로 원하는 변수들을 선택할 수 있다[28].

```
perform_1 <- mtcars  %>% select(mpg, cyl, hp)        # 선택할 변수 지정
head(perform_1, 3)
```

```
#                mpg cyl  hp
# Mazda RX4     21.0   6 110
# Mazda RX4 Wag 21.0   6 110
# Datsun 710    22.8   4  93
```

```
perform_2 <-mtcars  %>% select(-c(disp, drat:carb)) # 제외할 변수 지정
head(perform_2, 3)
```

```
#                mpg cyl  hp
# Mazda RX4     21.0   6 110
# Mazda RX4 Wag 21.0   6 110
# Datsun 710    22.8   4  93
```

- rename()은 변수명을 변경할 때 사용한다.

[28] 이는 data$var_name, data["var_name"]과 같은 indexing의 적용 없이 가능하다.

```
str(mtcars)
perform_3 <- mtcars  %>%
 rename(cylinder = cyl, horse_power = hp)  %>%
 select(mpg, cylinder, horse_power)
head(perform_3, 3)
```

mutate()는 변수들의 연산/변환을 통하여 새로운 변수를 생성한다.

- 생성된 변수들은 dataframe의 마지막 변수 뒤에 추가된다.

- 1 gallon = 3.78541 litters
- 1 mile = 1.60934 Km
- $(1inch)^3 = 16.387cm^3$

```
perform_4 <- mtcars  %>% mutate(kml = (mpg * 1.60934) / 3.78541,
                                cdisp = disp*16.387
                                )
head(perform_4, 3)
```

```
#                mpg cyl disp  hp drat   wt qsec vs am gear carb  kml
# Mazda RX4     21.0   6  160 110 3.90 2.62 16.5  0  1    4    4 8.93
# Mazda RX4 Wag 21.0   6  160 110 3.90 2.88 17.0  0  1    4    4 8.93
# Datsun 710    22.8   4  108  93 3.85 2.32 18.6  1  1    4    1 9.69
#               cdisp
# Mazda RX4      2622
# Mazda RX4 Wag  2622
# Datsun 710     1770
```

B.11 부분군(subgroup) 처리 Handling Subgroups

group_by()는 변수들의 범주로 부분군을 정의한다.

- summarize()는 연산/함수를 적용하여 새로운 변수를 생성하고, 결과 변수만을 반환한다.
- 기존의 변수는 반환하지 않는다.

```
perform_5 <- mtcars  %>%
 group_by(cyl)  %>%
 summarize(mean_mpg = mean(mpg, na.rm = TRUE))
head(perform_5, 3)
```

```
# # A tibble: 3 x 2
#     cyl mean_mpg
#   <dbl>    <dbl>
# 1     4     26.7
# 2     6     19.7
# 3     8     15.1
```

B.12 그래프의 생성 Creating Graphs

그래프(graphs)는 데이터의 탐색과 도출된 결과의 요약을 위하여 유용한 도구이다. 이는 현상에 대한 시각적 이해를 돕고 분석을 통하여 발견된 다양한 정보들을 함축적으로 표현할 수 있다는 장점을 갖는다. R은 유용하고 다양한 기본 plot()을 제공한다. 하지만 ggplot2:: 패키지를 이용하면, 좀더 직관적이고 효과적으로 그래프를 생성할 수 있다(Wickham, 2016).

ggplot2::에 내장된 midwest data를 이용하여 ggplot의 생성 과정을 확인해 보도록 하자(Wickham et al., 2022a).

```
data("midwest", package = "ggplot2")
```

midwest data는 [그림 B.6]와 같이 미국 중서부(Midwest)의 437개 카운티(county)[29]에서 28개 변수를 조사한 것으로 그 중 일부 변수는 [표 B.11]과 같다[30].

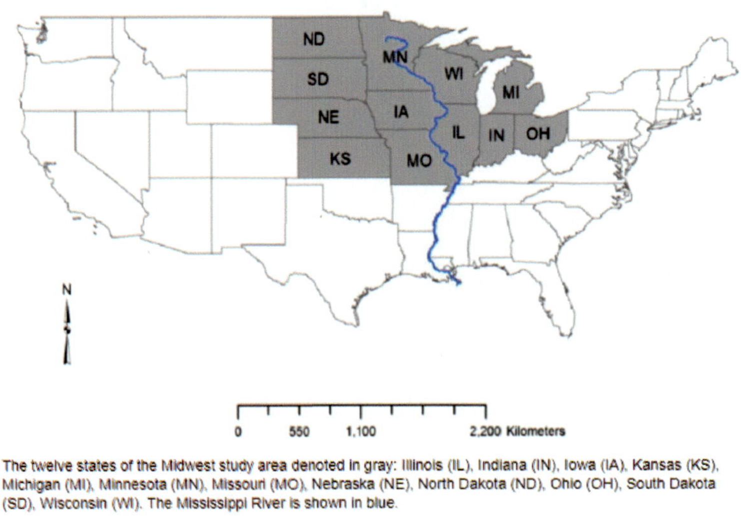

그림 B.6: 미국의 midwest지역과 해당 주

[29] 미국의 주 정부 서비스를 제공하는 정치 및 행정 구역
[30] http://goo.gl/G1K41K

표 B.11: ggplot2::midwest의 일부 변수들

variable	설명
PID	고유 번호
county	카운티 이름
state	소속 주
area	면적
poptotal	총 인구
⋮	⋮
⋮	⋮
percollege	대학 졸업자 비율
percprof	전문가 비율
⋮	⋮

ggplot()은 g0와 같은 empty plot에서 시작한다. g0를 기본으로 다양한 building block을 +를 이용하여 원하는 만큼 추가할 수 있다. 다음은 이에 대한 예시이다.

```
ggplot2::ggplot(midwest, aes(x=poptotal, y=percollege)) +
labs(title="g0: 빈 그림")
```

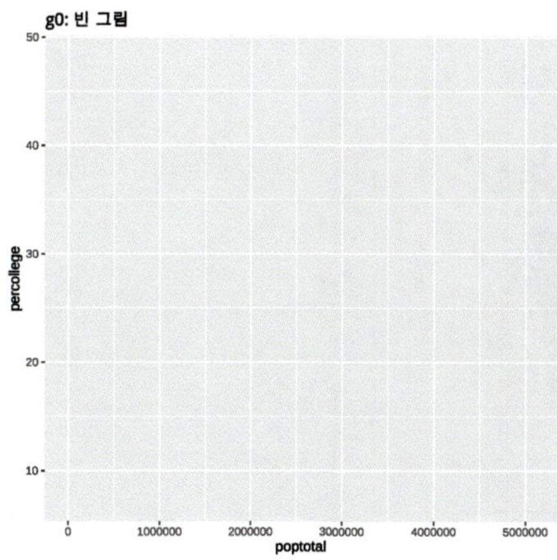


```
ggplot2::ggplot(midwest, aes(x=poptotal, y=percollege)) +
 geom_point() +
 labs(title="g1: 점 추가")
```

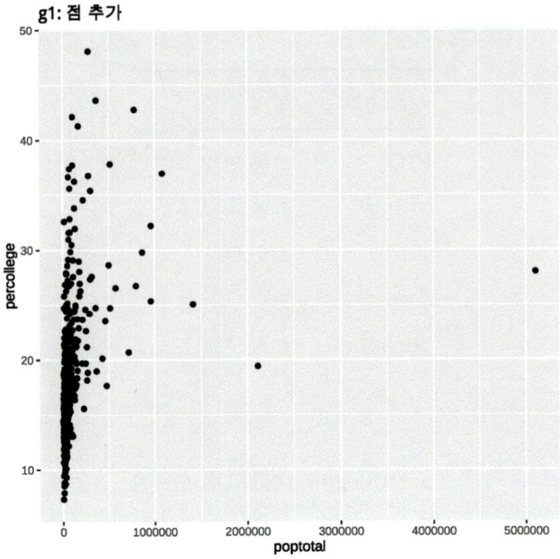


```
ggplot2::ggplot(midwest, aes(x=poptotal, y=percollege)) +
 geom_point() +
 xlim(c(0, 6000000)) + ylim(c(0, 50)) +
 labs(title = "g2:(x, y) 한계 지정 ")
```

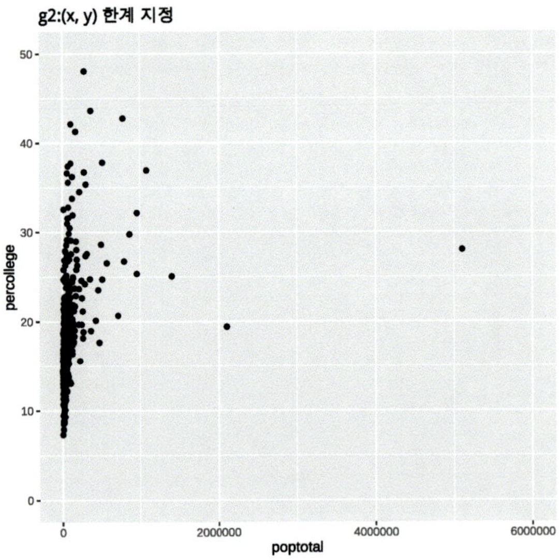


```
ggplot2::ggplot(midwest, aes(x=poptotal, y=percollege)) +
 geom_point() +
 xlim(c(0, 6000000)) + ylim(c(0, 50)) +
 geom_smooth(method="lm")  +
```

```
 labs(title="g3: 선형 회귀 적합",
      subtitle="midwest",
      y="대졸자 비율",
      x="인구",
      caption="미 중서부 인구 조사"
      )
```

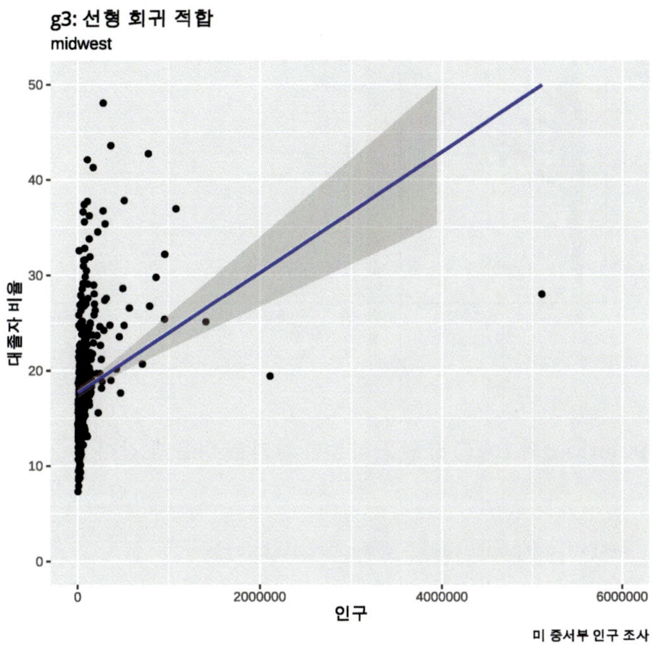

색상을 조정하고 theme를 반영하면 다음과 같은 plot을 생성할 수 있다.

```
ggplot(midwest, aes(x=poptotal, y = percollege)) +
       geom_point(col="steelblue", size=2) +
       geom_smooth(method="lm", col="firebrick") +
 labs(title="g4: 테마 적용",
           subtitle="midwest",
           y="대졸자 비율",
           x="인구",
           caption="미 중서부 인구 조사"
      ) +
 theme_bw()
```

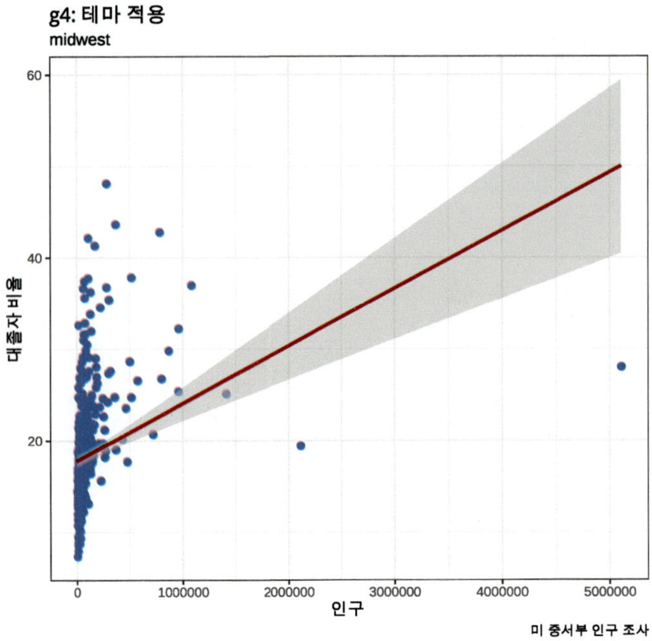

ggplot에서 인구(population)의 log()함수를 적용한 결과는 다음과 같다.

```
ggplot(midwest, aes(x=log(poptotal), y = percollege)) +
       geom_point(col="steelblue", size=2) +
       geom_smooth(method="lm", col="firebrick") +
       geom_smooth(method = "loess",
                   span = 0.75,
                   alpha = 0.2,
                   col="blue"
                    ) +                         # loess fitted line
       labs(title="g5: log(인구) vs. 대졸자 비율",
            subtitle="midwest",
            y="대졸자 비율",
            x="인구",
            caption="미 중서부 인구 조사"
            ) +
 theme_bw()
```

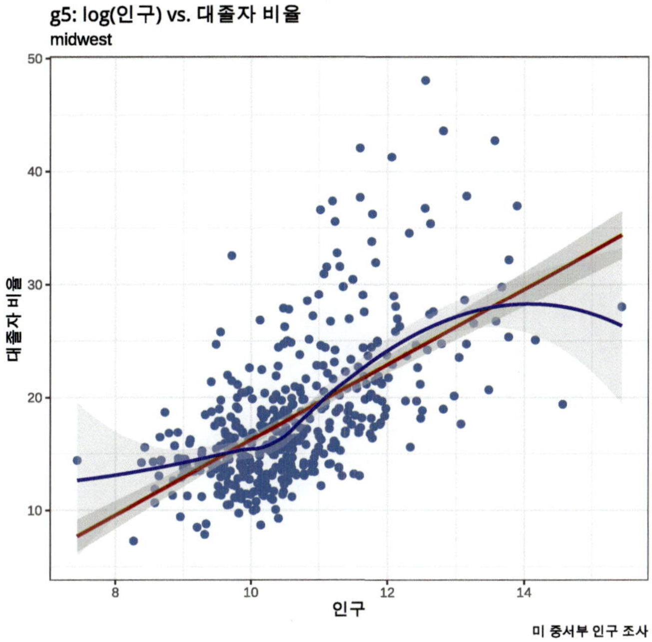

현재의 분석 결과를 각 주(state)별로 적용하면 다음과 같다.

```
ggplot(midwest, aes(x=log(poptotal), y = percollege)) +
       geom_point(col="steelblue", size=1) +
       geom_smooth(method="lm",
                   color = "firebrick",
                   se = FALSE
                   ) +
       geom_smooth(method = "loess",
                   span = 0.75,
                   alpha = 0.2,
                   col="blue"
                    ) +
       labs(title="g6: 주별 log(인구) vs. 대졸자 비율",
            subtitle="midwest",
            y="대졸자 비율",
            x="인구",
            caption="미 중서부 인구 조사"
            ) +
 theme_bw()  +
 facet_wrap(~state)
```

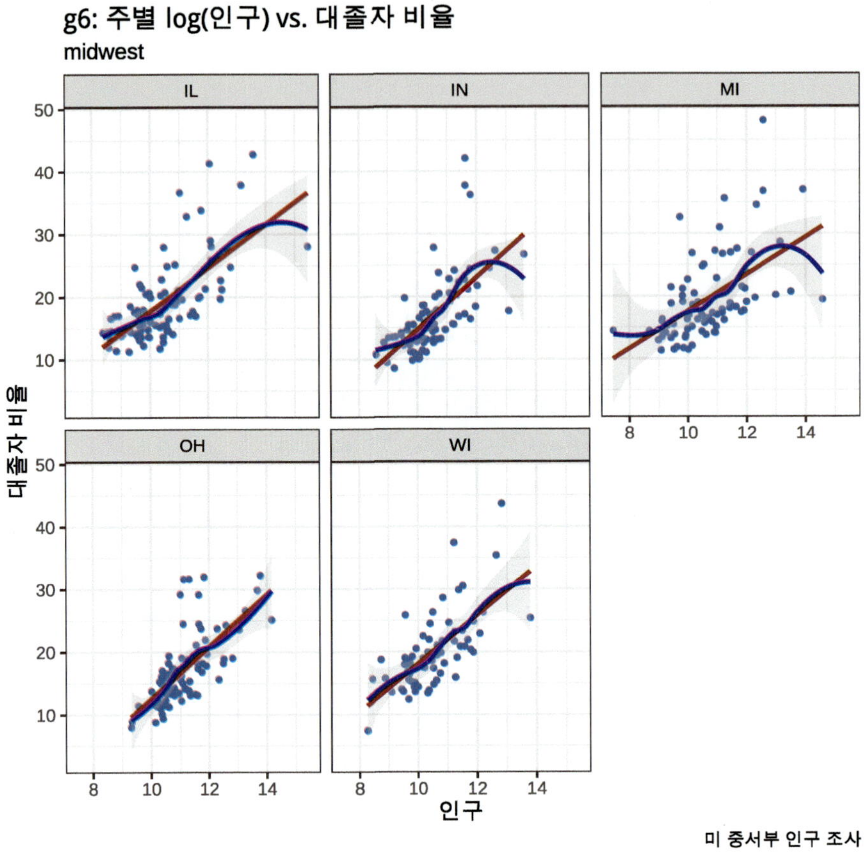

이와 같이 ggplot()은 원하는 형태와 통계적 모형 적합 결과를 동시에 표현할 수 있으며, 추가할 수 있는 레이어(layer)의 수는 제한이 없다. ggplot() 그리고 다양한 tidyverse 패키지의 명령과 함수를 간단히 정리한 cheat sheet은 <https://posit.co/resources/cheatsheets/>에서 제공한다.

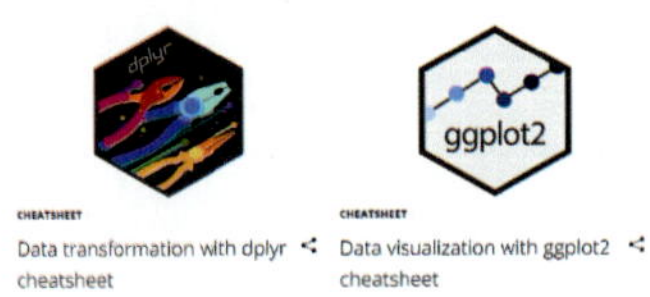

참고 문헌

Agrawal, R. e. a. (1993). Mining association rules between sets of items in large databases. In *Proceedings of the 1993 ACM SIGMOD International Conference on Management of Data*, pages 207–216.

Anscombe, F. J. (1973). Graphs in statistical analysis. *The American Statistician*, 27(1):17–21.

Becker, R.A.and Chambers, J. (1984). *S: An Interactive Environment for Data Analysis and Graphics*. Wadsworth and Brooks/Cole.

Berk, R. A. (2008). *Statistical Learning from a Regression Perspective*, volume 14. Springer, New York.

Bishop, Y. M. and Fienberg, S. E. e. a. (1975). *Discrete Multivariate Analysis: Theory and Practice*. Springer Science & Business Media, 2007 edition.

Box, G. E. e. a. (1964). An analysis of transformations. *Journal of the Royal Statistical Society Series B: Statistical Methodology*, 26(2):211–243.

Bretz, F. e. a. (2016). *Multiple comparisons using R*. Chapman and Hall/CRC.

Burn, D. A. (1993). *Designing Effective Statistical Graphs*.

Crawley, M. J. (2012). *The R book*. John Wiley and Sons.

Daniels, H. E. (1950). Rank correlation and population models. *Journal of the Royal Statistical Society*, 12(2):171–191.

Dunn, O. J. (1961). Multiple comparisons among means. *Journal of the American Statistical Association*, 56(293):52–64.

Dunnett, C. W. (1955). A multiple comparison procedure for comparing several treatments with a control. *Journal of the American Statistical Association*, 50(272):1096–1121.

Galton, F. (1886). Regression towards mediocrity in hereditary stature. *The Journal of the Anthropological Institute of Great Britain and Ireland*, 15:246–263.

Gosset, W. S. (1908). The probable error of a mean. *Biometrika*, 6(1):1–25.

Ihaka, R. and Gentleman, R. (1996). A language for data analysis and graphics. *Journal of Computational and Graphical Statistics*, 5(3):299–314.

Lindstrom, E. W. (1918). *Chlorophyll inheritance in maize*, volume 13. Cornell University.

McNemar, Q. (1947). Note on the sampling error of the difference between correlated proportions or percentages. *Psychometrika*, 12(2):153–157.

Minto, B. (2009). *The pyramid principle: logic in writing and thinking*. Pearson Education.

Pearson, K. (1894). *Contributions to the mathematical theory of evolutin*. London.

Pearson, K. (1895a). Contributions to the mathematical theory of evolution. ii. skew variation in homogeneous material. *Philosophical Transactions of the Royal Society A: Mathematical, Physical and Engineering Sciences*, 186:343–414.

Pearson, K. (1895b). Vii. note on regression and inheritance in the case of two parents. *Proceedings of the Royal Society of London*, 58(347–352):240–242.

Pearson, K. (1900). On the criterion that a given system of deviations from the probable in the case of a correlated system of variables is such that it can reasonably be supposed to have arisen from random sampling. *Philosophical Magazine, Series 5*, 50(302):157–175.

Ripley, B. (2021). *MASS: Support Functions and Datasets for Venables and Ripley's MASS*. R package version 7.3-54.

Snedecor, G. W. (1934). *Calculation and interpretation of analysis of variance and covariance*. Collegiate Press.

Spitzer, D. R. (2007). *Transforming Performance Measurement: Rethinking the Way We Measure and Drive Organization Success*. AMACOM.

Squire, P. (1988). Why the 1936 literary digest poll failed. *Public Opinion Quarterly*, 52(1):125–133.

Tukey, J. W. (1949). Comparing individual means in the analysis of variance. *Biometrics*, 5(2):99–114.

Tukey, J. W. (1977). Exploratory data analysis. *Addison-wesley*, 2:131–160.

Wickham, H. (2010). A layered grammar of graphics. *Computational and Graphical Statistics*, 19(1):3–28.

Wickham, H. (2014). Tidy data. *The Journal of Statistical Software*, 59.

Wickham, H. (2016). *ggplot2: Elegant Graphics for Data Analysis*. Springer-Verlag New York.

Wickham, H. (2019). *Advanced R. 2nd Edition*. CRC press, second edition.

Wickham, H. (2022). *tidyverse: Easily Install and Load the Tidyverse*. R package version 1.3.1.

Wickham, H., Chang, W., Henry, L., Pedersen, T. L., Takahashi, K., Wilke, C., Woo, K., Yutani, H., and Dunnington, D. (2022a). *ggplot2: Create Elegant Data Visualisations Using the Grammar of Graphics*. R package version 4.1.3.

Wickham, H., François, R., Henry, L., and Müller, K. (2022b). *dplyr: A Grammar of Data Manipulation*. R package version 1.0.7.

Wilk, M. B. e. a. (1968). Probability plotting methods for the analysis of data. *Biometrika*, 55(1):1–17.

Wilkinson, L. (2013). *The Grammar of Graphics*. Springer Science & Business Media.

국문 찾아보기

영문 찾아보기

R function 찾아보기

저자 약력

고 승곤

(현) 가천대학교 응용통계학과 교수

(미) Iowa State University, 통계학 박사

(주요 저서)

새 일반통계학, 교우사, 1998, 2003

마케팅 조사방법론, 율곡출판사, 2000

엑스 이노베이션, 엘빅미디어, 2011

액션 리더, 엘빅미디어, 2012

통계적 사고 방법, 교우사, 2014

통계적 문제 해결, 교우사, 2020

탐색적 데이터 분석, 교우사, 2023

R의 활용한 회귀 분석과 진단, 교우사, 2024

R을 활용한 통계 분석 확증적 방법을 중심으로

초판발행 2024년 6월 25일

지은이 고승곤
펴낸이 오판근
펴낸곳 (주) 교우
주 소 서울시 동대문구 약령시로 8 교우빌딩 2층 (주)교우
전 화 02-925-2861 / 팩 스 070-7966-8610. 편집부 02-925-2825
홈페이지&북스토어 www.kyowoo.co.kr / 이메일 kyowoo@kyowoo.co.kr

등 록 1994년 3월 24일 제1994-000013호
ISBN 979-11-251-0397-4 (93310)

Published by Kyowoo Co., Ltd. Printed in Korea

값 43,000원

교우미디어는 (주) 교우의 Imprint 사입니다.
수학정원·과학정원은 (주) 교우의 새로운 브랜드명입니다.